Das Jahr,
in dem wir nirgendwo waren

W0239815

Paco Ignacio Taibo II, Froilan Escobar, Felix Guerra

Das Jahr, in dem wir nirgendwo waren

Ernesto Che Guevara und die afrikanische Guerilla

Aus dem Spanischen

von Jens Andermann

Edition ID-Archiv

Berlin – Amsterdam

Paco Ignacio Taibo II, Froilan Escobar, Felix Guerra
**Das Jahr,
in dem wir nirgendwo waren**
Ernesto Che Guevara und die afrikanische Guerilla
Aus dem Spanischen von Jens Andermann

© Edition ID-Archiv
Postfach 360205
10972 Berlin
ISBN: 3-89408-052-3

© der spanischen Originalausgabe
Paco Ignacio Taibo II, Froilan Escobar, Felix Guerra
Editorial Joaquin Mortiz 1994

1. Auflage 1996

Titel
Eva Meier

Layout
seb, Hamburg

Druck
Winddruck, Siegen

Buchhandelsauslieferungen
BRD & Österreich: Rotation Vertrieb
Schweiz: Pinkus Genossenschaft
Niederlande: Papieren Tijger

In einer Geschichte wie dieser weiß man nie,
welcher Akt der erste gewesen ist.

Che Guevara

Vorbemerkung der Verfasser

Großes Rätselraten löste Mitte der sechziger Jahre Ernesto Che Guevaras Verschwinden von der öffentlichen Bildfläche aus. Seine plötzliche Abwesenheit von allen Staatsakten und Veranstaltungen führte zu einer beispiellosen Kette von Gerüchten, Falschmeldungen, Übertreibungen, Spekulationen und Phantasien. Che Guevara, der Bannerträger der permanenten Revolution, verwandelte sich in ein Gespenst, das von Zeitungen und Illustrierten, von Radio- und Fernsehstationen auf Reisen quer über den ganzen Globus geschickt wurde.
Von Ende März 1965 bis Mitte 1967, als seine Präsenz an der Spitze der bolivianischen Guerilla bekannt wurde, spukte Ches Gespenst durch die ganze Welt. Nach seinem Tod am 8. Oktober 1967 konnte dank der Veröffentlichung seines Tagebuches und der Aussagen von Überlebenden seine Rolle bei der Organisation des bolivianischen Guerilla-Fokus recht genau rekonstruiert werden.
Dennoch klaffte auch damit weiterhin die große Lücke des einen Jahres, dem Jahr 1965; das Jahr, in dem er nirgendwo gewesen war und das von der internationalen Presse mit Verleumdungen und Hirngespinsten aufgefüllt wurde.
Wo ist Comandante Guevara 1965 also wirklich gewesen? Wenn man gewissen Autoren Glauben schenkt, war er wahlweise in einer geschlossenen psychiatrischen Anstalt auf Kuba, in Frankreich, wo er mit baskischen Separatisten zusammenarbeitete, in Las Vegas, nachdem er desertiert war und militärische Geheimnisse Kubas verraten hatte; oder er war im Laufe einer Diskussion mit Fidel umgebracht worden, kämpfte in Vietnam und in der Dominikanischen Republik …
Von 1990 an sickerten in einigen kubanischen Zeitungsartikeln allmählich Anhaltspunkte dafür durch, daß Che 1965 im Kongo gewesen ist, die schließlich – durch Fidel Castro in einem Interview mit Gianni Miná – bestätigt wurden.

Einer der Autoren dieses Buches hat von 1987 an Ches »afrikanische Geschichte« recherchiert, immer den Spuren folgend, die ihm Commandante Guevaras Kampfgenossen in der Schlacht von Santa Clara durch eine Unachtsamkeit eröffnet hatten. Durch Zufall war er auf den Satz gestoßen: »Der Che war am Tanganyika-See.« Nachdem wir, die drei Herausgeber des vorliegenden Buches, uns Ende 1990 zusammengetan hatten, gelang es uns allmählich, den Kreis von Diskretion und Schweigen zu durchbrechen, den man seit nunmehr 25 Jahren um 1965 gezogen hatte, und das bestgehütete Geheimnis der kubanischen Revolution zu lüften.

Als wir nach einer langen Reihe von Gesprächen auf Kuba mit Ches Gefährten in der afrikanischen Guerilla daran gehen wollten, die Dutzenden von Bändern zu transkribieren, ließ uns eine Persönlichkeit aus dem kubanischen Staatsapparat, die es vorzieht, anonym zu bleiben, ein Dokument zukommen, das eine Schlüsselrolle für die Zusammenstellung dieses Buches erlangen sollte. Es handelte sich um ein Typoskript über die Erfahrungen im Kongo, von Che Guevara selbst mit handschriftlichen Korrekturen versehen, das den Titel *Passagen des revolutionären Krieges. Der Kongo* trug.

Ein unveröffentlichtes Buch Che Guevaras!

Dieses Dokument brachte das über 25 Jahre sorgfältig gehütete Geheimnis endgültig ans Licht und bestätigte in vollem Umfang die Versionen der kubanischen Kämpfer, die wir interviewt hatten.

Nachdem wir gemeinsam mit Freunden des argentinisch-kubanischen Guerilleros, die seine Schrift kannten, und durch Stilvergleiche mit anderen Texten wie *Passagen des revolutionären Krieges* und *Bolivianisches Tagebuch* überprüft hatten, daß das Buch tatsächlich von Che Guevara stammte, beschlossen wir, überrascht von der Ergiebigkeit des Dokuments, es in den Chor der Erzählstimmen über den Guerillkampf im Kongo einzubauen.

Jahr, in dem wir nirgendwo waren besteht also aus einer Montage der Berichte von Zeitzeugen der damaligen historischen Ereignisse. Unsere Arbeit bestand darin, dem Text ein Gerüst zu geben, die mündlichen Aussagen zu überarbeiten und zu straffen, einige erläuternde Verbindungen zu schaffen und ansonsten die Geschichte sich selbst erzählen zu lassen.

Am Ende des Buches findet sich eine Liste unserer Gesprächspartner.

Wir weisen darauf hin, daß dieses Buch die Perspektive der Kämpfer in den kubanischen Brigaden im Kongo dokumentiert und daß wir auf zusätzliche oder gegnerische Quellen bewußt verzichtet haben.

Zuletzt möchten wir uns insbesondere bei Víctor Dreke, Pablo Rivalta und Erasmo Videaux bedanken. Ihnen und der Person, die uns Ches Archive geöffnet hat und die es aus Bescheidenheit vorzieht, ungenannt zu bleiben, möchten wir dieses Buch widmen. Wir hoffen, daß die Veröffentlichung dieses Buches diejenigen, die die Möglichkeit dazu haben, ermutigt, das bis heute geheime Manuskript Che Guevaras in seiner Gänze zu veröffentlichen.

Paco Ignacio Taibo II, Froilan Escobar, Felix Guerra

Januar 1994

Den Kongo suchen

Am 17. Dezember 1964, im Alter von 36 Jahren, verließ Ernesto Che Guevara, der damalige Industrieminister der jungen kubanischen Revolution, New York, wo er an der Vollversammlung der Vereinten Nationen teilgenommen hatte, in Richtung Algerien. Dieser Aufbruch sollte der Anfang einer langen Reise über den afrikanischen Kontinent sein.
Während seines Aufenthalts in Algier, im Gespräch mit Frantz Fanon, einem der interessantesten Vertreter der afrikanischen Revolution, kommentierte Che:

CHE: Afrika repräsentiert eines, wenn nicht sogar das wichtigste Schlachtfeld. (...) Es bestehen große Erfolgsaussichten in Afrika, aber auch große Gefahren.

Welche Rolle spielte für ihn damals die afrikanische Revolution?
Wie um in kürzester Zeit das größtmögliche Gebiet zu durchmessen, als sei Afrika schon jetzt das neue Objekt seines Interesses und seiner Obsession gewesen, eilte Che über den Kontinent, knüpfte Beziehungen zu den neuen progressiven Staatschefs, diskutierte mit Leitfiguren der Befreiungsbewegungen, sprach mit Studenten und Journalisten, besuchte Guerilla-Basen, Stauseen, zoologische Reservate, Naturschutzparks, neue Fabriken, flog von Flughafen zu Flughafen und führte Gespräche mit den Präsidenten der wichtigsten Länder der antikolonialen Bewegung.
Am 26. Dezember 1964 reiste er nach Mali, und am 2. Januar 1965 traf er in Brazzaville ein, der Hauptstadt der ehemaligen französischen Kolonie Kongo. Dort traf er mit dem angolanischen Revolutionsführer Agostinho Neto zusammen, um diesem gemäß der Instruktionen Fidel Castros die Solidarität mit der entstehenden revolutionären Bewegung in Form von kubanischen Guerilla-Ausbildern anzubieten.
Am 8. Januar 1965 war er in Conakry (Guinea), und am 14. erreichte er Ghana. Sieben Tage später traf er in Dahomey ein. Mit unglaublicher Geschwindigkeit und Besessenheit, ganz wie es sein Stil war, als ob er alles erfahren, alles umfassen müßte, bereiste er so viele Teile Afrikas, wie er nur konnte. Am 30. Januar befand er sich aufs neue in Algerien. Und dann, zur Überraschung interessierter Beobachter und insbesondere der nordamerikanischen Geheimdienste, reiste er nach China. Dort traf er mit Mao und vor allem mit Chou En Lai, dem damaligen chinesischen Außenminister, zusammen und blieb vom 2. bis zum 11. Februar.
Am 11. Februar wurde er in der Hauptstadt Tansanias, Daressalam, vom kubanischen Botschafter Pablo Rivalta empfangen. Acht Tage sollte er dort bleiben, einer der längsten Aufenthalte während der gesamten Reise. Was brütete Che aus?

Pablo Rivalta: Während eines Palastempfangs in Daressalam kam Che in Kontakt zu Präsident Nyerere. Der Präsident sah ihn und fragte: »Wer ist das?« Sie begrüßten sich und redeten miteinander. Sie sprachen über die Unterstützung für Tansania. Es kam in diesem Gespräch sogar zu einer Vereinbarung über eine kleine Textilfabrik und ein paar andere kleine Hilfsprogramme, vor allem medizinische und technische. Das alles ergab sich bei einem vollkommen inoffiziellen Treffen. Der Besuch war nicht angekündigt, doch der Che tauchte einfach mit mir im Palast auf. Es wurde auch über die Unterstützung der revolutionären Bewegungen gesprochen. Nyerere war einverstanden.

Doch die wichtigsten Gespräche sollten nicht mit dem Präsidenten von Tansania, sondern mit den bewaffneten revolutionären Gruppen in Afrika geführt werden, vor allem mit den lumumbistischen Kongolesen, die in Tansania ihre Nachhut stationiert hatten. Che schrieb später:

Che: Überaus lehrreich war der Besuch in Daressalam, Aufenthaltsort einer beträchtlichen Anzahl von *freedom fighters*, die in ihrer Mehrheit bequem in Hotels untergebracht leben und aus ihrer Situation einen richtigen Beruf gemacht haben, ein zuweilen lukratives und immer behagliches Gewerbe. In dieser Atmosphäre fand eine Reihe von Gesprächen statt, in denen zumeist militärisches Training auf Kuba und finanzielle Hilfe gewünscht wurden. Dies war fast immer das *Leitmotiv*.
Ich lernte auch eine Gruppe kongolesischer Kämpfer kennen. Seit dem ersten Treffen hatten wir Gelegenheit gehabt, die außergewöhnliche Menge unterschiedlicher Meinungen und Tendenzen präziser einzuschätzen, die es in der Führungsgruppe der kongolesischen Revolution gibt. Zunächst bekam ich Kontakt zu Kabila und seinem Generalstab. Er machte einen ausgezeichneten Eindruck auf mich, er sagte, er sei aus dem Landesinneren gekommen; es scheint, als sei er bloß in Kigoma gewesen *[ein tansanischer Grenzort am Ufer des Tanganyika-Sees, von dem aus in den Kongo übergesetzt wurde]*. Die Darlegung Kabilas war klar (...), er ließ durchblicken, daß er in Opposition zu Gbenye und Kauza stand und nur sehr begrenzt mit Soumaliot übereinstimmte. Kabilas These war, daß man nicht von einer kongolesischen *[revolutionären]* Regierung reden kann, da Mulele, der den Kampf begonnen hatte, nicht gefragt worden sei, weswegen der Präsident für sich nur den Titel eines Regierungschefs für den nordöstlichen Kongo beanspruchen könnte. Mit dieser Auffassung entzog er auch seine eigene Zone, den Südosten, den er als Vizepräsident der Partei kontrollierte, dem Einfluß Gbenyes (...).
Wir sprachen mit Kabila lange über das, was nach Einschätzung unserer Regierung einen strategischen Fehler unserer afrikanischen Freunde darstellte: Gegen die offenkundige Aggression durch die imperialisti-

schen Mächte hatten sie die Parole »Das Kongo-Problem ist ein afrikanisches Problem« ausgegeben und entsprechend gehandelt. Nach unserer Einschätzung war das Kongo-Problem ein globales Problem, und Kabila war der gleichen Meinung. Ich bot ihm im Namen der Regierung etwa dreißig Ausbilder und im Rahmen unserer Möglichkeiten Waffen an, und er akzeptierte hocherfreut; er riet bei beiden Dingen zur Eile, ebenso wie Soumaliot in einem anderen Gespräch; letzterer empfahl, daß die Ausbilder schwarz sein sollten.

RIVALTA: In den Gesprächen mit Kabila und Soumaliot war ursprünglich von dreißig Ausbildern die Rede gewesen (später machten wir ihm den Vorschlag, daß es hundertdreißig sein sollten). Ich sprach mit dem Che über diese Gruppe von Kubanern, die zur Unterstützung des bewaffneten Kampfes in den Kongo gehen sollten. Ich dachte, und schlug ihm das auch vor, an Víctor Dreke als Kommandeur, weil er schwarz war und sie dort schwarze Kämpfer verlangt hatten, und außerdem, weil wir wußten, wie er in Escambray gekämpft hatte; überdies dachte ich an Efigenio Ameijeiras, der schon in Algerien gewesen war, und außerdem kannte ihn der Che aus der Sierra Maestra und wußte von seiner Tapferkeit und Waghalsigkeit. Ich schlug die beiden dem Che vor, und außerdem mich selbst. Der Che antwortete mir nicht, sondern lächelte in sich hinein.

Bei diesem Angebot einer kubanischen Brigade handelte Che Guevara nicht aus eigener Initiative, sondern angeregt durch Fidel Castro, der damit auf die Hilfsgesuche des Nationalkongresses der kongolesischen Revolution reagierte, die ihn zuvor um Unterstützung ersucht hatten. Im gleichen Sinne hatte Che die Gespräche mit Nyerere und mit Massemba-Debat in Brazzaville geführt, um die Unterstützung und Rückendeckung jenseits der Grenzen zu sichern. Aufgrund dieser Unterredung beschloß Che, in getrennten Gesprächen bei den von ihm so genannten freedom fighters *die Lage zu sondieren. Doch die Botschaft organisierte irrtümlich eine tumulthafte Versammlung*

CHE: ... mit fünfzig oder mehr Teilnehmern, teilweise aus unterschiedlichen Tendenzen oder Bewegungen im Land ...

Dort analysierte er die Gesuche um Ausbilder und Geld, ausgehend von der kubanischen Erfahrung:

CHE: Der revolutionäre Soldat formt sich selbst im Krieg (...). Ich schlug ihnen vor, die Ausbildung nicht in unserem fernen Kuba, sondern im nahen Kongo durchzuführen, wo nicht etwa gegen irgendeine Marionette wie Tshombé, sondern gegen den Imperialismus in seiner neokolonialen Gestalt gekämpft wurde (...). Die Reaktion war mehr als kühl; die Mehrheit enthielt sich jeden Kommentars, doch baten einige um das Wort, um mich heftig für diesen Vorschlag anzugreifen (...). Ich

versuchte ihnen darzustellen, daß es hier nicht um einen Kampf in den eigenen Grenzen, sondern um einen Krieg gegen den gemeinsamen Unterdrücker ging, der ebenso in Moçambique wie in Malawi, Rhodesien oder Südafrika, im Kongo oder in Angola gegenwärtig war, doch niemand teilte diese Auffassung.
Distanziert und höflich verabschiedeten sie sich, und bei uns blieb ein starker Eindruck davon zurück, was für einen weiten Weg Afrika noch würde gehen müssen (...). Die feste Aufgabe bestand nun darin, eine Gruppe von schwarzen Kubanern auszuwählen und diese, natürlich freiwillig, zur Unterstützung des Kampfes in den Kongo zu schicken.

Nach einer Reihe solcher Treffen führte Che ein Gespräch mit Rivalta, das dem kubanischen Botschafter in Tansania merkwürdig vorkam:

RIVALTA: Er sagte mir am Ende, daß er überprüfen würde, ob ich gut Kisuaheli lernte, aber ich hielt mich nicht lange bei dieser Bemerkung auf. Wenn ich in diesem Moment genauer darüber nachgedacht hätte, wäre ich zu dem Schluß gekommen, daß er, wenn er es schon überprüfen wollte, dann eines Tages auch wieder hierherkommen müßte. Aber gut, diesen Schluß zog ich damals nicht. Er bemerkte, ich hätte viele Bedienstete, viele Angestellte in der Botschaft, da ich möglichst viele verpflichtet hatte, um die Berichterstattung und den Einfluß auszuweiten, und daß ihm das nicht gefiel. Unmittelbar nachdem er gegangen war, reduzierte ich das Personal um die Hälfte.

Am 19. Februar war Che in der Vereinigten Arabischen Republik und am 24. des gleichen Monats zum dritten Mal in Algerien.

RIVALTA: Ich begleitete ihn. Wir reisten zusammen nach Kairo. Er traf sich mit Nasser, sprach mit ihm. Danach wollte er in den Sudan, doch wir überzeugten ihn, daß es keine Möglichkeit gab hineinzukommen. Daraufhin fuhr er nach Algerien. Im Hotel verfaßte er diese berühmte Rede. Er sagte zu mir: »Lies das, und danach gibst du es mir zurück und sagst mir deine Meinung.« Ich sagte ihm, die Rede sei sehr gut. Er betonte die Notwendigkeit, die Beziehungen zwischen den sozialistischen Ländern und den nationalen Befreiungbewegungen zu vertiefen. Nachdem er die Rede gehalten hatte, spazierte er zufrieden herum. Auf die Führer der Befreiungsbewegungen hatte er einen guten Eindruck gemacht.

Der Beitrag vom 24. Februar auf dem II. Ökonomischen Seminar der Afroasiatischen Solidarität in Algier enthielt mehrere Bemerkungen zur Intervention der Imperialisten in Afrika, und insbesondere den ausdrücklichen Satz:

CHE: Auf den unheilvollen Angriff des nordamerikanischen Imperialismus gegen Vietnam oder den Kongo muß geantwortet werden, indem diesen Bruderländern alle Mittel zur Verfügung gestellt werden, die sie zu ihrer Verteidigung benötigen, und indem wir ihnen unsere bedingungslose Solidarität beweisen.

Und noch eine weitere Anspielung auf den Kongo:

CHE: Der Kolonialismus hat im Kongo seine Klauen gezeigt, dies ist kein Zeichen von Macht, sondern von Schwäche.

Der Kongo, wo die Marionettenregierung Tshombés mit der Hilfe weißer Söldner gegen die lumumbistischen Guerillas kämpfte, schien Ches neue Obsession zu sein.

Am 3. März ist er aufs neue in der Vereinigten Arabischen Republik und am 14. März beendet er die Reise in Havanna. Er verläßt den Flughafen gemeinsam mit Fidel, der zu seinem Empfang gekommen ist. Offenbar verbringen sie die nächsten zwei Tage mit Gesprächen. Öffentlich sollte man Che nur noch selten sehen. Der letzte verbürgte öffentliche Auftritt ist der Vortrag, den er noch als Minister für Industrie über seine jüngste Afrikareise hält. Er legt den Schwerpunkt auf den afrikanischen Einfluß im kubanischen Alltagsleben: Malerei, Musik, Gebräuche ... Ein Abschied wie jeder andere.

RAUL ROA: Während er gemächlich den aromatischen Rauch seines Tabaks genoß, spielten die Hände mit der schwarzen Baskenmütze, auf welcher der Stern leuchtete, der mit Verhaftungen, Entbehrungen und Heldentaten verdient worden war. Plötzlich stand er auf und sagte zu mir, mit einem herzlichen Handschlag, in der Art eines Abschieds: »Morgen fahre ich nach Oriente, für einen Monat zum Zuckerrohrschneiden.« »Eh, kommst du nicht mit uns mit?« »Nein. Diesmal nicht.« Und auf seine einfache Art, etwas kurzatmig und mit seinem charakteristischen Schritt, ging er davon und grüßte jeden, der ihm im Garten des Ministeriums über den Weg lief.

Pablo geht nach Afrika

Pablo Rivalta, ein kräftiger untersetzter Schwarzer aus Santa Clara, Lehrer, während der kubanischen Revolution Mitglied der Sozialistischen Volkspartei, hatte sich nach der Invasion von Las Villas der Brigade Che Guevaras angeschlossen und im Rang eines Kapitäns des Ejército Rebelde an der Schlußoffensive teilgenommen.

PABLO RIVALTA: Anfang der sechziger Jahre, als Lumumba im Kongo im Gefängnis saß, sagte der Che zu mir: »Fidel möchte, daß du eine persönliche Botschaft an Patrice Lumumba überbringst.« Ich erklärte mich bereit und erwartete seine Instruktionen. Kurze Zeit später wurde mir mitgeteilt, daß die Operation nicht stattfinden würde. Der Che gab mir

keine Gründe an, und ich unterwarf mich diszipliniert seiner Entscheidung und sprach nicht mehr davon.
Ich erinnere mich daran, wie sie mich, nachdem ich einen Kurs an der höheren Militärschule in Matanzas abgeschlossen hatte, zum Chef der Fliegerakademie und der Luftwaffenbasis Libertad ernannten. Der Che suchte mich auf und sagte: »Fidel plant dich immer noch für Afrika ein, bereite dich darauf vor und studiere die Probleme Afrikas.«
Der Che kam herein und riß Witze, weil ich für ihn die Compañeros in Ehrenformation hatte antreten lassen. Er klopfte einem von ihnen an den Helm und machte auf dem Absatz kehrt, ein bißchen wie der Stummfilmkomödiant Cantinflas, drehte sich um und witzelte: »Mensch, du machst aus den Jungs noch lauter Eierköpfe.« Er ging ins Büro, und das erste, was er zu mir sagte, war: »Hör zu, mach dich bereit, du gehst an den Tanganyika. Du gehst nach Afrika«, und später kündigte er mir an, daß meine Rolle die eines Botschafters in Tansania sein würde. Ich sagte, ich sei einverstanden. Ich lehnte niemals eine Aufgabe ab, die sie mir zuwiesen, und begann mich vorzubereiten, indem ich Informationen über Afrika zusammensuchte.
Danach trat ich mit dem Außenministerium in Kontakt, vor allem mit Guitart und der Gruppe, die für Afrika zuständig war. Von ihnen bekam ich alle Informationen, die ich benötigte. Ich ging jeden Tag hin, jeden Morgen, um theoretische Hintergrundinformationen zu studieren. Und andererseits bekam ich von Piñeiros Leuten die notwendigen Informationen operativer Art über die Region. Das Hauptthema: die Situation am Tanganyika; Geographie, Geschichte, die wichtigsten politischen Führer. Auch Papito half mir viel bei der Vorbereitung, wegen seiner Beziehungen nach Algerien.
Ich wurde zum Botschafter in Tansania ernannt und sollte außerdem eine Spezialaufgabe übernehmen. Ich brach auf, bevor der Che nach Afrika reiste. Während meiner Vorbereitungen hatte ich ein Gespräch mit Fidel. Er erklärte mir die Mission, die hauptsächlich dazu dienen sollte, die engen Beziehungen zur tansanischen Regierung und zu den nationalen Befreiungsbewegungen in Afrika zu vertiefen. Er ging nicht konkret auf die Situation im Kongo ein, aber er sagte mir, daß ich Kontakte zur dortigen Führung aufbauen sollte. Das heißt, ich war, als ich dorthin ging, bereits davon überzeugt, daß der Schwerpunkt meiner Arbeit im Kongo liegen würde.

Aber Rivalta verstand sich nicht nur als Botschafter. Er vermutete, daß sie eine Gruppe von Kubanern hinüberschicken würden.

RIVALTA: In mehreren Gesprächen wies mich der Che an, folgendes zu tun: Erkundungen unternehmen und die größtmögliche Menge an Da-

ten über das Leben im Kongo einholen, vor allem über die Gegend um den Tanganyika-See und den östlichen Teil des Landes, über geographische Umstände, die Situation am See und die Mentalität der Leute. Ich sollte freundschaftliche Beziehungen zu den Compañeros von der kongolesischen Befreiungsbewegung knüpfen und zu den Gruppen, die am Tanganyika aktiv waren. Über die Algerier (insbesondere den Botschafter) sollte ich Kontakt zu Julius Nyerere aufnehmen, dem Präsidenten von Tansania, der ein persönlicher Freund von Ben Bella war, zu dem wir sehr gute Beziehungen unterhielten, wie auch zu Sekou Touré, über den Delegierten im Komitee für Dekolonisierung bei der Organisation für die Einheit Afrikas, der am Tanganyika ansässig war. Ich sollte Kontakte zur Botschaft der Vereinigten Arabischen Republik und, auf diesem Wege, zu Nasser aufnehmen, der ebenfalls in sehr guter Beziehung zu Nyerere stand.
Er sagte mir, ich sollte mit Piñeiro über die Compañeros sprechen, die bei der Mission dabeisein würden, und ihn über unsere Fragen und Pläne unterrichten. Ich sagte zu Piñeiro, daß ich *Fosforito* und Vila mitnehmen würde, Compañeros aus der Partei in Las Villas, beide schwarz wie die Nacht, so daß sie wie richtige Afrikaner aussahen. Außerdem brachten sie wichtige Eigenschaften für unser Vorhaben mit: *Fosforito* sprach perfekt englisch. Ich hatte dem Che vorgeschlagen, *Fosforito* sollte sich als »Handelsunternehmer« in der Gegend von Kigoma ansiedeln, damit er dort Beziehungen zu den Leuten knüpfen und mir helfen könnte, Kigoma, den See und den östlichen Kongo kennenzulernen. Vila, der eine politische Ausbildung und Erfahrung mit der Arbeit im Untergrund hatte, würde beim Aufbau einer Verbindung zwischen Kigoma und der Botschaft von Nutzen sein, über einen der Compañeros, den er auf die Mission mitnehmen würde (Oliva oder Arboláez), und auf diese Weise beginnen, ein Untergrundnetz zu knüpfen. Dies ließ sich nicht realisieren, weil Piñeiro mir kein Personal schickte und die wenige Information, an die wir herankamen, über indirekte Verbindungen lief. Fidel hatte mich außerdem in einem Treffen angewiesen, einige Compañeros aus der Armee auszuwählen und mitzunehmen, damit sie Kisuaheli lernten, um es bei der späteren Arbeit anzuwenden (ich teilte es Piñeiro mit, aber die Auswahl fand nicht statt), und daß ich mich mit Papito in Algerien koordinieren sollte.
Zwei Monate vor der Ankunft des Che treffe ich in Tansania ein. Wir hatten dort bereits einen Handelsattaché, Juan Benemelis, der später das Land verließ, aber ein sehr guter Diplomat mit großen Afrikakenntnissen war. Er war es, der mich empfing. Doch obwohl er brillant war, mußte ich ihn zurück nach Kuba schicken, da er mit einer sehr gesprächigen Tschechin verheiratet war, die über sehr viele Beziehung

verfügte, und da ich schon eine Ahnung davon hatte, was wir dort tun würden, schicke ich ihn zurück, damit keinerlei Information nach außen sickerte. Auch Benítez muß ich zurückschicken, einen meiner besten Mitarbeiter, da er entgegen meinen Anweisungen, sich nicht in die inneren Angelegenheiten des Landes einzumischen, bei einem mißglückten Staatsstreich gegen Nyerere in einem Straßengraben erwischt wird. Es hätte nicht viel gefehlt, und sie hätten ihn umgebracht. Das heißt, ein wenig war er daran beteiligt, ebenso bei Geschichten in Sansibar. Sehr gut, aber sehr undiszipliniert. Ich beschloß, ihn ebenfalls zurück nach Kuba zu schicken. Die Kontakte, die ich in Tansania knüpfte, waren ausgezeichnet. Wir benutzten dafür die Verbindungen, die Algerien zur tansanischen Regierung hatte. So lernte ich über die algerische Botschaft zum Beispiel Kambona, den Außenminister, kennen. Der Botschafter stellte mich ihm auf einem Empfang vor, und von da an hatten wir sehr gute Beziehungen zu den Hauptvertretern der tansanischen Regierung. Noch bevor ich offiziell eingeführt worden war, traf ich Nyerere und klärte ihn in aller Offenheit über unsere Mission auf.
Nyerere war Lehrer, und beim Studium seiner Biographie war ich auf Gemeinsamkeiten zu meiner gestoßen; außerdem war er vor allem ein Schwarzer, und über ihn und seine Mitarbeiter in der Regierung konnten wir Beziehungen zu den Vertretern der Befreiungsbewegungen herstellen, die am Tanganyika operierten, zur Befreiungsbewegung der portugiesischen Kolonien etwa, vor allem zu denen aus Moçambique, bei denen ich einen alten Freund hatte, Marcelino de los Santos, mit dem ich bei der Internationalen Studentenvereinigung in Prag gewesen war, und über diese zu Angola, Portugiesisch Guinea und den Kapverdischen Inseln.
Ich erinnere mich, daß Nyerere mir bei dieser Gelegenheit anbot, wenn ich irgendein Problem hätte, irgendeine Schwierigkeit, sollte ich die Flagge an den Wagen stecken und direkt zu ihm fahren. Er stellte mich seinem Premierminister Kawawa und anderen Ministern vor. Zuvor hatten wir bereits Kontakt zu den Leuten aus Sansibar aufgenommen, die in Kuba ausgebildet worden waren. Und vor allem zu Babú, einem der Minister und Führer der Revolution in Sansibar. Das gab uns den nötigen Rückhalt, um weitere Beziehungen herzustellen, bis schließlich zu allen Veranstaltungen unserer Botschaft die wichtigsten Minister kamen, vielleicht wegen der Anziehungskraft, die Fidel und die kubanische Revolution generell auf sie ausübte. Die fortschrittlichsten Regierungen in Afrika wie Kairo, Algier unterstützten unsere geplante Mission.

Sobald er seine offizielle Bestätigung als Botschafter empfangen hat, geht Pablo Rivalta an die Arbeit.

Rivalta: Wir machten uns daran, die nötigen Informationen über den Tanganyika-See und den östlichen Kongo einzuholen und feste Beziehungen nach Kigoma zu knüpfen, die es uns erlauben sollten, in der Gegend selbst aktiv zu werden.
Um die mir aufgetragenen Aufgaben erfüllen zu können, unternahm ich folgendes: ich mietete ein Haus an, um dort die Büros der Botschaft und die Residenz des Botschafters einzurichten, stattete Nyerere einen inoffiziellen Besuch ab, nahm einige inoffizielle Beziehungen zu den in Daressalam ansässigen Israelis auf, die ihrerseits in guter Beziehung zu Nyerere standen (obwohl der Che mir das wegen ihrer Gegnerschaft zu den übrigen arabischen Ländern untersagt hatte. Auf eine Bemerkung des Che hin wurde es augenblicklich korrigiert).
Wir traten auch sofort in Kontakt zu Kambona, dem Außenminister, und zu dessen Geschwistern und Angehörigen, zu Kawawa, zum Vizepräsidenten und dem Verteidigungsminister, und zu anderen Regierungsmitgliedern. Wir hielten uns an das übliche Vorgehen in solchen Fällen: Besuche, Kontakte, Umtrunke, Hilfen, Teilnahme an Veranstaltungen usw.
Im sozialen Bereich erweiterten wir das Arbeitsfeld in verschiedenen Sektoren, vor allem die Arbeit mit der Bevölkerung. Wir besuchten Viertel, Häuser, Stämme … und dabei führten wir ein sehr vielschichtiges Leben, wie es sich für den Botschafter eines revolutionären Landes gehörte. Unser Umgang war offen und verständnisvoll. In meiner Eigenschaft als Botschafter und Kapitän des Ejército Rebelde knüpfte ich Kontakte zum Armeechef und zu hohen Offizieren und Kommissaren.
Im Handelsbereich versuchten wir ein Netz aufzubauen und nahmen Kontakt zu einigen indischen Handelsunternehmern wie Christian, Teekay und anderen auf, vor allem zu Nasto, der bei Christian arbeitete und uns bei einigen Compañeros aus Mauritius und Südafrika einführte, progressiven Elementen. Nasto setzten wir zum Kauf von Ausrüstungen ein, immer auf Kommission. Er war in der Lage, sich an die verschiedensten Orte zu begeben, um das zu finden, was wir brauchten. Dabei verhielt er sich sehr korrekt, informierte niemanden über unsere Verbindungen oder unsere Arbeit. Wir setzten ihn zusammen mit einem Friseur ein, einem indischen Freund von ihm, und mit Kaile, meinem kenianischen Fahrer, der nach eigenen Worten zum Stamm der Mau-Mau gehörte.
Auf der Grundlage dieser Beziehungen konnten wir, das heißt, Papito in Algerien, Guitart in der Vereinigten Arabischen Republik und ich in Tansania, gemäß unserer Anweisungen ein Operationsdreieck zur Erledigung unserer Spezialaufgabe errichten.

Während Che Guevara in Afrika auf Reisen ist

Victor Dreke: Alles begann im Januar '65. Der Che war in Afrika auf Reisen, wie in den Zeitungen zu lesen war, und ich war als Vizechef bei der Banditenbekämpfung (Lucha Contra Bandidos, LCB) in Las Villas. Wir waren mitten in einer Operation und hatten mehrere Banditen gefangengenommen. Der Chef vom LCB sagte zu mir: »Es gibt Arbeit, du wirst von hier fortgehen.«

Ich übergab die Leitung an den Kapitän Herrera und begab mich mit meinen Sachen nach Santa Clara, wo ich wohnte. Ich stand früh auf und sprach bei der Armee vor. Gegen Mittag trifft Comandante Calixto García ein und läßt mich rufen:

– Du bist ausgewählt worden, um außer Landes eine Mission für den Oberkommandierenden und den Minister auszuführen. ... Hast du irgendwelche Einwände?

Ich freute mich. Ich dachte an Lateinamerika.

– Du mußt eine Gruppe zusammenstellen, eine Einheit; es müssen Compañeros mit bestimmten Eigenschaften sein: schwarz und mit Kampferfahrung im Ejército Rebelde oder im LCB.

Als er mir das sagt, dämmert es mir: Afrika, du meine Güte!

Als erstes ging ich zum LCB, dort kannte ich kampferprobte Compañeros. Ich sprach mit Proenza, und wir begannen mit der Arbeit der Anwerbung. Eine sehr geheime Arbeit. Wir ließen ausschließlich schwarze Compañeros zum Gespräch rufen. Hatte einer einmal ja gesagt, wurde er auf Geheimhaltung verpflichtet. Wir stellten eine Einheit von ungefähr fünfundzwanzig Compañeros zusammen.

Sie bringen uns zum Peti-I, einem Ausbildungslager in der Gegend von Pinar del Río, in den Bergen von Candelaria. Spät nachts trifft die Gruppe aus Santiago ein, mit Terry an der Spitze und Videaux, danach die aus Pinar.

Videaux: Ende Dezember '64 operierte ich gegen die Bande von Eloy Gutiérrez Menoyo, die in Playitas an Land gegangen war. Nachdem wir die Bande gefangen und Urlaub genommen hatten, wurde nach Kämpfern für eine Mission gesucht, die zu diesem Zeitpunkt weder Namen noch Bestimmung hatte. Ich werde zum Gespräch nach Santiago de Cuba einbestellt. Davor hatte nur ein Compañero vom Geheimdienst mit Namen Banderas ein Gespräch mit mir geführt. Er fragte mich, was ich davon hielte, außer Landes zu gehen, um eine Mission zu erfüllen, nach Lateinamerika zum Beispiel. Ich antwortete, wenn andere uns vorher geholfen hätten, sei es nur gerecht, daß wir jetzt anderen helfen. Tage vergehen, und schließlich kommt eine Vorladung beim Generalstab der östlichen Armee. Ich machte mich auf den Weg mit dem, was ich gerade am Leib trug, ohne Ausrüstung. Dort traf ich den Kaderchef der Armee, den Comandante Jiménez Lage. Ich setzte mich in Verbindung mit dem Ersten Kapitän Santiago Terry. Am nächsten Morgen traf der Comandante Arnaldo Ochoa ein. Sie brachten uns zu einem kleinen Saal, wo sich schon ungefähr fünfundzwanzig Compañeros versammelt hatten und wo der Armeechef zu uns sprechen sollte. Kurze Zeit später kam noch ein Grüppchen von der 50. Division dazu. Wir waren jetzt bereits vierunddreißig Compañeros. Um acht kamen der Generalstabschef der Armee und weitere hohe Parteifunktionäre. Man sagte uns, daß wir für einen Kurs ausgewählt worden seien, daß man uns später erklären würde, was wir zu tun hätten, und fragte, ob irgendjemand Einwände hätte. Niemand meldete sich. Am nächsten Tag fuhren wir im Morgengrauen nach Havanna und wurden in einen Hof im La Tropical gebracht. Dort warteten zwei abgedeckte Zil-131-Lastwagen auf uns. Wie in alten Zeiten wurde uns nichts weiter mitgeteilt, und die Lastwagen machten sich in Richtung Pinar del Río auf den Weg. Nach Mitternacht trafen wir in Candelaria ein. Dort schliefen wir diese Nacht, und am Morgen darauf trafen wir viele Compañeros wieder, darunter Dreke, den wir aus Escambray kannten, Olachea, Julián Morejón und andere.

Nane: Das Lager bei Pinar del Río wurde »El Amazonas« genannt. Es lag in den Bergen. Ich war dort, in »El Amazonas«, als Chef des Lagers tätig. Man bildete dort Ausländer aus (Ecuatorianer, Peruaner); kurz vorher hatte es einen Vortrag für Leute aus dem Kongo gegeben, nach dem, was wir später erleben sollten, weiß ich nicht mehr, ob es wirklich Guerilleros oder nur Schmuggler gewesen sind. Damals war ich Sergeant, geboren bin ich '42, und während der Revolution habe ich in der 17. Brigade der Zweiten Front gekämpft. Ich hatte eine Ausbildung als Fallschirmspringer und Froschmann, in Sprengstofftechnik und Guerillabekämpfung. Damals traf eine Gruppe von Farbigen ein. Es war deutlich, daß es sich um eine Mission handelte. Ich sagte, daß ich mich dafür mustern lassen wollte. Ich kannte Dreke aus Las Villas und sprach mit Piñeiro.

Dreke: Am 2. Februar um sechs Uhr morgens wird zum Wecken geblasen. Als das Licht angeht, sehen wir uns erstmals alle gegenseitig. So um die hundert waren wir.

Warner Moro: Verdammt, wo kommen all die Neger her! Als ob sie alle Schwarzen aus Kuba eingesammelt und hierher gebracht hätten.

Dreke: Augenblicklich wurde die Brigade organisiert, mit Terry als zweitem Chef. Drei Einheiten wurden zusammengestellt, Catarino Olachea an der Spitze der Einheit aus Las Villas, Barthelemy (Lawton) an der Spitze der Einheit aus Pinar del Río und Erasmo Videaux an der Spitze von der aus Oriente. Wir begannen uns militärisch zu organisieren und außerdem die Papiere für alle vorzubereiten.

Videaux: Nach dem Frühstück trat die Brigade vollständig an. Comandante Dreke richtete das Wort an uns. Auch er wußte nicht alles, aber einiges wußte er. Dreke sagt, obwohl wir aus drei Armeen kommen, seien wir jetzt eine einzige. Die Reihen wurden aufgelöst, und wir umarmten uns. Von diesem Moment an bekamen wir eine ziemlich intensive Ausbildung in diesem und anderen Lagern. Der Compañero, der die Ausbildung leitete, hieß Dennys.

Dreke: Das Training war sehr hart. Am 3. Februar begann die Ausbildung am Gewehr, lange Märsche, Aufschlagen von Lagern, Hindernisläufe, 75-mm-Artillerie, Bazookas, Legen und Entschärfen von Minen, Molotov-Cocktails und vor allem freier Geländekampf. Bei der Ausbildung dieser Gruppe war der Vorteil, daß sie vom LCB kam, daß sie Jahre der Guerillabekämpfung hinter sich hatte.

Nane: Marschausbildung, Schießen mit verschiedenen Gewehren, politische Vorträge. Ungefähr ein oder zwei Monate Ausbildung. Ich wußte, daß es nach Afrika gehen würde, und dachte an einen der beiden Kongos. Ich bat um die Musterung.

Videaux: Ausbildung überall in der Bergkette von Pinar del Río; lange Märsche mit Rucksäcken … nachts, bei Tag, zu jeder erdenklichen Zeit. Viel Schießausbildung an allen Waffenarten, vor allem an FAL-Gewehren. Als Fidel uns besuchte, beharrte er sehr auf der Schießausbildung. »Die beste Art, es zu lernen, ist, viel zu schießen,« sagte er. Er ordnete an, daß jeder von uns 500 Schuß bekam, um Geschicklichkeit im Umgang mit der Waffe zu erlangen; er hatte ja eine Armee befehligt: eine Armee im kombinierten Hinterhalt, von dem aus Sperrfeuer abgegeben wurde (Sperrfeuer in immer die gleiche Richtung, hohes Schußvolumen). Die Ausbildung war von Anfang bis Ende hart und intensiv.

Dreke: Ein wichtiger Umstand war: da die meisten übereilt von zu Hause abgereist waren, hatten sie sich kaum von ihren Familien verabschieden können. Ein paar Tage sprach Fidel mit den Compañeros und erlaubte ihnen, nach Hause zu fahren. Absolute Diskretion und Geheimhaltung. Einige Compañeros aus der Führung waren gegen diese Reise zu den Angehörigen. Aber Fidel sagte: »Man muß Vertrauen haben, oder nicht? Lassen wir sie gehen.« Man hatte ihnen gesagt, die Mission werde fünf Jahre dauern, daß es nicht möglich sein würde zu schreiben und daß man ihnen garantierte, sich um die Familien zu kümmern. Ungefähr hundert Compañeros fuhren zum letzten Besuch zu ihren Familien. Alle kamen rechtzeitig zurück, Unterwanderung oder Indiskretion gab es nicht.

NANE: Fidel hielt eine Rede. Er sagte den Leuten: »Erzählt euren Familien, daß ihr eine Mission erfüllt. Sagt ihnen nicht, wo.« In Gruppen ließ man uns gehen. Ich fuhr mit drei Compañeros nach Guanabo.

VIDEAUX: Äußerste Diskretion und Abschottung. Man konnte weder Briefe schreiben noch welche empfangen. Ausgang gab es nicht. Besuche von einem Lager zum anderen wurden nachts, in geschlossenen Lastwagen durchgeführt. Niemand durfte irgendeine Bewegung bemerken, deshalb kamen uns, wenn einer zu einem anderen Lager aufbrach, die aus dem anderen Lager entgegen, und man traf sich unterwegs.

GENGE: Man sagte uns, wir würden als Ausbilder zu einer afrikanischen Befreiungsbewegung geschickt. Es war eine schöne Idee, wir würden an den Ort zurückkehren, den unsere Vorfahren verlassen hatten, nach Afrika.

DREKE: Aus Spaß gaben wir uns einen Spitznamen, wir nannten uns »die Kongolesen«. Um die achtzig Mann waren in der Brigade. Der Hellhäutigste war der Compañero Osmán Marín; Gorbán und Catarino Olachea waren Mulatten.
Unter den Materialien, die wir zur Lektüre bekommen hatten, war eine Schriftenreihe über den Kampf im Kongo und die Ermordung Lumumbas. Jetzt waren wir sicher. Der Kongo. Der Kongo!

Die Entscheidung

FIDEL CASTRO: Er begann ganz offensichtlich ungeduldig zu werden, wollte seine alten Pläne und Ideen in die Tat umsetzen. Ich glaube, daß dabei sogar die Tatsache eine Rolle spielte, daß die Zeit verging. Er wußte, daß für all das eine bestimmte körperliche Verfassung notwendig war, er glaubte, daß er die Fähigkeit dazu hatte, und tatsächlich war er ja auf der Höhe seiner geistigen und körperlichen Fähigkeiten. (...) Er war ungeduldig. Weil ich auch weiß, daß die Initialphase eines solchen Prozesses, wie er ihn durchführen wollte, schwierig ist, war meine Vorstellung, daß man optimale Bedingungen für das schaffen sollte, was er vorhatte, und wir rieten ihm zur Geduld, weil dafür Zeit nötig war. Denn er wollte dorthin und vom ersten Tag an alles selber machen, und wir wollten, daß andere, weniger bekannte Kader alle diese Anfangsschritte durchführten.
Er war sehr interessiert an den internationalen Problemen, an den Problemen in Afrika. Damals hatte die Intervention im Kongo, im heutigen

Zaire, stattgefunden; der Tod Lumumbas, all das; in Zaire gab es ein neokoloniales Regime und eine Bewegung im bewaffneten Kampf. Wir haben das nie öffentlich gemacht. Damals ersuchte uns die revolutionäre Bewegung um Hilfe, wir sollten ihnen in einer internationalistischen Mission Ausbilder und Kämpfer schicken. (...) Ich selbst habe damals gegenüber Che vorgeschlagen, daß man warten, Zeit gewinnen sollte; er wollte einige Kader ausbilden, mehr Erfahrungen sammeln, und so machten wir ihn zum Verantwortlichen für die Gruppe, die den Revolutionären dort im heutigen Zaire zu Hilfe kam.

In Passagen des revolutionären Krieges. Der Kongo *gibt es nur eine kryptische Bemerkung Che Guevaras darüber, warum Fidel Castro seinen Vorschlag akzeptierte und ihn die kubanische Brigade im Kongo kommandieren ließ [möglicherweise, weil zum Zeitpunkt, als der Text verfaßt wurde, noch nicht über das Projekt in Lateinamerika gesprochen werden konnte].*

CHE: ... einige Episoden, deren Bedeutung im Moment nicht weiter erklärt werden kann, wie meine Ernennung an die Spitze der kubanischen Heerschar trotz meiner weißen Hautfarbe ...

FIDEL: Sein Aufenthalt in Afrika war nur als Übergangslösung gedacht, um auf die notwendigen Bedingungen zu warten, damit er nach Südamerika reisen konnte.

Víctor Dreke und der Che kennen sich von früher

Víctor Dreke ist in dem Moment, in dem er in diese Geschichte eintritt, 27 Jahre alt. Eine schlanke, hagere Persönlichkeit mit einem intensiven, leicht schielenden Blick. Geboren in Sagua La Grande, Las Villas, im März '38. Einer der wenigen Schwarzen unter den Kadern der kubanischen Revolution. Studentischer Aktivist im Kampf gegen Batista, Mitglied des Revolutionären Studentenrates.

DREKE: Der Che war eine Legende, als er '58 nach Escambray kam. »Da gibt es einen Argentinier, der mit Fidel kämpft, einen Arzt, und er ist hier gelandet.«
Meine Geburtstage hatte ich immer im Gefängnis verbracht. Ich war in einer studentischen Gruppe, wir nannten uns *Los Revoltosos*, obwohl ich erst 19 Jahre alt war, besaß ich schon genügend Urteilsvermögen. Danach ging ich mit dem Studentenrat zusammen in die Berge.
Als die Brigade des Che im Jahr '58 in Las Villas eintraf, wurden von uns zwei Kampfaktionen mit dem Ziel geplant, die Truppen der Armee abzulenken und der Brigade den Durschmarsch über die Landstraße freizumachen, zwei Angriffe auf die Kasernen von Fomento und Placetas. Der Rat beschloß, daß sie am 13. Oktober stattfinden sollten. Ich war zu dieser Zeit Leutnant. Bei diesem Angriff wurde ich von zwei

Schüssen getroffen, am Arm und im Rücken. Unsere Truppen zogen sich zurück, und mich brachten sie nach Escambray hinauf, nach Dos Arroyos, wo wir unser Lager aufgeschlagen hatten. So um den 20. kam der Che in unser Lager.

Es gibt ein Erlebnis, das mich stark bewegt: ich war verwundet, sie brachten mich von der Hütte zu dem Ort, wo das Treffen stattfand und stellten mich dem Che vor. Faure stellt uns alle vor und erklärt dem Comandante Guevara, daß ich bei dem Angriff auf Placetas verletzt worden sei. Der Che untersuchte mich, Castelló, unser Arzt, erklärte ihm, wo die Verletzungen waren. Wir unterhielten uns über die Schußverletzung, die mich fast umgebracht hätte.

Wir hatten ein kleines Büro, eine Schreibmaschine. Der Che mit seiner großen Bescheidenheit bat uns, sie ihm für eine Arbeit auszuleihen. Er war Comandante der Revolution in Las Villas und lief herum und fragte um Erlaubnis.

Kennst du diesen Compañero?

DREKE: Es war der 28. oder 29. März, der zehnte oder zwölfte Tag im Lager, als mich Osmany Cienfuegos, der Bauminister, aufsucht, mit dem Befehl, mit ihnen mitzukommen und Santiago Thierry als Chef vor Ort zu lassen.

– Ich habe dich rufen lassen, weil ein neuer Chef mit der Brigade mitkommen wird, und wir möchten, daß du ihn kennenlernst.

– Mir ist es gleich, ob ein anderer mitkommt, aber ich fahre auf jeden Fall, oder nicht?

– Du fährst.

Wir sprechen von anderen Dingen, dann zeigt er mit Fotos.

– Kennst du diesen Compañero? Er heißt Ramón – sagt er zu mir.

Er zeigt mir mehrere Fotos, im Profil, von vorn. Ich erkenne ihn nicht. Ich hatte nicht die leiseste Vorstellung, wer er sein könnte.

– Der hier ist es, und er sagt, daß er dich kennt. Es ist ein Compañero mit einer bekannten Geschichte …

– Gut.

Ich kam nicht darauf, vom Äußeren her ähnelte er keinem der wichtigen Kader.

– Am Nachmittag komme ich dich abholen.

Er holt mich ab, und wir fahren zum Laguito. Er stellt mich Papi (Martínez Tamayo) vor. Ich höre, wie Osmany mit jemandem redet. Wir standen in einem kleinen Patio, und aus der Halle kommt ein Compañero, ein Weißer, die Haare kurzgeschoren, mit verspiegelter Sonnenbrille. Ich begrüße ihn, und wir kommen auf die Sache zurück.

– Kennst du ihn?
– Nicht die Spur, nicht mal in der Zeitung habe ich diesen Mann schon einmal gesehen.
– Der Compañero Ramón – sagt Osmany.
– Wie geht's, Dreke?
– Erkennst du ihn immer noch nicht? – fragt Osmany.
Die Stimme kommt mir etwas bekannt vor, aber ich komme nicht darauf, er trägt eine Prothese im Mund. Wir setzen uns an einen Tisch.
– Hör auf, ihn zu bescheißen, sag es ihm endlich.
– Kennst du den Che nicht? – sagt Osmany.
Wenn man verwundet wird, spürt man den Treffer, etwas Heißes, wie ein Stromstoß. Mein Herz hüpfte, mit einem Sprung war ich auf den Füßen.
– Setz dich, setz dich – sagt der Che zu mir.
Von der Gestalt her war er derselbe. Wir redeten über die Familie, über meine Tochter, fünf oder sechs Monate alt. »War sie krank?« »Ja, aber es geht ihr schon wieder besser.« Meine Tochter war am 8. September '64 geboren worden, und es hatte Probleme bei der Geburt gegeben, weil die Schädelknochen nicht richtig zusammengewachsen waren ... Der Che wußte von diesen Problemen. Das gab mir einen Eindruck von seiner Einfühlsamkeit und Menschlichkeit.
– Bist du bereit?
– Bin bereit.
Vom Gefühl her bin ich noch nicht darauf eingestellt, daß die Dinge unmittelbar bevorstehen. Der Che saß beim Schreiben, es war der Abschiedbrief, er warf Papiere weg. Chino, Ches Assistent, war mit uns dort. Am Abend sagt Che zu mir, daß wir jeden Moment ausrücken werden. Er fragt mich nach der Brigade, nach der Ausbildung. Er spricht von der Mission. Es geht in den Kongo! Er überreicht mir eine Pistole, eine kleine Makarov.
»Kannst du nicht Schach spielen? Und der da kann es auch nicht«, sagte er, als wollte er sich beklagen, zu Tamayo gewendet. Wir unterhielten uns eine Weile, dann zog er sich zurück und fuhr mit dem Schreiben fort.
Papi und ich kamen ins Gespräch, denn wir kannten uns vorher nicht, wir hatten nur gemeinsame Freunde. Wir gingen sehr spät zu Bett. Ich blieb dort, fuhr nicht mehr zurück ins Lager.
Es kam der 31. März. Am Morgen trank der Che Tee ohne Zucker, dann machte er sich ans Bügeln, las.
Darauf der 1. April, immer noch im selben Haus. Abends sagte der Che nur, daß wir Besuch bekommen würden. Er war sehr diskret. Gegen zehn, elf Uhr abends kam Fidel zusammen mit Osmany. Sie umarmten

sich. Sie gingen nach draußen, um sich zu unterhalten. Dann ließen sie uns rufen. Es würde nicht leicht werden, es sei eine schwierige Mission. Sie würdigten das gute Verhalten der Brigade während der Ausbildung. Fidel war beunruhigt über die Folgen der Ermordung Lumumbas, über die Repression durch die Belgier. Er fragte uns nach der Familie.
Fidel las in einigen Metern Entfernung von uns den Brief, den ihm Che überreicht hatte. Papi und ich standen sehr nah bei ihnen. In einem Nebenzimmer sagte Fidel zu uns, wir sollten auf den Che aufpassen, den Che unauffällig und diskret beschützen.

Ches Begleiter

José María Martínez Tamayo ist zum Zeitpunkt der Handlung knapp 30 Jahre alt.

Mariano Rodriguez: Das Gesicht eines Galiziers, harte Züge, quadratisch, zusammengewachsene Brauen. Er war '36 in einer Siedlung in der Nähe von Mayarí geboren worden. Mit 17 Traktorfahrer. Im Traktor hinterläßt er eine Nachricht, als er dem Großvater eine Flinte klaut und in die Berge geht. Er kommt zu Raúls Zweiter Front »Frank Pais«. Nach der Revolution war er Gründer des kubanischen Geheimdienstes. Er war '63 mit kolumbianischem Paß in Bolivien, in La Paz, um dort für den Che etwas vorzubereiten, um auf dessen Befehl hin im Süden von Bolivien eine Basis für die Guerilla von Massetti in Argentinien zu organisieren. Mitten in der Oktoberkrise hatte er schon eine wichtige Mission in Guatemala ausgeführt. Ein gutmütiger Kerl, der fähig war, auf alles zu verzichten, um es jemand zu geben, der es brauchte. Körperlich von einer außergewöhnlichen Kraft. Die Schule hatte ihm nicht gefallen, dort war er nur bis ins vierte Jahr gekommen. Sein ganzes Leben lang einer, der Blumen mochte. Über Rosen wußte er Bescheid, zu Hause hatte er welche gepflanzt. Luftwaffenpilot nach dem Triumph der Revolution.

Dreke: Kapitän José María Martínez Tamayo war ein kräftiger, liebenswerter Weißer von wenig Worten, der den Che mit einer wahnsinnigen Zuneigung verehrte, ihn anbetete; mit den Compañeros kam er gut aus, risikofreudig, auch persönlich keine Gefahr scheuend. Über seine eigenen Dinge redete er nicht gern. Am besten gefiel ihm die Geheimdienstarbeit im Untergrund. Und er war ein guter Guerillero.

Ches Brief an Fidel Castro

Fidel,
in dieser Stunde erinnere ich mich an viele Dinge, daran, wie ich Dich im Haus von María Antonia kennenlernte, als Du mich einludst, mit

Dir zu kommen, an die ganze Spannung der Vorbereitungen. Eines Tages kamen sie und fragten, wem sie im Todesfall Bescheid geben sollten, und es traf uns alle, wie real diese Möglichkeit war. Danach erfuhren wir, daß es die Wahrheit war, daß man in einer Revolution entweder siegt oder stirbt (wenn es eine richtige ist). Viele Compañeros blieben auf dem Weg zum Sieg zurück.

Heute hat alles einen weniger dramatischen Ton, weil wir reifer geworden sind, aber die Situation wiederholt sich. Ich fühle, daß ich den Teil meiner Pflicht erfüllt habe, der mich hier an die kubanische Revolution band, und verabschiede mich von Dir, von den Compañeros, von Deinem Volk, das nun auch meines ist.

Ich trete in aller Form von meinen Ämtern in der Parteiführung, von meinem Posten als Minister, von meinem Grad als Comandante und von meiner Identität als Kubaner zurück. Nichts Legales bindet mich an Kuba, allein ein Band von anderer Art, das auch ohne Posten und Auszeichnungen bestehen bleibt.

Wenn ich mir mein vergangenes Leben vergegenwärtige, glaube ich, mit ausreichender Ehrlichkeit und Hingabe dafür gearbeitet zu haben, den Triumph der Revolution zu konsolidieren. Mein einziger Fehler von Gewicht bestand darin, Dir nicht von den ersten Augenblicken in der Sierra Maestra an mehr vertraut zu haben und Deine Fähigkeiten als Führer und Revolutionär nicht schnell genug begriffen zu haben. Ich habe wundervolle Tage erlebt und an Deiner Seite den Stolz gefühlt, unserem Volk anzugehören, in den Tagen des Glanzes und in den traurigen der Karibik-Krise.

Selten hat es einen so brillanten Staatsmann wie Dich in diesen Tagen gegeben; auch darauf bin ich stolz, daß ich Dir ohne Zögern gefolgt bin, mich mit Deiner Art zu denken, Gefahren und Prinzipien zu sehen und abzuwägen, identifiziert habe. Andere Gegenden der Erde verlangen nach der Unterstützung durch meine bescheidenen Kräfte. Ich kann tun, was Dir wegen Deiner Verantwortung an der Spitze Kubas verwehrt bleibt, und so ist die Stunde der Trennung zwischen uns gekommen.

Man glaube mir, daß ich dies mit einer Mischung aus Freude und Schmerz tue; hier lasse ich die reinsten meiner Hoffnungen als Konstrukteur und die Liebsten meiner Lieben zurück … und ich lasse ein Volk hinter mir, das mich als seinen Sohn aufgenommen hat; dies zerreißt mir fast das Herz. Auf die neuen Schlachtfelder werde ich den Glauben mitnehmen, den Du mir eingeschärft hast, den revolutionären Geist meines Volkes, das Gefühl, die ehrwürdigste aller Pflichten zu erfüllen: gegen den Imperialismus zu kämpfen, wo immer dieser auch sei; dies bestärkt und heilt mit der Zeit auch die tiefste Wunde.

Ich sage noch einmal, daß ich Kuba von jeder Verantwortung entbinde, außer von der, die von seinem Beispiel ausgeht. Daß, sollte für mich die letzte Stunde unter fernem Himmel anbrechen, mein letzter Gedanke diesem Volk und besonders Dir gelten wird. Daß ich Dir danke für Deine Lehren und Dein Beispiel, und daß ich versuchen will, diesen in allen meinen Handlungen treu zu bleiben. Daß ich mich immer für die Außenpolitik unserer Revolution zuständig gefühlt habe und dies noch heute tue. Daß ich, wo immer ich auch bin, in der Verantwortung handeln werde, ein kubanischer Revolutionär zu sein. Daß ich meinen Kindern und meiner Frau nichts Materielles hinterlasse, und daß mich dies nicht traurig macht; ich bin froh, daß es so ist. Daß ich für sie um nichts bitte, denn der Staat wird ihnen das Nötige geben, damit sie leben und sich weiterbilden können.

Ich hätte Dir und unserem Volk viele Dinge zu sagen, aber ich fühle, daß sie nicht nötig sind, die Worte können es nicht so ausdrücken, wie ich es wünschte, und Seiten vollzukritzeln ist der Mühe nicht wert. Auf immer bis zum Sieg. Patria o muerte!

Es umarmt Dich mit aller revolutionären Inbrunst, Che

Hotel Nacional, Zimmer 504

Kumi *[Dr. Rafael Zerquera]*: Als ich mein Medizinstudium beendete, gab es eine Reihe von Bögen auszufüllen, in denen die Postgraduierten gefragt wurden, was sie in Zukunft tun wollten, wohin sie gehen wollten. Auf einem dieser Bögen gab ich an, daß ich bereit sei, zu tun, wozu die revolutionäre Regierung mich anweisen würde, daß ich keine Ambitionen persönlicher Art hätte. Dies tat ich, ohne dem irgendeine weitreichendere Bedeutung beizumessen.

Ich war in Santo Domingo, in der Sierra Maestra, auf einer medizinischen Station eingesetzt worden, in einer schwierigen Zone, weil sich dort eine komplizierte Situation mit den Campesinos ergeben hatte, und man uns schon zweimal die Einrichtung niedergebrannt hatte.

Der Minister Machado Ventura hatte mich rekrutiert und an diesen Ort in der Sierra Maestra geschickt. Ich arbeitete in der Kampagne gegen Kinderlähmung und beim Wiederaufbau der Station ... Und dann benachrichtigt mich der Compañero Rodríguez, Koordinator für diese Zone, daß Machado mich sehen wollte, daß ich all meine Sachen dort lassen sollte und daß für mich schon eine Fahrt nach Havanna gebucht sei. Das war im März 1965.

»Verdammt, was hab' ich bloß angestellt?« Ich glaubte, daß man mich denunziert hätte, weil ich Bezugsscheine gegengezeichnet und den Zement für den Wiederaufbau der Station aus Bayamo abgezweigt hatte.

Ich glaubte, ich hätte ein Delikt verübt, weil ich nicht um Erlaubnis gebeten hatte.
Machado redet mit mir nicht darüber, und ich genausowenig. Das Gespräch beginnt mit dem Dokument, das ich unterschrieben hatte. »Hör mal, komm her, du hast ein Dokument, einen Fragebogen ausgefüllt, den sie ausgeteilt haben. Aber nun sag mal, hast du das nur so aus Gefühl unterschrieben? Das ist jetzt vorbei, du bist jetzt nicht mehr der arme Junge aus Trinidad, du bist jetzt Arzt, du hast jetzt eine ökonomische Sicherheit.«
– Nein, Sie irren sich, ich hab' das in aller Verantwortung unterschrieben, und wenn ich es nochmal unterschreiben soll, unterschreib ich es nochmal.
Er sagte mir, es gäbe da eine Aufgabe, daß sich mehrere Compañeros schon dafür gemeldet hätten, daß es eine sehr wichtige Aufgabe sei, er würde mir nicht verheimlichen, daß es Risiken gäbe, er wüßte, daß ich ...
– Ich frage dich, weil du bei dieser Aufgabe möglicherweise Gefahren ausgesetzt sein wirst ...
Es drehte sich im Kreis. Ich weiß definitiv nicht, worum es geht, aber ich habe nicht die geringste Angst, ich weiß, daß das Leben eines jeden dafür da ist, gelebt zu werden, und zum Teufel mit der ganzen Philosophie. Ich gestehe Machado die Sache mit dem Zement für die Station, der andere lacht und sagt:
– Bei dem hier geht es um einiges mehr.
Und dann sagte er mir, wo ich untergebracht sei, Hotel Nacional, Zimmer 504, einige Compañeros würden Kontakt mit mir aufnehmen. Dabei blieb es. Ich hatte Angst.
Ich nehme Kontakt zu Osmany Cienfuegos auf. Ich war nicht Mitglied der Partei und hatte keine Kampferfahrung von früher. Sie sagten, das sei nicht wichtig. Es gehe um eine Aufgabe, bei der mich Compañeros mit großer Erfahrung begleiten würden, aber die meisten von ihnen würde ich nicht kennen. Daß ich darüber nachdenken sollte, weil es Risiken gäbe. Es gab keine Verpflichtung. Man wisse nicht, wie lange ich außer Landes sein würde. Ich sagte ja. Man bestellte mich für den nächsten Tag, sie machten Fotos von mir und so.
Meine Mamá war an Krebs operiert worden, aber ich hatte einen Bruder, sie würde nicht allein bleiben und die Compañeros würden für sie sorgen. So habe ich keine Angst, sie zurückzulassen, wenn ich gehe.
Die Tage vergehen, und auf einmal ruft mich Osmany an und sagt mir, ich solle bleiben, wo ich bin, er komme mich abholen. Um halb acht oder acht bringt er mich woanders hin, »was mache ich hier?«. Ich überlege, wer an der Spitze stehen könnte. Almeida und Raúl waren da, mir fiel auf, daß der Che nicht da war, schließlich glaubte ich, daß Efi-

genio Ameijeiras der Mann an der Spitze sein würde.
Ich steige in ein Auto, es war die Maschine des Comandante, sieh einer an, Fidel war da und Osmany saß am Steuer, es war der 8. April.
– Wie ist dein Name? Die Tatsache, daß du hier bist, bedeutet nicht, daß wir dich akzeptieren werden.
– Schauen Sie, Comandante, ich sage Ihnen im Ernst, das, was ich tue, tue ich in vollem Bewußtsein.
Was mich beschäftigte, war, ob sie mir vertrauten.
– Ist gut.
»Das ist eine Aufgabe, eine verdammt wichtige Aufgabe,« sagte ich mir.
– Ich bin nicht Mitglied der Partei.
– Dort gibt es Compañeros mit einer Menge Erfahrung, und außerdem wirst du eine große Überraschung erleben.
Sehr angespanntes, anstrengendes Gespräch. »Und wer bin ich? Was mache ich hier?« Er stellt mir Fragen: »Bist du vielleicht besorgt wegen deiner Mutter?«
Ich war 32 Jahre alt und ein schwarzer Arzt aus Trinidad.

Moçambique

Erasmo Videaux: Als wir eine Woche dort waren, kam Fidel und sprach mit uns Offizieren. Er ließ uns in den Speisesaal von Piti-I kommen. Er fragte, ob wir uns vorstellen könnten, warum wir hier seien. Terry antwortete, wahrscheinlich, um nach Vietnam zu gehen. Fidel verneinte. Zu jener Zeit war dieser Tanz in Mode, der Moçambique, und Fidel sagt: »Könnte es nicht ein Ort wie diese Musik sein, die man hier überall hört?« Ich sage zu ihm: »Ich weiß nicht, Moçambique? Könnte es dorthin gehen?« Aber er sagte: »Nein, ich glaube nicht. Ihr werdet eine staatliche Mission ausführen, aber mehr kann ich nicht verraten. Wenn ich selber mitdürfte, hätte ich vor Freude einen Luftsprung gemacht, aber ich kann nicht fort, ihr seid diejenigen, die ausgewählt worden sind.« Später, als er uns ein weiteres Mal im Lager Seboruco besucht, wird die ganze Gruppe versammelt. Er wiederholte, daß wir für eine Mission ausgewählt worden seien, aber er sagte nicht, wohin. Lawton, der mit Fidel gekommen war, erklärte, daß er im Lager bleiben würde und daß dies seine neue Aufgabe sei, doch Fidel sagte ihm, es ginge nicht. »Und ob, ich werde sogar jetzt gleich hierbleiben.« Und er blieb. Und kam mit uns mit.
Die Vorbereitung dauerte keine 45 Tage.

Ramón, Ricardo und Roberto gehen auf die Reise

Dreke: Wir brachen am 2. April auf, in aller Frühe. Osmany brachte uns zum Flughafen, er selbst saß am Steuer. Ich hatte einen Paß auf den

Namen Roberto Suárez. Der Che war Ramón, der Kapitän Martínez Tamayo (Papi) reiste als Ricardo. Ramón, Ricardo und Roberto, dreimal »R«. Es war Zufall.
Morgens um kurz nach sieben, alles noch dunkel. Die Straßen von Havanna waren leergefegt. Er bringt uns die Zeitung: »20 Eier für eine Libre,« verkündete die Schlagzeile.
Gegenüber vom Flughafen gibt es eine Schule, dorthin fahren wir, jemand öffnet uns die Tür, und bis zum Abflug warten wir dort in der Halle. Wir betreten den Flughafen durch den Hintereingang und gehen schnell an Bord. Eine sowjetische Maschine. Wir bekommen eine Reihe mit drei Sitzen und nehmen den Che in die Mitte. Links von uns sitzt der Journalist Luis Gómez Wagemert. Wir mustern einander. Papi und ich tauschen Blicke. Der Typ hatte ihn schon zigmal interviewt. Er erkannte ihn nicht wieder.
Mehrere Zwischenlandungen. In einem Land, in dem wir haltmachten, erwartete uns ein Compañero am Flughafen, wir stellten ihm den Che vor: »Das ist Ramón, unser Arzt und Übersetzer.« Offenbar wußte der Compañero nicht um die Bedeutung der Mission und wollte uns in eine Lounge bringen, und wir, vielen Dank, immer mit der Ruhe, wir bleiben lieber für uns. Da wird es ihm mulmig. Ob wir Angst haben?
Der Che antwortet ihm scherzend, in Kuba lägen jetzt die Eier blank.
Auf allen Flughäfen hatte man uns schon erwartet und den Zollverkehr für uns geregelt. Wir waren bewaffnet. Aber es waren immer welche von »unseren« Leuten da, um Probleme zu lösen. Bis wir in Daressalam eintrafen.

Reise der zweiten Gruppe

Nane: Sie brachten uns zu einem Haus in Nuevo Vedado, drei Compañeros, Alpiza und einen von den farbigen Zwillingen (Agano nannte er sich später), und als wir dort waren, kamen Fidel, Osmany und Piñeiro. Fidel verabschiedete sich von uns: »Wenn ihr im Kongo ankommt, werdet ihr jemanden treffen, der euch so führen wird, als würde ich selbst an dieser Stelle stehen.« Ich konnte mir nicht vorstellen, wer das sein könnte. Mit falschen Papieren verlasse ich Kuba. In einer TU-114, die Motoren waren schon angelassen, und dann mußten sie sie wieder anhalten, völlig hinüber. Sie brachten uns in die UdSSR. Wir wußten nicht, daß wir die zweite von drei Gruppen waren.

Empfang in Daressalam

Rivalta: Nyerere wußte, daß früher oder später Kubaner in den Kongo kommen würden. Er erfuhr durch mich davon. Wir informierten ihn über die Hilfe, die wir dem Kongo zukommen lassen wollten, und er erklärte sich einverstanden. Außerdem hatten wir die Unterstützung der Vereinigten Arabischen Republik. Ich mußte eine Reise in die VAR unternehmen, um die problemlose Durchreise unserer Leute dort abzusichern.

Che und seine Gruppe treffen am 19. April in Tansania ein. Nur zwei Monate sind seit seinem Besuch in Daressalam während der Afrikareise und nur einer seit seiner Rückkehr nach Kuba vergangen.

DREKE: In Tansania erwartete uns Pablo Rivalta, unser Botschafter, Vernier, der als Übersetzer für Pablo arbeitete, und noch ein weiterer (ich erinnere mich nicht genau, ob es der Compañero Oscar Padilla war), der uns später als Verbindungsmann in Kigoma diente. Rivalta wußte nicht, daß der Che kommen würde.

RIVALTA: Bevor diese Gruppe eintrifft, erhalte ich über die Funkstation ein chiffriertes Telegramm, in dem mir die Ankunft einer Gruppe Kubaner angekündigt wird. Ich gebe es sofort an die tansanische Regierung weiter. Ich informiere sie, weil der Flughafen von Tansania ein internationaler Flughafen war, der von Indern betrieben wurde, und sie sollten ein bißchen aufpassen und sicherstellen, daß bei der Einreise der ersten Gruppe von Kubanern keine Probleme entstehen. Zum Empfang begleiten mich der Außenminister und der Chef des diplomatischen Dienstes. Vom Botschaftspersonal waren außer mir der Übersetzer Juan González und weitere Compañeros dabei. Am Morgen traf die Gruppe ein. Als das Flugzeug landet, warte ich an der Rampe und sehe als ersten Dreke aussteigen, darauf Papi und als nächstes einen Mann, der mir nicht bekannt vorkommt. Es war ein Weißer. Ein Mensch mittleren Alters mit Sonnenbrille, etwas füllig. Ich denke an die Momente zurück, die wir im Untergrund verbracht haben, an diese Art von Leuten, und sage zu mir: das ist bestimmt ein Compañero, der Dreke und Papi kontrollieren soll, und schaue ihn mir nochmal an, und nochmal, denn wirklich, seine Augen sind unverwechselbar. Seine Augen und diese Partie hier, von den Augen aufwärts, sind unverwechselbar. Und ich, der ich ihn doch aus nächster Nähe kannte, ich sage mir insgeheim: »Verdammt noch mal, diesen Herrn kenne ich.« Aber ich komme nicht auf ihn. Ich komme nicht darauf, wer es ist.

DREKE: Wir kannten Pablo aus Escambray, aus der Brigade des Che, und begrüßten einander am Flughafen, den Che stellten wir ihm als Ramón vor. Er empfing uns auf das wärmste.

– Kennst du den Compañero?

Sie schauten einander an.

– Kennst du mich nicht mehr?
Der Che machte sich einen Spaß daraus, es hinauszuzögern.
– Dicker, sagte er zu ihm.
Und fing an, ihm alle möglichen anderen Dinge zu sagen.
– Nein, nein, Compañero, ich kenne Sie nicht, sagt Pablo.
– Bist immer noch genauso begriffsstutzig? fragt der Che, und da reagiert Rivalta, und die Tränen schießen ihm in die Augen.

Rivalta: Wir begrüßen einander, etwas herzlicher mit Dreke, weil wir uns besser kennen. Darauf mit Papi, und schließlich mit diesem Menschen, den ich nicht kenne. Ich gebe ihm die Hand, heiße ihn willkommen, das ganze Begrüßungsritual, und auf dem Weg über den Flugsteig grüble ich über die Gestalt dieses Mannes, die ich kannte, und allmählich beginnt es mir zu dämmern, wer er ist. Da spüre ich auf einmal seine Hand auf meiner Schulter, will mich umdrehen, und er sagt zu mir: »Sei still, verdammt! Laß dir nichts anmerken. Ich bin es.« Das sind seine Worte. Er hatte an meiner Reaktion gemerkt, daß ich ihn erkannt hatte. Das war schon eine andere Begrüßung. Stell dir vor, was für eine Situation. Da denke ich, es ist ein anderer, und es ist der Che. Es freute mich, aber es machte mir zugleich Angst. Zu diesem Zeitpunkt hatte ich das Botschaftspersonal verringert und sagte mir: »Aufpassen jetzt!« Und brachte ihn in ein Hotel im Zentrum von Daressalam.

Warten in Daressalam

Rivalta: Ich brachte ihn in ein Hotel, weil ich Anweisungen hatte, niemanden in die Botschaft zu bringen. Dort blieben wir eine Nacht. Für ihn wurde eine Wache aufgestellt. Man aß dort unter strikter Bewachung, einige Male übernahm Dreke die Wache, einige Male wir. Wir paßten auf ihn auf.

Dreke: Zu zweit, zu dritt, trifft die Gruppe nach und nach aus verschiedenen Teilen der Welt ein, über Frankreich, über Italien ... Drei Schwarze waren dabei, die bislang nie aus Oriente hinausgekommen waren, ich weiß nicht, wie sie es geschafft haben, nicht festgenommen zu werden mit diesen Rucksäcken, mit denen sie wie Militärs aus der Dritten Welt aussahen.

Gleichzeitig bricht eine Gruppe, die sogenannte Zweite Brigade, nach Brazzaville auf, die sich aus einigen der Kader zusammensetzt, die man zuvor trainiert hatte: Rafael Moracén [Quitafusil], die Leutnants Agramonte und Barthelemy Miranda, Cairo Colón, Baytía und mehrere Soldaten.

Kumi: Paß, Kleider, eine Tasche ... Wir brachen in verschiedenen Gruppen am 10. April auf; ich mit zwei weiteren Compañeros: Norber-

to Pío Pichardo und einem Sergeanten aus Matanzas. Als wir in Moskau eintreffen, steigen drei weitere Compañeros zu, einer von ihnen, Coqui, hatte mit Barbarroja Piñeiro zusammengearbeitet. Sie waren vorher im Innenmisterium bei der Banditenbekämpfung gewesen. Insgesamt sind wir zu sechst. Ich war unterwegs der Chef dieser Gruppe, das hatte man mir kurz vor dem Abflug in Havanna gesagt. Sie hatten mir eine schwere Brieftasche gegeben, es waren Projektile drin, was genau, wußte ich nicht und fragte auch nicht danach. »Was ist damit? Soll das verschlossen bleiben?« »Keine Sorge, der Schlüssel wird schon auftauchen.« Das einzige, was ich weiß, ist, daß es schwer war.
Havanna – Moskau – Algier – Kairo. Ich begann mich psychologisch vorzubereiten. In Ägypten wurden wir im Hotel Comorita untergebracht. Wir verbrachten dort fünf Tage, sie feierten dort etwas ähnliches wie den Ramadan, Fastenzeit, in der nicht gearbeitet wurde. Wir mußten abwarten. Zwischenlandung in Nairobi, Kenia, ein sehr schöner Flughafen, eine Stunde Aufenthalt und weiter nach Daressalam. Drei Personen kommen zu meinem Empfang: Víctor Dreke, Pablo Rivalta und ein gewisser John, ein riesiger Schwarzer, der Attaché bei der kubanischen diplomatischen Mission war. Es war das erste Mal, daß ich Kuba verließ.

NANE: Dreke, M'bili (Papi, der beim Minin gewesen war) und ein glattrasierter Weißer mit einem Hut, den ich nicht erkannte, empfingen uns. Dreke kam auf mich zu und fragte mich: »Kennst du Julio nicht?« Ich war naiv. Die Emotion darüber, eine Mission auszuführen, hatte mich ganz blöd gemacht. Später geht mir auf, daß es der Che ist. Ich sah es und konnte es doch nicht glauben.

KUMI: Wir sammeln uns in einem Haus in den Außenbezirken von Daressalam, wo ich dem Chino begegne, Ches Assistenten, Martínez Tamayo, der noch als Mulatte durchgehen konnte, und einem weißen Compañero, kurzgeschoren, mit Pfeife, von normaler Gestalt, etwas übergewichtig, offenbar verkleidet, der in Pantoffeln dasaß und sich umschaute. Ich merkte gleich, daß er es war, der hier die Führung innehatte.
Dreke sagte zu mir:
– Der hier ist weiß, mein Junge, und alle anderen Schwarze.
Und darauf erklärt er mir, daß es der Französischlehrer sei. Und der Chino immer hinter ihm. Als ich eintraf, las er gerade die Zeitung. Er sprach wenig und wandte sich immer an andere.
Ungefähr zehn, zwölf Compañeros kamen dort zusammen, ich war die Nummer zehn. Einen oder zwei Tage verbrachten wir unbeschäftigt, dann zog ich mit Dreke und Pablito los, um Arzneimittel zu kaufen. Die anderen blieben im Haus.

Dreke: Wir halten uns geheim in Daressalam auf. Als der Che eintrifft, übernimmt er sofort die Führung. Man wartet ab, bis die ersten Gruppen eingetroffen sind. Zu Beginn wollte der Che mit einer großen Gruppe in den Kongo, denn falls man uns entdeckte, würden uns die Belgier den Zugang über den See versuchen abzuschneiden. Doch die Tage vergingen. Wir befürchteten einen Staatsstreich in Tansania.

– Mit zehn Mann können wir anfangen, wir dürfen nicht zu lange warten, sagte der Che.

Kumi: Der, der als Chef agierte, wurde sehr ungeduldig. Am zweiten Tag griff er zu einem Notizbuch und begann dort für alle Nummern und Namen auf Kisuaheli einzutragen, der Reihe ihres Eintreffens nach:
– Also gut, Dreke ist jetzt Moja (die 1); »Papi« Martínez Tamayo ist M'bili (die 2), ich bin Tatu (die 3) … und du Kumi (die 10).

Dreke: Er holte sich ein Wörterbuch und beschloß, allen Namen auf Kisuaheli zu geben, später fand er es dann einfacher, Nummern zu verteilen, von 1 bis 10 und darauf immer in Zehnerschritten. So kamen einfache Namen heraus. Er übersprang bestimmte Zahlen, die besonders kompliziert waren. Einen oder zwei Tage, bevor wir Daressalam verließen, tauften wir einander.

Nane: Am Schluß waren wir ungefähr vierzehn. Der Chef holte eine Karte hervor, sprach über die Krankheiten. Jeder, der wollte, konnte noch von der Mission zurücktreten, aber niemand tat es.

Kumi: Der Che sprach zu uns:
– Guten Abend. Ihr wißt, warum ihr hier hierhergekommen seid? Mal sehen, du, Doktor, warum bist du hierhergekommen?
– Nun, ich habe eine vage Vorstellung, irgendeine militärische Aktivität.
– Und wißt ihr, wer ich bin?
Und niemand sagte ein Wort. Einige von uns hatten es schon vermutet. Ich war mir sicher.

Nane: Und dann sagte er: »Ich bin der Che«. Ich war wahnsinnig bewegt. Vor Freude. Ich glaubte es und glaubte es doch nicht.

Kumi: Es entstand eine Stille.
– Und ihr wundert euch gar nicht?
Ich hatte den Che noch nie aus der Nähe gesehen.

Dreke: Der Che sagt: »Möglicherweise werden wir, als erste, die in den Kongo gehen, dort auf uns allein gestellt bleiben.« Eine erste Auswahl wurde getroffen. Zwei Compañeros wurden für den Nachrichtenverkehr, einer für die Artillerie ausgewählt.

KUMI: Die Spielregeln: Wir würden einer Befreiungsbewegung zu Hilfe kommen, einer Bewegung, die bereits über eine gute Organisation verfügte. Unsere Hilfe würde deswegen vor allem in Beratung bestehen. Er sprach von den Erfahrungen in der Sierra. Auch dort würden wir zunächst geben müssen statt empfangen, würden wir Opfer bringen müssen, niemals vor den einheimischen Guerilleros mit dem Essen anfangen dürfen, und sollte einmal zu wenig da sein, würden sie die ersten sein, die darauf ein Anrecht hätten, und erst danach wir. Er wollte nicht, daß es zu Überheblichkeiten kam, sondern daß wir bescheiden sein sollten, uns darüber bewußt sein müßten, daß dies ein Land mit einem Rückstand von vier Jahrhunderten war, wir würden dort mit der Armut zusammenprallen, wo sie am schlimmsten war. Daß meine Mission sehr wichtig sei, weil ich als Arzt arbeiten würde, doch ich sollte mir keine Illusionen machen, nicht glauben, ich würde in einem Krankenhaus arbeiten, daß ich dort unter mehr als schwierigen Bedingungen würde arbeiten müssen. Daß er nicht genau sagen könne, wie lange wir dort bleiben müßten, daß man vielleicht in fünf Jahren an eine Auswechslung des Personals denken könne.

CHE: Einer unserer besten Experten war zuvor eingetroffen, um sich der doppelten Aufgabe anzunehmen, die Boote zu besorgen und eine Erkundungsfahrt über den See zu machen. (...) [Das Warten] in Daressalam zerrt an den Nevern, ich würde lieber früher als später im Kongo sein.

RIVALTA: Er gab uns einen Auftrag. In diesem Moment hatten sie uns schon Seoane aus Kuba geschickt, der im Fischfang arbeitete und als Schiffstechniker für die Fahrt über den See eingesetzt werden sollte, von Kigoma hinüber zum Kongo. Auf Anweisung des Che zogen wir also los zur Küste, zu den Stränden von Daressalam, um ein Boot zu suchen, da dies bei der Planung übersehen worden war. Wir zogen also los und fanden ein Boot, das nach Ansicht des Technikers für diese Operation geeignet war. Es war ein großer Motorkutter. Bevor wir es kauften, berichteten wir dem Che, daß wir es gefunden hätten. Im Morgengrauen brachten wir ihn dorthin, er sah es sich an und gab seine Zustimmung. Und dies war das Boot, das wir später zum See brachten, nach Kigoma. Che und die Gruppe mußten sich noch eine Weile gedulden, da das Boot noch nicht in reisefertigem Zustand war. Einiges daran mußte repariert werden.

Vom Hotel zog der Che in das Landhaus um, ein Haus aus Holz und Mauerwerk. Er kam dort am 20. an und verließ es am 23. Dort legte er das künstliche Gebiß und den ganzen anderen Fummel ab. Das erste, was er ablegte, waren das Gebiß und die künstlichen Linsen.

Gespräche in Daressalam

DREKE: Man hatte Kontakt mit den Leuten von der kongolesischen Bewegung aufgenommen, und wir unterhielten uns mit Chamaleso, sowie einige Tage später mit mehreren anderen. In einem Gespräch wurde über die Möglichkeit einer Unterwanderung diskutiert. Der Che und ich ergriffen das Wort.

Wir hatten eine Absprache getroffen. Weil der Che als Übersetzer auftrat, fügte er einfach ein, was er wollte, und tat dabei so, als würde er mich übersetzen. Daß der Übersetzer ein Weißer war, machte einen ziemlich komischen Eindruck. Mitten in der Übersetzung sagte der Che plötzlich zu mir: »Geh auf das und das ein ...« Und ich fügte es in meinen Teil ein, damit es nicht so auffiel, daß er die Übersetzungen veränderte.

– Mensch, du wärst ein guter Schauspieler, sagte er mir.

Wir erklärten ihnen Fidels Vorstellung: auf ihr Gesuch hin schickten wir ihnen eine Gruppe Instrukteure für Artillerie und Mörser, die ihnen unterstellt sein und unter den gleichen Bedingungen wie sie selbst leben würden. Die Compañeros würden gemeinsam mit ihnen an den Gefechten teilnehmen. Beim ersten Gespräch gefiel ihnen diese Vorstellung nicht besonders. Wir sagten ihnen, daß die Ausbildung die Hauptsache sei. Die Führungsmitglieder, mit denen wir sprachen, wußten sehr wenig darüber Bescheid, was im Kongo vor sich ging. Auch Kabila, der bei diesem Gepräch anwesend war, verbrachte viel Zeit außer Landes. Sie sprachen davon, eine große Armee aufzustellen, mehrere Fronten zu eröffnen und zu einer großen Offensive überzugehen. Wir kamen mit der Vorstellung, unsere Brigade zusammenzuhalten. Sie klärten uns darüber auf, daß sie auf mehrere Fronten verteilt kämpften: die wichtigste, Bakungo, die Front am See, war ihnen zufolge unter der Führung von Kabila, Masengo und Soumaliot. In Wahrheit waren sie alle außer Landes. Diese Gruppe hatte gewisse Diskrepanzen mit der Bewegung von Mulele. Und sie wußten nicht den genauen Ort zu sagen, an dem dieser sich befand. Allerorten schien es Stammeskonflikte zu geben.

CHE: Ich hatte keinen Kongolesen von meiner Entscheidung informiert, hier zu kämpfen, und vorläufig genausowenig von meiner Anwesenheit. Im ersten Gespräch mit Kabila konnte ich es nicht tun, weil noch nichts entschieden war, und nachdem mein Plan angenommen worden war, wäre es gefährlich gewesen, mein Projekt bekannt zu machen, noch bevor ich am Ziel angekommen war. (...) Es war mir nicht verborgen geblieben, daß mich eine ablehnende Antwort in eine schwierige Situation bringen würde, weil ich schon nicht mehr zurück konnte, doch ich rechnete auch damit, daß sie sich schwerlich würden verweigern können. Mein Vorgehen war eine Art körperliche Erpressung. Dennoch gab es ein Problem, das ich nicht vorhergesehen hatte; Kabila war wie alle anderen Mitglieder der revolutionären Regierung in Kairo, um über die Einheit des Kampfes und das neue Programm der revolutionären Organisation zu diskutieren. Seine Stellvertreter Masengo und Mitoudidi waren bei ihm, hier war nur ein Delegierter namens Chamaleso zurückgeblieben. (...) Auf eigene Verantwortung akzeptierte Chamaleso die 30 Instrukteure, die wir beim ersten Mal vorgeschlagen hatten, doch als wir ihm erklärten, daß wir über ungefähr 130 Mann verfügten, alles Schwarze, die bereit wären, den Kampf aufzunehmen, akzeptierte er, wiederum auf eigene Verantwortung, auch diese. (...) Ein Delegierter brach nach Kairo auf, um Kabila und seinen Compañeros mitzuteilen, daß die Kubaner eingetroffen seien (ohne ihn freilich von meiner Anwesenheit zu unterrichten).

RIVALTA: Über den Außenminister von Tansania brachten wir in Erfahrung, daß Kabila und die anderen in Kairo waren, auf einem Treffen der Revolutionäre aus der kongolesischen Befreiungsbewegung, und daß sie mindestens weitere zwei Wochen dort bleiben würden. Der Che war beunruhigt, weil er es eilig hatte; ich sah, wie er sich Sorgen machte, weil sich alles verzögerte und er sich nicht mit Kabila treffen konnte.

CHE: Um ehrlich zu sein, waren mir diese Verzögerungen nicht besonders angenehm, denn ich hatte ein Interesse daran, im Kongo zu kämpfen, und befürchtete, mein Angebot könnte allzu brüske Reaktionen hervorrufen und einige der Kongolesen, oder gar die befreundete Regierung selbst, könnten mich darum bitten, vom Eintritt in den Kampf abzusehen.

Afrikanische Bilder

KUMI: Meine Vorstellung von Afrika ist die von der offensichtlichen Rückständigkeit des Kontinents, von kolonialen Regimes. Viele Affen. Dschungel. Herden von Zebras und Elefanten. Viele Kobras. Ich habe nicht so viele Löwen gesehen, wie ich erwartet hatte.

GENGE: Urwüchsigkeit, die Wildheit der Afrikaner, Blasrohre, diese unheimlichen Dinge, die man bei Tarzan gelernt hat. Der Unterricht, den wir bekamen, machte uns klar, daß dieser wilde Mythos nicht Afrika war. Tarzan war nur ein Belgier mehr.

Die erste Gruppe reist nach Kigoma

Schließlich war das Boot fertig. Che gab die letzten Instruktionen. Vier der kubanischen Freiwilligen ließ er in Daressalam zurück, um die weiteren Grup-

pen zu erwarten. Außerdem ließ er ein Kisuaheli-Wörterbuch dort, damit die Neuankömmlinge weiterhin umbenannt werden konnten, und wies Padilla an, das Haus nicht zu verlassen und die Leute unverzüglich nachzuschicken. Inne [Pichardo] wurde zum Chef der Gruppe ernannt, die dablieb, und um das Haus herum wurden Sicherheitsposten aufgestellt.

CHE: Nun waren wir im Krieg. Die Tür war geöffnet.

RIVALTA: Die Reise machten wir in Wagen, die wir für die Botschaft gekauft hatten: ein Landrover, drei Mercedes Benz, zwei schwarze und ein weißer, zwei Jeeps. Das Boot wurde auf einem Lastwagen transportiert.

Eine Gruppe von 14 Kämpfern mit Che an der Spitze verläßt Daressalam, bestehend aus Víctor Dreke, dem Kapitän Martínez Tamayo, der in M'bili umbenannt worden war, dem Arzt Kumi, Nane; außerdem sind Chamaleso, zwei Fahrer und ein Delegierter aus Tansania dabei, um Probleme unterwegs zu vermeiden.

CHE: Vom ersten Augenblick an kamen wir mit einer Wirklichkeit in Berührung, die uns während des gesamten Kampfes verfolgte, der fehlenden Organisation. Dies beunruhigte mich, weil unsere Bewegungen womöglich bereits vom Imperialismus registriert worden waren, der alle Fluggesellschaften und Flughäfen der Region kontrollierte, ganz abgesehen davon, daß in Daressalam der Kauf von Rucksäcken, Anoraks, Messern, Wolldecken usw. in ungewöhnlichen Mengen Aufsehen erregt haben mußte. (...) Nicht nur die kongolesische Organisation war schlecht, die unsere auch.

Im Rückblick erscheint die Organisation der Infrastruktur der Brigade gar nicht so schlecht, eher schon macht der Kommentar den Perfektionismus und die Detailbesessenheit Che Guevaras deutlich.

DREKE: *[23. April]* Drei Wagen, ein abgedeckter Lkw. Der Che fährt für eine Weile ... Schotter, schlechte Straßen, jede Menge Staub. Der Weg ist lang, das Atmen fällt schwer. Wir achten darauf, daß wir immer Wasser dabei haben. Am Straßenrand gab es Posten, wo Libanesen Sachen verkauften. Wir kauften ein Zelt. Als wir Dodoma erreichten, so etwa auf der Hälfte des Weges, kauften wir ein Baguette und mußten es in 14 Teile schneiden. Beim Essen war Kumi einfach furchtbar. Den »feinen Neger« nannten wir ihn.

KUMI: Ich fuhr im Mercedes Benz mit dem Che, von Daressalam bis Kigoma. Vernier war einer von denen, die das Steuer übernahmen, der andere war Tremendo Punto (Antoine Godefroi Chamaleso), unser Kontakt zur kongolesischen Befreiungsbewegung; außerdem fuhr Bolívar mit, der »König der Schillinge«.

Auf dem Lastwagen hatten wir die Rucksäcke und die Waffen. Aus Dar waren wir in olivgrünen Uniformen abgereist, die gelbe Uniform würde man uns im Kongo geben. Wir fuhren sehr früh morgens los, durchquerten Wüsten, Dschungel, von Osten nach Westen über Landstraßen und Dorfpfade, durch winzige Siedlungen hindurch. Der Che führte die üblichen Gespräche. Er sagte zu mir:
– Meine Güte, Doktor, du hast Angst, du hast Angst.
Ich schlief wie ein Verrückter, konnte mich nicht an die Zeitumstellung gewöhnen. Che machte Bemerkungen über die Armut, er sagte: »Hier muß noch viel getan werden.« Aber das war schwierig, hier gab es Frauen, wie ich sie bis dahin nur im Film gesehen hatte, aber nie aus der Nähe. Wir kamen durch ein Dorf, in dem die Leute wie Tiere aussahen. Auf der Fahrt aßen wir Konserven, aber wir hinterließen keine Spuren. Die leeren Dosen warfen wir auf den Lastwagen. Das war eine der Vorsichtsmaßnahmen, die getroffen wurden. Das einzige, was wir nicht auf dem Lastwagen machten, war scheißen.

Dreke: Die Fotos machten der Che und Papi.

Kumi: Ich machte ein Foto vom Lastwagen, es gibt andere, auf denen ich drauf bin, die hat Dreke gemacht.

Man lebt mit dem Gefühl, Geschichte zu machen. Daß dies der Anfang von etwas Großem sein könnte, das Ende von allem.

Rivalta: Der Che fuhr vorneweg. Ich fuhr hinterher als Rückendeckung. Die Fahrt dauerte ungefähr zwei Stunden oder etwas länger.

Kumi: Sicherheitsmaßnahmen, die der Che getroffen hatte, bevor wir Kigoma verließen: die Waffe laden aber nicht entsichern, nicht sprechen, nicht rauchen. Außerdem erklärte er uns, daß es nicht unser Ziel war, auf den Feind zu treffen, sondern daß wir uns einschleusen wollten.

Nane: Alle waren mit FALs ausgerüstet …

Dreke: FAL-Gewehre und UZI-Maschinengewehre. Außerdem hatten wir Waffen für die Compañeros dabei, die später übersetzen würden.

Kumi: Bemerkungen vor der Abreise: Verhaltensregeln, Respekt gegenüber der physischen und moralischen Integrität der Einheimischen, bei Mißachtung ein Kriegsgericht oder Ausschluß aus der Guerilla; Sinn für die Gleichheit jedes einzelnen zu entwickeln und dafür, daß keine Situationen der Privilegierung untereinander entstanden, alles würde zu gleichen Teilen aufgeteilt werden. Dort würde niemand mehr haben können als ein anderer, es sei denn aus besonders gerechtfertigten Gründen. Für mich galt das erst recht: wenn ich Anerkennung gewinnen wollte, das Vertrauen der Truppe, mußte ich ein treuer Wächter dieses Prinzips werden: Bescheidenheit; die Anzeichen von Arroganz oder Überheblichkeit niederkämpfen. Und noch etwas, das er sagte: »Derjenige, der einer Afrikanerin zu nahe tritt, muß natürlich für sie sorgen und wird aus der Guerilla ausgeschlossen.« Er fragte, wer in der Partei aktiv war. Ich sagte, ich sei es nicht. In einer Versammlung der Kerngruppe sagte er, daß er Neuzugänge im Verlauf der Operation erwarte.

DREKE: Mit uns kamen ein Fahrer und ein Afrikaner und zur Sicherheit ein weiterer Fahrer von uns, der die Strecke schon gefahren war. Wir kamen nachts in Kigoma an. Gegen acht. Wir wurden sofort zu einem großen Haus außerhalb des Ortes gebracht. Dort erwarteten uns einige Compañeros. In einer großen Hütte aßen wir zu abend. Dort bekamen wir auch die Uniformen.

RIVALTA: In Kigoma erwartete sie der Gesandte. Man brachte sie in einer Art kleinem Hotel unter. Chamaleso war mit ihnen gekommen. Ich hatte Anweisung zu überwachen, wie die Operationen abliefen, aber wie jemand von außerhalb. Selbst den Abmarsch von dem kleinen Hof sah ich nur von weitem. Schon in Kigoma dachte ich an die vielen Unbekannten: die Unkenntnis des Terrains zum Beispiel, einige Fragen zu den Führern der Befreiungsbewegungen selbst, die ich kannte. Meine Einschätzungen waren sehr schlecht. Diese Leute tranken, trieben sich mit Frauen herum. Und immerzu außerhalb vom Kongo selbst, entweder in Kigoma oder in Daressalam. Es waren Lebemänner, nicht Leute, die sich wirklich entschieden hatten, für die Befreiung zu kämpfen. Die tansanische Regierung zeigte mir die Ausgabenliste dieser Leute, der ganzen Befreiungsbewegung. Die Summen waren hoch, für Getränke, für Bordelle. Kabila machte, durch die Art, wie er redete, den Eindruck, als sei er ein großer Führer. Er war ein sehr beredter Mensch. Soumaliot dagegen kam mir persönlich ein wenig verlogen vor. Trotzdem schien Kabila intern wenig Rückhalt zu haben. Nur die Leute, die in Daressalam saßen, respektierten ihn.

Die Fahrt über den See

Am 23. April ist die Gruppe in dem kleinen tansanischen Ort Kigoma und wartet auf die Überfahrt.

CHE: Wir stellten fest, daß *[die kongolesischen Befehlshaber]* Passierscheine ausstellten, um von der Front hierher kommen zu dürfen. Dieses Dorf war ein Ruheplatz, und wer es erreichte, gehörte zu den Glücklichen, die fern von den Unwägbarkeiten des Kampfes leben konnten. Der unheilvolle Einfluß Kigomas mit seinen Bordellen, seinen Schnäpsen und vor allem dem sicheren Unterschlupf, den es bot, sollte von der revolutionären Führung stets unterschätzt werden.

Dreke: Kleinere Schwierigkeiten mit dem Boot; die Nachricht trifft ein, daß das Boot nicht funktioniert. Che wird ungehalten: »Wir müssen los, wir werden fahren, womit auch immer.«

Kumi: Ein Mercedes Benz und ein Zil-Lastwagen bringen uns zum Seeufer. Ein zweiter Wagen bildet die Nachhut. Der Lastwagen war schon bei mehreren Gelegenheiten liegengeblieben. Vernier, Oliva und noch ein dritter fuhren ihn. Wir wechselten uns ab, alle paar Kilometer wechselte einer vom Lastwagen auf den Benz. Ich fuhr im Benz mit, die ärztlichen Privilegien genießend. Wir reisten sehr ungemütlich.

Nane: Ein Motorboot erwartete uns. Es war ein mittelgroßer Kutter.

Dreke: Die Reise sollte von Kigoma in Tansania nach Kabimba im Kongo gehen, über den Tanganyika-See. Tshombés Militärpatrouillen fuhren ununterbrochen über den See. Die Überfahrt sollte zwischen sechs und sieben Stunden dauern, immer die Ufer entlang, den belgischen Söldnern ausweichend. Es war ein ziemlich kleines Boot, es hatte Platz für sechzehn oder siebzehn Personen. Man hatte den Eindruck, daß das Ding verteufelt bald auf Grund gehen würde. Es war keine zehn Meter lang. Am 23. April gegen neun oder zehn Uhr abends brachen wir auf. Auf dem See ließ es sich schlecht navigieren, Dunkelheit und hoher Wellengang. Das war ein Vorteil, denn möglicherweise würden Tshombés Truppen nicht patrouillieren. Es regnete. Der Che verteilte die Leute: »Zwei nach da, drei nach da.« Als wir an Bord des Bootes gingen, entfernte er die Prothese und gewann sein normales Aussehen zurück. In diesem Moment war der Che schon wieder der Che.

Kumi: Wir fuhren auf den See hinaus, der für einen solchen Kahn mit Außenbordmotor wie ein Meer war. Ungeheurer Wellengang. Die Überfahrt war nicht leicht. Tshombés Boote kreuzten umher, und unser Lotse verlor die Orientierung.

Dreke: Der Motor ging kaputt und sprang nicht mehr an. Dreimal heulte er auf, dann lief nicht mehr.

Kumi: Ein Motor fiel aus, und für eine Weile trieb das Boot ab, um ein Haar wären wir mit Tshombés Booten zusammengestoßen, ein anderer Motor wurde angebracht, es war wie Science Fiction, der Che begann sich Sorgen zu machen. Er war praktisch derjenige, der das Boot wieder in Marsch setzte.

Dreke: Der Che erinnert uns an die Bedingungen: fünf Jahre als Freiwillige, möglicherweise würden wir auf uns selbst gestellt bleiben, weil

Zentralafrika und das Operationsgebiet von 1965

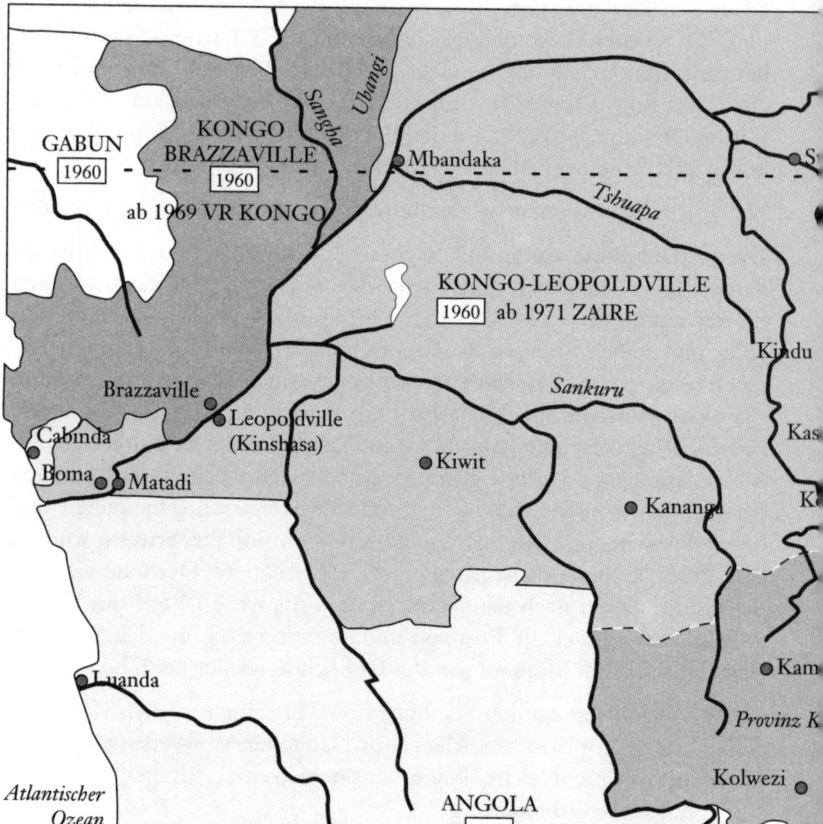

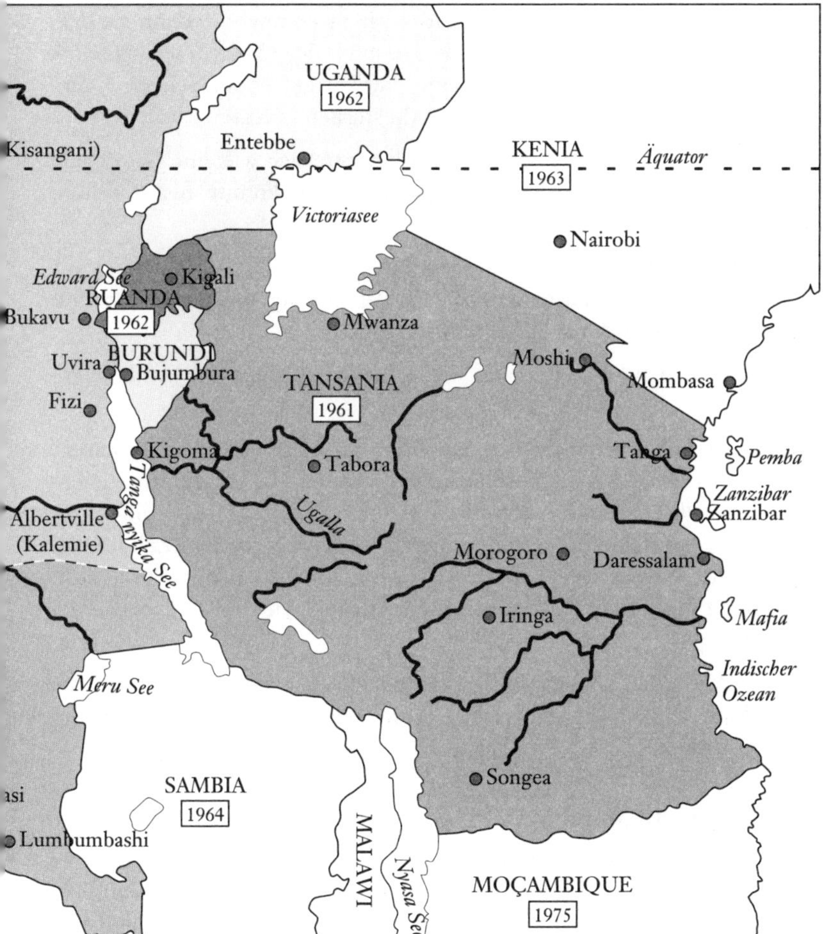
UGANDA
1962
Kisangani)
Entebbe
KENIA
1963
Äquator
Victoriasee
Nairobi
Edward See
Kigali
RUANDA
1962
Bukavu
Mwanza
BURUNDI
Uvira
Bujumbura
Moshi
Mombasa
TANSANIA
1961
Fizi
Kigoma
Tabora
Tanga
Pemba
Tanganyika See
Ugalla
Zanzibar
Zanzibar
Albertville
(Kalemie)
Morogoro
Daressalam
Iringa
Mafia
Meru See
Indischer
Ozean
Songea
SAMBIA
1964
Lumbumbashi
MALAWI
Nyasa See
MOÇAMBIQUE
1975

die anderen nicht herüberkommen könnten. »Auf geht's.« Wir überqueren den See in Gefechtsbereitschaft, bereit zu kämpfen. Aber wir müssen eine Begegnung vermeiden, »wenn wir mitten auf dem See aufeinanderstoßen, werden wir nicht ankommen«, sagte er.

Kumi: Bengalisches Feuer am Himmel, sie schienen uns anzeigen zu wollen, daß es nichts mit uns zu tun hatte, bloß ein Manöver war. Wenn sie uns hätten verfolgen wollen, hätten sie uns eingeholt, denn sie hatten Schnellboote. Auf der Fahrt fragte mich der Che, ob ich schwimmen könnte, und als ich nein sagte, antwortete er im Scherz: »Verdammt, schau nur, auf welche Weise du sterben wirst.«

Dreke: Ein Sturm kam auf. Das Boot bewegte sich wie eine Nußschale inmitten einer fürchterlichen Dunkelheit, man konnte nichts sehen, und wir durften kein Licht machen.

Kumi: Das Boot zog Wasser, wir wurden naß, schöpften das Wasser mit Eimern ab, hin und her geworfen vom Wellengang, das Wasser strömte herein, und wir verloren die Orientierung.

Nane: Wellen auf dem See. Für mich war es ein Meer, das wir da überquerten.

Dreke: Ein Moment kam, da glaubten wir, daß wir verloren wären. »Nein, nein.« Chamaleso erklärte dem Che die Haken, die wir steuerten. Sie wußten, wohin wir fuhren. Am Ende kreuzten wir die Küste entlang, um ans Ziel zu kommen. Das Boot hatte nur einen Zeltaufbau. Wenn die Wellen überschlugen, wurden wir alle naß. Mit Eimern schöpften wir ab. Der Che wiederholte uns, daß wir bald an Land gehen würden.

Kumi: Wir sahen Lichter in den Bergen und verstanden, daß dies das Signal war, daß wir uns der Küste nähern sollten. Das Zeichen derer, die uns erwarteten.

Landung in Kibamba

Dreke: Zwischen fünf und sechs Uhr morgens erreichten wir bei Kibamba die kongolesische Küste. Die Sicht war nicht besonders gut. Wir waren sehr nervös. Im Laufe der Tage in Tansania war von Fällen von Verrat und solchen Dingen die Rede gewesen. Als wir ankamen, war dort, wo wir die Anlegestelle vermuteten, niemand, um uns zu erwarten. Oben sahen wir einen hohen Bergrücken und es war sehr dunkel, nur irgendwo in der Ferne ein Lichtlein.

Ilanga: Über den See transportierten wir die Kranken und Gefangenen, Waffen, Ausrüstung. Eines nachts im April hörten wir das

Geräusch eines Außenbordmotors, unsere eigenen hatten wenig PS, diejenigen mit 80 oder 90 waren von der Armee. Aufgrund des Motorengeräusches schlossen wir, daß das Boot hierher kommt. Es wird Alarm gegeben, man glaubt, es sind Söldner, die auf uns zukommen. Der Chef sagt, wir sollen die Mörser und Kleinkaliber vorbereiten, chinesische und sowjetische. Es war im Morgengrauen, so gegen vier Uhr morgens. Die sicherste Art, sie zu überwältigen, war, die Landung abzuwarten. So gegen fünf legen sie an und beginnen von Bord zu gehen. Es war ein Kahn mit 120-PS-Motoren. Sie sagen, sie seien Kubaner, die gekommen seien, um zusammen mit uns zu kämpfen.

DREKE: Um ein Haar wäre das Boot gestrandet. Es gab keinerlei Anleger am Ufer von Kibamba, doch wir mußten an Land gehen. Ich sprang als erster, dann Julián, Chibás. Wir ließen nicht zu, daß der Che als erster von Bord ging. Wir sprangen ins Wasser und schwammen einige Meter, bis wir festen Grund erreichten. Es nieselte. Alles nach der Devise, mal sehen, was passiert. Unsicherheit und Gespanntheit. Leute, die uns nicht kennen, eine Sprache, mit der niemand umgehen kann. Angst vor einem versehentlichen Schußwechsel. Einer von ihnen ruft endlich von der Küste herüber. Chamaleso sagt: »Das Lager ist dort oben. *Timbea mindi mindi*« (es ist weit).
Papi bleibt mit dem Che zurück. Ich gehe voraus und versuche, ein Stück den Hügel hinaufzusteigen. Sie fangen an zu rufen, und irgendjemand antwortet, auf einmal kommen die Leute aus dem Dickicht hervor. Wir erreichen eine Hütte, die fast in sich zusammenfällt, und setzen uns.

CHE: Überraschte Soldaten mit guter Infanterieausrüstung, die sehr weihevoll eine kleine Ehrenwache für uns abhielten.

KUMI: Ein Haufen gelbgekleideter Kongolesen erwartete uns. Die Chinesen hatten ihnen Uniformen gegeben, die so ähnlich wie ihre eigenen aussahen. Die kongolesischen Guerilleros der Armée Populaire de Libération empfingen uns mit Schlachtrufen und Gesängen. Das einzige Mal, daß wir sie martialisch erlebt haben. Einer ihrer Anführer empfängt uns, er spricht französisch.

ILANGA: Kibamba liegt auf dem Hang eines Hügels, der nach fünfhundert Metern Sand im Wasser endet. Das erste Lager liegt auf einer Klippe nach weiteren fünfhundert Metern, über dem Kibamba-Fluß.

DREKE: Dichter Dschungel, auch tagsüber wußtest du nicht, wo du hingehen mußtest. Wir befürchteten Schlangen. Wir stellten Posten auf. An drei Punkten, Kubaner und Kongolesen. Die gute Bewaffnung der Kongolesen überraschte uns. Es wurde Zeit zum Frühstücken. Sehr nett, die Leute. Freundlich und ein wenig mißtrauisch. Ich kehre zurück und informiere den Che. Der Che war etwas außer Atem, er holte den Asthma-Apparat hervor und inhalierte zweimal. Wir aßen Maniok und *bucale* (ein überreifer Maniok, der mit einem Stock geklopft wird, bis er weich wie Brotteig ist). Wir verteilten eine Dose Milch und Zigarren für die Raucher.

Wir stellen uns vor: Ich bin Moja, der Chef, und der Che ist der kubanische Arzt und Übersetzer, und M'bili der Assistent und Sanitäter. Sie hören die Namen, und es sind ihre Zahlen auf Kisuaheli. Den Chef des kongolesischen Lagers nennen sie Kapitän. Die Zone nannten sie »Seeverteidigung«. Uns überraschte, daß keine Wachen aufgestellt worden waren.

Klima und Terrain

Freddy: Der Che kam in der Trockenzeit an. Tagsüber warme Temperaturen, nachts sehr kalt, von 24 bis 26 Grad herunter auf 12 Grad.

Che: Die geographische Umgebung, in der wir nun zu leben hatten, wird dominiert von der großen Talsohle, die vom Tanganyika-See ausgefüllt wird, der ungefähr 35.000 Quadratkilometer Oberfläche und eine durchschnittliche Breite von 50 Kilometern besitzt. Er ist es, der Tansania und Burundi von kongolesischem Gebiet trennt; auf jeder Seite der Senke gibt es eine Bergkette, die eine gehört zu Tansania und Burundi, die andere zum Kongo. Letztere besitzt eine durchschnittliche Höhe von 1500 Metern über dem Meeresspiegel (der See liegt in einer Höhe von 700 Metern), sie erstreckt sich von der Umgebung von Albertville im Süden über das Kampfgebiet hinweg und verliert sich hinter Bukavu im Norden, offenbar in Dünen, die in die tropischen Urwälder übergehen. Die Breite der Kette ist unterschiedlich, aber für unsere Umgebung können wir sie auf durchschnittlich 20 bis 30 Kilometer schätzen; es gibt zwei weitere, noch höhere Bergrücken, steil und waldig, eine im Osten und eine im Westen, zwischen denen ein gewelltes Hochplateau eingeschlossen ist, das in den Tälern für die Landwirtschaft und Viehzucht geeignet ist, der sich vor allem die Hirten der ruandischen Stämme widmen, die traditionell Rinderzucht betreiben. Im Westen fällt die Bergkette steil zu einer Ebene von 700 Metern Höhe ab, die zum Becken des Kongo-Flusses gehört. Diese gehört zu den Savannen, mit tropischen Bäumen, Grasflächen und einigen natürlichen Weiden, die die Geschlossenheit des Waldes aufbrechen; auch der Wald in der Nähe der Berge ist nicht von dichtem Wuchs, aber nach Westen hin, in der Gegend von Kabambare, bekommt er ganz und gar tropische, geschlossene Züge.

Die Berge steigen vom See auf und geben dem ganzen Gelände ein wechselhaftes Gesicht; es gibt kleine Ebenen, die sich für Invasionstruppen als Anleger und Unterschlupf anbieten, aber die nur sehr schwer zu verteidigen sind, wenn nicht zugleich die Höhen besetzt werden. Die Kommunikationswege zu Lande enden im Süden in Kabimba, wo eine unserer Positionen lag, im Westen verlaufen sie längs der Berge über die Route Albertville-Lulimba-Fizi, und von letzterem Punkt aus weiter nach Bukavu, entweder über Muenga oder die Küste entlang über Baraka und Uvira. Hinter Lulimba dringt der Weg in die Berge vor, ein geeignetes Gelände für Hinterhalte, genauso wie, wenn auch in geringerem Maße, die Strecke, die durch die Ebene am Kongo-Fluß verläuft.
Die Regenfälle sind sehr häufig, es regnet täglich in der Zeit zwischen Oktober und Mai und fast überhaupt nicht zwischen Juni und September, auch wenn in diesem letzten Monat wieder vereinzelte Niederschläge beginnen. In den Bergen regnet es immer, doch weniger häufig in den Trockenmonaten.

In Kibamba

Che: In einem ermüdenden Anstieg *[erklommen wir]* einen Berg, der für uns aufgrund des vollkommenen Mangels an Vorbereitung besonders hart war.

Dreke: Wir richteten uns ein, es gab dort zwei kleine Hütten aus Stroh, nicht aus Stroh und Lehm wie in Kuba. Der Che zieht in die eine Hütte, wir sind zu vierzehnt, die ersten, die angekommen sind. Wir stellten eine Wache auf und machen eine Erkundung von drei Kilometern in verschiedenen Richtungen, um die Lage der Basis einschätzen zu können. Darauf kehren wir zurück, mit den Kongolesen, die uns begleiten, um Tatu Bericht zu erstatten, ihn zu informieren, daß es keine feindlichen Bewegungen gab.
Tremendo Punto ebnete uns den Weg, er sprach Kisuaheli, zu diesem Zeitpunkt war er der einzige Übersetzer. Unser Vorgehen war, den Durchlaß zu kontrollieren, um zu verhindern, daß jemand unbefugt zu dem Ort vordringen konnte, an dem sich der Che aufhielt. Wir hatten für das Leben des Che einzustehen. Ein Frühstück wurde bereitet, mit heißem Wasser und einem großen Stumpen eingekochtes Maniokmehl; daraus machen sie eine Art Klöße und geben alle möglichen Suppen dazu, Hühnchen, oder einfach diese Klöße mit viel Pili-Pili. Wir öffneten einige Konserven. Wir tauschten untereinander.
Wachwechsel. Bei Tagesanbruch hielten der Che, Papi und ich eine erste Beratung ab. Wir einigten uns auf eine sofortige Auskundschaftung der nächstgelegenen Orte. Daraufhin fand eine Versammlung mit den

Kongolesen statt, um genau zu erfahren, wo sie ihre Lager hatten. Wir besaßen keine exakte Kenntnis von einer derart umfangreichen Präsenz von Ruandern, obwohl sie uns darüber informiert hatten, daß seit einiger Zeit Ruander bei ihnen waren. Sie sprachen über den Mangel an Ausbildern und sagten, daß sie viertausend Mann hätten.

CHE: Die ersten Personen, mit denen ich Bekanntschaft machte, waren Emmanuel Kosebubaba und Kiwe, die sich als Offiziere des Generalstabs vorstellten, der erste als Verantwortlicher für Verpflegung und Bewaffnung, der zweite für Information. Es waren zwei redselige und herzliche Burschen, die mir durch das, was sie sagten, und das, was sie ausließen, schnell eine Vorstellung von den im Kongo herrschenden Spannungen verschafften. Später rief mich Tremendo Punto zu einer Versammlung, an der diese Compañeros nicht teilnahmen, sondern stattdessen eine andere Gruppe, bestehend aus dem Befehlshaber der Basis und den Anführern einiger Brigaden; dem Chef der ersten Brigade, Oberst Bidadila, der die Front von Uvira leitete, dem Oberstleutnant Lambert in Vertretung des Generals Moulane, der die zweite Brigade kommandierte, sowie, stellvertretend für eine dritte Brigade, die, wie man mir sagte, möglicherweise in der Zukunft zustandekommen würde, Ngoja André, der in der Gegend von Kamambale kämpfte. Tremendo Punto, sehr bewegt, schlug vor, daß Moja als offizieller Chef unserer Kräfte an allen Versammlungen und Entscheidungen des Generalstabs gemeinsam mit einem weiteren Kubaner teilnehmen sollte, den er selbst ernennen könnte; ich beobachtete die Gesichter der Umstehenden und konnte ihnen keine Zustimmung zu diesem Vorschlag ablesen; es schien, als genösse Tremendo Punto keine besondere Sympathie bei den Chefs.

Der Grund dafür war, daß die einen aus dem Landesinneren kamen, und Chamaleso ein Funktionär war, der mehr im Ausland gearbeitet hatte. Der Vorschlag wurde nicht zur Kenntnis genommen.

CHE: Der Oberstleutnant Lambert, sympathisch, mit feierlicher Miene, erklärt mir, daß die Flugzeuge für sie keine Bedeutung hätten, da sie im Besitz der *dawa* wären, einem Medikament, das einen gegen Kugeln unverwundbar machte.
– Mich haben sie schon mehrere Male getroffen, doch die Kugeln fallen ohne Wirkung zu Boden.
Bald wurde mir bewußt, daß er es ernst gemeint hatte.
Diese *dawa* richtete bei der militärischen Vorbereitung einiges an Schaden an. Das Prinzip ist folgendes: eine Flüssigkeit, in der Kräuterextrakte und andere magische Materialien aufgelöst sind, wird auf den Kämpfer ausgeschüttet, über den einige kabbalistische Zeichen gemacht wer-

den und dem, fast immer, ein Aschefleck auf die Stirn gemalt wird; nun ist er geschützt gegen jede Art von feindlichen Waffen (obgleich dies auch von der Macht des Hexers abhängt), doch er darf keinen Gegenstand berühren, der ihm nicht gehört, auch keine Frau, er darf auch keine Angst verspüren, auf die Gefahr hin, den Schutz zu verlieren. Die Lösung für jedwedes Versagen ist schnell gefunden, ein toter Mann: ein Mann, der Angst gehabt, gestohlen, mit einer Frau geschlafen hat; ein verletzter Mann: ein Mann, der Angst gehabt hat. Und weil die Angst die Aktionen im Krieg begleitet, fanden es die Kämpfer nur natürlich, die Verwundungen der Furcht zuzuschreiben, das heißt, dem Mangel an Glauben. Und die Toten reden nicht, ihnen kann man alle drei Verfehlungen anhängen.
Der Glaube ist so stark, daß niemand ins Gefecht geht, ohne daß ihm zuvor die *dawa* gemacht worden ist. Ich habe immer befürchtet, daß dieser Aberglaube sich gegen uns wenden würde, und daß sie uns bei einem fehlgeschlagenen Gefecht mit vielen Toten die Schuld daran geben würden, also suchte ich mehrere Male das Gespräch mit verschiedenen Verantwortlichen, in der Absicht, dem Aberglauben entgegenzuarbeiten. Es war unmöglich; es ist ein wesentlicher Bestandteil ihres Glaubens. Die politisch am weitesten Entwickelten sagen, daß es eine natürliche, materielle Kraft sei, und daß sie, als dialektische Materialisten, die Macht der *dawa* anzuerkennen hätten, deren Geheimnisse die Hexer des Dschungels beherrschten.

KUMI: Wir quartierten uns in dieser Basis in Kibamaba ein. Wir hatten eine Hütte, die von den Einheimischen errichtet worden war, dort schliefen Dreke und ich, und er in einer Hängematte.

Ich bin der Che

Am Tag nach der Ankunft findet ein Gespräch mit Chamaleso [Tremendo Punto] statt, und Che eröffnet diesem seine Identität.

CHE: Die Reaktion war niederschmetternd. Er wiederholte die Sätze: *»Internationaler Skandal«* und *»daß es bloß niemand erfährt, daß es bloß niemand erfährt«*. Wie ein Blitz war das in einen heiteren Tag eingeschlagen, und ich fürchtete die Konsequenzen.

Tremendo Punto bricht in dieser Nacht nach Tansania auf, um Kabila zu berichten, daß der Che im Kongo sei. Die Gelegenheit der Reise wird benutzt, um Mechaniker für die Motoren anzufordern.

DREKE: Chamaleso wird informiert, weil der Che von ihm einen guten Eindruck gewonnen hat. Er ist der einzige, dem wir einstweilen vertrauen können, der einzige, der hier Bescheid zu wissen scheint.

Doch entgegen seiner eigenen Aufrufe zur Diskretion vertraut Chamaleso die Nachricht nur wenig später Ilanga an.

ILANGA: Sie sagten zu mir: »Das ist der Che«. Mir hätten sie ebenso gut irgendetwas erzählen können.
– Hast du gehört, was ich gesagt habe? Stillschweigen oder du wirst erschossen. »Wer zum Teufel ist dieser Che, daß sie mir mit Erschießen drohen?« fragte ich mich.

Der Kongo sollte als Basis dienen ...

DREKE: Der Che hatte uns eine vage Vorstellung von den Vorbereitungsgesprächen mit den Kongolesen in Algier gegeben. Er war ziemlich verwegen, er sagte, in den Gesprächen habe er keine präzisen Daten über die Lage des bewaffneten Kampfes bekommen können. »Den Rest erfahren wir vor Ort.«
Die Kongolesen waren vorbereitet auf die Kubaner, aber mit ihm hatten sie nicht gerechnet. Ich vermute, daß der Che sich selbst in das Projekt einbezog, nachdem er schon die Vorbereitungsarbeit gemacht hatte. Und das geschah entgegen seiner ursprünglichen Idee, in Argentinien weiterzukämpfen. Die Ermordung Lumumbas und die allgemeine Situation im Kongo brachten den Che auf den Gedanken, diese Guerilla zu unterstützen. Er verfolgte eine doppelte Absicht: eine Gruppe für Lateinamerika vorzubereiten und einen dritten Fokus im Kongo aufzubauen (Vietnam, Amerika und Afrika). All diese Ideen will er selbst umsetzen. In Afrika schien es einfacher als in Amerika. Nicht allein im Kongo, es war offensichtlich, daß es auch in Guinea-Bissau brannte. Das erkannte der Che, als er Amílcar Cabral kennenlernte ... »Es ist der richtige Moment, sich nach Afrika aufzumachen.«
Auf Gesuche verschiedener Befreiungsbewegungen hin kämpften Gruppen aus Kuba auch in anderen afrikanischen Ländern. Wieso wir im Kongo? Wieso nicht in Angola, Moçambique oder Guinea? Weil uns die objektiven Bedingungen im Kongo geeignet schienen. Vor nicht langer Zeit war es zum Massaker von Stanleyville gekommen. Die Situation war anders als in den portugiesischen Kolonien, wo der Kampf erst anzufangen schien. Für den Kongo sprachen zwei Bedingungen: daß sie uns von Brazzaville aus um Hilfe ersucht hatten und daß es im ehemaligen Belgisch-Kongo ein enorm großes Gebiet gab, das eine mit Waffen aus China und der Sowjetunion gut versorgte Guerilla befreit hatte. Selbst die geographischen Bedingungen waren gut. Warum also sagte er den Kongolesen nicht von Beginn an, daß er mitfahren würde? Nun, es wäre recht gefährlich gewesen, das offen anzukündigen: Sie waren desorganisiert, es gab undichte Stellen. Sie hätten wahrscheinlich

sogar selbst nein gesagt, wenn sie gewußt hätten, daß der Che mitkommen würde. Monate später, als der Che das Dokument für die Trikontinentale abfaßte, gab er immer noch dem Kongo und Guinea-Bissau den Vorzug. Damals schaute die ganze Welt auf den Kongo.

Rivalta: Bevor er selbst in den Kongo kam, sprach der Che mit mir über das, was er beabsichtigte. Der Kongo sollte als Basis dienen, das heißt als Zündschnur, um die Revolution in alle afrikanischen Länder zu tragen, und vor allem war er auch strategisch für Südafrika von essentieller Bedeutung. Der Kampf, die Ausbildung und Aktivierung der Befreiungsbewegung im Kongo würde so allen Ländern, insbesondere Südafrika nützen. Das war seine Vorstellung. Die vertrat er mit großem Nachdruck, als er auf dem Treffen mit den Führern der afrikanischen Befreiungsbewegungen statt der Ausbildung auf Kuba, die sie sich, neben Geld, gewünscht hatten, für die direkte Ausbildung im Kongo plädierte, unmittelbar in ihrer Nähe. Der Mehrheit auf diesem Treffen gefiel das gar nicht, denn in Wahrheit wollten sie aus dem Kongo raus, nicht wieder in den Kongo hinein.

Videaux: Ich glaube, daß Tatu bei seiner ersten Reise durch Afrika die Einschätzung gewonnen hatte, daß trotz aller vorhandenen Schwierigkeiten die objektiven Bedingungen im Kongo gegeben waren. Es gab Aspekte, die diesen zuwiderliefen: daß die Führer außer Landes waren (nicht, weil sie es so gewollt hätten, es gab auch dafür eine Erklärung, obwohl wir in der Hitze des Moments manchmal etwas vorschnell ein Urteil fällten), und andere, die sie begünstigten: die gespannte Stimmung aufgrund des Todes von Lumumba, die Reaktionen auf das Massaker von Stanleyville, wo man nach zwei oder drei Stunden knietief in Blut watete. Nach all diesen Grausamkeiten, die vom 52. belgischen Kommando verübt worden waren, waren viele Stadtguerilleros aufs Land gegangen. Sie verfügten über eine große Menge chinesischer und sowjetischer Waffen, konnten aber nicht damit umgehen. Sie hatten keine Ausbildung, aber die menschliche Masse war da. Der Che betonte immer wieder die Wichtigkeit der Ausbildung, denn wenn man diese Menschenmasse erst einmal geformt haben würde, wäre die Grundlage für den Sieg schon gelegt.

Warten in Kibamba

In Kibamba macht Che seinen ersten militärischen Vorschlag.

Che: Hundert Mann in Gruppen von nicht mehr als zwanzig aufteilen und allen eine Grundausbildung in Infanterie, technischen Vorbereitungen (vor allem Ausheben von Schützengräben), Nachrichtenübertragung und Geländeerkundung geben, entsprechend den Möglichkeiten und den Mitteln vor Ort, ein Programm von vier bis fünf Wochen aufziehen und die Gruppen unter dem Kommando von M'bili in Aktion treten lassen. Danach alle wieder zur Basis zurückkehren lassen und diejenigen auswählen, die sich als geeignet erwiesen haben. Unterdessen hätte man schon die zweite Gruppe in der Ausbildung, und wenn die erste von der Front zurückgekehrt wäre, würde die nächste aufbrechen. Auf diese Weise könnte die notwendige Auswahl gleichzeitig mit der Ausbildung der Männer stattfinden. Ich erklärte ihnen noch einmal, daß wir aufgrund der Art und Weise der Rekrutierung davon ausgehen müßten, daß von hundert Mann lediglich zwanzig als geeignete Soldaten übrigbleiben würden, und von diesen höchstens zwei oder drei in Zukunft Führungsaufgaben übernehmen könnten, um eine bewaffnete Einheit ins Gefecht zu führen. Wie so oft im Verlauf dieses Krieges bekamen wir eine ausweichende Antwort. Man bat mich, den Vorschlag schriftlich abzufassen. So geschah es, aber niemals erfuhr ich vom weiteren Verbleib dieses Papiers. Wir bestanden weiterhin darauf, in die Berge zu marschieren und in der oberen Basis mit der Ausbildung zu beginnen. Wir rechneten mit einer Woche für die Ausstattung der Basis, um daraufhin die Arbeit in einem gewissen Rhythmus aufzunehmen, und warteten lediglich darauf, daß das einfache Problem des Ortswechsels gelöst würde. Doch wir konnten nicht abmarschieren, weil der Befehlshaber noch nicht eingetroffen war; es hieß abwarten, denn: »Wir befinden uns in wichtigen Besprechungen.«

Die Zeit vergeht, und Che ist irritiert. Eines Tages gibt er Moja/Dreke den Befehl, den in der Nähe gelegenen Berg von Luluaburg zu erkunden, wo eine permanente Basis eingerichtet werden sollte. Unter dem Vorwand, Marschübungen zu unternehmen, versuchten sie herauszufinden, was dort vor sich ging. Starr vor Kälte und völlig durchnäßt kehrten sie zurück, unterwegs waren sie Nebel und ständigem hartnäckigem Regen ausgesetzt gewesen.

CHE: Sie waren dabei, ein Haus zu bauen, für uns, wie sie sagten, und dies würde noch einige Tage dauern. Geduldig erklärte ich ihnen, daß wir dabei mitarbeiten wollten.

In diesen Tagen führt Che mehrere Gespräche mit Kiwe, in denen dieser ihm seine allesamt sehr negativen Eindrücke von den Revolutionsführern schildert; er berichtet von Olenga, der sich jedesmal selbst befördert, wenn er ein Dorf erobert hat, vom Präsidenten Gbenye, einer völlig dubiosen Gestalt.

CHE: Im Laufe dieser Tage entstand das Bild eines Gbenye, der eher dazu geeignet schien, eine Diebesbande anzuführen als eine revolutionäre Bewegung.

Kiwe erzählt dem Che seine Version von Gbenyes Beteiligung an der Gefangennahme und Inhaftierung von Gizenga, den Mordversuchen an Mitoudidi und über die Verbindungen zur Botschaft der Yankees in Kenia. Er spricht auch vom Obersten Pasacasa [dem Repräsentanten von Mulele], der bei einer Schägerei zwischen Genossen in Kairo ums Leben gekommen ist. Kiwe spricht auch schlecht von Gizenga, den er als linken Opportunisten beschreibt, der »alles über den legalen politischem Weg erreichen will«.

CHE: Und die Tage vergingen. Über den See kreuzten verschiedene Boten, die eine sagenhafte Fähigkeit besaßen, alle Nachrichten durcheinanderzubringen, oder Kämpfer auf Urlaub, die mit irgendeinem Passierschein nach Kigoma fuhren. Außerdem arbeitete ich in meiner Eigenschaft als Arzt (Epidemiologe), die mir, Äskulap möge mir verzeihen, das Recht gibt, nichts von Medizin zu verstehen, für einige Tage mit Kumi in der ambulanten Station, wo ich einige alarmierende Dinge beobachten mußte. In erster Linie die Vielzahl von Geschlechtskrankheiten, hervorgerufen zum Großteil durch Ansteckung in Kigoma. In diesem Moment beunruhigte mich weniger der hygienische Zustand der Bevölkerung oder der Prostituierten von Kigoma, aber sehr wohl, daß sie derart viele Männer anstecken konnten (...). Wer bezahlte diese Frauen? Mit welchem Geld? Wofür wurde das Geld der Revolution ausgegeben? Ebenfalls hatten wir gleich von Anfang an Gelegenheit, einigen Fällen von Alkoholvergiftung beizuwohnen, hervorgerufen durch den berühmten *pombe*. Der *pombe* ist ein Schnaps, der aus Maismehl und Maniok gebrannt wird; die Gärung ist zwar nur gering, aber destilliert kommt ein Schaps mit bedrohlichen Auswirkungen heraus, weniger seiner Stärke ist als der zahllosen Verunreinigungen wegen, die aufgrund der rudimentären Destillierungsmethoden zustandekamen.

Es gab Tage, an denen das Lager im *pombe* und seinen Folgeerscheinungen regelrecht versank: Schlägereien, verschiedenste Vergiftungen, Disziplinlosigkeiten usw.

Die ambulante Station begann bald auch von Bauern aus der Umgebung besucht zu werden, die durch Radio Bemba Nachricht über die Anwesenheit von Ärzten in der Gegend bekommen hatten. Unsere Ausstattung mit Medikamenten war ärmlich, aber zu unserer Rettung traf eine Sendung sowjetischer Medikamente ein, obwohl diese nicht für die Behandlung der Zivilbevölkerung vorgesehen waren, wie es gewöhnlich der Fall ist, sondern um die Bedürfnisse einer kriegsführenden Armee zu decken, aber selbst dafür wäre das Sortiment nicht ausreichend gewesen (...).

Ich nahm persönlich an der Ausgabe der sowjetischen Medikamente teil, bei der es wie auf einem Jahrmarkt zuging; jeder einzelne Vertreter

der bewaffneten Gruppen kramte Zahlen hervor und führte Ereignisse und Gründe an, derentwegen er größere Mengen von Medikamenten benötigte; einige Male kam es zu heftigen Zusammenstößen, als ich verhindern wollte, daß bestimmte Medikamente und Spezialgeräte völlig nutzlos an die Fronten verschwinden. Man jonglierte mit sagenhaften Zahlen über die Truppenstärke, einer meldete tausend, der nächste zweitausend, und so fort. (...)
Die Sendungen mit Waffen und wichtiger Ausrüstung waren fortwährend unvollständig; Kanonen und Maschinengewehre, denen die Munitionsbatterie oder entscheidende Teile fehlten, andere Gewehre, die mit falscher Munition eintrafen, Minen ohne Zünder, all dies war beim Nachschub aus Kigoma selbstverständlich.

Rivalta: Außer Kuba, der Sowjetunion und der tansanischen Regierung schickten auch die Chinesen Hilfe, vor allem in Form von Waffen, die Sowjets schickten eher Medikamente und Waffen, bei denen aber Teile fehlten.

Nach Ches Ansicht lag die Schuld für das Organisationsdesaster bei der kongolesischen Befreiungsarmee.

Che: (...) am Strand lagen Nahrungs- und Waffenreserven herum, alles durcheinander in einem fröhlichen und brüderlichen Chaos. Mehrere Male versuchte ich zu erreichen, daß sie uns das Lager organisieren ließen. Ich riet ihnen vor allem dazu, einige Waffen und Munitionstypen wie die Bazooka-Granaten oder die Mörser von dort zu entfernen, aber es war praktisch unmöglich, auch nur das geringste zu organisieren.

Gerüchte über Gerüchte von der anderen Seite des Sees; man erwartet die Ankunft von Mitoudidi. Nachrichten von der Konferenz in Kairo treffen ein, vom dortigen Triumph der kongolesischen Revolutionäre. Kabila blieb noch eine Weile länger dort, um sicherzugehen, daß das Beschlossene auch umgesetzt würde, außerdem mußte er sich eine Zyste operativ entfernen lassen, was ihn noch länger zurückhielt.

Che: Es mußte etwas geschehen, um eine absolute Tatenlosigkeit abzuwenden.

Man begann im Lager mit Unterricht in Französisch, Kisuaheli und allgemeiner Kultur.

Che: Unsere Moral war weiterhin gut, aber allmählich setzte unter den Compañeros, die zusehen mußten, wie die Tage nutzlos verstrichen, das Murren ein; und über uns kreiste das Gespenst des Fiebers, das auf die eine oder andere Weise über uns alle herfiel, ob in Form von Malaria oder irgendeines anderen tropischen Fiebers. Mit Fiebermitteln ließ es nach, doch blieben Folgeerscheinungen wie allgemeines Unlustgefühl, Appetitlosigkeit, Schwäche, die das ihre dazu beitrugen, den aufkommenden Pessimismus der Truppe zu verstärken.

Während an den Fronten allgemeine Passivität herrscht, behandelten Che und Kumi Schußverletzte, die bei Spielereien und Saufgelagen verunglückt waren.

KUMI: Che sang Tangos. Ich war sehr überrascht. Er las viel: ausgewählte Werke von Martí, ausgewählte Werke von Karl Marx, die Marx-Biographie von Mehring (ich habe sie nach ihm ebenfalls gelesen), das *Kapital*. Außerdem las er die eintreffenden Zeitungen und Zeitschriften. Er hatte ein Französisch-Kisuaheli-Wörterbuch, das wie ein Notizblock aussah.
Seiner Einschätzung nach war es an der Zeit, sich mit irgendetwas zu beschäftigen, und so organisierte er die medizinische Betreuung, die das erste überhaupt war, das irgendwann funktionierte. Wir hielten Sprechstunden ab. Aber wie? Wo? Mit welchen Medikamenten? Aspirin, Chloroquin, fieberdämpfende Mittel. Mehr gab es nicht. Damals, in der Sierra, hatte ich nicht mal das.

ILANGA: Wir Kongolesen dachten, Dreke sei der Chef, doch ich bemerkte, daß alle vor Tatu den größten Respekt hatten, selbst Dreke beriet sich immer mit diesem Mann, der ein spröder Typ war, ohne autoritär zu sein.

Che Guevaras Leiche liegt im Keller einer Fabrik in Las Vegas

Gerüchten zufolge, die Jahre später in brasilianischen Zeitungen erschienen, war Che in jenen Tagen im Mai '65 in Kolumbien, Peru, Chile, Argentinien, Brasilien, Uruguay, einmal sogar in einer psychiatrischen Klinik in Mexiko-Stadt. In sechs verschiedenen Zeitungen aus verschiedenen Ländern wurde im Laufe des Jahres 1965 sein gewaltsamer Tod gemeldet. Die eigenartigste war wohl jene, nach der sich seine Leiche im Keller einer Fabrik in Las Vegas, der Welthauptstadt des Glücksspiels, befinden sollte. Darüber, wie sie dorthin kam, wer ihn getötet hatte oder um was für eine Fabrik es sich handelte, gab die Meldung nicht allzuviel Aufschluß.

Weitere Kubaner treffen ein

DOGNA: Raúl Castro, der Verteidigungsminister, verabschiedete uns bei unserer Abreise aus Kuba. Ohne Zwischenlandung flogen wir von Kuba nach Moskau, von dort weiter in die Tschechoslowakei, ohne irgendwelche Probleme unterwegs. In der Tschechoslowakei wurden wir von einem empfangen, den sie »den Lahmen« nannten. Er hinkte tatsächlich. Danach ging es weiter nach Frankreich. Einige Compañeros sollten uns dort empfangen, aber sie waren nicht da. Wir übernachteten dort und flogen am nächsten Tag weiter nach Nairobi. Und von Nairobi weiter nach Tansania. In Daressalam erwartete uns der Botschafter, alles verlief ohne Probleme.

KAHAMA: Wir verließen Dar am 4. Mai, um 8 Uhr 25, nachdem wir sieben Tage auf weitere Leute gewartet hatten. Achtzehn Compañeros: Terry, Pichardo, Ramón, Diego, Revé, Manuel Pérez, Alejandro, Eddy, Emilio, Lucio, Amado, Armando, Mena, Arcadio (Dogna), Alfredo. Eine Reise von vier Tagen. Morgens um halb vier trafen wir am See ein.

KUMI: Weitere Compañeros trafen ein, doch es gab immer noch keine Anzeichen für eine bevorstehende Aktion. Es war gespenstisch, wir hatten am ersten Tag eine Organisation gesehen, die gar nicht existierte.

Am 8. Mai treffen 18 Kubaner unter der Führung von Aly [Santiago Terry] im Lager von Kibamba ein, sowie der hohe kongolesische Funktionär Leonard Mitoudidi, der aber unmittelbar darauf nach Kigoma zurückkehren muß, um Waffen zu besorgen. Die Gruppe macht einen guten Eindruck:

CHE: Selbstbewußt, seriös und gut organisiert.

KUMI: Ferner trafen Octavio de la Concepción, ein Haitianer, und weitere kubanische Ärzte ein.

RIVALTA: Aly, der mit der zweiten Gruppe gekommen war, prahlte schon bei der Ankunft mächtig herum, »wenn es ihn schon ausgerechnet nach Afrika verschlagen hätte, würde er dort auch mal ordentlich aufräumen.« Und dann begann er über alles mögliche zu reden, über Vorgesetzte, und plötzlich fängt er auch noch an, mit mir über den Che zu quatschen. Und ich dachte mir: »Schau dir den an, mir fallen gleich die Ohren ab, der weiß nicht mal, wo er eigentlich hingeht und daß er da den Che treffen wird.« Und ich gebe Aly den Rat: »Paß auf, warum quatscht du soviel über andere Leute?« Außerdem schicke ich eine Notiz an den Che. Und später schickte mir der Che eine Antwort, in der er mir schrieb: »Hör mal, derjenige, der sich bei dir wie ein Löwe aufgeführt hat, der in Afrika ordentlich aufräumen wollte, hat sich bei uns sehr gut eingefügt.« Aber was der Che außerdem noch tat, er sagte es Aly. Und damit hatte ich mir einen ganz schönen Ärger eingehandelt. Später erklärte ich Aly, was ich alles gesagt hatte, und erinnerte ihn daran, was er gesagt hatte. Schließlich blieben wir Freunde, und ich sagte zu ihm: »Schau, du hast einen Fehler gemacht, wie kannst du mitten in dieser Aktion anfangen rumzuprahlen?« Er war noch wüster als der Che. Der Bericht, der später über ihn eintraf, war großartig. Er handelte ohne zu zögern, ein glänzender Kämpfer. Terry war wie »El Vaquerito«: erst sprach er über Dinge und dann tat er sie. So war er.

Dogna: Wir stiegen lange, lange bergauf, über einen Pfad, der selbst für eine einzelne Person sehr schmal war. Eine üble Schinderei, bepackt mit Getreide, Bohnen, Reis. Alle paar Meter mußten wir ausruhen. Wir brachen gegen zehn Uhr morgens auf, bis wir die Böschung erreichten, war es zwei Uhr nachmittags: wir waren vier Stunden marschiert, über einen schlechten Weg und mit Gepäck auf dem Rücken.
Nachdem wir in der Basis unser Gepäck abgeladen hatten, gingen wir zu den anderen Compañeros. Ich dachte, daß wir auf Ameijeiras treffen würden. Aber es war der Che, der uns allen die Hand gab und uns umarmte. Damals wußten wir nicht, daß wir auf den Che treffen würden. Obwohl Fidel uns schon in Kuba gesagt hatte, daß es ein Mann sein würde, der sein absolutes Vertrauen besaß. »Ihr werdet noch motivierter sein, wenn ihr ihn seht.«

Die Ankunft Mitoudidis macht Che wieder Mut, obwohl dieser fast augenblicklich abreisen muß, um einen Waffentransport von Kigoma vorzubereiten. Mitoudidi war ein Universitätsaktivist aus der mittleren Führungsebene der Befreiungsbewegung, der gut Französisch sprach und für die Organisation des Waffennachschubs an der östlichen Front zuständig war.

Ilanga: Der Che sprach mit Mitoudidi über Pierre Mulele, und dieser erzählte ihm, daß Mulele mit einer Streitkraft in der Gegend von Kwilo war, in der Nähe der Hauptstadt, doch daß er nicht so viel Boden gewonnen hätte wie wir an der östlichen Front. Die Gegend dort würde aufgrund ihrer Nähe zur Hauptstadt vom Feind besonders strikt überwacht. Mulele wählte die Taktik, den Kampf im Zentrum mit seinen eigenen Mitteln aufzunehmen. Wir im Osten begannen den Kampf von einem Nachbarland aus. Als Tshombé die Macht ergriff, konnten wir alle afrikanischen Nationen auf unsere Seite ziehen: Tansania lieferte uns Kriegsgerät, Kenia Nahrungsmittel. Warum? Weil sich die Afrikanische Einheit zum Feind Tshombés erklärt hatte. Darum machten wir Fortschritte. Mulele aber war im Zentrum eingekesselt. Hätte er den Kampf von Brazzaville aus begonnen, hätten wir ihn vom Osten aus unterstützen und ihm Kämpfer schicken können, zusätzlich zur Unterstützung aus den afrikanischen Staaten. Aber er war im Zentrum.

Über Mitoudidi ließ Kabila dem Che ausrichten, er möge seine Identität weiterhin unter Verschluß halten.

Che: Ich blieb inkognito.

Die Basis von Luluaburg

Nane: Zur Geländeerkundung wurden weitere Trupps ausgeschickt, an denen alle vierzehn von uns teilnahmen, die zur ersten Gruppe gehörten. In einem serpentinenförmigen Marsch stiegen wir zum Basislager in den Bergen hinauf, nach Luluaburg. Die Berge sahen anders aus als in Kuba. Ein gewaltiger Nebel umhüllte alles bis um zehn, elf Uhr morgens.

Die Basis befand sich auf dem höchsten Punkt des Gebirges, ungefähr drei Kilometer oberhalb von Kibamba auf einem Berg namens Luluaburg, in fast 3 000 Metern Höhe.

Kumi: Er beginnt sich Sorgen zu machen und sagt, daß er raufgehen wird, und daß er nicht gekommen sei, um seine Zeit zu verlieren. Zu mir sagt der Che: »Ich werde fortgehen. Du bleibst hier, du hast eine Arbeit zu versehen, deren Bedeutung du jetzt vielleicht nicht verstehst, aber wenn du lebend hier rauskommst, wirst du es verstehen, und es wird dir von Nutzen sein, du wirst viele Erfahrungen sammeln. Du bist mir hier verantwortlich. Alles, was kommen mag, Ausrüstung, Unterstützung, du bist verantwortlich. Ich werde mit dir in Verbindung bleiben.« Also hielt ich weiterhin meine Sprechstunde aufrecht.

Am 9. Mai wird gemeinsam mit Mitoudidi der Marsch zur oberen Basis beschlossen. Moja bleibt mit Nane und Tano zurück, die Fieber haben, und mit Kumi, der das Lazarett übernimmt.

Nane: Die Ausbildung in Kuba war nicht richtig gewesen, man hatte nicht gewußt, daß es hier Berge gab. Und nun kletterten wir Berge hinauf. Einige Compañeros brachen zusammen. Der Che marschierte an der Spitze, trotz seines Asthmas. Dieser Mensch hatte keine Bremse, er machte immer als erster, was er von den anderen verlangte. Er trank den Tee ohne Zucker und sagte: »köstlich«. Im Lauf der Jahre wird einem erst klar, was das für ein Mensch ist.

Kahama: In der Nähe der oberen Basis (L), ungefähr vier Stunden Fußweg entfernt (die einzig mögliche Art der Fortbewegung), liegen ein paar kleine Dörflein, jedes von ihnen mit nicht mehr als zehn Hütten, verstreut über ein weites natürliches Weidegebiet. Zusammen genommen heißt die Gegend Nganja und wird von einem aus Ruanda kommenden Stamm bewohnt. Obwohl die Ruander schon seit mehreren Generationen im Kongo leben, hat sich ihnen der Geist ihres Vaterlandes unauslöschlich eingeprägt; sie leben als Hirten, obgleich nicht als Nomaden, und die Rinderzucht ist ihr Hauptwirtschaftszweig (...); etliche Male haben wir vom Kummer eines ruandischen Soldaten erfahren, der nicht über die Anzahl von Kühen verfügte, die der Vater der Frau seiner Träume von ihm verlangt hatte. Denn auch Frauen werden gekauft und mehrere zu haben, gilt sogar als Zeichen wirtschaftlicher Macht, ganz zu schweigen davon, daß sie es sind, die auf dem Land und im Haus arbeiten. Im Laufe des Krieges wurden wir von diesen Nachbarn zu köstlichem Rindfleisch eingeladen, das alles, beinahe sogar das Heimweh heilte.

Ilanga: An einem Tag, unterwegs nach oben über schmale Wege und Pfade, richten wir in mehr als tausend Metern Höhe ein Lager ein.

Nane: Das erste Lager, Hütten aus Gras. Nach wenigen Tagen gibt der Che bereits wieder Unterricht, in Französisch, Weltgeschichte, kubanischer Geschichte, und gleichzeitig begann die Ausbildung.

Angriff auf Albertville?

Che: Der erste offizielle Befehl, der uns erreicht, wird uns durch Mitoudidi überbracht, der inzwischen schon zurück in Kigoma ist. Er besagt, daß wir uns auf die Teilnahme an einem Angriff auf Albertville vorbereiten sollen, der in zwei Stoßrichtungen ausgeführt werden soll. Man hat uns bei diesem Gefecht eine herausragende Rolle zugedacht. Der Befehl ist absurd; es gibt noch keinerlei Vorbereitungen, wir sind bloß dreißig, davon zehn krank oder rekonvaleszent; aber ich gebe die Instruktionen an unsere Leute weiter und sage ihnen, daß wir auf einen Kampf vorbereitet sein müssen, obwohl ich weiterhin versuchen werde, eine Änderung oder wenigstens Verzögerung der Pläne zu erwirken. (...)
Mitoudidi kam in die obere Basis, und wir diskutierten verschiedene Aspekte der militärischen Situation; er bestand darauf, einen großen strategischen Plan zur Einnahme Albertvilles auszuarbeiten, doch es gelang mir, ihn davon zu überzeugen, daß dies zu ehrgeizig und zu risikoreich sei. (...) Wesentlich wichtiger war es, eine genaue Kenntnis über das gesamte Operationsgebiet und die uns zur Verfügung stehenden Mittel zu bekommen, denn der Generalstab hatte keinen Überblick über die einzelnen Fronten. (...) Übereinstimmend beschlossen wir, vier Delegationen an die verschiedenen Orte zu schicken, um die jeweilige Lage und das exakte Kräfteverhältnis unserer und der gegnerischen Truppen zu bestimmen.

Erkundungen an anderen Frontabschnitten

Kahama: Am 23. Mai setzten sich Tatu, Mitoudidi (Oberkommandierender des Generalstabes an der Front), Chamaleso (Tremendo Punto) und M'bili zusammen. Nach dem Treffen wurde Moja herbeigerufen. Tatu informierte uns, daß wir schon bald in Aktion treten würden. Zunächst würden vier Gruppen zu je drei Mann auf Erkundungsmärsche geschickt.

CHE: Vier Gruppen wurden zusammengestellt und erhielten den Auftrag, die erforderlichen Erkundungen zu unternehmen. Aly würde mit weiteren drei Compañeros nach Kabimba gehen; Inne mit weiteren zwei nach Front de Force; Moja und Paulu in die Gegend um Baraka, Fizi, Lulimba; Mitoudidi und ich nach Uvira. Diese letzte Reise fand am Ende nicht statt, zunächst gab es die üblichen Verzögerungen: fehlende Boote, kein Benzin, unvorhersehbare Schwierigkeiten; dann kündigte Kabila seine unmittelbar bevorstehende Ankunft an, und es mußte auf ihn gewartet werden, Tag für Tag, ergebnislos.

DREKE: Der Che ordnete eine Erkundungsmission nach Lulimba und Fizi an. Papi (M'bili) wollte bei der Expedition dabeisein, aber wir ließen ihn nicht mitkommen, damit jemand bei Tatu blieb. Die Mission sollte uns ein Bild davon verschaffen, was *tatsächlich* vor sich ging. Wir brachen gut ausgerüstet in zwei Einbäumen *[motumbos]* auf, in Begleitung von zwei oder drei Kongolesen.

Die Mission war schwierig, und wir konnten uns nur durch Zeichen verständigen. Waziri, Pablo und ich fuhren zu dritt in einem Einbaum. Wir kamen nach Lulimba. Nur ungefähr zehn Kilometer von uns entfernt, aber es ging sehr langsam vorwärts, immer am Seeufer entlang. Wir gingen an Land und überquerten eine große Halde, an deren Ende ein großes Haus stand. Was mich am meisten beeindruckte, war dieses Haus mitten im Dschungel, das die Belgier gebaut hatten, die dort vor langer Zeit auf Diamantensuche gewesen waren.

Dort in Lulimba lebte einer der Häuptlinge dieser Kongolesen, ein hochgewachsener, kräftiger Mann, der einen großen Hut mit Federn trug, ein General, und dieser lud uns zu einem Huhn ein. Abends wurde uns zu Ehren ein Fest gefeiert. Die Leute tanzten und sangen, schwenkten Schilfwedel. Sehr aufmerksam, sehr gute Verpflegung.

Am nächsten Morgen nahmen sie uns mit zur Fahnenzeremonie. Eine Fahne mit einem großen Stern in der Mitte und sechs weiteren, die einen Halbkreis bildeten. Die Soldaten formierten sich. Eine Rede, er zeigt auf uns und sagt: *»Kuba«*. Wir machten uns auf die Suche nach dem Ausbildungsgebäude. Wo war die Schule?

Im Haus neben dem des Häuptlings wohnte eine Frau, deren Bauch schon sehr dick war, und auf einmal setzten die Wehen ein. Ein alter Mann kam und half bei der Geburt. Es wurde ein Mädchen. Am Tag danach gab es ein weiteres Fest, ein Ritual, bei dem die Kleine getauft wurde, »Mavita«, dick und kräftig war sie. Später habe ich eine meiner Töchter auch so genannt.

Sie zeigten uns den Raum, in dem sie die Waffen aufbewahrten, und dann brachen wir zu einer Erkundung der Gegend auf. In ungefähr fünf

Kilometern Entfernung gab es eine alte verlassene Kaserne. Der nächste feindliche Stützpunkt war weit entfernt. *Mingui-mingui* (weit-weit). Wir zeichneten eine Skizze der Gegend. Nach unseren Zählungen gab es hier 80 bewaffnete Männer, obgleich sie behaupteten, es gäbe tausende.
Wir hatten ein kleines Radio dabei und hörten Radio Moskau. Ungefähr vier Tage blieben wir dort.

In Lulimba, ungefähr sieben Kilometer von der Siedlung entfernt, gab es in den Bergen eine Geschützstellung, in der Nähe des feindlichen Lagers. Seit einiger Zeit hatte es weder Angriffe noch Erkundungsmissionen gegeben, lediglich Geschützfeuer aus einer 75-mm-Kanone ohne Rückstoß.

Che: Ohne die Regeln des indirekten Geschützfeuers zu kennen, konnte man mit dieser Kanone nur Ziele in eineinhalb Kilometern Reichweite anvisieren, und da sie die genaue Position des Feindes nicht kannten, veranstalteten sie im Grunde nur ein gigantisches Feuerwerk.

Dreke: Von Lulimba weiter nach Fizi. Es wurde Kontakt mit Leuten aus Fizi aufgenommen, die uns gegen Morgen abholen kamen. Wir brachen in der Frühe auf. Diskussionen. Wir wollten früh aufbrechen. Sie weigerten sich aufzubrechen, solange es dunkel war. Sie konnten sich im Dschungel nur bei Licht fortbewegen. Verdammter Dschungel. Sie sagten: »der Dschungel gehört den Raubtieren«. Unsere vorgefertigten Vorstellungen über den Dschungel taugten nichts: man konnte nicht auf einen Baum klettern, um sich Überblick zu verschaffen, weil immer ein noch höherer Baum in der Nähe war. Man konnte nicht in der Hängematte schlafen, weil dann drei Schlangen auf dich herunterfielen.
Wir fuhren zunächst über den See und schlugen uns dann in den Dschungel vor. Wir durchquerten ihn zu Fuß. Jerome, der Kundschafter, kannte die Gegend nicht, er kannte nur Lulimba und das Lager der *askari*-Tshombé (des feindlichen Heeres). Wir suchten nach dem anderen Kundschafter, und gegen drei oder vier Uhr nachmittags tauchte er auf. Sie hatten etwas Gazellenfleisch dabei. In dem Grüppchen, das in unserer Nähe war, wurde das Essen immer aufgeteilt. Mit Gewürzen zubereitet, irgendeinem Büschel Chili, das an allen Ecken wuchs. Wir mußten einsehen, daß die Tagesrhythmen verschieden sind. »*Cole-cole*, Moja« (erst essen). Und dann mußte man dort bleiben, weil es schon fünf Uhr nachmittags war. Man schlief um das Lagerfeuer herum. Wir machten es genauso, aus guter Tradition. In einem gleichen die Kongolesen den Kubanern, sie hänselten sich, versteckten gegenseitig ihre Sachen, machten Witze und kleine Bosheiten auf Kosten der anderen.
Am nächsten Morgen brachen wir früh auf, wanderten ein gutes Stück unter der heißen Sonne und erreichten Fizi. Ein Dorf mit einem großen

Haus in der Mitte. Fest, Tanz, Begrüßung, Gesänge der Guerilleros. Ich lerne Chaobani kennen, eine Persönlichkeit, groß, kräftig, eindrucksvoll, der einen umarmte. Die Leute kamen herbei und brachten Geschenke mit, ein Huhn, eine Ente. Wir sahen einen Mann, der bis zur Hüfte eingegraben und verprügelt worden war. Ein harter Anblick. »Gehen wir.« Wir wußten nicht, was wir in Situationen wie dieser tun sollten.

Während unseres gesamten Aufenthalts wußten wir nicht, wie wir mit der Haltung der kongolesischen Befreiungsarmee zu körperlichen Strafen umgehen sollten. In diesem Fall handelte es sich um einen Dieb. Man hatte ihn mit einer Peitsche aus Schlangenhaut geschlagen. Später war er nur noch froh, daß sie ihn wieder freiließen. Wir waren die einzigen, die diese Methoden nicht fassen konnten, überhaupt nicht. Unsere Politik bestand darin, uns nicht in ihre Dinge einzumischen. Freundschaft mit ihnen schließen, aber nicht alles mitmachen. Wir standen auf und gingen. Die Offiziere verpaßten den Soldaten normalerweise zwei Ohrfeigen und einen Tritt in den Hintern.

Wir brachen zu einer Erkundung auf, um uns über Ausbildung und Bewaffnung zu informieren. Wir besuchten ein weiteres Lager. Dort wartete eine Gruppe Kongolesen darauf, mit der Ausbildung zu beginnen. Es waren fünf oder sechs Frauen und eine Gruppe von Männern, unbewaffnet. Insgesamt ungefähr fünfzig Männer und Frauen.

Wir versuchten, Aufschluß über die ungefähre Zahl von Männern und Bewaffnung zu erlangen. Die Zahlen stimmten nicht mit denen überein, die man uns in Tansania gegeben hatte, sie waren übertrieben. Die Instruktionen des Ches lauteten, die Leute auszubilden und in einer Basis zu sammeln. Wir begannen, einen geeigneten Ort für Lager und Ausbildung zu suchen. Wir erkundeten verschiedene Orte, wir brauchten einen, der versteckt und abgesichert lag und an dem genügend Wasser vorhanden war.

Die Guerilleros von Fizi hingen nicht so sehr an der *dawa* wie die anderen. Sie waren zurückhaltender als in anderen Gegenden, redeten weniger untereinander. Viele Kranke in den Lagern, Verwundete, Malariaopfer. Ich bekam den Eindruck, daß hier mehr gekämpft worden war. Bessere Kleidung, belgische Stiefel, keine Lumpen zu sehen. Auch sie waren mit chinesischen AKs bewaffnet, die Chefs mit deutschen und belgischen Pistolen. Die Chefs kämpften niemals selbst an der Front. Soweit der Krieg sie persönlich betraf, wollten die Chefs schon nichts mehr davon wissen.

Das feindliche Heereslager war fünfzig oder sechzig Kilometer entfernt. Aber es gab mehrere Posten, die näher an der Basis der Guerilleros lagen. Wir machten eine Erkundung, um die Gardesoldaten, die *askaris*, zu beobachten. Wir brachen zusammen mit sieben oder acht Kongolesen auf, doch ein paar machten sich aus Stammeskonflikten davon. In ungefähr 15 bis 20 Kilometern Entfernung erspähten wir einen der feindlichen Posten, zwei oder drei Hütten. Man sah eine Art Geschützstellung, Hütten um einen zentralen Hof, Soldaten, die umherliefen.

Tagelang irrten wir durch den Dschungel. Am Ende erreichten wir das Hauptlager des Feindes. Dort gab es auch Weiße, an den anderen Orten waren nur schwarze *askaris*. Es gab eine kleine Landebahn, auf der Hubschrauber und auch kleinere Flugzeuge landen konnten.

Unser drittes Ziel war Baraka.

Nane: Der Che schickte Erkundungstrupps aus, einen schickte er nach Fort Banderas. Eine Gruppe mit mir, Medina und Marinito. Ich war am Bein verletzt, ich hinkte. Außer uns nahmen auch Einheimische an der Mission teil, unter ihnen ein Chef. Ich fragte mich, wie wir uns verstehen würden.

Zwei Tage auf dem Landweg zu Fuß. Mit einer Nacht Aufenthalt in Makungo, wo eine feindliche Kaserne mit Wachtposten lag. Eigentlich konnten wir sie nur von weitem sehen. Die Kongolesen blieben hinter uns zurück, schon während des Aufstiegs überfiel sie die Angst. Als sie den Posten sahen, liefen sie davon und riefen: »*askari* Tshombé«, »die Garde von Tshombé«. Fünf, zehn Minuten. Wir konnten nicht mehr herausbekommen, weil sie (die Lumumbisten) nicht näher herangehen wollten. Das war keine richtige Guerilla. Sie rannten einfach davon. »Eine Organisation von Rehen«, habe ich danach gedacht. Hier gab es überhaupt keine Organisation. Niemand kämpfte. Sie waren gut bewaffnet, mit chinesischen AKs, aber sie besaßen keine Organisation. Einer der wenigen, der Standfestigkeit bewies, war ein gewisser Jerome, ein Ruander.

Nach unserer Rückkehr drei Tage später erstatte ich dem Che Bericht. Er sagte, während des Unabhängigkeitskrieges seien auch die Kubaner davongerannt. Der Che glaubte an die Menschen.

Che: Die ersten Berichte der Inspektionen in Kabimba und Front de Force zeigten, daß es dort tatsächlich bewaffnete Einheiten gab, offenbar zum Kampf entschlossen, doch im Fall von Kabimba weder ausgebildet noch diszipliniert, etwas besser im Fall von Front de Force, doch ebenso desorganisiert, was die Beherrschung der Waffen, die Überwachung des Feindes, die politische Arbeit usw. betraf.

Dreke: Etwa zwölf und fünfzehn Tage verbrachten wir mit diesen Erkundungen. Der Che erwartete uns.

Dreke übermittelt Che Guevara einen zwiespältigen Eindruck, auf der einen Seite die sehr korrekte, enthusiastische Begrüßung durch die Bevölkerung und auf der anderen die gefährlichen Symptome: Feindseligkeit gegenüber Kabila, Masengo und Mitoudidi, denen man vorwarf, fremd in der Gegend zu sein, man betrachtete sie als …

Che: … bloße Reisende. Sie waren nie dort, wo sie gebraucht wurden. Die großen Bonzen verbrachten den Tag mit Trinkgelagen, mit unglaublichen Zechereien, ohne sich darum zu bemühen, es vor der Bevölkerung zu verbergen. Reisen ohne Grund, als gebe es Benzin im Überfluß.

Dreke: Wir zogen folgende Konsequenzen, auf die der Che während der ersten Etappe sehr fest beharrte: Alle Rekruten mußten ins Basislager kommen. Denn er weigerte sich, unsere Brigade aufzuspalten. Wir berichteten ihm von den Stammesproblemen. Ilanga half, die Angelegenheit zu erklären.
Der Che sagte zu mir: »Machen wir folgendes, wir werden ihnen vorschlagen, daß sie die ganzen Leute hierher bringen, und wenn sie nicht wollen, schicken wir Compañeros von uns dorthin. Wir sind in der doppelten Absicht gekommen, auszubilden und zu kämpfen.« Darüber wollte der Che mit Masengo und Mitoudidi sprechen.

Che und sein Lehrer, Unterricht in Kisuaheli

Ilanga: Leonard sagt zu mir: »Du mußt diesem Mann Kisuaheli beibringen.« Wir setzen uns unter einen Baum. Ich verständige mich mit ihm auf Französisch. Satz für Satz übersetzen wir uns gegenseitig. Einer gibt dem anderen Unterricht. Er war mir unheimlich, weil er eine eindringliche Art hatte, dich anzublicken. Er sah dich an, als wollte er dich dazu zwingen, etwas zu sagen. Ich wollte möglichst schnell meinen Unterricht abhalten und wieder gehen.
Am nächsten Tag hatten wir uns um neun Uhr morgens verabredet. Ungefähr drei Kilometer entfernt war eines unserer Pulvermagazine. Dort standen zwei 12,7, die jedesmal Ladehemmung hatten, wenn wir sie zur Flugabwehr benutzen wollten. Tatu war mit zwei kubanischen Compañeros dabei, sie zu reparieren, und ich ließ sie machen und ging weg. Da sagt Leonard zu mir: »Was machst du hier? Man sagt mir, daß du nicht bei Tatu bist. Du hast da zu sein, wo er ist, dahin zu gehen, wo er hingeht.« Ich erkläre ihm, daß ich ihm gestern Unterricht gegeben hätte. Und er brüllt mich an. Ich sage mir: »Das wird langsam komisch hier. Leonard hätte nicht so direkt sein dürfen. Vor zwei Tagen war ich noch Offizier, und jetzt schreit er mich vor aller Welt zusammen, was

für ein Scheiß.« Er nimmt mir die Pistole weg und degradiert mich zum Lehrer und Übersetzer, zum gewöhnlichen Soldaten.

Ich ging wieder zu ihm: »Compañero Tatu. Ich soll hier bei dir bleiben, wo du schläfst, wo du ißt.« Er fragt mich:

– Ist dir das unangenehm?

– Ganz im Gegenteil.

– Es scheint dir unangenehm zu sein.

Auf Französisch verstanden wir uns gut. In der ersten Unterrichtsstunde ging es um die Begrüßung. Er brachte mir das Spanische bei: *»Buenos días, como estás, estoy bien«*.

Am folgenden Tag ging es mit Tatu in die Berge. Immer nur Berge hinauf, Berge hinunter. Ich sagte zu mir: »Dieser Scheißweiße, gibt es in seinem Land vielleicht keine Berge? Einen Tag rauf, den nächsten runter ...« Er sagt, er habe geschworen, keinen Zucker mehr zu essen, bis der Imperialismus überwunden wäre, weil es in meinem Land keinen gibt. Und wieder rauf, wieder runter. Ich fragte mich: was ist hier eigentlich los? Erst war Moja derjenige, der scheinbar der Chef war, und jetzt trat er auf Tatu zu und behandelte ihn wie den tatsächlichen Chef. Wer war wer?

Das Klima dort oben ist kühl und schattig, man muß auf eine Lichtung heraustreten, um die Sonne zu sehen, weil die Sonne nicht durchkommt, am Boden ist es immerzu feucht. Ich hatte nur eine Decke dabei. In unserer Baracke schliefen Tatu und Dreke. Eine Petroleumlampe war angezündet, und Tatu las neben einer Feuerstelle in der Mitte der Baracke. Kurz nach Mitternacht.

– Compañero Tatu, ich gehe zum kongolesischen Lager, vielleicht bekomme ich da etwas.

Er hatte eine Hängematte und lud mich ein, sie mit ihm zu teilen. Sie war sehr breit, aber wir stießen trotzdem an Füßen und Köpfen zusammen. Am nächsten Tag sage ich zum Chino: »Hilf mir ein Bett zu bauen. Denn das, was ich letzte Nacht durchgemacht habe, will ich diese Nacht nicht nochmal durchmachen.«

Ich war Teil ihrer Gruppe wie jeder andere, sogar meine Zigarrenration bekam ich ausgeteilt. Eine Kiste zu zweit, oder eine Kiste pro Person, kubanische *Populares*. Wenn Tatu für sich Tabak hervorholte, gab er immer jemand etwas ab, immer jemand anderem.

Er sagt zu mir: »Wenn ich dir erkläre, was der Imperialismus ist, gibst du mir dafür eine schöne Kisuaheli-Stunde.« Er trank den Kaffee immer als erster. Ohne daß ich etwas gesagt hätte, bemerkte er, daß ich das seltsam fand, und erklärte mir, daß er ihn trinken würde, bevor ihn die anderen zuckerten, deswegen trank er immer als erster davon.

Che Guevara erschien Freddy Ilanga nicht nur als eine geheimnisvolle, sondern auch als eine seltsame Persönlichkeit.

ILANGA: Er trug eine olivgrüne Uniform, schwarze Baskenmütze, Pistole, Feldflasche, Stiefel wie alle anderen, ohne Rangabzeichen, ohne Patronengurt, und wenn er ausrückte, hatte er seine schwere Waffe dabei, eine M-2, mit ein paar Munitionsgurten, die Taschen immer voller Papiere, Fernglas und Höhenmesser. Jedesmal wenn wir irgendwo ankamen, sah er nach, auf welcher Höhe wir uns gerade befanden. Er hatte einen Kompaß in einem Futteral dabei. Einen Fotoapparat hatte er nicht, M'bili war derjenige, der die ganze Zeit Fotos von uns machte. Anfangs trug er immer einen Rucksack, bis er die Asthmaanfälle bekam. Es war ein normaler, aber sehr schwer bepackter Rucksack. Darin waren Bücher, sein Handtuch, Bettzeug, ein Anorak. Außerdem hatte er seinen Asthma-Apparat dabei. Eines Tages, während wir bergauf steigen, bemerke ich bei einer Pause auf der Hälfte des Berges, wie er – fluc fluc – sich irgendetwas in den Mund spritzt, und sage zu ihm: »Sieh mal an, Sie benutzen Mundwasser, Compañero?« Und da sagt er zu mir: »Nein, es ist, weil ich an einer Krankheit leide, an Asthma«, und ich frage ihn: »Was ist das, Asthma?« Sagt er: »Du weißt nicht, was Asthma ist?« Sage ich: »Nein«. Da hat er es mir erklärt.
Er hatte ein Radio, ein *Zenith Panasonic*. Er hörte ständig Radio, jeden Tag. Die französischen Sender. Er hörte Nachrichten. Abends schrieb er immer, dazu rauchte er dann seine Pfeife, obwohl er manchmal auch tagsüber rauchte, und dann rauchte er abends nur Tabak. Den Tee nahm er ohne Zucker. Er wusch sich nicht jeden Tag. Ach was! Es geschah selten, daß man ihn zum Fluß, zum Waschen hinuntergehen sah. Seine Geschäfte machte er in der Gemeinschaftslatrine, die wir neben der Baracke hatten.

CHE: Es war ein intelligenter Bursche, Ernest Ilunga *[in der Guerilla bekannt als Freddy Ilanga]*, der mich in den Geheimnissen der Sprache unterweisen sollte. Wir begannen unseren Unterricht von täglich drei Stunden mit großem Enthusiasmus, aber die Wahrheit ist, daß ich derjenige war, der den Unterricht auf eine Stunde pro Tag reduzierte, und das nicht etwa aus Zeitmangel, denn Zeit hatte ich leider mehr als genug, sondern wegen der vollständigen Unvereinbarkeit meines Charakters mit Sprachen. Es gab ein weiteres Hindernis, das ich während meines gesamten Aufenthaltes im Kongo nicht zu überwinden vermochte; das Kisuaheli hat eine verhältnismäßig hoch entwickelte und reiche Grammatik, aber aufgrund der Eigentümlichkeiten des Landes wird sie von den Leuten als sogenannte nationale Sprache gesprochen, neben der Muttersprache, der Sprache ihres eigenen Stammes, so daß das Kisuaheli in gewisser Weise zur Sprache der Eroberer wird, oder zum Symbol einer höheren Macht.

Kumi: Der Che gab uns Unterricht, vor allem dem kubanischen Personal mit niedriger Ausbildung, hauptsächlich in Politik. Er hatte eine große Anzahl Bücher von Martí dabei, und diese bildeten die Grundlage. Ilunga und der Che waren gleichzeitig Lehrer und Schüler füreinander, Spanisch und Kisuaheli.

Ilanga: Ich gab Tatu meine Kisuaheli-Stunden in der Hütte oder draußen, unter freiem Himmel, auf Steinen sitzend. Er immer mit seinem Notizbuch, und ich gab meine Kisuaheli-Stunden. Ich schrieb ihm zum Beispiel an die Tafel: *Yambo bwana*, das heißt, *Bonjour, monsieur*, und er schrieb daneben: *Buenos días, señor*. Auf diese Weise lernte ich gleichzeitig Spanisch. Wir machten es so, damit er es den anderen Kubanern beibringen konnte. Er gab ihnen eine getrennte Stunde, um zehn Uhr morgens. Die Kubaner setzten sich zum Lernen auf ein paar Baumstämme, auf einfache Bänke.

Videaux: Freddy lernte Spanisch im Handumdrehen. Er trug ein Maschinengewehr vom Typ *Beretta*, das ich ihm auf Anweisung des Che gegeben hatte. Er benahm sich immer ein wenig wie ein Junge, immerzu laut und übermütig.

Freddy Ilanga erzählt dem Che die Anfänge der Bewegung

Ilanga: Als Kasabuvu, Kalonge und Tshombé in Brüssel waren, um mit der belgischen Regierung über die Unabhängigkeit des Kongo zu diskutieren, saß Lumumba im Gefängnis. Da wurde erklärt, daß es keinen runden Tisch geben würde, solange Lumumba nicht dabei sei. Lumumba kam aus dem Gefängnis frei, ihm fehlte ein Zahn, weil sie ihn geschlagen hatten. So kommt er nach Brüssel. Mobutu nimmt als Regierungssekretär an den Gesprächen teil. Damals war der Kongo in sechs Provinzen unterteilt: Leopoldville (wo Kinshasa liegt), Kokiativille, Kasavi, Kivu, Stanleyville und Katanga. Tshombé wollte die Unabhängigkeit Katangas. Kasabuvu wollte die Unabhängigkeit Leopoldvilles. Lumumba wollte die Unabhängigkeit für das ganze Land. Der 30. Juni 1960 ist das Datum der Unabhängigkeit. Später wird Mobutu zum Oberst und zum Chef der Armee ernannt.

1961 unternimmt Mobutu einen Staatsstreich und setzt die Regierung ab, läßt Lumumba festnehmen und dorthin schicken, wo Tshombé, sein ärgster Feind ist, nach Katanga. Denn siebzehn Tage nach der Unabhängigkeit hatte Tshombé die Sezession von Katanga erklärt. Die ganze belgische Bürokratie hat Zuflucht in der Provinz Katanga gesucht. Daraufhin fängt Lumumba einen Krieg an, um die Provinz Katanga zurückzugewinnen. Und deshalb unternimmt Mobutu einen Staatsstreich, ohne selbst die Macht zu ergreifen, er übergibt die ganze Macht Kasabuvu und schickt den gefangenen Lumumba nach Katanga, wo er ermordet wird. So erscheint Mobutu nicht als derjenige, der Lumumba umgebracht hat.

Die Bewegung für die Befreiung des Kongo entsteht nach Lumumbas Tod im Januar 1961. Die Partei des MNPC, die Nationale Kongolesische Volksbewegung, ist die Partei Lumumbas und Pierre Muleles (letzterer hatte das Erziehungsressort in der Regierung Lumumba inne). Sie treffen sich in Brazzaville, weil man sie zu verfolgen beginnt. Und gegen Ende 1963 gründen sie den Nationalen Revolutionsrat und teilen sich die Fronten untereinander auf, in Übereinstimmung mit den Einflußgebieten der einzelnen Führer: Soumaliot, Kabila und Ildephonse Masengo im Osten und Mulele im Westen, in der Gegend von Kwilo. Nach dem Treffen von Brazzaville versammeln sie sich in Kairo, und schon Ende 1963 wird im Osten, das heißt in Uvira, die erste Aktion bei einer Versammlung durchgeführt, bei der eine Granate (aber keine Splittergranate) auf die Tribüne geworfen wird. Nach dieser Aktion werden nahezu alle Mitglieder des MNPC festgenommen, befreien sich aber in einer Kommandoaktion, ohne daß ein einziger Schuß fällt, indem sie die Wachen betrunken machen. Von da an beginnt der Krieg im östlichen Teil des Landes, wo wir uns befinden. In Uvira führten wir den Krieg, als handelte es sich um eine Demonstration: mit Steinen, Speeren und Macheten. Auf diese Weise überfielen wir einen Polizeiposten und eroberten ihn mitsamt den Waffen. Die Gendarmerie von Bukavu stufte das Geschehen als Meuterei ein. Sie schickten eine Einheit, aber von dieser Einheit kam keiner zurück. So begann der Krieg. Es war kein Krieg der Hinterhalte, sondern einer der Massen, die in großen Mengen vorrückten. Die Losung war, daß man nicht nach hinten schauen sollte, denn wenn du nach hinten schautest und sahst, wie einer fiel, bekamst du Angst. Die Gardisten feuerten, und wir warfen uns auf sie. So fingen wir an.

Das Fieber

Che: *[Während der ersten Tage in der Basis, ungefähr einen Monat nach der Ankunft]* mußte ich dem kongolesischen Klima in Form eines recht hohen Fiebers, obschon von nicht sehr langer Dauer, Tribut zollen. Unser Arzt, Kumi besuchte mich, aber ich schickte ihn zurück, weil er in der Ambulanz gebraucht wurde und ich mich schon besser fühlte.

Kumi: Der Che war krank. Dreke benachrichtigt mich, und ich steige zum provisorischen Lager hinauf. Mehrere Hütten … Es waren Einheimische dort. Alles war dunkel. Ich habe in Luluaburg niemals die Sonne gesehen. Der Che lag ausgestreckt in einer Hängematte, die er sich immer an einem Pflock im Boden aufspannte. Als ich eintraf, befand er sich in sehr schlechtem Zustand, fast delirierte er schon. Ich vermutete, daß er Malaria mit sehr hohem Fieber hatte. Stell dir vor, ein teuflisch hohes Fieber. Was hatte der Mann nur? Der Blutdruck war sehr hoch. Ich war in großer Sorge.

– Nein, verdammt, ich bin allergisch gegen Penicillin.

– Das bringt also überhaupt nichts.

– Gut, dann gib mir Calamicin.

Außerdem gab ich ihm Chloraphenicol, Chloroquin … Das Fieber nahm nicht ab. Ich denke, daß er Malaria hatte, weil es schließlich das Chloroquin war, welches das Fieber senkte. Verdammt, es ging ihm sehr schlecht. Drei Tage lang Injektionen, viermal, fünfmal am Tag. Nach vier Tagen begann das Fieber zu sinken.

Er war mit einer kleinen Gruppe dort oben im Lager. Ein eiskalter, waldiger Ort; in großer Höhe gelegen, ungefähr vier Stunden Weges von unten aus, wo ich war.

Dem Che ging es besser, aber ich sah, daß er immer noch nicht vollständig gesund war. Ich wollte mir einen Scherz mit ihm erlauben wie den, den er auf dem Boot mit mir gemacht hatte. Ich wollte zu ihm sagen: »Wer hätte gedacht, daß du hier auf diese Weise sterben würdest?« Ich hatte hoch gepokert, weil Asthmatiker allergisch auf alle diese Antibiotika sind. Das Asthma allein beunruhigte mich am wenigsten, denn damit würde er schon fertigwerden. Aber er, ich solle doch gehen, ich hätte schließlich Aufgaben, meine Kranken warteten auf mich, meine Mission hier sei zuende.

Auf einer seiner Reisen war Omar nach Kibamba gekommen und hatte eine Tasche mit Medikamenten zurückgelassen; die brachte ich jetzt nach oben. Ich erzählte dem Che davon, und er zog mich dafür zur Rechenschaft, daß ich sie ihm verheimlicht hätte, und ich sagte, ja, hätte ich sie ihm nicht verheimlicht, »hättest du sie verpulvert, und jetzt schau, wie sehr du und ich sie brauchen können.« Ich war nicht so krank wie er, aber … Ihm gefiel die Ehrlichkeit, und er sagte zu mir:

– Darüber werden wir später reden.

– Ich lasse sie hier. Falls ihr sie braucht.

– Ist gut.

Ilanga: Ich erinnere mich, daß der Che, als er krank wurde, Kumi fortschickte. »Wer hat dir befohlen heraufzukommen? Ich bin selber Arzt.« Mir fiel auf, daß das Asthma bei ihm stärker war als die Malaria.

Wenige Tage darauf tritt Ches Krankheit aufs neue in Erscheinung.

Che: Sie brachten einen Verwundeten von irgendeinem Scharmützel bei Front de Force; der Mann hatte sechs Tage keine medizinische Behandlung bekommen, ein Arm war durch den Einschuß gebrochen und völlig vereitert. Ich stand auf, um ihn zu behandeln, draußen in einem kalten Nieselregen, und vielleicht provozierte dies den Rückfall, diesmal mit sehr hohem Fieber und Delirium, was eine zweite Reise Kumis zur Basis notwendig machte (was für ihn wie die Besteigung des Mount Everest war), und nach allem, was die anwesenden Zeugen berichten, denn ich selbst war nicht mehr in der Lage, Details wahrzunehmen, schien sein Zustand nach der Besteigung des hohen und abschüssigen Berges gravierender als der seines Patienten. Auch dieser Rückfall dauerte nicht lange, höchstens fünf Tage, aber seine Folge war eine außerordentliche Niedergeschlagenheit, die mir sogar die Lust aufs Essen nahm. Während des ersten Monats erlebten nicht weniger als zwölf Compañeros so ihre Novizenprüfung.

Kumi: Er hatte einen Rückfall, ich mußte wieder nach oben. Er erbrach das Essen, fühlte sich niedergeschlagen. Drei Tage blieb ich dort. Ich verabreichte weiterhin die gleichen Medikamente. Die Krankheit ging zurück:
– Auf geht's, Kumi, das hier bringt mich nicht mehr um. Du, geh wieder runter.
– Schau mal, dieses Raufgehen, Runtergehen …
– Nein. Ich gebe dir zwei Stunden.
Und der Che ordnete an, ein Schaf zu schlachten, und schickte mich mit dem Fleisch nach unten. Er hatte entschieden, daß ich gehen sollte, und dagegen gab es nichts mehr auszurichten. Meine FAL und meine Patienten waren dort unten. Also stieg ich wieder hinab.

Dreke: In dieser Situation kommt es einem aus der Gruppe in den Sinn zu sagen: »Wenn es dem Comandante nicht besser geht, wird er gehen müssen.« Tatu, der es gehört hatte, brach in Zorn aus und schrie: »Ich werde nicht gehen, eher sterbe ich hier, und außerdem geht das vorüber, es ist bloß eine Krankheit.«

22. Mai, Osmany trifft mit der dritten Gruppe ein

Eine Botschaft aus heiterem Himmel:

Che: *»Ein kubanischer Minister ist auf dem Weg den Berg hinauf; eine Menge weiterer Kubaner ist angekommen.«* Das schien so absurd, daß niemand es glauben mochte. Um in Übung zu bleiben, stieg ich dennoch einige Abschnitte des Weges hinab und begegnete zu meiner großen Überra-

schung Osmany Cienfuegos. Auf die Umarmungen folgten die Erklärungen: er war gekommen, um Gespräche mit der tansanischen Regierung zu führen und hatte um Erlaubnis gebeten, die Compañeros im Kongo besuchen zu dürfen; zu Beginn hatten sie sich geweigert und gemeint, daß dann auch alle weiteren kubanischen Minister das Operationsgebiet würden besichtigen wollen, aber schließlich gaben sie nach, und hier war er nun; außerdem erfuhr ich, daß meine Anwesenheit der tansanischen Regierung noch immer nicht bekannt war.
Mit Osmany kamen 17 aus der Gruppe der 34 Männer, die in Kigoma eingetroffen war, und im allgemeinen brachten sie gute Neuigkeiten mit.

Kahama: Sie blieben nur zwei Tage.

Der Tod von Ches Mutter

Che: Mir persönlich brachten sie jedoch die traurigste Nachricht des ganzen Krieges: in Telefongesprächen mit Buenos Aires war ihnen berichtet worden, daß meine Mutter sehr krank sei, in einem Ton, der befürchten ließ, daß es sich lediglich um eine vorbereitende Ankündigung handelte. Osmany hatte keine weiteren Informationen erhalten können. Einen Monat mußte ich in dieser traurigen Ungewißheit verbringen und auf einen Ausgang warten, den ich schon erriet, und doch mit der Hoffnung, bei der Nachricht habe es sich um eine Fehlinformation gehandelt, bis schließlich die Bestätigung über den Tod meiner Mutter eintraf.
Sie hatte mich kurz vor meiner Abreise noch sehen wollen, wohl, weil sie sich schon krank fühlte, aber es war nicht mehr möglich gewesen, denn meine Reise stand unmittelbar bevor. Der Abschiedsbrief, den ich in Havanna zurückgelassen hatte, erreichte sie nicht mehr; sie übermittelten ihn erst im Oktober, als meine Abreise aus Kuba öffentlich gemacht wurde.

Kumi: Ich bin derjenige, der die Post empfängt. Lawton bringt mir etliche Dinge, darunter die Zeitschrift *Bohemia*, in der die Nachricht vom Tod von Ches Mutter steht. Ich schickte ihm eine Notiz, in der ich ihn bat herunterzukommen, weil ich mit ihm reden müßte. Tags darauf erschien er.
– Kumi, wie geht's? Irgendein Problem?
– Ich wollte dir etwas zeigen, aber ich wollte es dir persönlich sagen.
Er ließ sich in meiner Hängematte nieder und ich gab ihm die *Bohemia*. Seine Reaktion war, daß er sagte, er habe von einem Freund davon erfahren, daß seine Mama krank sei. Er begann über seine Kindheit zu re-

den und wollte einen Tee trinken. Ich bat ihn, noch nicht zu gehen. Er sagte weder ja noch nein, aber er blieb. Wir teilten das Essen miteinander.

Er blieb da und sang Tangos. In aller Frühe ging er wieder.

Der letzte Brief seiner Mutter

Celia de la Serna: Buenos Aires, den 14. April 1965. Mein Liebster: Meine Briefe klingen also seltsam? Ich weiß nicht, ob wir die Natürlichkeit verloren haben, mit der wir einmal miteinander geredet haben, oder ob es sie nie gegeben hat und wir uns immer in diesem leicht ironischen Tonfall unterhalten haben, den wir an beiden Ufern des Río de la Plata kultivieren, überdies verschlimmert durch unseren eigenen, noch verschlosseneren familiären Umgangston. Die Sache ist die, daß mich immer eine große Sorge dazu gebracht hat, den ironischen Tonfall aufzugeben und direkt zu sein. Offenbar geschieht es dann, daß meine Briefe nicht mehr verständlich sind und seltsam und geheimnisvoll werden. In diesem diplomatischen Tonfall, den unser Briefwechsel angenommen hat, muß auch ich zwischen den Zeilen den geheimen Sinn herauslesen und interpretieren. Ich habe Deinen letzten Brief so gelesen, wie ich die Nachrichten in *La Prensa* oder *La Nación* aus Buenos Aires lese, ich entschlüssele, oder versuche es wenigstens, den wirklichen Sinn eines jeden Satzes und was er noch bedeuten mag. Das Ergebnis ist ein Meer von Verwirrungen gewesen und eine Unruhe und eine noch größere Bestürzung … Ich werde keine diplomatischen Worte benutzen. Ich werde sehr direkt sein. Es scheint mir wirklich irrsinnig, daß in Kuba, wo es so wenig Köpfe mit organisatorischen Fähigkeit gibt, all diese für einen Monat zum Zuckerrohrschneiden gehen, dabei gibt es doch im Volk so viele und so gute »Macheteros«. Es als freiwillige Arbeit zu tun, in Zeiten, die normalerweise der Entspannung oder der Zerstreuung dienen, an einem Samstag oder Sonntag, ist etwas anderes. Und auch etwas anderes ist, es zu seiner Hauptaufgabe zu machen, wenn es darum geht, ein für allemal den Nutzen und die Notwendigkeit des Einsatzes von Erntemaschinen zu demonstrieren, wenn von der Ernte und von der Menge an Tonnen Zucker die Devisen abhängen, die Kuba braucht. Ein Monat ist eine lange Zeit. Es wird Gründe dafür geben, die ich nicht kenne. Was Deinen persönlichen Fall angeht, wenn Du Dich nach diesem Monat mit der Leitung eines Unternehmens beschäftigen willst, einer Arbeit, der sich Castellanos und Villegas mit gewissem Erfolg gewidmet haben, scheint mir der Wahnsinn ins Absurde überzuschlagen, vor allem, wenn diese Arbeit fünf Jahre dauern soll, nach denen Du ein vollwertiger Kader geworden sein willst. Weil ich die Beharrlichkeit kannte, mit der Du nicht einen Tag dem Ministerium fernbleiben wolltest, fragte ich mich, als ich sah, wie sich Deine Auslandsreise allzu sehr verlängerte: Wird Ernesto Industrieminister bleiben, wenn er nach Kuba zurückkehrt? Wer hat Recht oder den Vorzug bekommen im Streit um die Mittel zum Anreiz der Wirtschaft? Die Fragen sind jetzt halb beantwortet. Wenn Du ein Unternehmen leiten wirst, heißt das, daß Du nicht mehr Minister bist. Je nachdem, wer an Deiner Stelle ernannt wird, wird man sehen, ob der Streit auf eine salomonische Art beigelegt worden ist. Daß Du für fünf Jahre eine Fabrik leiten wirst, ist jedenfalls eine zu große Verschwendung Deiner Fähigkeiten. Und es ist jetzt nicht die Mama, die spricht, sondern eine alte Dame, die darauf hofft, die ganze Welt zum Sozialismus bekehrt zu sehen. Ich glaube, daß Du kein guter Diener des internationalen Sozialismus bist, wenn Du wirklich tust, was Du sagst. Wenn aus irgendeinem Grund in Kuba der Weg für Dich versperrt sein sollte, gibt es in Algerien einen Herrn Ben Bella, der Dir dankbar wäre, wenn Du ihm dort die Wirtschaft organisieren oder ihn dabei beraten würdest, oder einen Herrn Nkrumah in Ghana, dem es genauso ginge. Ja, Du wirst immer ein Fremder bleiben. Das scheint Dein ewiges Schicksal zu sein.

Was für ein Unding von einem Brief! Ich würde ihn am liebsten zerreißen, aber er wird abgeschickt, wie er ist. Ich war entzückt, als mich Deine Familienfotos erreichten. Sie sind alle wundervoll, obwohl mich keins Deiner Kinder an Dein Gesicht oder an Deinen Ausdruck erinnert. Ich bin froh, daß die Produktion eingestellt worden ist, denn ich war die ganze Zeit sehr in Sorge um Aleida während der letzten Schwangerschaft. Sowohl G. wie auch J. zerreißen sich schier den Mund, um die Schönheit Deiner geheimen Liebe herum zu erzählen. Ich hätte gern auch ein Foto von ihr gesehen. Sie hat einen so exotischen Typ und eine so orientalische Grazie und Sanftheit, daß ihre Schönheit es ohne weiteres mit der von Florencia aufnehmen könnte, der ältesten Tochter von Roberto, was, wie ich Dir versichern kann, einiges heißen will. J. erzählte mir, daß Du ihm eine Nachricht von mir ausrichten wolltest, und jetzt bist Du leer ausgegangen, weil er sie schon von mir erfahren hat: fünfzehn zu null. Er ist genau wie G. sehr beeindruckt von den großen organisatorischen Fortschritten in Kuba. Um zu einem anderen Thema zu kommen, ich glaube, ich habe Dir schon erzählt, daß Luis und Celia sich getrennt haben. Luis wollte nach Kuba gehen, um dort zu arbeiten. Er ist ein talentierter Mensch. Aber jetzt zögert er, weil er nicht weiß, wohin sich die Dinge in Zukunft bewegen werden. Juan Martín hat einen ganz neuen kleinen Jungen, der noch nicht einen Monat alt ist. Ja, es tut mir sehr leid, daß ich im Augenblick nicht nach Kuba fahren und an Deiner Seite sein kann, und sei es nur,

um jeden Morgen »Guten Morgen, Alter« und »Chau, Alter« zu Dir zu sagen. Wenn man das Tag für Tag wiederholt, bekommt es eine gewisse Bedeutung. Ich hätte auch gern Celia und den kleinen Ernesto kennengelernt und Aliuchas Gebrabbel zugehört. Ein andermal.
Ich glaube nicht an den himmlischen Clown. Obwohl bei all dem, was diese Tiere von Amerikanern tun, für mich da noch gar kein Platz ist, Du weißt schon wo. Aber ich glaube, daß eine Menge Clowns übrigbleiben werden, und daß sie auf irgendeine Weise wieder eine gerechtere Gesellschaft aufbauen werden, und wenn sie wieder beim Knotenstock und den Stammesgruppen beginnen müssen. Ich umarme Dich, eine Riesenumarmung für Dich und die Deinigen.

Ches Tagebuchnotizen aus dem Mai

Che: Bis zur Ankunft Mitoudidis war alles verlorene Zeit, danach konnten erste Erkundungen durchgeführt werden, und unsere Vorschläge stießen auf Interesse. Möglicherweise kann morgen, wie er mir versprochen hat, die Ausbildung einer Gruppe von Männern ernsthaft beginnen. Es ist beinahe sicher, daß wir im Laufe des Monats Juni endlich in den Kampf eingreifen werden.
Das Hauptproblem der Kongolesen besteht darin, daß sie nicht schießen können und deshalb Munition verschwendet wird; dort muß begonnen werden. Die Disziplin hier ist sehr schlecht, es macht aber den Eindruck, als ob sich an der Front die Dinge ändern; dort sind die Burschen einigermaßen diszipliniert, wenn auch immer noch ein bemerkenswerter Mangel an Organisation besteht.
Die wichtigsten Aufgaben sind: ihnen Schießen beibringen, den Kampf aus dem Hinterhalt (den wirklichen Guerillakampf) und grundlegende militärische Organisationsformen, die es uns erlauben, all unsere Macht auf ein Angriffsziel zu konzentrieren.

Doch die Tatsache, daß die lumumbistische Guerilla aus Gruppen mit Stammescharakter bestand und daß diese den Kampf als Stellungskrieg begriffen, brachte Che zur Verzweiflung.

Che: Die Stützpunkte der Kämpfer wurden hier Barrieren genannt. Diese Barrieren lagen an Orten, die vom taktischen Standpunkt aus gut gewählt waren, auf hohen, schwer zugänglichen Bergen. Aber dort führten die Männer ein Lagerleben, ohne Aktionen durchzuführen, ohne eine Ausbildung zu erhalten, auf die Tatenlosigkeit der feindlichen Armee vertrauend und für ihre Verpflegung auf die Landbewohner zählend. Diese wurden gezwungen, ihnen Essen zu bringen, und waren häufig Belästigungen und schlechter Behandlung ausgesetzt. Der Zustand der

Volksbefreiungsarmee war der einer parasitären Armee, die nicht arbeitete, nicht übte, nicht kämpfte, aber von der Bevölkerung Versorgung und andere Arbeiten verlangte, zuweilen mit extremer Härte.

Über die lokalen Religionen: Ilanga, der *Muganga*

Ilanga: Der Che fragte mich, welches die wichtigsten Religionen im Land seien. Ich sagte ihm, die meisten seien Katholiken, sehr wenige Protestanten und ebenfalls sehr wenige Moslems. In unserer Gegend gab es mehr Moslems, weil dies die bedeutendste Religion in Tansania ist und wir fast an der Grenze waren; aber diese Moslems haben keine Moscheen wie in Tansania oder in Ägypten. Einheimische Religionen als solche hatten wir nicht, aber Glaubensregeln, Aberglauben schon: wir glaubten an ein Tabu, an einen Talisman, an ein Amulett, aber es gab keine eigenen Götter. Du konntest jemand treffen, der Katholik war, aber trotzdem an seinen Talisman oder etwas in der Art glaubte, das nichts mit Jesus Christus oder mit dem Ave Maria zu tun hatte.

Als ich Tatu dies erzählte, sagte er mir, das sei eigenartig, weil er anscheinend die Vorstellung von einer afrikanischen Religion wie in Kuba gehabt hatte. Wurzeln von schwarzen Religionen wie dort gibt es nur bei den Leuten nördlich des Äquators, in Guinea, Nigeria …

Aber Freddy Ilanga verschwieg einen Teil der Geschichte.

Alexis: Freddy war ein *Muganga*. Er war ein Heiler, er kannte unsere einheimische Medizin. Er sagte: »Wenn du dich mit diesem Wasser wäschst, wirst du nicht sterben, selbst wenn die Feinde auf dich schießen.« Du wuschst dich damit, bevor du in den Kampf zogst. Wenn die Flugzeuge kamen, lief alle Welt zu Freddy, und er gab dir Medizin aus Baumwurzeln und Wasser; und wenn du dich mit diesem Wasser und den Baumwurzeln wuschst, konntest du nicht sterben, auch wenn die Feinde auf dich schossen. Und es stimmte: einige starben nicht. Freddy verfügte über Kräfte. Als unser Heiler wußte er viele Dinge. Er kannte die Wurzeln und die Säfte. Auch mir hat er etwas gegeben. Bevor sie ins Gefecht zogen, mußten alle Kämpfer zu Freddy gehen, der dich wusch und dann mit einer Machete nachprüfte, ob du tatsächlich nicht sterben würdest. Er nahm das Messer hier, an der Schneide, und einen Hammer. Du wurdest mit der Machete an die Brust geschlagen, um zu sehen, ob du dich schneiden würdest. Und wenn du dich geschnitten hattest, konntest du nicht in den Krieg ziehen, da es dann schon sicher war, daß du sterben würdest. Bei mir versuchten sie es, und ich schnitt mich nicht. Man zog in den Krieg, und die Kugeln trafen dich nicht. Wenn du allerdings mit einer Frau schläfst, geh nicht in den

Krieg; wenn du Geld stiehlst, geh nicht in den Krieg, auch wenn es das Geld deines Feindes ist, nur von einem toten Feind ist es erlaubt. Wenn du Gesetze mißachtet hattest, konntest du nicht in den Krieg ziehen. Du durftest nicht nach hinten schauen, nur nach vorn. Dies war das Prinzip der Medizin in unserem Krieg.

ILANGA: Ich war einer der jüngsten in der Truppe; ich war vielleicht fünfzehn Jahre alt, deshalb wählten sie mich als *Muganga* aus.

Che Guevara in den Berichten des CIA

Während Che Guevara im Kongo war, etwa im Juni '65, kursierten unter den Sicherheitsdiensten im Umfeld des CIA eine Reihe von Nachrichten über ein seltsames Dokument, das »Memorandum R«, die bis an die große Presse drangen.

MAY: Das Memorandum R wurde zuerst ohne Datum auf deutsch veröffentlicht (das geheimnisvolle R, der einzige Titel des Dokuments, bezog sich möglicherweise auf den Tarnnamen eines Sekretärs der sowjetischen Botschaft in Havanna, der seinen Platz im Juni geräumt hatte). Die Autoren gehören ohne Zweifel einer anticastristischen Gruppe an. Aus dem Memorandum geht hervor, daß über geheime Kontakte zu dem kubanischen Krankenhaus Calixto García medizinische Informationen nach außen gedrungen seien. Diesen zufolge befand der Che sich in einem Krankenhaus in persönlicher Behandlung; laut ärztlichem Befund war er in physisch und psychisch ausgebranntem Zustand; neben einer extremen physischen Auslaugung zeigten sich bei dem Patienten eigenartige psychische Reaktionen, die Castro zu energischen Maßnahmen veranlaßt hätten. Der Befund stellte unter anderem fest: »Wir sind davon überzeugt, daß es sich beim Fall Guevara um vorübergehende Verwirrungen handelt, die jedoch eine extreme intellektuelle Instabilität verraten, welche sowohl sich in Exzessen während seiner Weltreise wie auch öffentlich und privat nach seiner Rückkehr ausdrückte.« Die Diagnose führte außerdem an: »Che liest unablässig Bücher, darunter Trotzkis Beschreibung der Oktoberrevolution, und schreibt eine Unzahl von Briefen, die meisten davon an Fidel Castro.« Aber dieser weiß nicht, ob er sie für die Nachwelt aufheben oder einfach den Flammen überlassen soll. In den Briefen, so wird weiter behauptet, sei von grandiosen Plänen für die permanente Revolution und dem Export seiner Guerillatechniken die Rede, angewandt auf bestimmte Kontinente und Länder; so unter anderem auf Sansibar, wo offenbar mit den Chinesen zusammengearbeitet werden könne.

Freddy Ilanga erzählt Che von der Rolle der Frauen

ILANGA: Hier in der Gegend, wo wir waren, gab es einen Mann, der zwei Frauen hatte. Ich weiß nicht, wie ihm das zu Gehör kam, aber er fragte mich: »Wieso?« Ich sage ihm, das ist normal. Ein Mann kann drei oder vier Frauen haben, die Hauptsache ist, daß er sie ernähren und die Kinder aufziehen kann, die er mit ihnen hat. Die drei Frauen verstehen sich und wohnen im gleichen Haus, jede in ihrem eigenen Zimmer, und sie können sich abwechseln beim Kochen, so ist heute die Dünne dran, morgen die Dicke und übermorgen die Mittlere … Aber er hat nur diese drei Frauen und kann keine andere von außen dazuholen, er kann keine Affäre mit einer anderen von außen haben, weil die drei sich gegen diese verbünden würden. Es gibt keine Geliebten. Das ist ein alter Brauch. Die Frau wird normalerweise wie ein Gegenstand betrachtet.

– Wieso ein Gegenstand? –, fragt er mich.

Weil die Aussteuer manchmal überaus hoch ist. Manche Leute zahlen die Aussteuer mit einer Kuh, meistens geht es nicht mit Geld, sondern mit Waren vor sich. Manchmal verlangen sie zwanzig Halsketten von dir, Halsketten, die aus wertvollen Steinen gemacht werden, wenn auch nicht aus Diamanten. So etwas kostet. Die Ehe kann zwischen den Vätern ausgehandelt werden, und manchmal kannst du eine Heirat beschließen, ohne die Frau je gesehen zu haben. Und es kommt vor, daß jemand ein Mädchen schon mit einem Jungen verheiratet, der noch im Bauch seiner Mutter ist. Das führt dazu, daß es zur Polygamie kommt … Und Tatu fragte mich:

– Und die Frauen? Was halten sie davon?

Ich sage ihm: »Aha, gut, jetzt werde ich dir auch noch den letzten Teil erzählen, wie die Frau über einen Polygamisten denkt: die Frauen der Polygamisten verstehen sich gut, sie sind wie Schwestern zueinander, und jede hat ihren eigenen Liebhaber. Und alle drei kennen den Liebhaber von jeder einzelnen und behalten das Geheimnis für sich. Wenn der Ehemann bei der Dünnen ist, ist die Dicke bei einem anderen.«

Was die Kolonialisten gemacht haben, war, daß du mit drei Frauen zusammenleben konntest, aber nur die erste konntest du heiraten. Die anderen nannte man Konkubinen.

Tatu bemerkte:

– So etwas haben wir nicht. Die Frauen sind eifersüchtiger.

Außerdem fragte mich Tatu über die Arbeitsaufteilung. Die Aussaat ist eine komplizierte Arbeit. Sie wird von den Frauen gemacht. Die Jagd ist eine Arbeit für Männer. Die Fischerei ist eine Arbeit für Männer. Und auch die Viehzucht ist eine Arbeit für Männer. Meistens sind es die Jungen, die das Vieh hüten. Du kannst eine Frau mit einem Korb Maniok

auf dem Kopf treffen, und die Männer halten das für eine normale Sache, für eine einfache Arbeit. Aber dagegen Holz schnitzen, da sagen sie, daß es eine harte Arbeit ist, etwas für Männer.
Tatu sagte zu mir:
– Klingt ein wenig primitiv.

»Ich bin doch kein Lastwagen«

CHE: Tage der angespannten Erwartung, in denen das Stückchen Wasser, das im Winkel der beiden zum See hin abfallenden Dünen zu erkennen war, den einzigen und allmählich verhaßten Horizont bildete.

KAHAMA: Eine Menge Compañeros sind krank geworden, unter ihnen Tom und Kukula. Von den letzten Gruppen, die eintrafen, sind sieben Personen an Malaria erkrankt.

Die kongolesischen Kämpfer zwangen die Landbevölkerung, ihnen Essen und Kriegsgerät zu bringen.

CHE: *[Ein gewaltiger]* Müßiggang hatte um sich gegriffen, niemand wollte zur Basis hinuntersteigen, um Essen zu besorgen. Wenn man den Leuten etwas zu tragen gab, sagten sie *»Mimi apana motocari«* (Ich bin doch kein Lastwagen) oder *»Mimi apana cuban«* (Ich bin doch kein Kubaner).

Mitoudidi, möglicherweise durch entsprechende Anweisungen Kabilas gebremst, erwartete dessen Ankunft, bevor er den Marschbefehl erteilte.

CHE: Jeden Tag mußten wir die gleiche Morgenandacht über uns ergehen lassen: Kabila kommt heute nicht, aber morgen bestimmt, oder übermorgen ...

Che spricht mit Mitoudidi. Er sieht seinen Eindruck bestätigt, daß der Chef dieser Region, der selbsternannte General Maulana, ein gewissenloser Hampelmann war, der ersetzt werden mußte. Maulana wollte nicht ins Lager kommen, weil er befürchtete, dort festgenommen zu werden.

CHE: Wenn sich der Stand der Dinge nicht ändert, ist die kongolesische Revolution unweigerlich zum Scheitern verurteilt.

Neue Expeditionen werden unternommen: Inne und Nane durchstreifen an der Spitze kleiner Gruppen die Gegend um Front de Force und Katenga. Aly führt eine Erkundung zum Dorf Kabimba und auf der Landstraße von Kabimba nach Albertville durch, wo er vom Chef der dortigen Region aufgehalten wird.

DREKE: Wir mußten uns mit dem Che streiten, damit er nicht selbst an die Front ging, in die Gefechte eingriff.

KAHAMA: Tatu erkundete den Weg nach Uvira. Er konnte nicht länger stillhalten und begann sehr ungeduldig zu werden.

Weiterhin trafen Boote mit Waffen in gutem Zustand ein.

CHE: Es war wirklich traurig zu beobachten, wie das Material vergeudet wurde.

Mitoudidi straffte die Organisation der Basis, wies die Trinker [nach Ches Einschätzung 90-95% der Männer] zurecht, schränkte die Ausgabe von Waffen ein und verlangte von den an schweren Geschützen eingesetzten Männern, daß sie eine Demonstration ihrer Fähigkeiten gaben, bevor ihnen irgendwelches Material ausgehändigt würde.

CHE: Aber es blieb noch zuviel zu tun. Und er war bloß ein einziger Mann. Selbst seine Stellvertreter halfen ihm kaum bei seiner Aufgabe (...). Wir kamen uns sehr nah, ich erklärte ihm, daß meine wesentliche Schwachstelle im mangelnden Kontakt zu den Kämpfern lag, die kein Französisch sprachen.

KAHAMA: Am 3. Juni um halb sechs Uhr morgens wurden wir durch Schreie geweckt, für einen Moment dachten wir, die Basis würde angegriffen, doch ein weiterer Schrei ließ uns alle aufspringen: »Feuer!« Offenbar hatte eine unserer Hütten, in der etwa fünfzehn Compañeros schliefen, Feuer gefangen. Allen Anstrengungen zum Trotz brannte die Hütte von oben bis unten ab, sogar die Hütte nebenan fing Feuer; obgleich diese nicht vollständig abbrannte, weil sie erst am Tag zuvor errichtet worden und das Stroh noch feucht war, so daß wir das Feuer rechtzeitig löschen konnten.
Wir mußten keinen persönlichen, aber sehr wohl materiellen Schaden beklagen. Mehrere Compañeros (diejenigen, die am tiefsten geschlafen hatten) hatten nicht einmal mehr Zeit gehabt, ihre Stiefel anzuziehen: die Stiefel waren verloren, und auch mehrere vollständige Rucksäcke waren verbrannt. Emilio büßte einen Patronengurt mit sämtlichen Kugeln ein, und zweihundertdreißig Regencapes wurden zerstört. Das Feuer war wegen der Kälte ausgebrochen, die in dieser Gegend herrscht. In jeder Hütte gab es ein Lagerfeuer, das Tag und Nacht brannte. Offenbar war von diesem Feuer ein Funken übergesprungen, der das Dach in Brand gesetzt hatte, das wie die Wände aus Stroh ist ... Und schon war nichts mehr zu machen!

ILANGA: Am Berghang, wo die beiden Gebirgsrücken sich zu einer Klippe vereinen, gab es einen dichten Wald, dort war das Lager. In diesem waren etwa 25 Kubaner. Morgens Unterricht, danach ging die Arbeit im Lager weiter, nach der Schicht Mittagessen: Reis, mit oder ohne Bohnen. Ungefähr um fünf Schießunterricht; die Übungen wurden oben abgehalten, und von dort konnte man den See sehen. Abends gab Tatu einen politischen Kurs für die Kubaner.

KAHAMA: Die Compañeros wurden entsprechend ihres kulturellen Niveaus in drei Studiengruppen aufgeteilt. Es gab Unterricht in Spanisch, Mathematik, Kisuaheli, Französisch. Die einen arbeiteten, während die anderen Gruppen studierten.

ILANGA: Der Che las viel: *Das Kapital*, Werke von Marx, Werke von Mao. Ich fragte ihn, wovon *Das Kapital* handelt. Er versuchte es mir zu erklären und verwirrte mich damit nur. Ich sagte ihm: »Ich verstehe gar nichts, laß uns morgen weiter darüber reden.« Tatu las jede Nacht. Die anderen schliefen ein und fingen an zu schnarchen, und er blieb sitzen und las im Schein der Petroleumlaterne.

Mehr über das »Memorandum R«

Das gefälschte »Memorandum R« machte weiter die Runde:

R. HETMAN: 1965 liefert ein geheimes Dokument zumindest sehr wahrscheinliche Anhaltspunkte über Guevaras Aufenthaltsort in den drei Monaten seit seinem Verschwinden. Es handelt sich um den sogenannten »Bericht R/Havanna«, der später veröffentlicht wird, um glauben zu machen, der Che habe eine somatische und psychische Krise erlitten. Inhalt und Tonfall der Schrift lassen vermuten, daß sie von Aníbal Escalante verfaßt wurde, oder daß es sich um ein Memorandum handelt, das auf der Grundlage von Gesprächen Escalantes mit Vertretern einer ausländischen Macht abgefaßt wurde. Es könnte sich dabei um den Zweiten Sekretär der sowjetischen Botschaft in Havanna, Rudolf P. Schlianikow, um sowjetische Journalisten, um eine Handelsdelegation aus der DDR oder um tschechoslowakische Funktionäre auf Besuchsreise in Kuba gehandelt haben.
Im zentralen Absatz des *Memorandum R* heißt es: »Es bestehen Gründe zu vermuten, daß Guevara aus der Öffentlichkeit verschwunden ist, weil die ernste Gefahr bestand und nach wie vor besteht, daß sein öffentliches Erscheinen große Bestürzung und Verwirrung auslösen könnte. Nicht einmal seine Frau Aleida March darf ihn sehen. Über besondere Kontakte mit der Direktion des Krankenhauses Calixto García gelangten wir an Informationen über den Zustand des Che. Dieser befindet sich jedoch nicht im Krankenhaus selbst, sondern in einem entfernt gelegenen Sanatorium, das wie ein Krankenhaus, aber als Spezialklinik für nur eine einzige Person eingerichtet zu sein scheint.
Guevara hat aus sowohl physischen wie psychischen Gründen einen Kollaps erlitten. Der Kollaps trat aufgrund einer Verknüpfung verschie-

dener Faktoren ein, unter denen die Anstrengungen und Emotionen infolge seiner Weltreise hervorgehoben werden können. (...) Seit seinem Auftritt vor den Vereinten Nationen hat er sich eine überdimensionierte Vorstellung von seiner eigenen Bedeutung eingeredet.
Obwohl es sich nicht um einen klinischen Befund handelt, ist zu unterstreichen, daß der physische und psychologische Zustand eines Mannes, der zugelassen hat, daß der weltweite Kult um seine Person sich in ein Abbild ganz Kubas verwandelte, von ernsten politischen Konsequenzen sein muß. Laut der Informationen von Q. (möglicherweise Emilio Quesada, einem Arzt am Krankenhaus Calixto García und Mitglied der Gruppe Escalantes) wird die Behandlung Guevaras langfristig Erfolg haben, obwohl die psychosomatischen Ursachen, die Grundlage seiner Verwirrung sind, als chronisch angesehen werden müssen. Zum ersten Mal können wir uns nun ein Bild von der Mentalität dieses Mannes machen, dessen rätselhafte Vorgehensweisen so sehr dazu beigetragen haben, unser Land zu isolieren, Chaos in der Wirtschaft zu stiften, und dessen Hunger nach Abenteuern eine Bedrohung für die nationale und internationale Politik darstellt.
Die wohl eindrücklichste Nachricht aus einem der erwähnten Sanatorien besagt, daß Guevara im Fieber und in einem Zustand extremer geistiger Verwirrung davon sprach, daß er die Stimme Camilo Cienfuegos höre. (...) Die Stimme oder der Geist von Camilo Cienfuegos, so die Vorstellung Guevaras, ermutige ihn, die Revolution durch neue bewaffnete Aktionen voranzutreiben und sich dem Rat seiner Widersacher zur Mäßigung zu verweigern. Wir sind überzeugt, daß es sich um vorübergehende Wahnvorstellungen handelt, die nichtsdestoweniger die Instabilität deutlich machen, die sich bei Guevara schon häufig während seiner Weltreise, bei seinen öffentlichen Reden und besonders intensiv im privaten Kreis gezeigt hat, nachdem er nach Kuba zurückgekehrt ist. Er verbringt seine Zeit mit der Lektüre aller möglichen Bücher (darunter Trotzkis Bericht über die Oktoberrevolution). Er schreibt unzählige Briefe, die alle an Fidel gerichtet sind. Man sagt, Fidel wisse nicht, ob er sie als Dokumente für die Nachwelt aufheben solle oder ob es ratsamer wäre, sie zu verbrennen. Fidel versucht alles herunterzuspielen.
Die Briefe, die Guevara im Krankenhaus schreibt, beziehen sich ausnahmslos auf größenwahnsinnige Pläne für eine permanente Revolution. Ein Gegenstand, den wir schon gut kennen. Er versucht, seine eigenen Lieblingstheorien und Guerillatechniken auf andere Länder und Kontinente zu übertragen. In diesem Moment begeistert ihn die Vorstellung, nach Ghana zu gehen, um Nkrumah zu zeigen, wie man mit disziplinierten Guerilleros den gesamten afrikanischen Kontinent erobern könne. Zuweilen spricht er auch von Sansibar. Dort will er mit

den Chinesen zusammenarbeiten und diesen beweisen, daß die kubanischen Erfahrungen für dieses Gebiet nützlicher seien als die chinesischen Erfolge, oder es kommt ihm plötzlich in den Sinn, nach Moçambique aufzubrechen, um dieses Land vom Imperialismus Lissabons zu befreien.

Auch wenn all diese möglichen Unternehmungen einen realistischen Ausgangspunkt besitzen, sind sie doch gefährlich aus dem Mund eines Mannes, dessen fehlendes Verständnis für die Wirklichkeit der Arbeiterklasse hinlänglich bekannt ist und dessen Vorstellungen über mögliche wirtschaftliche und kulturelle Kontakte sich nicht an der Meinung der Experten unserer östlichen Genossen, sondern an den französischen Hyperintellektuellen orientieren.«

Das Essen

Doch Che Guevara hatte sich die afrikanische Revolution nicht nur ausgedacht, sondern war vielmehr dabei, diese im Kongo unter beschwerlichen Umständen in die Tat umzusetzen. In diesen Tagen versuchte er gerade, die Geheimnisse der einheimischen Guerilla und die der kongolesischen Küche zu entwirren.

CHE: *Bucali:* Man schält den Maniok, läßt ihn einige Tage in der Sonne trocknen, stampft ihn zu feinem Mehl und wirft ihn in kochendes Wasser, so daß ein Teig entsteht, der ohne Salz gegessen wird. *Zombe:* Maniokblätter, die zerstampft und mit Palmöl gewürzt gekocht werden.

ILANGA: Wie ernährt sich die Landbevölkerung? Zumindest in der Gegend, in der wir uns befanden, war Maniok das Grundnahrungmittel, der *muhogo*, wie wir auf Kisuaheli dazu sagen. Ich erklärte ihm, daß auch das Mehl aus Maniok hergestellt wird. Wie das geht? Man nimmt den Maniok, schält ihn ganz normal und legt ihn in Wasser. Die Leute, die nahe der Flüsse wohnen, legen ihn körbeweise in den Fluß; nach vier oder fünf Tagen ist dieser Maniok natürlich fast verfault. Man holt ihn also vorher heraus und trocknet ihn an der Sonne, bis er hart wird. Dann wird dieser Maniok in der Mühle gemahlen, wodurch das Mehl entsteht und später der Teig, der gleiche, mit dem wir auch das Brot herstellen, nur daß dieser mit kaltem Wasser angerührt, darauf in heißem Wasser eingedickt wird, und schon ist er fertig gekocht, ohne Salz, ohne alles. Der Geschmack kommt von der Soße, die du hinzufügst. Wenn du es mit Fleisch oder mit Fisch ißt, nimmst du einfach ein Bällchen von diesem Teig, tunkst es ein und ißt es aus der Hand.

Als ich das dem Che erzählte, sagte er mir: »Interessant; also gibt es wenigstens zwei unterschiedliche Varianten, das Essen zuzubereiten: einmal mit dem Mehl und einmal mit dem Maniok als solchem.« Ich sage ihm: ich bin noch nicht fertig, es gibt noch eine Variante. Dieser Maniok, den ich sonst mit heißem Wasser zubereite, den lege ich danach wieder ins Wasser und nach vier Tagen koche ich ihn noch einmal und schon hat er einen anderen Geschmack. Das ist noch eine andere Art der Zubereitung. In anderen Gegenden ißt man ihn als Pastete. Nachdem man den Maniok gekocht hat, legt man ihn vier Tage lang in Wasser, dann nimmt man ihn heraus und kocht ihn noch einmal, zusammen mit reifen männlichen Bananen, dann packst du alles in Bananenblätter und kochst es nochmal ein. Was ist der Unterschied? Der Unterschied besteht darin, daß es sich auf diese Weise auch ohne Kühlung länger hält, deshalb benutzt man es als Reserve. Das Maniokmehl heißt *unga*, aber wenn du es gekocht hast, so daß eine Art Teigpaste daraus entsteht, heißt es *ulgari*. Wenn es mit reifer Banane eingeweicht wird, heißt es *chikuan*.

Ich erklärte ihm, daß hier, auf dieser Seite des Sees, viel nach Sardellen gefischt wird. Es gibt drei Arten: kleine, mittlere und sogar große, die wie Sardinen aussehen. Sie heißen alle *ndagá*. Man trocknet sie an der Sonne, weil Salz ein Luxus ist, es gibt keins. Man legt sie zum Trocknen einfach auf den Sandstrand in die Sonne. Nach vier Tagen kannst du sie schon in einen Sack stecken und an die entferntesten Orte mitnehmen, um sie dort zu verkaufen; sie verfaulen nicht, da sie schon völlig getrocknet sind.

Der Che fragte mich: »Was geschieht, wenn ihr im Wald zum Beispiel einen Büffel erlegt, wo es nicht einmal Wege gibt und nur menschliche Muskelkraft?« Ich sage ihm: »Ganz einfach, wenn der Jäger einen Büffel erlegt hat, sucht er Holz zu einem Haufen zusammen, schneidet das Fleisch in Streifen und räuchert es. Vier Tage Räucherung, und wenn es trocken ist, steckt er es in einen Sack und schon kann er es transportieren. Das Öl, das normalerweise benutzt wird, ist Palmöl. Dieses Öl kann man zuhause herstellen. Wenn die Ölpalme reif ist, wird sie geerntet, du tust sie in einen Kessel und kochst sie ab. Wenn du mit dem Kochen fertig bist, nimmst du sie heraus und weichst sie ein, um die Schale und die Nuß im Innern zu entfernen. Wenn du die Nuß entfernt hast, kochst du sie wieder, und das Fett setzt sich nach oben ab, das Wasser nach unten, und schon hast du das Öl. So erklärte ich es dem Che.

Als er in Fizi war, boten sie ihm gekochte Maniokblätter an, aber er lehnte ab und sagte, davon werde er nicht satt. Es war nur ein Witz. Er probierte. Der Che war sehr interessiert an den Blättern und Kräutern, die man essen konnte. Ich erklärte ihm, daß wir die Blätter der Batate und des Kürbis essen. Alle kann man sie essen. Die Kubaner aßen nie welche. Der einzige war Genge. Sie hatten es noch nicht nötig, weil sie

Essen kaufen konnten. Wir kauften den Bauern Ziegen- und Rindfleisch ab.

Nane: Wir aßen ungesalzenen Maniok. In allen Formen außer roh. Es gab Momente, in denen gar nichts zu essen da war. Es gab nicht viele Tiere. Eines Tages aßen wir einen Büffel, den ein Compañero erlegt hatte. Gekochter Affe. An der Front aßen wir Elefantenfleisch, ein sehr sehniges Fleisch.

Kahama: Wegen des Mangels an *chacula* aßen die Compañeros einen Affen, den die Kongolesen erlegt hatten. Man aß Hafer, Kekse aus *moboko*: einem mehlähnlichen Pulver aus Maniok. Die Verpflegung war nicht eingetroffen.

Pombo: Auf einem Rundgang stießen wir auch auf das Problem des Fetischismus; wir wollten ein Tier zum Essen kaufen, und dieses Tier war ein Fetisch. An manchen Orten war der Fetisch ein Schwein, an anderen ein Kürbis.

Alexis: Das Hauptnahrungsmittel war Maismehl, das wir *chengue bucali* nennen. Dieses war unsere Hauptmahlzeit. Die Bauern verkauften es nicht, sie gaben uns den Maniok als Geschenk. Sie gaben uns Mehl und Ziegen. Auch wenn einige die Bauern schlecht behandelten, einige Chefs die Bauern bestahlen, halfen uns die Bauern. Uns haben die Bauern nie um Geld gebeten.

Schach

Nane: Eines Tages sagte der Che zu mir: »Ich werde mich beim Spielen mit dem Rücken zum Tisch setzen und trotzdem gewinnen.« »In Ordnung,« sagte ich. Ich gewann, indem ich schummelte und die Figuren vertauschte. Ich war der einzige, der eine Partie gegen ihn gewann.

Dogna: Tatu fragte: »Also, hat hier jemand Lust, Schach zu spielen?« Ich bin der erste Freiwillige, der die Herausforderung annimmt und sage zum Che: »Ich kann Schach spielen.« Er sagt: »Sehr gut, sehr gut. Ich mache dir einen Vorschlag, Dogna. Ich schlage vor, du spielst mit beiden Augen auf dem Brett und ich blind, mit dem Rücken zu dir. Ich bin weiß und du schwarz.« »Und wieso bin ich schwarz?« Tatu sagte, es sei die Regel, daß derjenige, der mit dem Rücken zum Brett oder blind spielt, immer weiß ist. »Also gut, wenn's sein muß. Ich werde Sie eröffnen lassen und spiele dafür mit einem Turm oder einem Läufer weniger.« Aber nichts da, das erlaubte er nicht.

Darauf rief er Suleiman, damit dieser die Züge setzte, die er ansagte. Suleiman setzte sich mir gegenüber und Tatu sagte: »Bauer vier auf König«. Und danach zog ich. So spielten wir die ganze Partie, er mit dem Rücken zum Brett die Züge ansagend und Suleiman als Mittelsmann. Gegen Mitte der Partie läßt er das Spiel anhalten und sagt: »Ich bin mit Bauer vier auf König rausgekommen, du hast das gleiche gespielt, dann habe ich dies und du das gemacht.« Und so zählte er alle seine Züge auf und meine noch dazu. Ich dachte: »Wenn er mit dem Rücken zum Brett alle seine Züge und meine auch noch auswendig weiß, was soll's, wie soll ich da gewinnen?« »Bin ich dran?« fragte ich und dachte, ich sei schon verloren.

Und so spielten wir für eine Weile weiter. Ich ziehe und er zieht und so weiter und so fort, bis wir zu ich weiß nicht welchem Zug kommen. Als er völlig überzeugt seinen Spielzug gemacht hat, sage ich: Schachmatt. »Was?« Und er seufzte. Er begann das Spiel zu analysieren und wiederholte im Gedächtnis die Spielzüge, bis er zu einem bestimmten Zug gekommen war, und sagte:

– Bei diesem habe ich den Fehler gemacht. Das war ein schlechter Zug. In Ordnung – sagte er und gab mir die Hand.

Er wollte noch eine Partie spielen, aber ich lehnte ab und sagte, ich sei müde, müsse lernen, schlafen, Wache halten. Nein, ich wollte kein zweites Mal gegen ihn spielen, sondern lieber mit meinem Sieg vom Tisch gehen. Ich ging Wache halten, und so traf es jemand anderen, und ich ging schlafen. Nur war ich so müde und hatte es so eilig, ins Bett zu kommen, daß ich, glaube ich, irgendwo unterwegs eingeschlafen bin, noch bevor ich meine Hängematte erreicht hatte. Zu der Hängematte kam ich wie ein Zombie, mit einem schlafenden und einem schon halb geschlossenen Auge.

Am nächsten Tag gingen Suleiman und ich unsere Übungen machen, und da bemerkt mich Pombo und sagt: »Dogna, Tatu sagt, wenn du heute nicht mit ihm spielst, wird er dich umbringen.« »Aber wieso denn das? Wieso muß ich mit ihm spielen?« Und Pombo sagt zu mir:

– Was du machen mußt, ist besser spielen als gestern abend. Weil, nicht zu spielen, das wäre wie ... Meinst du, er hat Verständnis dafür, daß du ihn warten, abblitzen läßt, aus Eitelkeit oder aus Angst oder weswegen auch immer? Ich antwortete: »Nein, wenn ich spiele, dann um zu gewinnen, um zu gewinnen, vergiß es.«

Abends läßt er mich holen. »Guten Abend. Wie geht es dir? Machen wir ein Spielchen?« »Also gut. Aber wenn Sie wieder mit dem Rücken zu mir spielen wollen, gebe ich Ihnen heute einen Turm oder ein Pferdchen Vorsprung.«

Auch wenn es bloß ein Scherz sein sollte, wiederholte ich noch einmal:

– Was soll das, Chef! Ich kann nicht mit genauso vielen Figuren spielen wie Sie. Gestern habe ich gegen Sie gewonnen, wie können Sie da glauben, daß ich diesmal wieder mit gleichviel Figuren spielen werde? Ich mache mich noch lächerlich, wenn ich immer mit allen Steinen spiele und Sie mit dem Rücken zum Brett, verstehen Sie das nicht?

Am Ende mußte ich nachgeben: ich spielte wieder mit allen Figuren und er mit dem Rücken zum Brett. Wie am Tag zuvor. Er eröffnete auf die gleiche Weise, daß heißt mit Bauer vier auf König. Ich antwortete mit demselben Zug und sage ihm an und so weiter... nach etwa 20 oder 25 Zügen gerate ich in eine schwierige Position und will ihm einen Turm überlassen, ich glaube, es war ein Turm, wenn er den genommen hätte, wäre ich wieder aus der Falle gekommen, aber wenn er den richtigen Zug machte und ihn nicht nahm, wäre ich in zwei oder drei Zügen matt. Er, immer noch mit dem Rücken zu mir, konzentrierte sich, dachte nach und nahm die Figur nicht an, die ich ihm anbot. Er sagte mir: »Dogna, matt in zwei Zügen.« Ich sage: »Okay.«

Ich hatte verloren, kein Zweifel. Und hier war auch schon Tatus Analyse: Du hast diesen Zug gemacht, ich jenen, alles aus dem Gedächtnis, bis er meinen Fehler gefunden hatte. Er sagte mir: »Du hast gut gespielt. Aber selbst wenn ich den Turm genommen hätte, hättest du trotzdem verloren, nur in mehr Zügen. Hast gut gespielt, wirklich.«

Das sagte er zu mir, wiederholte, ich hätte gut gespielt. Ich gab ihm die Hand und sagte:

– Was soll's, Tatu, gegen Sie macht es weder Spaß zu gewinnen noch zu verlieren. Am besten, wir belassen es dabei, unentschieden, eins zu eins.

Videaux: Auch wenn er in Sachen Disziplin unerbittlich war, hatte er zwei oder drei Schwächen, eine davon war das Schachspiel. Simultan zu dritt gegen ihn: Suleiman (Kahama), Aly und ich.

Kumi: Er versuchte mir Schach beizubringen, aber ich fand mich nicht in das Spiel hinein. Da es kein Geheimnis war, daß der Che eine Leidenschaft für Schach hatte, spielte er nicht, solange er sich noch nicht zu erkennen gegeben hatte. Danach spielte er oft mit José Raúl Candevat (Chumi) und mit Héctor Vera (Hindi). Mir gegenüber beharrte er immer auf zwei Dingen, daß ich Schach lernen und Tee trinken sollte, weil er meinte, das sei besser als Kaffee. Einmal, als er gerade seinen Tee trank, setzte ich mich neben ihn und probierte einen Schluck davon. Er sah es und fragte mich, was ich trinken würde, und ich sagte Tee. Wo hast du den denn her?

– Es ist Ihrer.

– Wie? Meiner? Davon mußt du mir mehr besorgen – lachte er.

Mitoudidis Tod

Am 7. Juni brach Che zur Basis von Luluaburg auf, nachdem er sich von Mitoudidi verabschiedet hatte. Dieser glaubte, daß Kabila nicht von Tansania herüberkommen würde, weil er sich zu Gesprächen mit Chou En Lai in Daressalam aufhielt. Mitoudidi sollte wenig später mit zwei Kubanern per Schiff nach Ruandasi aufbrechen, wo der Generalstab in einem etwa vier Kilometer entfernten Gebiet sein neues Hauptquartier aufschlagen wollte.

Ilanga: Als wir aufs neue mit Tatu den Berg hinaufsteigen, kommt uns ein kongolesischer Bote hinterher und sagt: »Mitoudidi Leonard ist gestorben. Im See ertrunken.«

Dogna: An jenem Tag hatte uns Tatu zu Ahiri geschickt, mich, um am Seeufer eine Verteidigungsstellung für die Flugabwehr einzurichten. Wir mußten die Reise zu Wasser durchführen, hatten aber kein richtiges Schiff, sondern bloß einem Kutter. Auf diesem befand sich auch Mitoudidi, der Chef des Generalstabs der kongolesischen Guerilla ... Wir gingen an Bord. An jenem Tag waren die Wellen besonders hoch. Mitoudidi war, wie ich später erfuhr, ein ausgezeichneter Schwimmer. Als wir nun auf diesem Motorboot hinausfuhren, das vielleicht zwanzig bis dreißig Fuß lang war, wird es von einer Welle erfaßt, und zwei oder drei Einheimische verschwinden im Wasser. Mitoudidi bemerkt, wie sie über Bord gehen, und springt hinterher.

Kahama: Etwa siebzig Meter vom Ufer entfernt, wirbelt eine Welle das Boot herum und bringt es fast zum Kentern, dabei wird Comandante Mitoudidi von Bord geschleudert; der Motor versagt. Die Wellen treiben ihn vom Boot ab, zwei Compañeros versuchen, den Motor wieder anzuwerfen.

Dogna: Ich sehe ihn springen, und dann, wie es dauert und dauert, ohne daß er wieder auftaucht. Zwei oder drei Einheimische springen hinterher, um ihn zu suchen, können ihn aber nicht finden. Eine kleine Ewigkeit vergeht, bis offensichtlich ist, daß er nicht mehr auftauchen wird. In dieser Situation mußten wir davon ausgehen, daß er ertrunken war.

Che: Es war sehr stürmisch, und über den See peitschten hohe Wellen, offenbar war sein Sturz ein Unfall, alles deutet darauf hin. Von da an geschahen eine Reihe seltsamer Dinge, man weiß nicht, ob man sie der Dummheit, dem außerordentlichen Aberglauben – denn der See ist von allen Arten von Geistern bewohnt – oder etwas Ernsterem zuschreiben soll. Tatsache ist, daß Mitoudidi, der kaum schwimmen konnte, noch dazu kam, die Stiefel abzustreifen und über zehn oder fünfzehn Minuten um Hilfe zu rufen, den Beteuerungen der verschiedenen Zeugen zufolge sprangen Leute hinterher, um ihn zu retten, unter ihnen sein ebenfalls ertrunkener Assistent; auch Comandante François, der mit ihm unterwegs war, verschwand im Wasser (ich habe nie erfahren, ob dieser im selben Moment ins Wasser fiel oder hinterher sprang, um ihn zu retten). Als der Unfall passierte, schalteten sie den Motor des Bootes ab, wodurch dieses manövrierunfähig wurde, dann warfen sie ihn wieder an, aber es schien, daß irgendeine magische Kraft sie daran hinderte, sich Mitoudidi zu nähern. So nahm das Boot schließlich, während er immer noch um Hilfe rief, Kurs auf das Ufer, und kurz darauf sahen die Compañeros, wie er sank.

Dogna: Als wir hinauf zum Che kamen, denn wir kehrten mit dem Kahn sofort zum Ufer zurück, sagten wir ihm:
– Draußen auf dem See war hoher Wellengang.
Da sagt er zu mir:
– Wie hoch, Dogna?
– Na ja – sage ich – hoch eben, zwei Meter, drei Meter.
– Direkt am Boot? – beharrte er.
Ich sagte, die Wellen um das Boot seien hoch und von großer Kraft gewesen.
– Verdammt, wir haben den einzigen Mann verloren, der in dieser Guerilla etwas taugte.
Wir kehrten sofort zum Seeufer zurück, und unterwegs fragt der Che:
– Kannst du schwimmen?
– Ja.
– Und ihr konntet nichts machen?
– Comandante, da war nichts zu machen.
Wieso ich nicht hinterher gesprungen bin? Die Einheimischen, die hinterher gesprungen sind, waren bessere Schwimmer als wir, sie konnten schwimmen wie die Fische und dennoch konnten sie ihn nicht retten. Er war mit Kleidung und Stiefeln und allem ins Wasser gesprungen und erreichte einen der Kongolesen, der dabei war zu ertrinken, aber dieser klammerte sich an ihn und ließ ihn nicht mehr los. Mitoudidi rang, um sich zu befreien. Er kam noch ein oder zweimal an die Oberfläche, aber dann schaffte er es nicht mehr aufzutauchen und wurde auf den Grund hinabgezogen. So versanken Mitoudidi und der Kongolese ein letztes Mal und kamen nicht mehr zum Vorschein.

Che: Das Schema der Beziehungen unter den kongolesischen Führern ist so kompliziert, daß man nicht weiß, was man davon halten soll; Tatsache ist, daß der Kommandant dieses Bootes, der einige Zeit später auch eine Armeeinheit kommandierte, an eine andere Front versetzt wurde, wozu man mir erklärte, dies sei aufgrund einer Reihe von Vorfällen veranlaßt worden, die diesem Compañero in der Basis zugestoßen waren.

Dogna: Wir gingen mit Tatu zum See, und dort verbrachten wir einige Stunden und warteten, aber nichts geschah; die Überreste Mitoudidis blieben verschwunden. Der Unfall hatte sich so gegen elf Uhr morgens ereignet, und wir blieben mit dem Che bis abends dort und gingen am nächsten Tag wieder hin. Am dritten Tag, als wir noch einmal dorthin zurückkehrten, tauchte der Leichnam auf, gedunsen und aufgequollen. Daraufhin fuhr jemand mit einem Floß hinaus und barg den Leichnam, der in der Nähe des Ufers auf dem Wasser trieb. Insgesamt tauchten drei Tote auf.

Che: Auf diese Weise, durch einen albernen Unfall, verlor ein Mann sein Leben, der den Ansatz für eine Organisation mitten im fürchterlichen Chaos der Basis von Kibamba gelegt hatte. Mitoudidi war ein junger Mann, der kaum über 30 Jahre alt geworden ist.

Dogna: Der Che persönlich hielt die Trauerrede. Es war eine kurze Ansprache. Er wiederholte, wie sehr er Mitoudidi geschätzt habe. Auch Ahiri und Dreke waren anwesend. Wie war Mitoudidi? Er war ein geradliniger Mensch, der die Ratschläge befolgte, die Tatu ihm gab, der sie umzusetzen verstand. Niemals sah man ihn prahlerisch, niemals hörte ich, wie er sich damit brüstete, der Chef zu sein, auch nicht der des Generalstabs der Guerilla.

Ilanga: Der Che beklagte den Verlust und ich übersetzte. Es war ein unersetzbarer Verlust. Eines der Probleme lag darin, daß die Führung im Ausland war, und Mitoudidi vor Ort, er war der einzige hochrangige Führer vor Ort und außerdem gebildet, Akademiker.

Die Debatte

Kabila: *[an Che Guevara]* Soeben habe ich Kenntnis vom Schicksal unseres Bruders Mitu bekommen, sowie von dem der anderen Brüder. Sie sehen mich darüber auf das tiefste betrübt. Ich bin sehr um Ihre Sicherheit besorgt; ich würde gerne sofort zu Ihnen kommen, denn für uns ist diese traurige Geschichte unser Schicksal. Alle Genossen, die mit Ihnen gekommen sind, mögen bis zu meiner Rückkehr vor Ort bleiben, es sei denn, sie möchten nach Kabimba oder zu Mundandi nach Bendera. Ich vertraue auf Ihre Standhaftigkeit, wir werden alles tun, um einen genauen Zeitpunkt für die Verlegung der Basis zu bestimmen.

Wenden Sie sich während meiner Abwesenheit mit Ihren Anliegen an Muteba, sowie an Mulongai und Kazabi. Freundschaft, Kabila.

Muteba, der neue Verbindungsmann, wollte die Basis wegen der Probleme mit dem Aberglauben verlegen. Er sprach mit Che, und sie einigten sich darauf, einen Bericht zu verfassen und an Kabila zu schicken, damit die Untätigkeit ein Ende hatte.
Aufgrund des vorherrschenden niedrigen Bildungsniveaus, der guten Kampfausbildung und der vorhandenen taktischen Möglichkeiten, die das Terrain bietet, schlägt Che vor:

CHE: Entweder: 1) Unsere Gruppe auf verschiedene Frontabschnitte zu verteilen, um diese als Ausbilder im Waffengebrauch und gemeinsam mit den kongolesischen Streitkräften im Kampf einzusetzen.
Oder: 2) Gemischte Kampfeinheiten zu bilden, die zunächst von Kubanern geleitet werden, um genau definierte taktische Aktionen durchzuführen und den Aktionsradius durch die Ausbildung kongolesischer Führungskader auszudehnen. Im Hinblick auf die geringe Anzahl unserer Kräfte (diese Einheiten sollten aus nicht mehr als zwei Männern bestehen) wird eine zentrale Ausbildungsbasis mit kubanischen Instrukteuren beibehalten.
Wir neigen aus politischen und militärischen Gründen zu diesem zweiten Vorschlag; aus militärischen, weil dadurch eine Führungsstruktur im Sinne unserer Konzeption des Guerillakampfes gewährleistet bleibt.

Zugleich lehnt Che das Projekt eines Angriffs auf Albertville ab …

CHE: … weil der Fall von Albertville nur das Resultat beharrlicher und zäher Aktionen sein kann, vielleicht wäre es angemessener, davon zu sprechen, daß der Feind es schließlich wird aufgeben müssen. Zunächst müssen wir dessen heute noch relativ hohe Kampfmoral entscheidend schwächen, indem wir systematische Aktionen gegen seine Verbindungs- und Nachschublinien unternehmen; die in Kabimba, Fort de Force, Lulimba stationierten Kräfte vernichten oder zum Abzug zwingen usw. Diese Taktik ist mit Frontalangriffen zu kombinieren, wo immer das Kräfteverhältnis für uns günstig ist; verdeckte Präsenz an allen Landstraßen, die nach Albertville führen, Sabotage und Hinterhalte, Lähmung der feindlichen Ökonomie; Einnahme von Albertville.

Katenga schlägt als erstes Operationsziel eine kleine Garnison vor, deren Nachschubweg am Fuße der Berge verläuft, so daß sich die Möglichkeit ergibt, etwaige Verstärkungen in einen Hinterhalt zu locken. Mit dem Fall dieser Garnison wäre der Weg nach Lulimba frei, dem Tor in Richtung Kasongo.
Während man auf die Antwort wartet, reisen die Nachfolger Mitoudidis ab. Muteba kehrt überhaupt nicht mehr zurück. In der Basis herrscht latente Unruhe, die bei der leisesten Unvorsichtigkeit ausbrechen kann. Man bittet die Kubaner um Unterstützung bei der Bedienung der Luftabwehrgeschütze, mit

denen die Basis verteidigt werden soll. Der Che hält dies für sinnlos, weil keine feindlichen Luftangriffe stattfinden: die einzigen Angriffe wurden von vier T-28-Wasserflugzeugen und zwei B-26 geflogen. Die Luftabwehr wehrte sie ab, und sie bombardierten stattdessen andere Ziele.

Die Kaperung

Um den 9. Juni.

VIDEAUX: Zusammen mit den Kongolesen führten unsere Jungs eine Aktion durch, wie es in diesem Guerillakrieg noch keine gegeben hatte, sie lockten ein Schiff in einen Hinterhalt.

Als Aly zur Basis kam, lagen Falka, Mongueso und noch zwei Compañeros in der Nähe des Sees in einem Hinterhalt. Sie brachten ein Schiff auf, das Schmugglern gehörte, die auch mit Kriegsgerät handelten. Wir verfügten über Informationen, daß es sich um Spione handelte, die außerdem belgische Söldner transportierten.

Das Schiff kam näher, und als es in unmittelbarer Nähe war, eröffneten sie das Feuer; mit Mörsergeschützen versperrten sie den Weg. Es saß in der Falle und mußte die weiße Flagge hissen. An Bord befanden sich sieben oder acht Personen. Auch ein französischer Söldner in Zivilkleidung wurde gefangengenommen, alle waren bewaffnet. Einzeln ließ man sie herauskommen, und sie kamen in diesen Ruderbötchen, die sie an Bord hatten. Einige in Booten, andere schwimmend, denn sie waren sehr nah am Ufer. Und man nahm sie gefangen und beschlagnahmte ihr Schiff mitsamt einigen FALs und *Springfields*, mit denen die Kollaborateure der Belgier ausgerüstet waren.

Und diesen gefangengenommenen Söldner verurteilten die Kongolesen zum Tod durch Verhungern. Sie hatten ein Loch von etwa zwei Metern Tiefe gegraben, oder vielmehr war es eigentlich ein altes Loch, das sie immer für solche Strafen benutzten, und dort hinein haben sie den Franzosen gesteckt. Wir wußten von nichts, wir kamen an und fragten nach dem Söldner. Sie sagten: »Nein, der ist da und da.« Als uns dämmerte, was hier vor sich ging, sprachen wir mit dem kongolesischen Chef und versuchten ihn davon zu überzeugen, daß es besser sei, diesen Mann am Leben zu lassen und wieder gesund zu pflegen, womöglich besaß er sogar irgendeine wichtige Information, und daß unserer Meinung nach ihre Methode falsch sei. Er sagte: »Jaja, wir werden ihn herausholen.« Aber der Mann war bereits am Ende. Am nächsten Morgen starb er.

Als der Che davon erfuhr, war er empört und sprach mit der kongolesischen Führung, denn zudem war diese Barbarei nicht die erste gewesen. Aber da die eigentliche Führung der Guerilla nicht vor Ort, sondern

weit weg war, weit enfernt von der Front, war weiteren Übergriffen Vorschub geleistet. Der Che war der Ansicht, daß man selbst da menschlich handeln mußte, wo es schier unmöglich schien, und damit hatte er, wie seine Erfahrung aus mehreren Kriegen bewies, vollkommen recht.
Die Guerilla nahm das Schiff in Besitz, und Tatu ordnete an, es irgendwo zu verstecken. Es wurde an die Führung der Bewegung übergeben, und später wurde es zu nächtlichen Fahrten über den See nach Kigoma benutzt. Ungefähr drei Monate leistete das Schiff so gute Dienste, aber auf einer der Reisen erlitt es mitten auf dem See Schiffbruch; es war beschossen worden, und dabei kam die gesamte Besatzung, die aus kongolesischen Guerilleros bestand, ums Leben. Das Boot sank jedoch nicht vollständig, die Belgier nahmen es mit einem Kutter ins Schlepptau und holten es sich so zurück.

Flugzeuge

Mena: Die ersten Schüsse von Kubanern wurden am 19. Juni '65 abgegeben, auf Flugzeuge vom Typ Canberra, die bei der Bombardierung der Siedlung Kisosi am Seeufer Tote verursacht hatten. Die Schüsse wurden aus 12,7 mm-Maschinengewehren abgegeben, die auf den Höhen der Basis von Kibamba in Stellung gebracht waren. Die Flugzeuge beantworteten das Feuer nicht.

Marchetti: Die CIA versorgte die Sache Mobutus und Cyril Adoulas mit Geld und Waffen. 1964 schleuste die CIA ihre eigenen Söldner in den Kongo ein. B-26-Bomber, die von kubanischen Piloten geflogen wurden, die schon an der Schweinebucht-Invasion teilgenommen hatten, flogen heftige Attacken gegen die Aufständischen. Als die CIA 1964 intervenierte, wurden von einem Unternehmen namens Caramar (Caribbean Marine Aero Corporation, einem Tarnunternehmen der CIA) kubanische Veteranen als Piloten angeworben. Waffen und Ausrüstung lieferten verschiedene »private« Waffenhändler. In den Vereinigten Staaten war der bedeutendste Lieferant die International Armament Corporation (Interarmco) mit Sitz in Alexandria, Virginia.
Ein Journalist berichtete 1966 aus Tucson, Arizona, daß er dort mehr als 100 Flugzeuge vom Typ B-26 gesehen habe, fertig für die Ausrüstung mit Maschinengewehren und Bomben. Die CIA behauptete, es handele sich um Flugzeuge für eine Firma namens Intermountain, die Waldbrände aufspürte und löschte. In Wirklichkeit waren sie für den Kongo und für Südostasien bestimmt.

Blum: Die Piloten der CIA bombardierte die Aufständischen, aber es gab Probleme mit einigen Kubanern, die sich weigerten, zivile Ziele anzugreifen.

Die Ruander

Ilanga: Ruanda hat eine lange Geschichte. Genau wie in Burundi gab es dort einen König. Er wurde gestürzt, doch da er zur Kaste der Tutsi gehört hatte, kam es zum Krieg mit den Hutua. Die Bevölkerung von Ruanda besteht aus drei Ethnien: den Tutsi, den Hutua und den Hutu. Die Hutua sind diejenigen, die sich der Jagd widmen, die Hutu sind Feldbauern und die Tutsi Viehzüchter. In der Kolonialzeit wurden die Tutsi bevorzugt. Der Belgier lehrte sie, daß sie den Hutua und den Hutu überlegen seien. Immer dieselbe Technik des Teilens und Herrschens. Später ergriffen die Hutu, die in der Mehrheit waren, sehr blutig die Macht, daraufhin flüchteten sich die Tutsi in alle angrenzenden Länder: Uganda, Burundi, den damaligen Kongo. Als wir den Befreiungskampf aufnahmen, schlossen die Tutsi, die in den Kongo geflüchtet waren, sich uns an, mit der Begründung oder der Vorstellung, daß sie, wenn wir gesiegt hätten, über eine logistische Basis für den Kampf in Ruanda verfügen würden. Als ich an ihrer Seite kämpfte, gab es mehr als siebenhundert von ihnen an der östlichen Front.

Die Tutsi sind von äthiopischem Typus. Sie besitzen die gleichen physiognomischen Eigenschaften wie die Somalis, die Äthiopier und ein Teil der Sudanesen. Sie sind von hohem Wuchs, einige messen einen Meter achtzig, neunzig, sehr schlank, und sie waren gute Krieger, das kann man ihnen nicht abstreiten; sie waren gute Kämpfer. Und weil sie uns halfen, würden wir nach dem Krieg die Verpflichtung haben, ihnen zu helfen. Im Jahr ’65 war sogar die Rede davon gewesen, eine Front in Ruanda zu eröffnen und den Krieg auf diesen Teil Afrikas auszudehnen, denn wenn es eine Front in Ruanda gegeben hätte, hätten wir leichter in die Provinz Kivu eindringen können, wir hätten sie umso leichter befreien können, wenn ruandische Truppen dabeigewesen wären.

Am Anfang besaß niemand von uns Waffen, was wir hatten, waren Speere und Pfeile, bis wir begannen, Waffen aus den Beständen der Armee zu erobern. Sie hatten überhaupt keine Waffen und auch keine ausländische Macht, die sie unterstützte. Sie waren der bewaffnete Arm einer noch sehr provisorischen politischen Organisation in Ruanda. Eigentlich war alles, worüber sie verfügten, eher ein gewisser Haß auf die anderen Ethnien. Marandun, ihr Führer, besaß die gleichen Rechte wie unsere Führer.

Befehl zum Angriff

Mitte Juni.

Che: Mundandi, der ruandische Kommandant von Front de Force, hatte in China studiert und machte einen sehr angenehm seriösen und gefestigten Eindruck, aber im Laufe des ersten Gesprächs erwähnte er eine Schlacht, in der dem Feind fünfunddreißig Verluste zugefügt wurden; ich fragte ihn, wieviele Waffen sie aufgrund dieser fünfunddreißig Verluste erbeutet hätten, und er antwortete, keine, weil sie mit Bazookas angegriffen hätten, und die Waffen deshalb in winzige Teile zerfetzt worden seien. Meine diplomatischen Fähigkeiten sind nie sehr ausgeprägt gewesen, und ich sagte ihm einfach, daß dies eine Lüge sei; er entschuldigte sich damit, daß er selbst nicht bei dem Gefecht dabei gewesen war und diese Information von seinen Untergebenen erhalten hatte, und dabei ließ er es bewenden. Die Übertreibung ist in dieser Region eine feste Gewohnheit. Mit solcher Offenheit zu sagen, eine Lüge sei eine Lüge, ist niemals die beste Methode, um Beziehungen der Freundschaft und Brüderlichkeit anzuknüpfen.

Mundandi trifft mit Briefen von Kabila ein. Darin erklärte dieser sich einverstanden, mit den Hinterhalten zu beginnen, forderte fünfzig Kubaner zur Unterstützung eines von Mundandi zu leitenden Angriffs an und verkündete seine unmittelbar bevorstehende Ankunft. Er verlangte Mut und Ausdauer. »Ich weiß, daß Sie unter der Desorganisation leiden, aber wir tun alles, um die Mängel zu beheben, die durch die Abwesenheit der Führer entstanden sind.«

[Geplant war, eine Operation gegen Katenga durchzuführen.] Mundandi zeigte sich ausweichend, er hatte keinen genauen Plan, sondern lediglich den Befehl, am 25. Juni anzugreifen. Warum dieses Datum, fragte ich ihn, und auch darauf wußte er keine Antwort. (...) Er kam mir vor wie ein armer Kerl, dem man eine Aufgabe zugeteilt hatte, die seine Kräfte überstieg; und das war zum Teil auch der Fall, obgleich er es zu überspielen versuchte.

Der Plan der kongolesischen Führung im Ausland bestand darin, Front de Force anzugreifen, in der Überzeugung, daß ein Überraschungsangriff den Sieg über den Feind herbeiführen könnte. Auch die »ausländischen« Kräfte in der Guerilla, Kubaner und Ruander, wurden mit eingeplant. Che hatte ernste Zweifel an diesem Plan, weil der Posten den eigenen Informationen zufolge mit »Schützengräben, natürlichen Befestigungen und schweren Waffen« ausgestattet war. Außerdem wollte er persönlich an den Operationen teilnehmen.

CHE: *[an Kabila]* Ich versichere Ihnen, daß meine Ungeduld diejenige eines Mannes der Tat ist und in keiner Weise eine Kritik bedeuten soll. Ich habe volles Verständnis, weil ich selbst ähnliche Umstände erlebt habe.

Ebenso erwarte ich mit Ungeduld Ihre Ankunft, da ich Sie für einen alten Freund halte und Ihnen eine Erklärung schuldig bin. Zugleich unterwerfe ich mich bedingungslos Ihren Anweisungen.

Ihrem Befehl gemäß setzen sich die Kubaner morgen nach Front de Force in Marsch, leider gibt es viele Krankheitsfälle, und die Zahl wird etwas niedriger sein (vierzig). In Kabimba sind noch vier Compañeros, sobald die anderen eintreffen, werden wir sie hinterher schicken.

Kahama: Das Schreiben von Kabila erreichte uns am 17., als Aguiar eintraf. Als der Che zurückkam, sagte er zu uns: »Ihr habt euch den morgigen Marsch erspart.« Um ein Uhr rief er alle zusammen und las uns Auszüge von Martí vor. Am Ende sagte er, daß wir bald in Aktion treten würden und daß alle ausrücken sollten, die Kranken und mich ausgenommen, weil ich den Kongolesen weiterhin Unterricht erteilen sollte.

Vorbereitung zum Angriff

19. Juni '65.

Kahama: Tatu versammelte das Personal und sagte: »Also gut, der Einsatzbefehl ist ergangen, vielmehr, im Moment gilt dieser Kampfbefehl, es kann aber sein, daß er wieder zurückgenommen wird. Übermorgen werdet ihr an die Front ziehen, momentan scheint es, daß ich nicht mitkommen kann, sie verweigern mir die Erlaubnis.«

Dreke: Daraufhin erklärt er uns den Beschluß, den Kabila und Masengo getroffen haben, daß die Brigade zum Frontabschnitt der Ruander marschieren soll, nach Force Banderas, und daß er nicht mitkommen darf. Wir wollten die Brigade nicht auseinanderreißen, um konzentriert agieren und militärisch entscheidungsfähig bleiben zu können. Das heißt, wir mußten entweder gemeinsam abwarten oder die Entscheidung akzeptieren und uns weiter aufteilen, da ein Teil der Brigade, die Gruppe von Nane, sich von uns trennen und in ein anderes Lager marschieren sollte. Tatu blieb nichts anderes übrig, als die Lage zu akzeptieren, wie sie war. Er befürchtete, daß es zu einer Krise kommen könnte und die Kubaner zurückkehren müßten, ohne ihre Mission erfüllt zu haben, daß wir einer offenen oder verdeckten Provokation ausgesetzt werden könnten. Also entschied er sich, die Entscheidung Kabilas zu akzeptieren.
Daraufhin versammelte er die Truppe um sich und erklärte das allgemeine Konzept. Er übergab mir die Führung der Brigade, und es wurde entschieden, wer mitkommen sollte. Am nächsten Morgen gab er mir eine Kiste Zigarren, die ich nach der Einnahme der Kaserne verteilen sollte.

Mena: Der Befehl löste Freude aus, denn in den Tagen zuvor, während wir auf die Entscheidung warteten, hatten wir fast alle befürchtet, daß man uns auffordern würde, nach Kuba zurückzukehren, wenn nicht alle, so doch die meisten, vor allem Tatu und M'bili.

20. Juni 1965.

Dreke: Treffen mit den Offizieren und dem Ruander Mundandi. Sie erläutern die Operation, erklären einige Details der Kaserne: eine große Festung, in der nach ihren Schätzungen etwa dreihundert schwarze Askaris und etwas mehr als hundert belgische Fallschirmjäger stationiert waren; es war die größte Kaserne in der Region, die aufgrund ihrer Lage an der Landstraße als Vorposten der Kaserne des Generalstabs in Albertville diente; hier wurden die Truppen für den Dschungelkampf konzentriert.
Die Kongolesen hatten sich vorgenommen, diese Kaserne zu erobern, waren jedoch schon einige Male gescheitert. Tatu schlug vor, eine kleinere Kaserne anzugreifen. Wir hatten die Erfahrung aus dem von Aly geleiteten Angriff auf ein Patrouillenboot. Der Che sagte, daß es notwendig sei, zunächst Gefangene zu machen, um Informationen zu erhalten. Sie bestanden darauf, daß es die am nächsten gelegene Kaserne war und daß es möglich sei, sie zu erobern. Der Che warnte uns vor, damit wir Kubaner uns darauf einstellen konnten, uns verteidigen zu müssen. Inne würde den Hinterhalt leiten, weil er Leutnant im Ejército Rebelde gewesen war und über viel Kampferfahrung verfügte. Er erhielt die Anweisung, an der Landstraße nach Albertville einen Hinterhalt zu legen. Und mich als Chef der Brigade prüfte der Che:
– Wo willst du das Hauptquartier aufschlagen?
– Auf einem Hügel in der Nähe des Flusses.
– Macht keine Dummheiten, der Chef ist Inne (Pichardo), zweiter Chef ist Ansurune (Vinajera).
Er war zufrieden, da endlich etwas unternommen wurde, aber sauer, daß man ihn nicht mitkommen ließ. »Man stirbt, wenn man sterben muß, nicht wenn man sterben will.« Aber er mußte zurück bleiben. »Wenn ich mitkomme, ob sie uns dann hinauswerfen? Es ist schließlich ihr Land ...«, sagte er.
Zu dieser Zeit hatten wir keine Funkgeräte. Es wurden Compañeros ausgewählt, die als Boten für schnellen Austausch sorgen sollten. Weitere blieben mit dem gleichen Auftrag beim Che zurück.
Bevor wir aufbrachen, wurden die Nationalhymne und die Hymne des 26. Juli gesungen, und der Che gab jedem der Compañeros, die in Reihen angetreten waren, die Hand.

Zunächst rückten 36 Kubaner aus, wenig später kamen sieben weitere hinzu.

Kahama: An diesem Tag fing die Hütte des Che Feuer. Alle eilten herbei, und so ging alles gut, es war bei Putzarbeiten passiert. Der gesamte Dachfirst und eine Wand waren abgebrannt. Wenn das so weiter geht, kommen wir mit einem Feuerwehrdiplom wieder zurück.

Abmarsch nach Forces

Dreke: Wir wählten Emilio Mena, alias Pablo, aus, das Tagebuch zu führen.

Mena: 21. Juli. In Marsch, Nachtquartier in der Siedlung Yanga, Abmarsch am 22.

Dreke: Ein Dschungel, so dicht, daß man immerzu den Eindruck hatte, es sei Nacht. Wir schlugen unser Lager auf, kochten, aßen Bucali; wir hatten auch etwas Gazellenfleisch dabei, das wir vor zwei oder drei Tagen bekommen und eingesalzen hatten. Wir erreichten das Dörfchen Kayenya, wo man uns vertrauensvoll begegnete, obwohl wir der Kaserne näherkamen. Am nächsten Morgen wählten wir fünf oder sechs Compañeros aus, die als Speerspitze der Kolonne noch vor der restlichen Vorhut die Front auskundschaften sollten. Niemand wußte dir die Zahl der Kilometer oder Meilen Entfernung bis zur Kaserne anzugeben. Alle Welt sagte dir, es sei weit, sehr weit. Tatsächlich war es noch weit, aber wir glaubten ihnen nicht. Es waren ungefähr fünfzig Kilometer von der Basis in Luluaburg bis zur Kaserne, über sehr unwegsames Gebiet, Gebirge und Dschungel.
Man sagt uns, daß die Ruander uns erwarteten und daß eine militärische Zeremonie abgehalten werden sollte. Wir liefen durch eine enge Straße. Ein Teil der Bevölkerung kam heraus und folgte der Kolonne, sie kannten mehrere Guerilleros. Unterwegs überholten uns die Ruander, sie marschierten schneller als wir.
Es wurde Nacht, man zündete Feuer an. Wir bekamen einen Schreck. Wir beschlossen, die Truppe aufzuteilen und schickten die Vorhut fort. Um das Lager herum stellten wir Wachen auf. Es gab eine Diskussion mit den Kongolesen, die nicht Wache halten und lieber in den Häusern im Dorf schlafen wollten. Wir wollten nicht in den Häusern bleiben, um zu vermeiden, daß wir in einen Hinterhalt gerieten.
Die meisten von uns bauten sich Schlafgelegenheiten aus Pflanzen und Ästen, in einer gewissen Höhe, um uns vor den Schlangen zu schützen. Wir hatten die Gewohnheit abgelegt, Hängematten aufzuspannen. Einige schliefen etwas, andere nur sehr wenig. Nachts, im offenen Dschungel, ist alles voller Geräusche, ich glaube, sie erschienen uns lauter, als sie wirklich waren, Schimpansen, Elefanten. Einige konnten schlafen, andere nur wenig. Es war unser erster Kampfeinsatz.

Die Schlangen

Dreke: Die Schlangen wurden Kobras genannt. Du nimmst einen großen langen Stock und schlägst damit kräftig auf den Boden, bis die

Reptilien fliehen. Gegen diejenigen, die aus den Bäumen angreifen und dir an den Hals gehen, muß man breitkrempige Hüte tragen und den Kragen hochschlagen, lange Ärmel und die Hose in die Stiefel gesteckt oder festgezurrt. Denn diese sind die schlimmsten. Sie greifen sich gegenseitig auf den Bäumen an. Wenn man dauernd daran denkt, glaubt man, sie beobachten dich und lassen sich dann auf dich fallen. Aber nichts dergleichen.

Che will nicht im Lager bleiben

In einem Brief an Kabila:

CHE: Ich bitte Sie um einen Gefallen: Erlauben Sie mir, nach Front de Force zu gehen, lediglich als *Politischer Kommissar* meiner Genossen, voll und ganz den Befehlen des Genossen Mundandi unterworfen. Ich habe kürzlich mit diesem gesprochen, und er ist einverstanden. Ich glaube, daß ich dort von Nutzen sein könnte. Drei oder vier Tage nach Erhalt Ihrer Antwort werde ich zurück sein. Mit besten Grüßen. Tatu.

Doch er erhielt lediglich ausweichende Antworten, so daß auch die zweite Gruppe ohne Che ausrücken mußte. Er schrieb einen zweiten Brief, doch es war bereits zu spät. Kabila antwortete nicht einmal mehr.

KAHAMA: Wir waren in der Basis zurückgeblieben, der Che, Dogna, ich und die Kranken. Unter anderem beschäftigten wir uns mit dem Wiederaufbau von Tatus Hütte.
Als ich abends zum Fluß ging, suchten mich mehrere kongolesische Compañeros auf, um mir mitzuteilen, daß einige Elefanten am Fuß des Berges gesehen worden seien. Tatu, Chino und mehrere Kongolesen machten sich auf die Jagd. Aber als sie dort eintrafen, waren die »Tembos« schon fort.
Aber wenigstens etwas habe ich erlebt. Ich erlegte einen Hirsch.

Die vierte Gruppe

VIDEAUX: Damals schlug Fidel einer Gruppe, die noch über keine Kampferfahrung verfügte, vor, daß sie einen Marsch durch die Sierra Maestra unternehmen sollte. Man berief mich an die Spitze dieser Gruppe, etwa fünfunddreißig Mann. Hinauf von La Vega de Jibacoa nach Minas del Frío, danach auf den Jigüe, vom Turquino hinunter über den Zapato, weiter über Minas de San Miguel zum Pino del Agua, vom Oro de Guisa in die Schlucht von Santa Bárbara. Ein Marsch von siebeneinhalb Tagen. Wir verlängerten die Etappen und machten es in fünf Tagen. Besonders ein Compañero, Genge, unternahm eine gewaltige Anstrengung; er machte den gesamten Marsch mit, obwohl er ein

Stück von einer Platine im Fuß hatte. Wir reisten über Santiago ab. Das Flugzeug, mit dem wir dann geflogen sind, kam beim ersten Mal von der Piste ab. Es gab keine Verletzten. Am Tag darauf kehrten wir mit der Ausrüstung nach Havanna zurück. Wir belegten einige Häuser in Miramar und Siboney und machten uns gewissenhaft und diskret an die Vorbereitungen. Wir scherten uns gegenseitig die Köpfe. Ein letztes Mal besuchte uns Fidel. In dem Haus, wo ich wohnte, waren wir zu viert. Sie bereiteten unsere Pässe vor, änderten unsere Namen, wenn wir dort angekommen wären, würden wir bereits anders heißen und am Ende einen Namen auf Kisuaheli bekommen, aber ich unterschrieb aus Versehen mit meiner eigenen Unterschrift. »Und wo soll ich jetzt einen neuen Paß her bekommen?« fragte mich der Beamte, weil die Pässe vom Außenminister unterschrieben werden mußten. Aber es war nicht so ernst gemeint, er kam mit einem neuen Paß zurück, und ich unterschrieb mit meinem neuen Namen. »Nachher kommt der Chef hierher.« Wir vertrieben uns die Zeit mit ein paar Filmen. Fidel traf ein und bat uns, ihn in den Speisesaal zu begleiten. Er gab uns eine Reihe von Erläuterungen über den afrikanischen Kontinent, die Gebräuche, das Essen, die Lebensformen, wie schwierig es werden würde, sich auf das alles einzustellen, daß davon eine Menge abhängen würde. Er sprach fast zwei Stunden zu uns und verabschiedete sich dann.

Sie brachen in mehreren Gruppen auf.

GENGE: Im Flugzeug nach Tansania, Zwischenlandungen in Prag und Kairo. Hotel President in Prag, das Atlas in Kairo.

VIDEAUX: Wir konnten kaum einen Blick auf Paris werfen, weil die Freizeit sehr streng geregelt war. Aber es gelang uns immer, zu entkommen und eine kleine Runde zu drehen. Wir gingen zum Eiffelturm und ein bißchen durch die Straßen in der Nähe des Hotels. Dann nahmen wir ein Flugzeug nach Algerien. Als wir in Algier ankommen, empfangen uns der Botschafter, Papito Serguera, und der erste Sekretär, Oramas Oliva, am Flughafen. Und als wir im Auto saßen, hörten wir im Radio, daß das Flugzeug, mit dem wir weiter nach Kairo fliegen sollten, einen Unfall gehabt hatte und daß einige Leute umgekommen waren. Darauf sagte Óscar Oramas zu uns: »Also, was ihr jetzt tun müßt, ist darauf anstoßen, daß ihr noch lebt.« Und das taten wir. Wir drehten eine Runde durch Algier, aßen Kamelsteak und feierten, daß wir um den tödlichen Flug herumgekommen waren.
Später dann in Kairo trafen wir uns mit Compañeros, die zwei Säcke voller Waffen und Gerät dabei hatten. Es handelte sich um die Waffen, die aus Kuba geliefert worden waren, auf wer weiß welchem Weg, und die sich nun auf einmal hier wiederfanden. Man übergab uns dort ein

Paket mit Waffen, das wir bei unserer Weiterreise mitnehmen sollten. Sie wiesen uns an, bei den Zwischenlandungen bis zur Ankunft in Tansania nicht aus dem Flugzeug zu steigen und die Waffen nicht unbeaufsichtigt zu lassen. Unser Flug ging von Kairo nach Tansania mit einer technischen Zwischenlandung in Kenia. Dort wollen sie, daß wir aussteigen, und wir erklären, daß wir nicht aussteigen könnten ... Sie bestanden darauf, daß wir aussteigen sollten und wir, daß wir nicht aussteigen konnten, und schließlich blieben wir dort, mit der Waffenladung zwischen den Füßen. Am Schluß machte der Bursche von der Crew noch eine Geste, als wollte er sagen: »Gut, macht was ihr wollt, ihr werdet schon sehen.« Die Maschinen wurden abgeschaltet und damit auch die Klimaanlage. Und nach kurzer Zeit erstickten wir fast vor Hitze, es wurde unerträglich heiß. Als die Mannschaft zurückkam, lachten sie sich über uns fast kaputt. Wir blieben ernst und flogen weiter nach Tansania. Als wir dort ausstiegen und dachten, nun hätten die ganzen Schwierigkeiten ein Ende, hielt uns, als wir den Zoll schon passiert hatten, die Polizei an und sagte, wir müßten unser Gepäck anmelden. Der Widerspruch bestand darin, daß die Säcke Diplomatensiegel hatten, die Pässe aber nur Spezialpapiere und keine Diplomatenpapiere waren. Also sagten sie, wir müßten uns registrieren lassen. Und da griff ich ein und sagte, nein und so ginge es nicht. Wir saßen fest. Darauf intervenierte ein Compañero von der Botschaft, aber der Polizist wollte von nichts wissen. Man rief bei der Botschaft an und der Erste Sekretär kam, und da er schon eine bekannte Persönlichkeit war, gaben die Polizisten nach.
In den Häusern, wo man uns unterbrachte, waren nur noch zwei Compañeros, der Rest war schon abgereist. Ich wurde zum Chef dieser Nachhut ernannt, meine Mission bestand darin, alle weiteren Neuankömmlinge zu empfangen; am selben Abend trafen noch vier weitere Compañeros ein. Später kamen Pombo und Tumaini.

Pombo: Der Oberkommandierende betraute mich mit der Aufgabe, mich dem Che bei dessen Unternehmung im belgischen Kongo anzuschließen. Eines Abends erklärte er mir die Mission, die ich zu erfüllen hätte, erläuterte den Entwicklungsstand der Guerillabewegung, und vor allem schärfte er mir ein, daß ich der Hauptverantwortliche für die persönliche Sicherheit des Che sein würde.

Videaux: Sie hatten dort ein Kisuaheli-Französisch-Spanisch-Wörterbuch. Man sagte mir, ich sollte Namen von Gegenständen auswählen, oder was immer mir einfiele, um die Compañeros mit Namen auf Kisuaheli zu versehen. Ich suche mir für mich den Namen Kisua Kitambo aus, was »denkender Kopf« bedeutet. Ich fand, als Chef war ich für das Denken zuständig. Ich erinnere mich noch an den Namen von Genge, der auch mit dieser Gruppe kam. Ich gab aller Welt Doppelnamen, im Stil von meinem eigenen, Harry Villegas nannte ich Pombo Poljo und Carlos Coelho Tumaini Tuma. Später blieb es bei Pombo und Tuma. Drei weitere Ärzte treffen ein: Doktor Candebat, Chumi und Fara. Jeden Tag trafen zwei oder drei weitere mit dem Flugzeug ein, und so in einem fort bis zum letzten. Wir waren insgesamt 38 Compañeros.

Genge: Vorsicht mit den Zwischentönen, das Kisuaheli war nämlich voll davon. Zu den älteren Leuten entwickelte ich schnell Vertrauen, sie nahmen mich mit in ihre Dörfer. Wir mußten uns eine Tarnidentität zulegen, wir waren in einem Gebiet, in dem keine Mulatten wohnten, also legte ich mir meine persönliche Tarnidentität zu. Ich ging zu ihren Maniokpflanzungen und beobachtete, wie sie angelegt wurden, wie die Saat funktionierte und so weiter. Ich ging auf eigene Faust drauflos und gewann das Vertrauen eines Pygmäenstammes dort in Tansania. Ich hatte einen 8-mm-Fotoapparat dabei und betätigte immerzu den Auslöser. Ich trank eine Menge *Pombe*. Man muß ihn langsam trinken. Jedesmal, wenn ich ein Wort hörte, das mir gefiel, schrieb ich es auf. Ich gewöhnte mich in das Kisuaheli ein, aß ihr Essen, immer gut gewürzt, Fisch …

Videaux: Ein paar Compañeros blieben in Kontakt mit der Botschaft, indem sie jeden Tag dorthin gingen und für das Essen sorgten. Einer von ihnen war Oliva, den wir den König der Schillinge nannten, weil er für das Geld zuständig war. Sie hatten uns einen Vorschlag von Tatu übermittelt, daß wir die Devisen einsammeln sollten, die jeder dabei hatte. Es war kein Befehl, nur ein Vorschlag. Doch er wurde von den Compañeros gut aufgenommen. Ich hatte noch über 70 Dollar, weil ich weder in Frankreich noch unterwegs irgendetwas ausgegeben hatte. Andere hatten ein wenig oder auch gar nichts ausgegeben. Und wir sammelten alles ein und kamen auf ungefähr 700 Dollar. Schließlich verließen wir Daressalam.

Genge: Drei Tage mit dem Omnibus.

Videaux: Wir fuhren über verhältnismäßig ebenes Gebiet, dessen Flora einige Ähnlichkeiten mit Kuba hatte. Es war ein lehmiger Boden, mehr oder weniger wie überall in Afrika. Und fruchtbar: man sah viel Vegetation, man sah Maniokpflanzungen, Erdnüsse, Orangen. Viele Tiere: Gazellen, Giraffen, Büffel, die vor uns auseinanderstoben. Wir hörten auch, daß es viele Löwen geben sollte, obwohl wir keine gesehen haben. Wir hörten nur von Zeit zu Zeit ihr Gebrüll.
Über tausend Kilometer. Für die Fahrt hatten wir Trockennahrung und Treibstoff mitgenommen. Am Ende erreichten wir das Dorf Kigoma im

letzten Winkel des Landes. Einige Compañeros von der kongolesischen Befreiungsbewegung empfingen uns. Dort war auch Tremendo Punto. Wir setzten die Gewehrteile zusammen, die wir dabei hatten. Außerdem verpackten wir einige Sendungen an den Che, Bücher und Medikamente, für den Transport. Wir hatten Ches M-1 dabei und ein weiteres Maschinengewehr vom Typ Beretta, das auch ihm gehörte, einige lange Zigarren, ungefähr 40 Zentimeter, sowie eine Uhr, die Fidel ihm schickte.

In der Herberge kochten wir uns ein warmes Essen. Wir verteilten die Waffen und legten unsere Uniformen an. Nun waren wir bereit für die Überfahrt.

Der See wurde sehr strikt überwacht. Tagsüber die Flugzeuge und nachts die Patrouillenboote. Genge, der als erster in See stach, mußte umkehren, weil die belgischen Boote ihm den Weg abzuschneiden versuchten. Er kam zurück, und wir blieben dort, bis Changa (Lawton) mit einem Schnellboot eintraf, und bereiteten uns für die Abfahrt nach Einbruch der Nacht vor. Zuerst brach die Vorhut auf, danach in dem größeren Boot alle übrigen; dort fuhr ich zusammen mit Pombo und Tuma, Genge mit dem kleineren Boot. Und im dritten Boot fuhren Balala und Fernando Amelo. Unterwegs hatte unser Boot einen Schaden, und wir machten uns Sorgen, weil wir nicht wußten, ob wirklich etwas kaputt war oder ob es sich um ein Komplott handelte. Aber nach kurzer Zeit hatte unser Bootsführer den Schaden eigenhändig behoben, und wir setzten den Weg fort. Dadurch fielen wir etwas zurück. Wegen dieser Verzögerung kamen wir erst kurz vor Tagesanbruch in Kibamba an.

Die Verstärkung trifft ein

24. Juni.

Che: 39 neue Compañeros sind eingetroffen, unter ihnen drei Ärzte.

Videaux: Alles mußte ausgeladen werden, bevor es ganz hell wurde. Bei Tageslicht würde die Luftüberwachung die Seepatrouille informieren, und wir würden in Schwierigkeiten geraten. Wir entluden die Boote und lagerten alles in dem kleinen Lazarett, das der Arzt Kumi unterhielt.

Wir setzten uns in Marsch, und dabei überraschten uns die Flugzeuge, als wir kaum fünfhundert Meter vorangekommen waren. Die Flieger griffen an, und wir gingen zwischen den Bäumen im Unterholz in Deckung. Die Flugzeuge warfen Bomben ab und zerstörten eins der Boote, das kleinste. Das Boot wurde getroffen und in Stücke gerissen, und es entstand ein Chaos dort, mit einigen Toten. Als Tatu hörte, daß die Flugzeuge uns bombardierten, schickte er Dogna mit einigen Compañeros hinunter, um uns dort herauszuholen. Wir sagten ihnen, daß wir persönlich überhaupt keine Schwierigkeiten gehabt hätten. Nur die Kongolesen hatten Verluste erlitten.

KAHAMA: Der Marsch auf den Berg war schrecklich anstrengend für sie. Der Tag verging mit Geschichten und Witzeleien.

VIDEAUX: Nach und nach trafen am Nachmittag die letzten Compañeros ein. Ich wußte schon, daß der Che dort sein würde, obwohl es mir niemand gesagt hatte. Ich hatte nur etwas über »El Hombre« gehört, wie sich der König der Schillinge ausgedrückt hatte. Ich sagte: Wer ist *El Hombre* ? Und falle fast in Ohnmacht, als Harry Villegas und Carlos Coelho eintreffen, die Mitarbeiter des Che waren.

Coelho und Villegas, Ches alte Assistenten, waren direkt von Fidel in den Kongo geschickt worden. Coelho, auf einem Bauernhof in Manzanillo, Oriente, geboren, war 25 Jahre alt, Analphabet, Viehtreiber; war mit 17 Jahren in die Berge gegangen und Bote und Kämpfer im Ejército Rebelde geworden. Später hatte er in Che Guevaras Brigade an der Invasion von Las Villas teilgenommen. Seit März '59 war er Ches Leibwächter. Er war verheiratet. Harry Villegas, ebenfalls 1940 in Yara geboren, war wie Coelho mit 17 Jahren zur Rebellion in der Sierra Maestra und zu Che Guevaras Brigade gestoßen und seither eng mit diesem verbunden geblieben.

VIDEAUX: Sie wußten natürlich, daß der Che dort war, aber es gab keine Indiskretionen. Wir trafen ihn auf einem Bänkchen aus Ingwerholz in seiner Hütte sitzend an. Es gab mehrere Hütten, einige für fünf bis zehn Personen, und in der Mitte war die von Tatu. Als ich ihn sah, dachte ich: »Der Che, leibhaftig.« Tatu war in Ches charakteristischer Art gekleidet, aber ohne den Stern an der Mütze. Er bewegte sich nicht vom Fleck. Ich nahm Haltung an, doch er sagte, das sei nicht nötig, diese Kasernendisziplin würden wir hier nicht praktizieren und ich sollte es mir bequem machen. Er fragte mich: »Wie war die Reise?« Ich berichtete ihm ausführlich. Dann übergab ich das Geld. Er zählte es und sagte, weil wir noch nicht wüßten, in welche Situationen wir noch geraten würden, könne uns dieses Geld vielleicht noch einmal sehr nützlich sein. Er sagte, die Compañeros hätten sich sehr gut verhalten, als sie das Geld vollständig zusammenlegten.

Danach gab er mir eine Erklärung, die ich sehr bezeichnend fand. Es war so etwas wie eine Bilanz darüber, wie wenig bis dahin ausgerichtet worden war. Das gab mir eine Vorstellung von der Aufrichtigkeit dieses Mannes. Er sagte uns, daß Dreke am Tag zuvor nach Force Bendera aufgebrochen sei und daß er nicht habe mitkommen können. Dabei

wurde es endlich Nacht, denn das Gespräch hatte etwa zwei Stunden gedauert. Am Ende sagte er zu mir:
– Wenn du möchtest, kann ich dir meine Hütte überlassen.
Und ich sagte zu ihm:
– Nein, Tatu, ich denke, es ist besser, wenn ich zu den anderen gehe, bis wir uns morgen richtig eingerichtet haben.
Die Compañeros hatten ihre Hängematten an Pfähle in der Nähe gebunden, denn da wir noch keine Hütten hatten, würden wir diese Nacht im Freien schlafen.

GENGE: Der Che beglückwünschte uns, und ab ins Bett. Er war ganz der Che, bärtig wie wir ihn kannten. Ein guter Empfang. Wir hatten Lebensmittel mitgebracht. Wir brachten Material hinauf nach Luluaburg. Das Klima veränderte sich, es wurde frisch, man mußte die Jacken anziehen.
Zwischen acht und neun vermasselten uns die Flugzeuge ganz schön das Frühstück, während wir den Berg hochstiegen. Acht Flugzeuge: Geschützfeuer, Napalm, das in der Luft explodierte. Es waren keinerlei Vorrichtungen gegen die Flugzeuge getroffen worden.

POMBO: Als ich in Tansania eintraf, wußte ich, daß der Comandante schon angekommen war. Ich hatte nicht das notwenige Training absolvieren können, deshalb war für mich der Aufstieg zum Lager von Luluaburg, bekannt als »die Basis«, besonders beschwerlich, so sehr, daß ich schließlich Unterstützung benötigte, um überhaupt anzukommen.

GENGE: Wir kamen in der Basis an. Das erste, was uns beeindruckt, ist der Klimawechsel. Sehr dichter Dschungel, geschlossener Pflanzenwuchs.

POMBO: Dieses Lager hatte nicht die militärische Struktur, an die wir gewöhnt waren. Die Einheimischen wohnten in kleinen Hütten, kochten für sich allein, was für uns schockierend war, und so bestand eine der ersten Aufgaben darin, die Küche zu organisieren. Im Einvernehmen mit Tatu übernahm ich die Verantwortung für die Verpflegung.

ILANGA: Am Anfang hatten wir keine Probleme mit der Verpflegung. Die Küche war nicht einheitlich organisiert. Bei den Kongolesen kochte jede Einheit für sich allein. Der Che erreichte, daß die Küchen zusammengelegt wurden.

Ankunft in Forces

DREKE: Wir brachen um sechs Uhr morgens auf, beim Gehen vergaß man die Kälte. Nach einer Stunde Marsch kamen wir auf einen Abschnitt des Weges, den wir nicht kannten.

Ich lief in der Vorhut und M'bili dahinter. »Wenn mir irgendetwas zustößt, greifst du ein.« Als wir die Geschwindigkeit erhöhten, verlangten die Ruander eine Pause. Wir machten zum ersten Mal halt, bevor wir eine Siedlung erreicht hatten.
Die Bevölkerung hatte bemerkt, daß eine Kolonne sich näherte, und kam, um die Kubaner zu sehen. Wir stellten Wachtposten auf und blieben eine halbe Stunde. Es gab einen Kongolesen, der portugiesisch sprach, und so konnten wir uns verständigen, weil es eine ähnliche Sprache ist.
Wir brachen erneut auf, im Schutze des Dschungels. Unterwegs machten wir noch mehrfach Halt. Über den See flogen Flugzeuge. Wir fürchteten, daß sie uns entdeckt haben könnten. Aber nein, sie flogen nur routinehalber. Wir hörten, daß sie einige Salven abfeuerten. Sie beschossen Boote oder versuchten es wenigstens, da sie aus dieser Höhe niemals trafen. Sollten sie einen Angriff am See fliegen? Wir schickten jemand ein Stück zurück, und er kam mit der Nachricht wieder, daß der Angriff nicht in Richtung der Basis ging. Die Nacht brach an. Wir trafen eine Reihe von Maßnahmen zum Schutz gegen die Kobras.

Mena: Mundandi, auf den gewartet worden war, trifft ein.

Dreke: Die Sprache der Ruander war verschieden vom Kisuaheli. Wir machten uns Notizen und schrieben die Worte auf Kisuaheli dazu, wir legten ein Wörterbuch an, um uns zu verständigen. Wir waren dabei, uns zu alphabetisieren.
Wir wußten nicht, was geschehen würde, weil wir die Meinungsverschiedenheiten zwischen Kongolesen und Ruandern bemerkt hatten. Die Parole, die Tatu ausgegeben hatte, war, sich nicht einzumischen.
Als wir im Lager der Ruander eintrafen, hatte ich eigentlich angenommen, eine kleine Gruppe von Männern anzutreffen, versprengt und schlecht bewaffnet.
Das waren meine Erwartungen. Eine Gruppe von Ruandern empfing uns in der Nähe des Lagers. Ein paar Compañeros, Jerome und Compañi (ein schlanker, sehr lustiger Schwarzer), die später große Freunde der Kubaner geworden sind, kamen und umarmten uns, während sie uns zum Lager führten. Ihr Chef, Zakarias, kam heraus und gab uns die Hand, umarmte uns. Wir verständigten uns mehr schlecht als recht, er in seinem Kinyaruanda, der andere in Kisuaheli und wir, die überhaupt nichts verstanden.
Wir setzten uns und warteten ab, und nach kurzer Zeit bringen sie M'bili, Inne und mich zu einem großen Platz mitten im Dschungel, den sie gerodet hatten. Dort trafen wir auf eine Formation von bewaffneten Männern in dunklen Uniformen mit Mützen in derselben grünlichen

Farbe, etwas über hundert, gut bewaffnet, mit fünf oder sechs Bazookas und dreifüßigen Maschinengewehren.
Es wurde eine schöne Zeremonie abgehalten, freundlich, angenehm. Wir verbrüderten uns. Damit verging dieser Tag. Es war ein verlassenes Dorf, das die Guerilleros als Lager benützten. Mir gefiel es nicht, es machte den Eindruck von Seßhaftigkeit, manche Häuser grenzten unmittelbar an den Dschungel.

Mena: Am 25. ein Treffen, auf dem mit Mundandi diskutiert wird, und am Tag darauf verläßt die Gruppe von Nane, die sich Calixte anschließen wird, die Kolonne. Indem fünf Mann an diese Front gehen, bleiben wir hier mit vierunddreißig.

Dreke: Am nächsten Tag setzten wir ein Treffen an, um den Angriffsplan zu analysieren. Wir wollten die Ankunft einer weiteren Gruppe von Compañeros abwarten, unter ihnen der Artillerist Sultán, der die chinesische 75 mm-Kanone bedienen sollte. Dieser Compañero hatte Durchfall gehabt, und wir hatten ihn zurücklassen müssen.
Inne hatte eine Erkundung zur Kaserne unternommen. Wir wollten eine weitere Erkundung durchführen. Warum wollten sie, daß wir am 29. angriffen?
Wir machten die Erkundung am 26. Inne brach mit einem Grüppchen auf, M'bili war zu schwer, zu langsam. Wir brauchten schnelle Leute. Der Weg führte durch einen tiefen Graben, in dem einige Gefechtsspuren zu sehen waren. Wir hatten den Jungen dabei, der etwas Portugiesisch sprach. Die Wachen feuerten manchmal aus den Mörsern, wenn sie nachts irgendein Geräusch hörten, und gingen dann schlafen. Wir nähern uns und sehen einen der großen Gebäudekomplexe; man sah einen Stacheldrahtzaun rund um die Kaserne und mehrere Trakte und Hütten. Man erklärt uns, daß an einem Ende des Lagers die Belgier wohnen. Schützengräben waren zu erkennen. Wir sahen zwei oder drei Weiße umherlaufen, einer machte Übungen. Einen Teil des Lagers konnten wir nicht sehen und die feindlichen Kräfte deshalb nicht genau einschätzen. Wir entschieden, wo das Maschinengewehr aufgestellt werden sollte, das von Asmari bedient werden würde.
Ein zweites Treffen mit den Chefs der Ruander. Man unterhält sich, zeichnet Skizzen auf die Erde. Der Kundschafter beginnt Fragen zu stellen, er verständigt sich auf Englisch mit Inne. Wir versuchen noch einen Kundschafter zu finden. Wir machen einen Plan für den Angriff auf das Kraftwerk und beschließen, daß die Attacke am 29. stattfinden soll. Die Leute sind ein wenig müde. Eine Gruppe von fünfundzwanzig oder dreißig Ruandern sagte, daß sie nicht am Angriff teilnehmen würden. Zakarias, der ruandische Kapitän, nahm ihnen Kleider und Waffen

weg, teilte Ohrfeigen aus, ließ sie in Unterwäsche stehen. Wir forderten den Ruander auf, sie nicht vor unserer Rückkehr aus dem Gefecht wieder freizulassen.

Der Zeitpunkt des Angriffs wurde auf fünf Uhr morgens festgelegt. Etwas später bliesen sie dort zum Wecken und formierten sich im Kasernenhof.

Mena: Am 27. stoßen sechs weitere Kubaner hinzu, darunter Wasiri und Sultán, die Che aus der Basis nachgeschickt hatte.

Dreke: Wir brechen am 27. auf. Eine Nacht verbringen wir ohne Schlaf und marschieren durch. Inne (Landstraße nach Albertville) und Olachea/Mafu (Landstraße nach Lulimba) sollten dort Hinterhalte legen, und sie nach Beginn der Attacke abfangen.

Wir hatten die Uhren verglichen. Um fünf Uhr morgens würden wir das direkte Feuer eröffnen. Sie hatten genug Zeit, um die Hinterhalte zu legen. Ich schlage tausend Meter von ihnen entfernt das Hauptquartier auf, wegen des Fehlens von Telefonen und Funkgeräten mußte es ein Ort in der Nähe sein, von dem aus man soviel wie möglich direkt beobachten konnte. Bei mir bleiben Pablito und Anga, der Sanitäter, M'bili, Zakarias und vier oder fünf Ruander. Wir warteten ab, bis es fünf wurde.

Im Lager waren zwei Kranke zurückgeblieben: Bahaza, einen sehr kräftigen Burschen, der einen Asthmaanfall und Malariafieber hatte, ließen wir gegen seinen Willen zurück, außerdem Anane, mit Sumpffieber.

Der Plan für den Angriff auf Forces

Che: Front de Force oder Front Bendera ist um ein hydroelektrisches Kraftwerk am Ufer des Kimbi-Flusses herum errichtet; die Wasserzufuhr liegt praktisch schon in den von den Ruandern beherrschten Bergen, die elektrischen Leitungen laufen durch die Ebene (denn die Berge fallen steil zur Hochebene ab, die vom Becken des Kongo-Flusses gebildet wird). Die Siedlung besteht aus zwei Teilen; einem älteren aus der Zeit vor dem Kraftwerk und einem neueren in der Nähe der Turbinenhalle, wo es ein militärisches Viertel mit mehr als 80 Häusern gibt. Der Kimbi-Fluß dient als natürliche Verteidigungslinie, die sehr effektiv durch Schützengräben verstärkt worden ist. Vor dem Angriff waren diese nur sehr oberflächlich erkundet worden. Es gibt einen Flugplatz für kleinere Maschinen. Wir schätzten, daß es dort ein feindliches Bataillon von 500 bis 700 Mann geben könnte, und in fünf Kilometern Entfernung, an der Kreuzung zur Landstraße nach Albertville, gab es eine weitere von Spezialtruppen gebildete Einheit, man sagte auch, daß dort eine Kadettenschule oder eine Schule für allgemeine Militärausbildung liegen würde.

Das einzige, was wir bei Mundandi erreichen konnten, war das Zugeständnis, an den wichtigsten Punkten des Gefechts kubanische Befehlshaber einzusetzen. (…)

Der Plan war folgender: Eine kleine Gruppe unter der Führung von Ishirine sollte den sogenannten *chariot* angreifen, die Wasserentnahmestelle, von der aus die Turbine des Kraftwerks versorgt wurde; weiter unten sollte Leutnant Azi mit einer Gruppe von Männern über den Kimbi-Fluß setzen und die befestigten Stellungen in der Nähe der Berge angreifen; in der Mitte Leutnant Azima mit einer Gruppe von Ruandern den Flughafen einnehmen und vorrücken, um sich mit Azi zu vereinigen; Leutnant Mafu würde mit einer weiteren Gruppe für die Unterbindung des Nachschubes aus Lulimba sorgen, und die stärkste Position, mit einer 75 mm-Kanone und weiteren schweren Waffen würde diejenige des Leutnants Inne sein, der an der Zufahrt nach Albertville im Hinterhalt liegen sollte.

Das Hauptquartier würde sich am anderen Ufer des Kimbi-Flusses in den ersten Ausläufern der Berge befinden, und dort sollten Moja und Mundandi verbleiben. Letzterer hatte zunächst vorgeschlagen, daß es zwei Hauptquartiere geben sollte, aber man überzeugte ihn, daß es besser sei, sie zu vereinheitlichen.

Dieser Plan besaß einige ernste Schwachstellen: Inne würde durch unbekanntes Gebiet marschieren müssen, da dort keine Erkundungen gemacht worden waren. Mafu kannte das Terrain einigermaßen und ebenso Azi; Azima hatte von den Bergen aus eine oberflächliche Inspektion mit dem Fernglas ausgeführt. Für das, was wir zu erwarten hatten, das Eintreffen von Verstärkungen aus Albertville, hätten wir einen gut plazierten Hinterhalt gebraucht, und dennoch würden wir ihn blind legen müssen. Mit Mundandi war viel diskutiert worden, um die Hauptstoßrichtung des Angriffs auf Katenga zu zentrieren, und am Ende konnte erreicht werden, daß dieser akzeptierte, einen Angriffsbefehl an den Kapitän Salumi zu schicken, aber danach stellte sich heraus, daß dieser auf den 30. gelautet hatte, während Mundandi am 29. angreifen würde.

Das Gefecht

Dreke: Unser Hauptquartier, in dem sich auch Comandante Mundandi aufhielt, war etwa 800 Meter von der Front enfernt (am Ufer des Flusses), und ich blieb gemeinsam mit M'bili, Paulu, Saba und Anga dort. Wir ließen nicht mehr als diese Gruppe im Hauptquartier zurück, da

wir aufgrund der großen Entfernungen Verstärkungen an den Hinterhalten für erforderlich hielten.
Drei oder vier Kubaner und ungefähr zwölf Ruander sollten mit Azima über die Flanke angreifen. Dabei ging es darum, den Belgiern so große Verluste wie möglich zuzufügen. Die Afrikaner begruben sie vor Ort in der Kaserne, weil sie ihnen nichts bedeuteten, sie betrachteten sie als Kanonenfutter. Unsere Compañeros waren besorgt über das Dorf und die Anwesenheit von Familien dort. Wir fragten die Ruander. Sie sagten uns, es gäbe keine.
Alles beginnt mit direktem Maschinengewehrfeuer, flach auf die Kaserne gehalten, und einem 75-mm-Kanonenschlag, ausgeführt von Azi, einem sehr bereitwilligen, sehr brauchbaren Kerl.

Azi: Ich brachte den Mörser, die Kanone, die Luftabwehr- und Bodengeschütze in direkter Schußlinie in dreihundert Metern Entfernung zum Feind in Stellung, ausgenommen den Mörser, der fünfhundert Meter entfernt war, und rückte mit fünfundvierzig Ruandern und fünf Kubanern über den Fluß vor, der zweihundert Meter von den feindlichen Mörsern entfernt war. Als wir den Fluß überquert hatten, etwa hundert Meter vor den feindlichen Stellungen, entwich einem Ruander ein Schuß, der die Truppe durcheinanderbrachte, so daß fünf verlorengingen.

Dreke: Bei einem Ruander löste sich ein Schuß, aber wir blieben diszipliniert und schossen nicht. Um halb sechs schwärmt die andere Gruppe aus, um sechs ist der Weckruf. Als das Granatfeuer auf die Kaserne eröffnet wird, ist die Armee überrascht. Später haben wir erfahren, daß es Schützengräben in den Schlafräumen gab, die mit dem Hauptschützengraben verbunden waren.
Fast unmittelbar nach Beginn des Beschusses erwidern sie das Feuer mit Mörsern und Artillerie. Und es kommt zu einem allgemeinen heftigen Sperrfeuer. In dieser Phase feuern nur noch die Kubaner. Die Ruander schossen in die Luft. Wir hatten nicht viel Munition dabei. Erst Salven, dann Schuß für Schuß. Die Ruander, die nicht wußten, wie man kurze Salven schießt, hielten den Finger auf dem Abzug und verschossen ihre 30 Kugeln.
Wir kämpfen gegen ein Bataillon von fünfhundert bis sechshundert Mann. Es ging nicht darum, die Kaserne zu erobern (außer, es ergab sich die Möglichkeit), sondern, sie in Hinterhalte zu locken. Deshalb hatten wir eine Kanone und Maschinengewehre an den Hinterhalten gelassen.
Dies bedeutete, daß wir den Angriff aufrechterhalten mußten, bis die Armee selbst ausrückte. Unsere Leute blieben hinter den Bäumen in

Deckung. Die Ruander hatten etliche Verluste, weil sie sich während des Gefechts bewegten. Wir hatten zwei Verletzte. Bei denen, die die Stellung am Kasernentor hielten, null Verluste.
Von Azis Gruppe machten sich fünf oder sechs Ruander im Laufschritt davon. Unser Urteil über sie fiel sehr schlecht aus: sie warfen die Gewehre weg, sie flohen, sie ließen verletzte Compañeros zurück ... Später fanden wir heraus, daß unter ihnen viele Neulinge waren. Sie sagten, die *dawa* sei sehr schwach. Angst im Krieg hat jeder, aber du lernst darüber hinwegzukommen, aus dem Leben einen Beruf zu machen. Das Geräusch eines 50er oder eines 30er-Kalibers in einem dunklen Urwald, mit Nebel und flüchtenden Tieren, hat etwas Beeindruckendes. Es war für niemanden leicht, auch für die Unsrigen nicht, die sich sehr würdig verhalten und ausgeharrt haben. Zwei oder drei Ruander hielten mit uns die Stellung. Wenn Zeichen der Feigheit aufgetreten sind, kann auch ein Held geboren werden. Das wissen wir. Aber unsere Leute konnten es nicht verstehen; wir hatten viel mehr von ihnen erwartet.

Che: Das war der Grundton der Operation: es begann mit Schwung, aber noch bevor das Gefecht einsetzte, waren auf verschiedenen Positionen Männer verloren worden, und schließlich kam es zu einem kompletten, ungeordneten Rückzug.

Dreke: *[in einem Bericht an den Che]* »Wir müssen Sie davon in Kenntnis setzen, daß die ruandischen Compañeros sich auf ganzer Front ungeordnet zurückgezogen und Waffen, Munition, Verletzte und Tote zurückgelassen haben, die durch unsere Compañeros geborgen wurden, wie Comandante Mundandi bezeugen kann«.

Azi: Um 10 Uhr waren mir von den Ruandern noch vier geblieben, unter ihnen ein Offizier. Ich hielt bis 12 Uhr die Stellung und zog mich etwa 25 Meter nach hinten zurück, nachdem es weitere zwei Gefallene und drei Verwundete gegeben hatte. Ich schickte noch eine Botschaft an Moja, hielt die Stellung bis 12 Uhr 30 und zog mich dann über den Fluß auf die Stellung des Mörsers und der Kanone zurück. Vorher suchte ich die Position auf, an der sich Tano und Sita befinden mußten, beide waren nicht zu sehen, lediglich Sita erschien etwas später. Ich empfing Befehle von Moja, den Mörser, die Maschinengewehre und die Kanone zu entfernen und einen Hinterhalt zu legen, für den Fall, daß die Gardisten den Fluß überquerten.

Währenddessen war Innes Gruppe am falschen Ort in das Gefecht eingetreten.

Dreke: Die Aufgabe des Compañeros Inne war die wichtigste und bestand darin, die Landstraße von Albertville nach Force zu besetzen, um die feindlichen Verstärkungslinien zu unterbrechen. Doch er kam nie am richtigen Ort an, weil der Kundschafter, plötzlich von Todesangst befallen, keinen Schritt weiter gehen wollte, und niemand sonst den Weg kannte. Als er sieht, daß er sich verirrt hat, beschließt er querfeldein zu marschieren und die Landstraße nach diesem Posten oder nach einem Ort für einen Hinterhalt abzusuchen. Inne beginnt das Vertrauen in die Ruander zu verlieren. Er schlägt den Weg über die Landstraße ein, um den Hinterhalt zu legen.

Als sie die ersten Schüsse hören, ohne am vereinbarten Ort zu sein, finden sie sich vor der Kaserne wieder, aus der die Soldaten schon über die Landstraße ausgerückt sind, und werden unterwegs von diesen gestellt. Die Hinterhaltgruppe im Hinterhalt.

Als der Kampf beginnt, beschließt Inne, die nächstgelegene Position anzugreifen, ausgerechnet die Militärakademie, und dort wird er von heftigem, gezielten Feuer aus schweren Waffen empfangen.

Zu Beginn des Gefechts bat der Compañero Inne darum, die Kanone in Stellung zu bringen, nachdem die Ruander, die sie transportiert hatten, in Richtung des Lagers geflohen waren und die Munition und andere Teile zurückgelassen hatten, die durch einige unserer Compañeros geborgen werden mußten.

Den Augenzeugen zufolge wurde nach kurzer Zeit auch Inne selbst getroffen.

Inne wird an beiden Beinen verwundet. Er hält das Feuer aufrecht und wird an beiden Armen verwundet. Er ruft Kawawa *[Warner Moro]* herbei, damit er das Maschinengewehr übernimmt. Auch dieser wird bei einer Explosion verwundet. Ansurune *[Kapitän Crisógenes Vinajeras]*, der stellvertretende Anführer, nähert sich von der Nachhut, um ihn herauszuholen. Thetayne-Thelatini *[Leutnant Ballester, der Ingenieur]* ruft ihm zu, daß er ihm Deckung gibt, und in diesem Moment sterben beide bei einer Explosion.

Die Compañeros versuchen die Leichen zu bergen *[Inne, der Leutnant Norberto Pio Pichardo, ist bereits tot]*, aber es gelingt ihnen nicht, weil sie von der Armee eingekesselt sind, zwei Ruander, einer von ihnen Compañí, werden verletzt. Mehrere Versuche werden unternommen, um die Leichen zu bergen. Zwei weitere Compañeros werden leicht verletzt und zogen sich zurück. Kurz darauf fand ein Kundschafter den Leichnam Thelatinis. Ansurune ist verschwunden, so daß angenommen wird, er sei gefallen. Das Gefecht fand ungefähr 200 Meter vor der feindlichen Stellung statt, offenbar in einem vollkommen vom Feind umstellten Gebiet. Außer den vier kubanischen Compañeros starben mindestens vierzehn Ruander, unter ihnen ein Bruder des Comandante Mundandi. Die genaue Zahl konnte nicht näher ermittelt werden, weil die Bilanzen der Ruander äußerst ungenau waren.

Dennoch fiel ein großer Teil der Schuld an dieser unglückseligen Aktion auf die kubanische Führung; mit unbestreitbarem Wagemut, doch in Unterschätzung des Feindes, glaubte der Compañero Inne seine Pflicht zu erfüllen, indem er zum Frontalangriff überging, obgleich dies nicht seinem genauen Auftrag entsprach. Während er und andere Kämpfer dabei umkamen, blieb der Weg nach Albertville, über den die feindlichen Verstärkungen eintreffen mußten, offen.
Ich schicke M'bili und Saba an die Front, da uns das heftige Sperrfeuer beunruhigt. Ebenso, daß wir kein Angriffsfeuer von Azimas Flanke aus bemerken konnten. M'bili trifft auf die Geflohenen. Er sieht, daß der Feind aus gut befestigten Stellungen das Feuer erwidert. Und er weiß nichts vom Angriff Azimas. Er kehrt zurück, um zu berichten. Der Abstand der Schüsse auf die Kaserne wird größer, einige Ruander haben ihre Munition verschossen, die Gefechtslinie ist nach hinten gerückt.
Ein Compañero wurde losgeschickt, um nachzusehen, was mit Azima geschehen war. Einer der verletzten Ruander kehrt mit ihnen zurück, kurz darauf trifft ein zweiter mit einer Rückenverletzung ein, möglicherweise von einem unserer Schüsse getroffen. Wir schicken Saba zu Azi, um Maßnahmen zur Beibehaltung einer einheitlichen Gefechtslinie zu treffen, da es einen Verwundeten mit einer Verletzung im Rücken gegeben hat. Azi läßt die Compañeros einige Meter zurückweichen.
Zwischen dem Hauptquartier und Innes Hinterhalt liegen ungefähr fünf Kilometer sehr schlechten Weges. Um 8 Uhr 20 trifft ein Ruander mit der Nachricht von Innes Tod ein. Auch Pepechá und ein weiterer Ruander, *kufa cabeza*, sind tot. Wegen der Sprachschwierigkeiten wissen wir nicht, was genau passiert ist. Heftiges Geschützfeuer in diesem Bereich. Der eine hatte seinen Bericht kaum beendet, als ein zweiter Ruander eintraf, der berichtete, es seien keine Kubaner gefallen und an allen Fronten werde gekämpft.
Als wir vom Tod des Compañeros Inne erfuhren, schickten wir den Compañero M'bili mit 20 Mann Verstärkung vor Ort, um zu sehen, wie es wirklich um die Situation stand. Auf der Höhe des Hinterhalts von Mafu traf er auf die Compañeros Kasambala, Sultán, Ahili und andere, die zur Gruppe Innes gehört hatten.
Azima traf mit zwei Kubanern und zwei Ruandern ein. Er berichtete, daß er sich zunächst verirrt hätte und daß daraufhin die Leute geflohen seien. Die Ruander sagten, dort sei ein Elefant, und gaben die Stellung auf. Ich befahl ihm, Azi im Kampf zu unterstützen, weil dieser umstellt worden war.
Ich schicke den verletzten Ruander mit einem kurzen Bericht zu Tatu, was, wie ich weiß, zu Fuß zwei Tage dauern wird. M'bili bricht mit vierzig Ruandern, die er aufgehalten hat (Stehenbleiben, stehenbleiben!), zu

Innes Hinterhalt auf. Ein weiterer verletzter Ruander trifft im Hauptquartier ein und berichtet, alle Kubaner seien tot. Später kommt ein Kubaner (Saba) mit einer leichten Verletzung, der uns schließlich erklärt, was eigentlich geschehen ist. Die Ruander sind auf dem Rückzug, auf der Flucht.

In diesen Momenten beunruhigte uns nicht so sehr die Situation an der Front, als vielmehr die Situation am Hinterhalt. Mir ist klar, daß ich die Compañeros dort abziehen muß. Und das mit den Mitteln, die mir zur Verfügung stehen, kleine Grüppchen und auf sich selbst gestellte Kubaner.

Sita, einer der Zwillinge, trifft mit einem ruandischen Verwundeten ein. Einen Toten hat er zurückgelassen. Er ist ein kräftiger, ideenreicher Bursche, den Toten mußte er am Fluß zurücklassen, da ihn die Soldaten verfolgten. Daß er einen Toten zurückgelassen hat, schmerzt ihn sehr.

Ein weiterer Ruander mit einer Notiz von Azi, der weiterkämpft und um Orientierung bittet, unterdessen hält er seine Stellung. Eine zweite Botschaft, schon fast gegen Mittag, in der er mir mitteilt, daß die Lage schwierig ist und daß sie praktisch auf sich selbst gestellt sind.

Um 12 Uhr 30 erscheinen zwei Flugzeuge. Die Ruander werfen die Waffen von sich. Aber sie bombardieren uns nicht, es sind nur Aufklärer. Sie kreisen über der Kaserne, fliegen mehrere Schleifen, immer weitere, damit verschrecken sie die letzten Männer, die uns noch geblieben sind.

Wir verlegen das Hauptquartier und lassen zwei Mann zurück, um nach Versprengten zu suchen. Auch Pablo bleibt eine Weile mit zwei Ruandern vor Ort, die die ganze Zeit über bei uns gewesen sind. Wir ziehen uns sechshundert Meter zurück, suchen uns einen Hügel und legen dort einen Verteidigungsring an. Ich nahm eine AK und eine *Makarov*-Pistole mit. Stufenweiser Rückzug.

Pablo setzt sich unter einen Strauch und geht die Liste der Leute durch, um festzustellen, wo alle geblieben sind.

Der Compañero M'bili schickt mir einen Bericht, nachdem er die Situation in Augenschein genommen hat, und fordert gleichzeitig Verstärkung an, um sich mit dieser, sofern ich dies für sinnvoll halte, zur Landstraße in Marsch zu setzen, wo er um sechs Uhr nachmittags eintreffen würde. Als ich dies mit dem Comandante Mundandi bespreche, erklärt dieser, die ruandischen Compañeros weigerten sich weiterzukämpfen, weswegen keine Männer zur Verstärkung des Hinterhaltes zur Verfügung stehen würden. Die überlebenden Ruander aus Innes Gruppe seien bereits zur Basis aufgebrochen, die zwanzig Ruander, die M'bili mitgenommen hatte, verweigerten ebenfalls den Kampf, und dieselbe Situation herrsche auch unter den Männern, die mit Mafú unterwegs wa-

ren. Wir beschlossen daher, M'bili anzuweisen, daß er vier oder fünf unserer Compañeros für die Suche nach den Leichen vor Ort lassen und sich mit den anderen bei Anbruch der Nacht zurückziehen sollte.
Gegen sieben Uhr, als die Verwundeten mit einer Notiz von M'bili eintreffen, erfahren wir, was geschehen ist: der Hinterhalt ist gescheitert, er bleibt mit den Übriggebliebenen vor Ort, um nach den Leichen zu suchen. Er schickt mir eine Liste der Gefallenen.
Verdammt, aber wieso ist er bei Mafús Hinterhalt und nicht bei Innes? Weil sich die Wege gekreuzt hatten, gerade als er an die Stelle gekommen war, die beide Hinterhalte voneinander trennte. Mafú war dorthin zurückgewichen, um einen zweiten Hinterhalt zu legen. Und dort trifft ihn M'bili an. Er erzählt mir, was geschehen ist.
Er schickt mir eine Notiz:

M'bili: Ich suche weiterhin nach der Stelle, wo nach Auskunft der Compañeros die Leichen liegen sollen.

Dreke: Ich denke, daß in dieser Phase des Gefechts eine definitive Entscheidung getroffen werden muß. Es besteht keine Möglichkeit mehr, einen erfolgreichen neuen Hinterhalt zu legen.
Die Compañeros, die das Kraftwerk angegriffen haben, kehren zurück. Zeitweise war der Strom weg, dann wieder da.

Che: Ishirine sollte sich mit weiteren Kubanern und sieben Ruandern, ausgerüstet mit Raketenwerfern und Gewehren, in Marsch setzen; sein Auftrag bestand darin, den *chariot* unter Beschuß zu nehmen, um ein Maschinengewehrnest auszuschalten und die Stromversorgung zu beschädigen; die Lichter gingen für ein paar Minuten aus, und das war alles. Die ruandischen Kämpfer blieben in zwei Kilometern Entfernung vom Ort der Aktion zurück, durchgeführt wurde sie allein von Kubanern.

Dreke: Bei Anbruch der Nacht wurde Bilanz gezogen und eine Ringverteidigung mit Kommunikationsverbindungen aufgestellt. Niemand kann schlafen. Einige Leute sind versprengt. Wir vermuten, daß die Armee es nachts nicht wagen wird, zum Angriff gegen uns auszurücken.
Am nächsten Tag lasse ich M'bili ausrichten, daß er kommen möge. »Wenn du nicht hierher kommen kannst, ziehe dich mit allen Compañeros zurück.«
Am 30. um vier Uhr sind auf Azis Position nur noch er selbst und die kubanischen Compañeros übrig. Comandante Mundandi wird von dieser Situation unterrichtet, und es wird die Entscheidung getroffen, daß wir uns auf einen in der Nähe dieser Zone gelegenen Berg zurückziehen.

Mena: Doch Mundandi hatte zu dieser Zeit praktisch die Kontrolle über seine Leute verloren. Die Nachricht geht um, daß am Abend des 30. der Rückzug eingeleitet werden soll.

Azi: Ich hielt die Position *[Hinterhalt nahe des Flusses]* bis zum 30. Juni um 6 Uhr, als ich den Befehl zum totalen Rückzug erhielt. Im Hinterhalt waren nur noch wir Kubaner übriggeblieben, Ansali, Achali, Ajili, Abdala, Almari, kein einziger Ruander. Wenn die Ruander vom Hauptquartier den Befehl erhielten, eine Stellung anzugreifen, liefen sie einfach über die Berge zu ihrem Lager davon. Die Ruander ließen Waffen und Munitionsbatterien einfach zurück, und ihre Leichen wurden nicht geborgen. Compañero Azima stand mit Alakre, Arobo und fünfzig Ruandern unter meinem Befehl und hatte den Auftrag, die andere Seite zu besetzen (das rechte Flußufer, ungefähr fünfhundert Meter von unseren Stellungen entfernt), und in der Nacht, in der sie den Fluß überquerten, um in Stellung zu gehen, hörten die Ruander ein Geräusch, von dem sie sagten, daß es ein *tembo* (Elefant) sei, und ließen sie allein im Busch zurück, worauf sie umkehren mußten.

Dreke: Der zweite Tag im Hauptquartier, noch ein Stück weiter zurückgezogen. Tano ist verlorengegangen. Über Radio Moskau hören wir Nachrichten von dem Angriff, sie sagen, es seien Ausländer unter den Angreifenden gewesen. Tagsüber sahen wir zwei oder drei Hubschrauber landen. Wir folgerten daraus, daß es belgische Gefallene oder Verletzte geben mußte, weil sie die Schwarzen einfach vor Ort beerdigten.
Vor dem Gefecht hatten alle Compañeros, um jeden Zufall auszuschließen, den Befehl erhalten, keine Dokumente oder Papiere mitzunehmen, die eine Identifikation erlauben könnten. So wurde es auch gehandhabt, doch Innes Gruppe hatte in ihren Rucksäcken immer noch einige Dokumente, da sie damit gerechnet hatten, daß sie ihre Sachen in einer gewissen Entfernung lassen und daraufhin an ihrem Hinterhalt ins Gefecht eintreten würden. Als sie gestellt wurden, hatten sie ihre Rucksäcke noch dabei, und in einem fand der Feind eine Zeitung, die auf eine kubanische Beteiligung an den Gefechten schließen ließ. Dies bedeutete eine schwere Verletzung der Sicherheitsvorschriften. Es war verboten, eine Zeitung mit sich zu führen, aber Ansurune hatte einige Aufzeichnungen dabei. Und einer der Toten trug sogar eine Unterhose »hecho en Cuba«. Was sie nicht wußten, war, daß es an dieser Stelle vier Tote gegeben hatte, denn die Zeitungen haben immer nur von zweien berichtet.

Später sollte Che über einen Gefangenen genauere Informationen von den Verlusten in Force bekommen: siebzehn Angreifer starben, zunächst nahmen ihnen die Gardisten Uhren und Schuhe ab, dann wurden sie von Zivilisten begraben. Während des Gefechts kamen vier feindliche Offiziere und mehrere Soldaten ums Leben, zwei weitere in Katenga.

DREKE: Wir Kubaner haben das Gleichgewicht des bewaffneten Friedens zerbrochen, in dem sich die Kongolesen eingerichtet hatten. Sie waren zwar bewaffnet, doch sie blieben zuhause bei Frau und Kind. Sie kämpften nicht.

Und Dreke weiß in diesem Moment noch nicht, was dies bedeuten könnte.

Che ist überall

Der konservative Romancier und Journalist Jean Larteguy propagiert in *Paris Match* die Theorie, der Grund für das Verschwinden Che Guevaras sei, daß ihn Fidel Castro ermordet habe.
Nichtsdestoweniger scheint Che noch am Leben zu sein, denn ein italienischer Journalist will ihn in Peru interviewt haben.

Newsweek berichtet in der Ausgabe vom 28. Juni:
»Als der Comandante Guevara nach seinen umjubelten Besuchen bei der UNO, in China und in Afrika nach Havanna zurückkehrte, wurde er von Fidel Castro mit einer Umarmung am Flughafen empfangen, aber wenig später verschwand er.«
Die Gerüchte: nach seiner Entlassung aus dem Industrieministerium habe er sich umgebracht, er führe die Guerillas in Vietnam oder der Dominikanischen Republik an. Einer Geschichte zufolge sei er desertiert und habe kubanische Geheimnisse für 10 Millionen Dollar an die USA verraten.
Als die Reporter vor einigen Wochen Fidel nach seinem Verbleib fragten, sagte dieser zu ihnen, warum sie nicht die U2 benutzten, um ein Foto zu bekommen. In den Wochenschauen der Kinos von Havanna konnte man zur gleichen Zeit einen Film sehen, der den Che Anfang Juni auf der Arbeit bei der Zuckerrohrernte im Osten von Kuba zeigte. Dies beruhigte einen Teil der Presse, aber man fragte sich, welche Rolle er in der kubanischen Wirtschaft innehatte, und rätselte über die geheimnisvolle Antwort von Fidel:
– Wann wird das Volk die Wahrheit über den Che erfahren?
– Wenn der Comandante Guevara es wünscht.

Bilanz des Monats Juni

CHE: 30. Juni. Diese Bilanz ist die bis heute unergiebigste von allen. Als alle Anzeichen dafür zu sprechen schienen, daß wir am Anfang einer neuen Ära standen, ereignete sich der Tod Mitoudidis, und die Unge-

wißheit ist größer denn je. Der Exodus nach Kigoma hält an, Kabila hat seine Anreise mehrere Male angekündigt und ist niemals gekommen, die Desorganisation ist total.
Der positivste Umstand ist noch, daß die Männer an die Front marschiert sind, aber die negative Seite daran ist die Durchführung eines Angriffs, der reiner Wahnsinn oder völlig ineffizient ist und womöglich eine Warnung für die Kräfte Tshombés sein könnte.

Die Nachrichten, die Che von der Front empfängt

DREKE: »Tatu oder Kumi: Am 29. um fünf Uhr begann der Angriff. Es läuft gut, es scheint, daß Katenga angegriffen worden ist, dort sind fünf unserer Compañeros mit Nane als Chef der Gruppe und zwei ruandischen Compañeros. Patria o Muerte. Moja«

Und wenig später trifft eine zweite Botschaft ein:

DREKE: »Es ist 7 Uhr 30, es läuft gut, die Leute sind zufrieden und verhalten sich gut. Alles begann zur verabredeten Zeit, wir eröffneten das Feuer mit Kanonen- und Mörserbeschuß, später schicke ich Ihnen mehr Informationen.«

CHE: Aber gleichzeitig mit dieser Notiz trafen alarmierende Nachrichten von ungefähr zwanzig Toten ein, von gefallenen Kubanern und Verletzten, die mich glauben machten, daß nicht alles so glatt lief.

KAHAMA: Vom ersten Tag an hörte man Dinge wie, daß die Front zusammengebrochen sei und daß es drei Verletzte gebe.

DREKE: Am dritten Tag bricht M'bili mit präzisen Informationen zu Tatu auf. Tatus Reaktion war, zur Überraschung derer, die ihn kannten, sehr ausgewogen. Die Operation war positiv, trotz der beklagenswerten Tatsache der Todesfälle.

Die anderen Gefechte

NANE: Ich werde an der Spitze der Kubaner nach Makungo (Katenga) geschickt, zusammen mit Medina, Marino, Chibás, ungefähr sechs insgesamt. Wir machten uns daran, Anweisungen zu erteilen, wir übten Rückzug, Erkundungen.

CHE: *[In Katenga]* waren 170 Mann am Angriff beteiligt, weit schlechter bewaffnet als die Ruander, hatten sie doch dort als effektivste Waffen lediglich Maschinengewehre und Raketenwerfer von geringer Reichweite. Der Überraschungsfaktor war verloren, weil der Angriff, aus Gründen, die Mundandi niemals erklärt hat, für den Tag danach angeordnet worden war, den 30., als die feindliche Luftwaffe schon die gesamte Ge-

gend überflog und die Verteidiger des Postens logischerweise gewarnt waren.
Von diesen 170 Mann waren 70 schon vor Gefechtsbeginn desertiert, und viele andere kamen nicht dazu, auch nur einen einzigen Schuß abzugeben. Zur vereinbarten Zeit eröffneten die Kongolesen das Feuer auf die Kaserne, wobei sie fast immer in die Luft schossen, da die Mehrzahl der Kämpfer die Augen schloß und automatisch den Finger am Abzug der Waffe behielt, bis die Munition verschossen war. Der Feind antwortete mit gezieltem Feuer aus 60 mm-Mörsern, was zu mehreren Verlusten führte und die sofortige Flucht provozierte.

NANE: Die Kongolesen blieben alle hinten. Also sage ich: ich geh nach vorn, und die Kongolesen wollen mich zurückhalten. Ich nahm eine von ihren Bazookas und gab den ersten Schuß auf eine Hütte ab. Die Kongolesen dahinter. Mörsergeschütz. Sie töteten so um die acht von denen, die hinten geblieben waren, und die Kongolesen ließen uns allein. Als wir sahen, daß wir allein waren, wir auch nichts wie weg. Wir zogen uns zuerst zu einem Zwischenlager und dann zur Basis zurück.

CHE: Die Verluste bestanden in vier Toten und vierzehn Verwundeten, letztere auf dem Rückzug, da dieser nichts als ein veränstigtes, ungeordnetes Davonlaufen war.

TOM: Man wußte von fünf Toten und dreiundsechzig Verletzten.

CHE: Im ersten Moment wurde die Niederlage darauf zurückgeführt, daß der Hexer ineffizient gewesen sei und ihnen eine schlechte *dawa* gegeben hätte; dieser versuchte sich zu verteidigen, indem er die Schuld auf die Frauen und die Angst schob, aber dort gab es keine Frauen, und nicht alle waren bereit, ihre Schwächen zuzugeben. Der Hexer sah schwarz für sich und wurde abgesetzt; die Hauptaufgabe des Comandante Calixte, des Chefs dieser Gruppe, bestand nun darin, einen neuen *muganga* mit geeigneten Eigenschaften zu finden; zu diesem Zweck durchstreifte er die ganze Gegend.

TOM: Die Kongolesen sagen, daß »alles schlecht ausgegangen ist, da die *dawa* nicht gut war.« Auch der Hinterhalt wird aufgegeben, weil die Mehrheit die Flucht ergreift, als sie bei der Brücke ankommen und von den Askaris unter Feuer genommen werden. Wir blieben zu zehnt.

CHE: Das Ergebnis dieses Doppelangriffs war eine große Demoralisierung bei Kongolesen und Ruandern, aber auch unter den Kubanern machte sich eine große Niedergeschlagenheit breit; jeder unserer Kämpfer hatte die traurige Erfahrung gemacht, mitansehen zu müssen, wie die angreifenden Truppen sich im Moment des Kampfes auflösten, wie wertvolle Waffen einfach fortgeworfen wurden, um schneller fliehen zu können. Auch die fehlende Kameradschaft unter den Afrikanern hatten sie mitangesehen, die die Verletzten ihrem Schicksal überließen, die Angst unserer Soldaten und die Angewohnheit, einfach davonzulaufen, ohne sich an Befehle irgendwelcher Art zu halten. Oftmals waren es die Offiziere selbst, die beim Davonlaufen das Beispiel gaben und unter ihnen vor allem die Politischen Kommissare (eine Schwachstelle der Befreiungsarmee). Die schweren Waffen waren im allgemeinen von Kubanern bedient worden und konnten fast alle gerettet werden; von den Maschinengewehren vom Typ FM und DT in Händen der Ruander gingen etliche verloren, ebenso Gewehre und Munition jedes Typs.

NANE: Später bat der Che um Informationen: »Wie ist es gelaufen?« Er mochte es erst nicht glauben, daß diese Leute nicht kämpfen wollten.

Ein Verlorener kehrt zurück

MENA: Am Montag den 5. tauchte Tano verletzt auf.

CHE: Tano, der sich sieben Tage später wieder einfand, war *[während des Gefechts von Forces]* verletzt und von seinen Kameraden im Stich gelassen worden, daraufhin schleppte er sich in den Busch, wo ihn einige Ruander fanden, die auf Patrouille waren. Er wurde gesund und gliederte sich wieder in die Truppe ein.

DREKE: Tano verschwand am Nachmittag, fast schon bei Nacht. Wir schickten Leute auf die Suche nach ihm. Ich schickte erst eine Gruppe aus, später eine weitere. Wir hörten Radiosender ab, um zu erfahren, ob er irgendwo als Gefangener gemeldet wurde. Wir suchten weiter.
Da taucht Tano auf und ruft: »Cubano, cubano!« Er war verletzt, eine ziemlich tiefe Wunde am Arm, die schon Gestank verbreitete, mit Würmern, er hatte sich mit seinem Gewehr und seinem Patronengurt bis hierher geschleppt. Er erzählt uns, daß er mit einer Gruppe von Soldaten zusammengestoßen sei, die einige Ruander getötet hätten. Er hatte den Instinkt eines echten *Oriental* und war so lange herumgeirrt, bis er zwei Ruander getroffen hatte. Seine Ankunft ließ die allgemeine Moral wieder steigen. Fara, der Arzt, verpflegte ihn provisorisch, und wir schickten ihn zurück zur Basis.

Die Verwundeten

VIDEAUX: Die Information trifft ein, daß nach weiteren Verwundeten gesucht werden soll. Der Che bittet um Freiwillige, wie es seine Art war. Sechs oder sieben von uns heben die Hand. Er sagt, es gebe vier Verwundete. Später, als M'bili uns berichtet, erfahren wir, daß es keine Verwundeten gibt. Sie sind tot und vom Feind geborgen worden. Daß man bei ihnen außerdem ein kleines Tagebuch gefunden hat. Um Himmels Willen!

ILANGA: Wir blieben in Kontakt, in Kibamba. Der Che war wütend, weil die Leichen zurückgelassen worden waren. Meine Güte, sagte ich mir, dieser Mann macht sich Sorgen um einen Toten.

Die ersten wollen nicht mehr

DREKE: Der Che schickt mir eines Tages eine Notiz: »Der und der will sich davonmachen.« Außerdem erklärten die Ärzte Saba, Azali und Sahili, daß sie zurückkehren wollten. Zunächst wurden all diese Leute entwaffnet, zu Lastenträgern der Truppe zurückgestuft und von der Mitgliedschaft in der Partei oder der Jugendorganisation suspendiert. Man dachte daran, sie nach Kuba zurückzubringen. Aber momentan schien der Zeitpunkt dafür ungünstig, da uns unsere Gruppe hätte abbröckeln können. Sie hatten sich nicht in die Situation eingepaßt. Weiter nichts. Aber es gab wirklich Momente, in denen man ihnen zum Teil recht geben mußte, weil die Kongolesen davonrannten und wir nicht. Für mich war es eine sehr schwierige Situation. Der Che war ein eifriger Verteidiger der Afrikaner. Immer versuchte er, ihre Schwächen zu erklären.

CHE: In den Tagen, die auf den Angriff folgten, desertierten eine Menge Soldaten oder baten um ihre Entlassung. Mundandi schrieb mir einen langen Brief, wie immer voller heroischer Geschichten, in dem er sich über den Verlust seines Bruders beklagte, aber verkündete, dieser sei gestorben, nachdem er eine vollständige Lastwagenbesatzung von Soldaten ausgelöscht hätte. (...) Ebenso schmerzte ihn der Verlust von mehreren der besten Kräfte seiner Gruppe, und er protestierte, daß der Generalstab sich in Kigoma aufhielt, während die Männer im Kongo kämpften und ihr Leben opferten. Nebenbei erklärte er, daß zwei Drittel der feindlichen Truppen ausgelöscht worden seien (...).
Diese Briefe standen am Anfang der Auflösungserscheinungen, die in der Folgezeit die gesamte Befreiungsarmee und auch die kubanischen Truppen heimsuchten.

Anschließend analysierte Che die Fehler, die bei dem Gefecht gemacht worden waren, wobei nach seiner Einschätzung vielleicht der größte in der Unterschätzung des Gegners lag ...

CHE: ... da man dachte, dieser besäße dieselben Eigenschaften wie der Rebellensoldat, der ihn herausforderte.

Der Mangel an Disziplin:

CHE: ... so schmerzlich es auch sein mag, mußte man doch das Verhalten Innes kritisieren, das heldenhaft, aber schädlich gewesen ist, weil es nicht nur drei weitere kubanische Compañeros, sondern überdies ein Dutzend Ruander in den Tod getrieben hat.

Verfall der Kampfmoral:

Che: Ich blieb lange bei diesem Punkt *[Kritik an Azima, der defätistische Äußerungen gemacht hatte]* und war sehr deutlich bezüglich dessen, was uns erwartete: nicht allein Hunger, Kugeln, Leiden aller Art, sondern unter gewissen Umständen sogar, von den eigenen Compañeros getötet zu werden, die keinerlei Schießerfahrung besaßen. Der Kampf würde lang und schwierig sein; ich sprach diese mahnenden Worte aus, weil ich in diesem Moment bereit war zu akzeptieren, daß die Neuangekommenen ihre Zweifel äußern und zurückkehren konnten, wenn sie es wünschten; später würde dies nicht mehr möglich sein. Der Tonfall war hart und die Mahnung deutlich. Keiner der Neuankömmlinge zeigte Anzeichen von Schwäche, aber zu meiner Überraschung äußerten drei der Kämpfer, die am Angriff auf Fort Bendera teilgenommen hatten und mit irgendwelchen Botschaften ins Lager zurückgekehrt waren, daß sie uns verlassen wollten, zu allem Überfluß war einer von ihnen Mitglied unserer Partei. Ihre Namen: Abdala, Ansali und Anga.
Ich machte ihnen wegen ihrer Haltung Vorwürfe und warnte sie, daß ich die schärfsten Sanktionen gegen sie einfordern würde. Ich hatte ihnen gegenüber keinerlei Verpflichtung, da ich nur zu den neuen Soldaten gesprochen hatte, aber ich versprach ihnen, daß ich sie in naher Zukunft gehen lassen würde, ohne einen genauen Zeitpunkt zu nennen. Wie um meine Überraschung und meinen Schmerz weiter zu vergrößern, äußerte zudem der Compañero Sitaini, der mich seit dem Krieg begleitet hatte und sechs Jahre lang mein Assistent gewesen war, daß er nach Kuba zurückkehren wollte.

Die Argumente des Chino waren …

Che: … vorgeschoben, kleinlich, es ging um die drei oder fünf Jahre.

Dreke: Chino, Ches eigener Assistent, erklärte, daß er gehen wollte. Dieser Fall wog schwer, war ein wirklicher Bruch. Sitaini … Wie konnte er es wagen, zum Che zu sagen, daß er gehen würde? Ich bekam Angst.

Che: Von diesem Moment an war er geradezu ein wandelnder Leichnam.

Almari: *[an Kahama, datiert am 4. Juli]* »Liebe Compañeros in der Basis, wie ihr wißt, beklagen wir den Verlust von fünf Compañeros. Alle anderen Compañeros sind wohlauf. Kahama: ich habe noch nie so viele Feiglinge gesehen, aber als Kubaner, der weiß, daß er einen guten Chef hat, halte ich die Stellung.«

»Negro: alle diese Compañeros rennen auf und davon, sobald sie auch nur einen Schuß hören; es ist ihre Schuld, daß Compañeros gefallen sind. Kahama, ich habe keine Angst, weil ich mit den kubanischen Compañeros zusammen bin, aber ich wäre lieber in Kuba, und so denken viele von uns Kubanern, die schon die Feuertaufe hinter sich haben. Vermerk: Vertraulich.«

Videaux: Am nächsten Morgen ordnete der Che an, die Hütten neu aufzuteilen, und wir richteten uns ein. Danach ließ er das Personal versammeln und trat zum ersten Mal allen von uns gegenüber. Er sprach über die Situation und darüber, wie lange die Mission womöglich dauern würde; daß, sollte irgendein Compañero nicht den Mut besitzen zu bleiben, gut, dann sollte er es sagen, noch wäre Zeit dafür, noch könnte man Wege finden, ihn zurückzuschicken, daß wir zwischen drei und fünf Jahren hier bleiben würden, aber auf keinen Fall unter drei Jahren. Daß der Sieg fast gesichert sei und daß er umso eher errungen sein würde, je schneller der Krieg begänne. Er schlug vor, daß diejenigen von uns, die weniger müde seien, zum See zurückkehren und die übrigen Sachen holen sollten, die wir dort gelassen hatten. Er sagte, wir sollten einen Schritt vortreten, und fast alle machten diesen Schritt.

Che: *[zur Gruppe in der Basis]* Der Kampf beginnt jetzt, was in Front de Force geschehen ist, war noch nichts, wir werden uns in noch weit schwierigeren Situationen befinden als dieser. Wir dürfen uns den Kongo nicht wie unser eigenes Land vorstellen, die Bedingungen sind hier nicht die gleichen, hier gibt es keine Organisation, keine Führung, und es existiert auch keine Organisation im Untergrund, wie wir sie hatten. Wer aus diesem Kampf ausscheidet, verrät die Revolution und bricht das Wort, das er gegeben hat. Dies ist für die Einheimischen ihr erstes Gefecht gewesen. Hier wurden die Dörfer übers Telefon erobert. Von hier kehrt man in unser Land nur mit einem kaputten Arm oder einem kaputten Bein zurück, um sich dort kurieren zu lassen, oder, wie im Fall des Compañeros, der unten geblieben ist [Parada], weil man krank ist und nicht weitermachen kann. Dieser Compañero besitzt unsere Hochachtung. Wir anderen aber reichen uns in Leopoldville die Hände, wenn unsere Knochen nicht irgendwo unterwegs begraben werden.

Mena: In Force kommt es daraufhin zu einer Diskussion mit Ansini und Ajili, die nach Kuba zurück möchten, und Dreke setzt sich mit ihnen zu einem Gespräch zusammen.

Das Hauptproblem für Che Guevara bestand darin, die Auflösung der Gruppe aufzuhalten, die durch die Niederlage und das Verhalten der ruandischen und kongolesischen Guerilleros entstanden war. Die Nachrichten von Rückkehrwünschen häuften sich. Wenig später wollten zwei der Ärzte zurück.

CHE: Die Auswahl, die man in Kuba getroffen hatte, war nicht ausreichend gewesen, das war offensichtlich; aber es ist schwierig, unter den gegenwärtigen Bedingungen der kubanischen Revolution eine gute Auswahl zu treffen. Man darf sich nicht nur auf die Geschichte des jeweiligen Mannes im bewaffneten Kampf verlassen, diese ist zwar ein wichtiges Kriterium, doch die folgenden Jahre des bequemen Lebens können ein Individuum auch verändern, und dann gibt es noch die große Mehrheit, die erst die Revolution zu Revolutionären gemacht hat. Welche Bedeutung hat der Satz: »Wenn nötig, bis zum Tod«?

Die Ankunft Kabilas

Che schreibt einen Brief an Rivalta, in dem er diesen anweist, die tansanische Regierung ...

CHE: ... von meiner Anwesenheit hier zu unterrichten und sich für die Methode zu entschuldigen, *[die auf]* meine eigene Entscheidung hin und nicht diejenige Kubas gewählt worden ist. Der Überbringer sollte sich darüber mit Kabila verständigen. Dieser lehnte rundweg ab.

In diesem Brief analysierte Che die Widersprüche zwischen Kongolesen und Ruandern, die paradox waren, denn auf der einen Seite wurden die Ruander militärisch höher eingeschätzt und auf der anderen für die Niederlage verantwortlich gemacht. Er empfahl die Vereinheitlichung der Führungsstruktur an der Front, riet dazu, einen Kubaner miteinzubeziehen, und beharrte schließlich auf seiner eigenen Präsenz an der Front.

CHE: Mein Gemütszustand war in jenen Tagen reichlich pessimistisch, aber ich stieg mit einer gewissen Freude am 7. Juli zum See hinab, nachdem mir berichtet worden war, daß Kabila eingetroffen sei. Endlich befand sich der Revolutionsführer im Operationsgebiet.

KUMI: Kabila kam mit Gefolge, natürlich gehörten ein paar Mulattinnen aus Guinea dazu. Seine Arroganz schockierte mich. Er sprach sehr gut Französisch.

Kabila erwies sich als ...

CHE: ... herzlich, aber ausweichend.

In Begleitung Kabilas waren auch Masengo, der Chef des Generalstabs und Nbajira, der Außenminister, eingetroffen. Gleich zu Beginn lehnte Kabila Ches Gesuch ab, die Regierung von Tansania von seiner Anwesenheit zu informieren.

CHE: Ich wiederholte ihm meine alte Leier: ich wollte an die Front. Meine wichtigste Mission, bei der ich nützlich sein konnte, bestand in der Ausbildung von Kadern, und diese vollzieht sich im Kampf an der Front und nicht in der Nachhut.

Kabila reagierte sehr reserviert auf Ches Vorschlag. Der Argentino-Kubaner sei ein Führer der Weltrevolution, der keine Risiken auf sich nehmen dürfe usw. Er schlug im Gegenzug eine Rundreise zu den verschiedenen Fronten vor, die in Kabimba beginnen sollte. Noch in der selben Nacht könne man aufbrechen. Am Ende wurde selbst dies auf später verschoben. Und verzögerte sich weiterhin. Aly wurde beauftragt, mit zehn weiteren Männern einen Hinterhalt zu legen, und Leutnant Kiswa auf Erkundung nach Uvira geschickt. In diesen Tagen wurde in der Basis eine Versammlung durchgeführt.

CHE: Es war wirklich interessant. Kabila demonstrierte, wie gut er die Mentalität seiner Leute kannte; gewandt und unterhaltsam erklärte er auf Kisuaheli, was sich alles auf der Versammlung in Kairo zugetragen hatte und zu welchen Übereinkünften er gelangt sei. Er ließ die Bauern zu Wort kommen und gab schnelle, kurze Antworten, die die Leute zufriedenstellten. Alles endete mit einem kleinen Reigen, der von den Teilnehmern selbst getanzt wurde und dessen gesungener Kehrreim lautete: »Kabila va, Kabila eh«.
Er war ständig in Aktion, schien die verlorene Zeit zurückzugewinnen. Er forderte dazu auf, die Verteidigung der Basis zu organisieren, und schien allen Mut einzuflößen, wodurch sich die äußere Erscheinung dieses derartig vom Mangel an Disziplin gebeutelten Ortes schlagartig änderte. Eilig wurden sechzig Mann versammelt, diesen wurden drei kubanische Ausbilder zugeteilt, und man begann mit Übungen im Ausheben von Schützengräben und mit Schießunterricht.

Um den 11. Juli.

CHE: Fünf Tage nach seiner Ankunft ließ Kabila mich rufen, um mir zu sagen, daß er diese Nacht in Richtung Kigoma abreisen müsse. Weiterhin erklärte er mir, daß Soumaliot dort sei und äußerte harte Kritik an dessen Organisationsfehlern, Demagogie und Mangel an Festigkeit. Er beschuldigte ihn, Leute aus dem Gefängnis freigelassen zu haben, die von der tansanischen Regierung auf seine Anweisung verhaftet worden waren, Leute von Gbenye oder offen feindlich Gesonnene. Er sagte, daß er die Rolle Soumaliots klären müsse, den man zum Präsidenten gemacht habe, damit er Beziehungen anknüpfte, nicht um den Kampf zu organisieren, worin er eine Katastrophe sei. Während des Gesprächs entfährt ihm, daß Soumaliot tatsächlich in Daressalam war.

Che zweifelt und äußert dies gegenüber Kabila, indem er ihn fragt, wohin er reist, an die tansanische Grenze oder nach Dar. Kabila sagt, daß er am nächsten Tag wieder da sei, daß er sofort zurückkehren würde.

Kumi: Weder der Che noch wir wurden informiert, als er aufbrach.

Che: Als die Nachricht von Kabilas Abreise die Runde machte, fielen Kongolesen und Kubaner aufs neue in Niedergeschlagenheit. Kumi, der Arzt, zog eine Notiz hervor, in der er prophezeit hatte, daß Kabila nur sieben Tage im Kongo bleiben würde, und sich nur um zwei verschätzt hatte; Changa, unser tapferer »Admiral« auf dem See, fragte vor Wut schäumend: »Und wofür hat dieser Mensch so viele Flaschen Whisky mitgenommen, wenn er nur fünf Tage bleiben wollte?« (...) Kabila fiel in Mißkredit, es war unmöglich, diese Situation zu meistern, wenn er nicht sofort zurückkehrte. Wir hatten ein letztes Gespräch, in dem ich ihm dieses Problem mit aller Eleganz darlegte, zu der ich fähig war; wir sprachen auch über einige andere Dinge, und er fragte mich, indirekt, wie es seine Art war, welches meine Position sein würde, falls es zu einem Bruch kommen sollte. Ich erklärte ihm, daß ich nicht in den Kongo gekommen sei, um mich in Fragen der Innenpolitik einzumischen, weil dies nur schädlich sein könnte, sondern daß ich von der Regierung in diese Gegend geschickt worden sei und daß wir uns in allen Dingen loyal zu dieser und zum Kongo verhalten würden (...). Am nächsten Tag geriet der Rhythmus in der Basis, der sich mit seiner Präsenz und Dynamik einzupendeln begonnen hatte, wieder aus dem Takt. Die Soldaten, die für die Schützengräben zuständig waren, erklärten, daß sie heute nicht arbeiten würden, da der Chef abgereist sei.

Kumi: Gleichzeitig mit dem Besuch Kabilas wurden Patrouillenboote und Flugzeuge gesichtet.

Videaux: Und an diesem Tag kommt die Luftwaffe, die üblicherweise das gesamte Seeufer überflog und nur gelegentlich feuerte. Der Befehl war ausgegeben worden, sie nicht zu beschießen, um unsere Position nicht zu verraten. Die Anweisung lautete, nicht zu schießen, solange sie nicht angriffen. An diesem Tag waren wir seit dem Morgen von niedrig fliegenden Maschinen belagert worden. Bei einer dieser Schleifen sagt Terry: »Jetzt werden wir sie runterholen.« Ich sagte zu ihm: »Schießen wir.« Und als eins eine Schleife über den See flog, eröffneten wir das Feuer mit der FAL, Genge, der weiter unten mit einem Maschinengewehr in Stellung lag, begann ebenfalls zu feuern, und später erwiderten sie das Feuer, und Kubaner wie Kongolesen feuerten zurück, unter anderem auch mit einer Kanone, die gerade in Stellung gebracht worden war. Als die Flugzeuge im Tiefflug das ganze Geschützfeuer unten sahen, stiegen sie auf und flogen davon.
Jemand sagte: »Ich hab einen getroffen«, und ein anderer: »Nein, ich hab ihn getroffen.« Aber in Wahrheit hatte niemand getroffen. Wenig später kommt Tatu wutentbrannt und will wissen, wer geschossen hat.

»Wer hat den Schießbefehl gegeben?« Er kam unten bei den ersten Kubanern an und fragte. Aber niemand konnte es ihm sagen. Und tatsächlich wußte es niemand, denn Terry hatte gesagt: »Jetzt werden wir sie beschießen«, und dann haben er und ich geschossen, bis ein allgemeiner Schußwechsel entstanden war. Als er bei uns angekommen war, fragte er nach.

Terry war mutig und sagte:

– Tatu, ich war's.

Tatu sagte, daß er einfach nicht glauben könne, daß wir es gewesen wären, daß man so etwas nicht machen dürfe.

– Sie hatten uns ein bißchen gereizt, und wir dachten, wir könnten schießen und haben geschossen.

– Aber wie könnt ihr gerade heute das Feuer eröffnen, wo wir Besuch haben? Sie werden denken, daß wir die Sicherheitsmaßregeln mißachten.

Gescheiterte Hinterhalte

Dreke: Es mußte etwas unternommen werden, um die Moral unserer Leute zu heben. Wir hatten das Hauptziel nicht erreicht. Der Tod von vier Compañeros hatte einen kleinen Teil der Gruppe hart getroffen. Wir machten uns auf zur Landstraße, um Hinterhalte zu legen, die Mißstimmung zu brechen. Wir Kubaner waren in der Minderheit und mußten ein Beispiel geben. Außerdem wollten wir mit unserer kleinen Offensive der Gegenoffensive der belgischen Armee zuvorkommen. Wenigstens Erkundungen in Kampfausrüstung unternehmen. Mundandi begann, Leute zusammenzusuchen. Allen Widrigkeiten zum Trotz, mußten wir sie wenigstens etwas unter Mörserfeuer nehmen.

Mena: Zwischen dem 7. und dem 10. Juli versucht Dreke, einige kleine Hinterhalte zu legen und kleinere Gefechte vom Zaum zu brechen:

Am 7. geht Wasiri mit Afendi, Kukula und sieben Ruandern an einem Hinterhalt zwischen Forces und Katenga in Position; an einem weiteren Tamusine als Chef und Maganga mit sieben Ruandern an der Landstraße von Forces nach Albertville, ausgerüstet mit Bazookas und leichten Maschinengewehren.

Am 8. Juli wird eine Gruppe um Almari und Baaza organisiert, um in zwei Stunden Fußmarsch von der Front, von wo aus man das Stromkraftwerk von Forces sehen kann, mit Kanonen und Mörsern das Feuer zu eröffnen, um ein wenig zu provozieren und sich darauf zurückzuziehen, damit die Hinterhalte aktiviert werden können.

Ein Kanonenschuß und zwei Mörsergeschosse wurden abgefeuert. Die Wachen antworteten mit Mörser- und Maschinengewehrfeuer und schossen die Nacht über in die Wälder hinein.

Am nächsten Tag kehrten Wasiri und die anderen zurück, nehmen ihre Position nicht ein, weil die Ruander ihnen gesagt hatten, daß man tagsüber nicht über den Weg vorrücken konnte, da man sonst von den Wachtposten bemerkt würde. Wasiri ging allein auf Erkundung, sah, daß man vorrücken konnte, und sagte ihnen bei seiner Rückkehr, daß es möglich sei. Aber die Ruander wollten nichts davon hören und nicht vor Anbruch der Nacht aufbrechen. Am Ende liefen sie alle davon.
M'bili und Moja trafen sich mit Mundandi, um über die Einstellung der Ruander zu diskutieren. Mundandi sagte, was seine Leute hätten, wären politische Probleme, sie würden nicht kämpfen, solange Kabila nicht käme.
Es wird vorgeschlagen, am 10. Juli einen Hinterhalt mit fünfundzwanzig Mann und M'bili an der Spitze an der Landstraße Albertville-Lulimba zu legen. Die Ruander weigern sich zu gehen und bleiben dort.

Geordneter Rückzug

Dreke: Der Che war sehr behutsam im Umgang mit der Truppe. Er sagte: »Wir müssen erreichen, daß sie kämpfen, daß sie lernen, Schützengräben für den Stellungskrieg anzulegen. Man muß laufen, aber elegant. Du bleibst stehen, gibst zwei Schüsse ab, läufst, bleibst stehen. Es geht nicht darum, sich nicht zurückzuziehen, sondern darum, daß man es richtig macht.« Aus Spaß führte er es vor. »Was ich nicht haben will, ist, das Gewehr wegzuwerfen und einfach davonzurennen.«
Wir sagten im Scherz: »Comandante, ich habe mich zurückgezogen, aber geordnet.«

Ches Leibwächter

Videaux: Er war ein sehr bescheidener Mensch und erklärte, ihm von einer Brigade aus hundertfünfzehn oder hundertzwanzig Kubanern drei als Leibgarde abzustellen, sei ein Privileg, das er nicht wollte. Er sagte, das dürfe nicht sein, und wir mußten eine Diskussion mit ihm führen. Pombo hatte einen konkreten Auftrag erhalten, der lautete, persönlich für seine Sicherheit zu sorgen; das hatte Fidel in Havanna Pombo und Tuna eingeschärft: Sie waren verantwortlich für alles, was Tatu zustieß. Die Tage vergehen, und das Wacheschieben ist hart, denn wir sind nur zu dritt. Ich erinnere mich, daß Tuna und ich vor der Tür von Ches Hütte eine Grube anlegten, die außerdem als Schützengraben diente, um uns vor der Kälte zu schützen. Wir wechselten uns in der Grube ab, die mit Laub ausgepolstert war und etwas Wärme spendete. Wir zogen Danhuse hinzu, aber danach traute sich niemand, es dem Che zu sagen. Wir versammelten uns, um zu entscheiden, wer es ihm sagen sollte, ob

Pombo, Tuna oder ich. Und alle sagten wir: »Nein, sag du es ihm. Nein, sag du es ihm.« Also gingen wir alle drei zu ihm und sagten, daß wir mit ihm reden wollten.
– Also gut, weswegen wollt ihr mich sprechen?
Wir sagten ihm alles, das Problem der Sicherheit …
– Das ist eure Meinung, aber nicht meine, und ich bin der Chef. Immer müßt ihr herumspinnen … und noch zwei oder drei Dinge mehr sagte er zu uns. Am Ende sagte er nichts mehr, und wir nahmen Danhuse und später den Koch hinzu, den wir »Nr. 24« nannten. Wir standen Wache von acht Uhr abends bis zum Morgengrauen. Wir stellten uns vor seine Hütte aus Ästen und Gras, mit einem Bänkchen darin und einem etwas größeren, das als Bett diente. Alles andere, was es dort gab, waren Bücher, dreißig oder vierzig (diese Bücher füllten zwei Rucksäcke).

Die Hinrichtung Michels

Dreke: Ich bekam die Nachricht, daß Michel in Haft genommen worden war. Ich war sehr mißtrauisch und besorgt, daß es einen Verrat, eine Unterwanderung gegeben haben könnte. Dieser Kundschafter, der die Orientierung verloren hatte … Ich erkundigte mich: Was ist geschehen? Was wird ihm vorgeworfen?

Mena: *[Dienstag, 13. Juli]* Später erfahren wir, daß Michel, ein Zivilist, und ein weiterer Ruander in Haft genommen wurden; Michel an Armen und Beinen gefesselt und in eine Hütte gesperrt worden sei, mit einer Wache von zwanzig Mann, unter der Beschuldigung, daß er den Männern irgendetwas zu trinken gegeben hätte, bevor sie ins Gefecht von Forces gegangen waren, und deswegen an den Todesfällen dort schuld sei. Comandante Mundandi wollte ihn erschießen lassen und hatte sich am Tag zuvor, um dies zu beschließen, mit seinem Stab getroffen.

Che: *[Michel wurde]* in Wahrheit auf brutale Weise ermordet.

Mena: Um zehn nach neun berichtet Ishirine, daß die drei erschossen worden seien.

Dreke: Er hatte den Kämpfern zu trinken gegeben, bevor sie ins Gefecht gezogen waren. Man hatte ihnen nicht die *dawa* gegeben, aus diesem Grund mußte er erschossen werden. Ich verstand überhaupt nichts. Damals nicht und seither auch nicht.
Wir klärten unsere Leute darüber auf, niemand verstand irgendetwas davon. Es war schlecht, daß er den religiösen Ritus nicht zelebriert hatte, aber ihn dafür zu erschießen … Wir erfuhren nichts mehr von ihm. Nicht einmal Schüsse hörten wir.

Mundandi sucht Che auf und berichtet ihm, daß man Michel erschossen hätte, aufgrund einer Entscheidung, die gegen sein Votum auf einer Versammlung getroffen worden sei. Er hätte vor dem Angriff auf Forces mit den Bauern geredet und sei schuld daran, daß die Information verraten worden sei. Che antwortete ihm, daß man diese Art von Verhalten nicht zulassen dürfe, daß die revolutionäre Demokratie nicht für die Führung von Armeen galt, daß man Michel erschossen hätte, ohne zuvor mit dem Generalstab zu reden. Seine Schlußfolgerung war, daß es entgegen der Erklärungen Mundandis in Wahrheit um Frauengeschichten gegangen sei. Später erzählte ihm Masengo, daß er von Mundandi eine andere Erklärung erhalten hätte. Kurz darauf erkrankte der ruandische Befehlshaber und nahm einen Monat Urlaub.

Dreke: Wir mußten einen harten Kampf mit ihnen austragen, um Folter und körperliche Bestrafungen zu unterbinden. Als wir besser mit der Sprache umgehen konnten, diskutierten wir darüber ein ums andere Mal mit ihnen. Wenigstens erreichten wir, daß sie es nicht mehr in den Lagern taten.

Die Angelegenheit verschärft die Krise unter den Ruandern. Sie erklärten, daß sie nur noch ins Gefecht ziehen würden, wenn die Kongolesen es auch täten. Alfred, ein kongolesischer Kommissar, wollte fortgehen, aber man hinderte ihn daran. Er forderte, entweder Mundandi würde hingerichtet oder er würde den Kampf aufgeben.

Mena: Die Ruander desertieren in Massen, einige nehmen ihre Uniformen mit.

Nochmals über die *dawa*

Dreke: Die *dawa* ist ein magischer Schutz gegen Kugeln. Diejenige, die von den Ruandern gemacht wird, ist nicht dieselbe wie die der Kongolesen. Eine Schale Wasser mit bestimmten Kräutern. Mit den Halmen wurden Hiebe ausgeteilt, darauf ein Stich mit einem Messer, ein Schlag mit der flachen Klinge einer Machete, und schließlich wurden die Männer mit schwarzer Asche bestreut.
Sie sagten, daß die Kubaner keine *dawa* benötigten, da sie ihre eigene, stärkere *dawa* hatten. Wir erklärten ihnen, daß wir nicht daran glaubten, und sie sagten: »Du lügst, deine *dawa* ist eben versteckt.«
Der *muganga* sagte beim Auspeitschen: »Gegen die Kugel, gegen das Flugzeug, gegen die Mörsergranate.« Am Ende umarmten sie sich Brust an Brust. Sie schütteten Wasser und irgendeinen Dreck über ihr Gewehr. *Kufa cabeza*, sagte der Hexer machmal, und einmal ging einer nicht ins Gefecht, weil er sein Amulett falsch herum getragen hatte. Die Ruander redeten weniger über die *dawa*. Sie hatten einen Gott, der ih-

nen bei Nacht verriet, ob man sie töten würde. Bei ihnen wurde weder mit der Machete geschnitten, noch Asche ausgeschüttet. Sie gaben sich nicht die Hand, da dann die Kraft verlorengehen würde.

Die Ruander sagten, sie hätten keine *dawa* gegen die Flugzeuge, und damit entstand für uns ein ernstes Problem, da sie davonliefen. »Geht in Deckung!« sagten wir ihnen. Aber sie liefen davon, gegen die Soldaten kämpften sie, aber kam einmal ein Flugzeug, waren sie nicht mehr zu halten.

– Macht euch auch etwas, sagten sie uns.

– Nein, nein, nein. Wir glauben nicht an sowas.

– Dann gebt uns etwas von eurer ab, eure ist gut.

Ilanga: *Dawa* bedeutet auf Kisuaheli Medizin. Die Alten waren diejenigen, die die Wurzeln kannten und das Wasser für die *dawa* vorbereiteten. Sie waren keine Hexer, für uns waren sie Ärzte. Die Wirkung der *dawa* ist eine psychologische. Sie half allen gleichermaßen, unter einer Bedingung: wer ins Gefecht zog, durfte nicht nach hinten schauen. Warum? Damit er nicht diejenigen sah, die zu Boden gingen. Man besprengte den Kämpfer und benützte dabei ein Gras, das *mulele mai* genannt wurde. Das bedeutet, daß alles, was dich heimsucht, zu Wasser wird. *Mai* bedeutet Wasser auf Kisuaheli. Die Kämpfer wurden damit von vorn und von hinten besprengt. Die Probe mit der Machete sollte zeigen, ob die *dawa* bei demjenigen auch wirkte, weil die Machete ihn nicht schnitt. Die Machete wurde an die Brust gesetzt und mit einem Hammer oder einem Stück Holz dagegen geschlagen. Sobald sie geweiht worden waren, durften sie nicht mehr nach hinten schauen. Derjenige, der nach hinten schaut, bekommt Angst, und wer Angst hat, bleibt stehen, die Kugel trifft ihn und die Medizin (die *dawa*) beschützt ihn nicht, die Impfung schützt ihn nicht mehr. Man durfte keine Frauen berühren, solange die Wirkung der *dawa* andauerte. Die afrikanische Welt besitzt Ähnlichkeit mit der moslemischen. Es gibt einen großen Einfluß. Die Frau wird als minderwertig betrachtet, da sie menstruiert. Die Frau bringt Unglück, deswegen bedeutet es für den Mann, wenn er die »Medizin« bekommen hat, daß er sich herabsetzt, wenn er mit einer Frau schläft, daß er sich erniedrigt und das verliert, was er hat. Das andere war, nicht zu stehlen. Man sollte nach Reinheit streben. Der Dieb verliert seinen Schutz. Das hat auch mit der katholischen Welt zu tun. Während des Gefechts durfte man nichts Fremdes anrühren, keine Beute machen; du verlorst den Schutz, wenn du das tatest, du warst den Kugeln ausgeliefert. Wir glaubten alle daran. Man sagte *mulele mai*, da *mulele* für uns gleichbedeutend mit Widerständigkeit war.

Unser Volk ist ein analphabetisches Volk, in dem es viel Aberglauben gibt. Aus dem Aberglauben machten wir eine Waffe. Der *muganga* mußte ein reines Individuum sein. Rein sind nur Kinder. Du konntest niemanden einsegnen, wenn du selbst ein unreiner Mensch warst. Die Kinder und die Jugendlichen sind Symbole der Reinheit. Die Taktik bestand darin, gegen den Feind vorzurücken, als sei man auf einer Demonstration. Wir Demonstranten waren zahlreicher als die Soldaten. Die Armee selbst bekam Angst davor. Wir rückten mit Stöcken, Steinen und Speeren vor, wir sangen und tanzten, überzeugt, daß uns die Kugeln nicht treffen würden, daß sie uns nichts würden anhaben können. Der Feind bekam es mit der Angst. Die Armee begann zu glauben, daß uns die *dawa* wirklich unsterblich machte, und um dagegen anzukämpfen, brachten sie Leute her, die nicht daran glaubten, weiße Söldner.

M'bilis Hinterhalt

Che forderte von Masengo, daß er den Kubanern erlauben sollte, sich den Kongolesen anzuschließen, damit nicht bloß eine Beziehung zu den Ruandern zustande kam, die ebenso Ausländer waren. Der kongolesische Befehlshaber akzeptierte, daß die Kubaner Calixte bei einigen Aufgaben zu Hilfe kämen. Gleichzeitig erteilte Che Instruktionen an Dreke, damit dieser Aktionen aus dem Hinterhalt in gemischten Formationen mit den Ruandern durchführte. Die erste Aktion, mit der diesen Gruppen Sicherheit im Gefecht vermittelt werden sollte, richtete sich gegen ein einziges Fahrzeug auf dem Weg von Forces nach Albertville, einem Gebiet, das zuvor von Azi ausgekundschaftet worden war.

Che: Die Inspektion Azis ergab, daß die Lastwagen ohne Eskorte vorbeifuhren.

Der Chef von Front de Force war nun Kapitän Zakarias, der M'bili begleiten würde.

Dreke: Dieser Hinterhalt war Teil der Strategie, zuzuschlagen, bevor sie uns die Gegenoffensive aufzwingen konnten. M'bili war wie besessen davon, nach dem, was in Force passiert war.

Mena: Am 16. Juni wird die Gruppe zusammengestellt, die an dem von M'bili geleiteten Hinterhalt teilnehmen soll: fünfundzwanzig Kubaner und der Ruander Pierre, der in diese Truppe eingegliedert worden war; außerdem weitere sechsundzwanzig Ruander. Heute hat Fara seinen Rekord gebrochen und siebenundfünfzig Fälle von Ruandern behandelt, die krank zu sein behaupteten, unter denen nur fünf wirklich krank waren. Die einundfünzig Mann starke Gruppe bricht am 17. auf.
Der Hinterhalt wird mit Azi am einen Ende, M'bili mit zwanzig Mann in der Mitte und Mafu am anderen Ende organisiert. (...) Am 22. Juli

um sechs Uhr morgens griffen sie einen Lastwagen an. M'bili und Azima eröffneten gemeinsam das Feuer und warfen sich in die Schlacht.

Dreke: M'bili kämpfte aufrecht. Er besaß eine erstaunliche Ruhe. Während Mörser- und Kanonenschläge vorbeisausten, spazierte er herum, als sei er auf der Rampa in Havanna.

Che: Die fünfzig Mann griffen einen Lastwagen mit fünf Soldaten an. Ein Bazookaschlag von Sultán eröffnete das Feuer, und einige Minuten lang wurde aus allen Waffen auf das Fahrzeug geschossen, bis die Söldner, allesamt Schwarze, durchlöchert waren. Nur einer von ihnen trug Waffen, weil es sich um einen Transportlastwagen handelte, der Essen, Zigaretten und Getränke beförderte. Vom Standpunkt einer allmählichen Vorbereitung auf Aktionen von größerem Umfang konnte die Ausbeute nicht besser sein, doch trübten mehrere Vorfälle den Gesamteindruck. Als das Feuer eröffnet wurde, begannen die Ruander rückwärts zu laufen, während sie ihre Waffen abfeuerten, was unsere Männer in Gefahr brachte, insbesondere den Compañero Arobaini, der an einer Hand verletzt wurde und einen Finger verlor.

Zakarias schlug vor, daß demjenigen, der ihn aus Versehen getroffen hatte, zwei Finger abgeschnitten werden sollten. M'bili wußte dies taktvoll zu verhindern. Ein Kubaner, der einen Ruander dazu zu bringen versuchte, nicht davonzulaufen, bezahlte dafür mit einer Bißwunde an der Hand.

Che: Doch die Tragikomödie dieses Hinterhalts ist damit noch nicht zu Ende.

Im Lastwagen war Bier und Whisky. M'bili versuchte zu erreichen, daß die Lebensmittel mitgenommen und die Getränke vernichtet würden, doch unmöglich; nach wenigen Stunden hatten sich die Ruander unter den Augen der Kubaner, denen das Trinken verboten war, heillos betrunken. Bei der Rückkehr tötete Zakarias einen Bauern.

Dreke: Der Hinterhalt schränkte die Beweglichkeit des Feindes ein. Sie brachten die Nachricht im Radio, fünf tote Soldaten.

Che: Fünf Jahre sind eine sehr optimistische Vorgabe, um die kongolesische Revolution zum Erfolg zu führen, wenn alles auf dem Entwicklungsstand dieser bewaffneten Gruppen aufgebaut werden muß.

Die Front von Calixte in Makungo

Mena: 18. Juli. Um 12 Uhr bricht Moja (Dreke) nach Makungo auf, um die Kubaner dort einzugliedern, begleitet wird er von Paulu, Marengo und Banhir. Zwei Stunden und fünfundvierzig Minuten später kommen sie an. Einen Tag darauf stellt der Comandante Calixte sich Moja vor.

Sie analysieren den Frontverlauf und die Bewaffnung. Moja fragt ihn nach dem Hinterhalt, es stellt sich heraus, daß es keinen gibt. Fara besucht die Krankheitsfälle, die an dieser Front nicht ernst sind. Nane erkundet erneut die Brücken.

Am 21. bombardiert die Luftwaffe die Siedlung von Makungo, die unbewohnt ist. Am 22. legen vierzehn Kubanern und fünfundvierzig Kongolesen einen Hinterhalt.

Die Rumbaknirpse

Genge: Tatu übertrug mir einen Plan zur Verteidigung Kibambas von Kasima bis Sele. Ich schlug ihm vor, die 12,7 mm-Gewehren zu nehmen, bei denen die dreifüßigen Gestelle fehlten. Wir begannen Stämme einzusammeln und holten die Räder für die Geschütze, die nicht eingetroffen waren, herbei; auf den Stämmen wurden 14 chinesische Luftabwehrgeschütze befestigt. Die Räder benutzten wir für die Beweglichkeit, die Stämme für das Erhöhen der Geschütze, außerdem installierten wir eine vierrohrige Kanone. Wir mußten Munition sparen, bis wir dem Feind welche abnehmen konnten.

Es gab dort eine Menge Waisenkinder, und es begann mich zu beschäftigen, wieso sie dort waren, nackt, ohne Kleider. Ich spreche mit Tatu: »Man könnte ihnen helfen, mit Kleidern, irgendwas ... mit den olivgrünen Unterhosen und Hemden.« Tatu war mit dieser Idee einverstanden. Der Allerkleinste war sieben Jahre alt. Das war also mein Adoptivsöhnchen, und wir nannten ihn Fidelito.

Als die Luftwaffe kam und Bomben abwarf, wollte ich sie etwas aufmuntern, bastelte zwei Tambourine aus Dosen und veranstaltete eine Rumba für sie.

– Na du Politiker, halt mal 'ne Rede.

Und einer von den Knirpsen fing mitten in den Detonationen an zu tanzen und sagte:

– So hat meine Mamá getanzt.

Die Knirpse halfen bei der Nachrichtenübermittlung und waren immer sehr zuverlässig. Wir gliederten Frauen in die Bewachung des Seeufers ein. Sie halfen mit im Feldlazarett, bei der Wassersuche und pflegten zusammen mit Kumi und Morogoro die Verletzten.

Sogar ihr *muganga* arbeitete mit unseren Ärzten zusammen: Präventivmedizin, vier Kräuter, Kohleinfusion, vier Kreuze mit diesem Gras da und schmutzigem Wasser. Es lief gut, das kleine Lazarett, doch obwohl wir viele retten konnten, starb uns eine 18-jährige junge Compañera. Behandelt hatten sie Chumi (Candebat), Olivé und der Haitianer.

Die Basis

Zu dieser Zeit ist die kubanische Brigade auf vier Fronten verteilt: Che Guevara und ein bedeutender Teil der Gruppe steigen zwischen Luluaburg und Kibamba auf und ab, Aly ist in Kabimba, Nane mit den Kongolesen in Makungo, Dreke an der Front von Fort de Force.

ILANGA: Ein Tag in der Basis. Um sechs oder sieben Uhr morgens sind alle auf den Beinen. Eine Plackerei. Unterstände, Tunnel und persönliche Schützengräben mit Bäumen als Deckung ausheben. Telegraphische Verbindung mit Kigoma und Daressalam. Frühstück: Kaffee mit Milch.

GENGE: Als wir bereits in der Basis von Luluaburg waren, formierten wir die Einheit nach den Anweisungen Tatus; es hieß, daß wir als Ausbilder und, wenn nötig, in den Gefechten eingesetzt werden sollten. Anordnungen Tatus: Abwechslung muß sein.

DREKE: Genge und Ishirine sprachen gut Kisuaheli, sie liefen durch die Gegend, und die einen brachten den anderen schmutzige Ausdrücke bei.

VIDEAUX: Nachdem sie die Basis entdeckt hatten, warfen sie einige Benzintanks ab, um alles in Flammen aufgehen zu lassen, aber die Tanks fielen in das Geäst und explodierten nicht. Der feuchte Wald federte alles ab. Dort entzündete sich weder Benzin noch ein Streichholz. Das Benzin wurde geborgen und sicherte die Versorgung eines kleinen Generators, den wir für die Telegraphenverbindungen benötigten; in der ganzen Zeit, die wir dort waren, brauchten wir danach kein weiteres Benzin mehr aufzutreiben.

GENGE: Die Luftwaffe kam und griff uns an, ohne uns durch den Nebel und die Vegetation sehen zu können, sie warfen einfach blind Napalmballons ab. Einer fiel genau neben mich, ohne zu explodieren. *Jetzt sieh dir das an!* Kommt Tatu vorbei und sagt zu mir:
– Haste Angst?
– Nee, aber Schiß.
Der Che brach in Gelächter aus. Er saß mit uns in einer Hütte, in unserem Schulzimmer. Plötzlich brannte Azis Kleiderrucksack, und um ein Haar wäre die halbe Hütte abgebrannt.

VIDEAUX: Während dieser Zeit organisierte er eine Schule, an der auch einige Einheimische teilnahmen. Er gab Sprachkurse und Kurse für kulturelle Verständigung. Später setzte er einige von den Compañeros ein, die die meiste kulturelle Vorbildung besaßen, wie Sulimán und einen der Ärzte. Er selbst gab einige Stunden und benutzte dabei eine kleinen Tafel, die er gegen einen Baumstamm lehnte.

Ilanga: Wenn ich in einem Brief einen grammatikalischen Fehler auf Kisuaheli machte, diskutierte er mit mir darüber, obwohl er es nicht sprechen konnte. Er lernte es nie richtig sprechen. Einzelne Wörter. Er sagte mir: »Herr Lehrer, hier sagen Sie das und das: warum steht dieses Verb hier?« Wegen der Umgangssprache, antwortete ich. Man schreibt, wie man spricht. *Kukula*: essen; *ninakula*: ich esse, *nitakula*: ich habe gegessen, *nilikula*: ich werde essen. Es ist ganz einfach. Das wichtigste, um sich zu verständigen, ist einfach.

Videaux: Die Aufgabenverteilung beginnt. Das machte der Che persönlich, schrieb Notizen in sein Heft, notierte die Daten, Kampferfahrung usw., und infolgedessen teilte er einen als Verstärkung den Artilleriegeschützen zu, dem Verteidigungsring um die Basis, der Gruppe, die Dreke unterstützen, oder der, die bis auf weiteres bleiben sollte. Ich blieb für den Moment in der Basis. Wir begannen, die Umgebung zu erkunden und den einheimischen Compañeros Unterricht zu geben, die in der Nähe unseres Lagers stationiert waren.

Ilanga: Wenn er seinen Standort wechselte, war er mit seinem Rucksack und seinem Gewehr unterwegs, einer sehr leichten amerikanischen Waffe mit Magazin, Höhenmesser, Kompaß, Fernglas. Bergauf zu gehen ermüdete ihn.

Videaux: Es begann eine Trainingsperiode: am ersten Tag mußte man einen Kilometer laufen, am nächsten zwei und am dritten drei. Auf diesen Rundgängen begegneten wir vielen Tieren, allerdings keinen Löwen, denn die Löwen ziehen sich zurück, wenn sie Menschen riechen. Immer stieß man auf einige Elefanten und vor allem auf Affen, denn die blieben in der Nähe. Es waren hohe, dichte Wälder mit allen Arten von Bäumen und einer Palmenart, aus der Öl gewonnen wurde. Dies begünstigte uns, weil uns die Luftwaffe nicht entdeckte, obwohl sie oft über das Gebiet flog.

Ilanga: Tatu sagte zu mir: »Wir werden eine Notiz an den Chef des Generalstabs schreiben, auf Kisuaheli.« Er sagte, daß er einen Arzt an die vorderste Linie schicken wollte. Er sagte den Kubanern, daß die kongolesische Führung nach einem Arzt an der vordersten Linie verlangt hätte, aber die Idee war von ihm. Er wollte an die Front.

Eines Tages komme ich zurück, nachdem ich eine Nachricht abgeliefert habe, sie hatten Maniok, weißen Reis und reife Bananen gekocht. Ich komme an, setze mich. Er hatte die Angewohnheit, den Rapport beim Essen abzunehmen. Teller, Löffel, vier Bissen. »*24*, wo sind die Bananen für Freddy?« »Es sind noch zwei übrig, und das sind meine«, sagte der Koch. Zur Strafe verurteilte ihn der Che zu drei Tagen ohne Essen, weil

derjenige, der das Essen ausgibt, zuerst an die übrigen verteilen muß. Ich sage mir: »Dieser Weiße ist ein Teufelskerl.«
Er bietet mir seine Hängematte an. Ich merke, daß er immer der erste ist, der etwas anbietet, daß er keine Privilegien hat, langsam überzeugt mich der Typ.
Moja, von dem alle Welt dachte, daß er der Chef sei, war es in Wirklichkeit gar nicht. Ich wußte es, weil ich die Identität Tatus entdeckt hatte, als ich eine *Bohemia* las.
– Genosse Tatu, das hier bist du.
– Nein, nein, das ist mein Bruder.

Videaux: Die Feuchtigkeit war furchtbar für Tatus Asthma. Einige Male war ich mit ihm unterwegs, auf einigen Rundgängen. Man sah, wie ihm das Asthma zusetzte. Wenn wir mit ihm unterwegs waren, versuchten wir immer, ein Stück Hundeknoblauch zur Hand zu haben, einen scharfen Knoblauch, der hier häufig vorkam; und immer wenn er vom Asthma ein bißchen erschöpft war, schluckte er zwei oder drei Zehen von diesem Knoblauch, ohne zu kauen, und trank darauf einen Schluck Tee. Er hatte immer eine Feldflasche voll Tee dabei. Zweimal bekam er auf dem Berg, dort wo Kumi war, heftige Asthmaanfälle. Aber diese konnten ihn nur für eine kurze Weile aufhalten, die Zeit, die nötig war, einen Schuß Asthmaspray zu nehmen, ein paar Knoblauchzehen zu essen, Tee zu trinken und in den Himmel zu gucken.

Genge: Den Compañero Changa mochte ich sehr gern. Wenn er von Kigoma zu unserer Basis herüberkam, ungefähr alle fünf oder sechs Tage, nahm ich in Empfang, was er mitbrachte, und gab ihm vom Fluß aus mit dem Mörser Deckung, falls ihn die Boote angreifen sollten.
Einmal brachte er uns französische 3,9er-Bazookas, das schönste, was es gibt – und was ist mit den Granaten? Ich gehe mit Jean Poli an den Strand, in ebenes Gelände, um die Waffen zu testen. Nichts passierte. Der Raketenwerfer war eingetroffen, aber ohne Granaten. Eine Menge Material, das über Kairo kam, war unvollständig. Wir waren von fünf Feinden umringt: demjenigen, der uns dieses Material schickte, den Raubtieren (Panthern, Löwen), den Widersprüchen innerhalb der Bewegung, dem Klima und der Luftwaffe, die dreimal am Tag angriff. Es gelang uns, einige Flugzeuge zu beschädigen, die mit schwarzen Rauchwolken davonflogen.

Videaux: So vergingen der erste und der zweite Monat, ohne daß wir uns von der Basis fortbewegt hätten.

Disziplin und Zigarren

VIDEAUX: Viele Compañeros waren der Ansicht, daß die Kongolesen Feiglinge waren, aber das war nicht mein Standpunkt. Es gibt keine feigen und keine tapferen Völker. Es ist eine Frage von Führung und Bewußtsein. Das niedrige kulturelle Niveau brachte Disziplinlosigkeit und Desertionen mit sich. Es war nicht alles rosarot, die Sache hatte ihre spezifischen Probleme. Die Religion war hier stärker als die Organisation.

Ionne, der mit dem Maschinengewehr, das war ein Kämpfer, der sich sehen lassen konnte. Und nicht nur er, viele andere auch. Bei uns gab es eine Gruppe, die sehr isoliert war. Sie war sehr diszipliniert, wurde von zwei Offizieren geführt und hatte neun sehr zuverlässige Compañeros. Der Che lehrte uns, daß die alltägliche Disziplin in einer Guerilla wichtiger ist als der Kampfeinsatz selbst.

GENGE: Wenn du es an Disziplin mangeln ließest, drei Tage ohne Waffe und ab ins Gefecht. Zweimal am Tag kein Essen, wenn einer die ganze Zeit am Mümmeln war. Die Zwillinge verdrückten eine Dose Milch und wurden bestraft; Padilla bestraften sie damit, daß er ohne Waffe an einer Aktion teilnehmen mußte. Eine wahnsinnig strenge Disziplin.

VIDEAUX: Ich erinnere mich, daß der Che, als er diese vierzig Zentimeter langen Zigarren von Fidel geschickt bekam, eine herausholte und fragte:

– Sie sind wirklich gut, nicht wahr? Und komm mal her, rauchst du?

– Na ja.

– Rauchst du oder nicht?

– Ich rauche.

Und aus dem Rucksack holte er eine Pfeife hervor und gab sie mir, zündete darauf eine dieser gigantischen Zigarren an und sagte zu mir:

– Nimm, das hier reicht dir für vierzig Tage. Einen Zentimeter pro Tag in der Pfeife, und es reicht vierzig Tage. Danach kannst du hier vorbeikommen, und wenn ich noch eine übrig habe, kriegst du sie, und wenn nicht, dann eben nicht.

Später verlor ich die Pfeife, ich ließ sie irgendwo fallen. Ich war kein so starker Raucher, ich rauchte, steckte sie wieder ein und zündete sie nochmal an. Und darauf sagte ich zum Che:

– Weißt du, daß ich die Pfeife verloren habe?

– Du hast die Pfeife liegengelassen? Na ja, ist gut, ich werde dir noch eine geben, ich nehme an, die wirst du nicht verlieren.

Ich habe mich nie mehr von ihr getrennt.

Genge: Tatu gab mir Geld, um Essen zu kaufen, hundert, zweihundert Francs. Ich war mit den Knirpsen unterwegs. »Wir wollen euch etwas abkaufen für die Befreiungsbewegung, wir möchten es bezahlen, wenn es geht, eine Ziege, eine Kuh, Maniok.« Auf Kisuaheli dauerte die Begrüßung lange, fünf Minuten: »Wie habt ihr geschlafen? Wie geht es? Wie geht es eurer Familie? Wohin wollt ihr?« Damit verbringst du fünf Minuten. Alle zehn, fünfzehn Tage zogen wir los. Feilschen brauchtest du nicht. Sie verschenkten sogar Dinge, gaben Spenden. Wir haben sie nicht ausgenutzt.

Santo Domingo

Juli '65, Volksaufstand in der Dominikanischen Republik, Invasion der Marines, bewaffneter Widerstand der Bevölkerung.
Im nordamerikanischen Radio wurde behauptet, daß ein kubanisches Mini-U-Boot mit zwei Mann Besatzung auf der Insel gelandet sei, und Gerüchten zufolge war einer von ihnen der Che.
Außerdem wurde verbreitet, daß einige Kubaner insgeheim ins Büro von Imbert Barreras, Mitglied des proamerikanischen Triumvirats, einen vertraulichen Bericht geschmuggelt hätten, nach welchem Che Guevara in den Straßen von Ciudad Nueva gestorben sei, während er tatsächlich unter dem Befehl Caamaños für die dominikanische Revolution kämpfen würde.

Aly

Santiago Terry, im Kongo Aly genannt, war ein Veteran aus der Sierra Maestra, der in der Brigade Raúl Castros gekämpft hatte.

Kumi: Die erste Begegnung mit Terry begann mit einer Auseinandersetzung. Sie hatten ihn nahe der Grenze zu Katenga (in Kabimba) stationiert. Nachdem er dort überrascht worden war, fand er sich ohne Nachschub wieder und schickte jemanden zu mir, um welchen anzufordern. Ich war nicht autorisiert, etwas herzugeben, was anderen zustand. »Es tut mir sehr leid, aber ich kann dir nichts geben.« »Mit nichts gehe ich hier nicht weg.« Daraufhin kam Aly persönlich. Ich sagte ihm: »Was ich dir geben kann, sind meine Zigarren, weil ich nicht rauche, und die kann ich geben, wem ich will.« Er sagte, er sei von Tatu autorisiert und zeigte mir ein Papier vom Che, das erlaubte, Nachschub im Bereich des Möglichen freizugeben.
Ich gab ihm, was da war: Reis, Bohnen, Zucker und Dosen. Bei diesem Aufeinandertreffen entstand eine Freundschaft. Nachdem ich ihm die Sachen gegeben hatte, sagte er, als er schon dabei war zu gehen: »Und die Zigarren, die du mir angeboten hast?« Und da umarmten wir uns

und blieben Freunde bis zu seinem Tod. Nach dieser Begegnung schickte er mir öfters Sachen: »Ein Sack mit 9 mm-Munition für'n Kumi.«

Dreke: Terry (Aly) war tapfer, waghalsig, brillant, launisch. Er diskutierte die ganze Zeit. Er konnte Tage damit verbringen, über Baseball zu diskutieren, und wenn du ihm recht gabst, war er plötzlich anderer Meinung.

Es gab eine Diskussion zwischen Kahama und Aly, eine ernste Diskussion wegen eines Witzes von Kahama. Aly war ein rauher Typ. Heftiger Streit. Tatu bekam es mit. Er beruft eine Versammlung ein, kommt auf die Sache mit der Disziplin zu sprechen. Er droht mit drastischen Maßnahmen, damit, sie aus der Brigade auszuschließen. Es wurde geregelt, sie gaben sich die Hände, umarmten einander. Am Ende wurden sie Freunde, sogar bis danach in Kuba.

Anfang Juli erhält Che einen Bericht Alys von der Front in Kabimba. Sie hatten drei Polizisten gefangengenommen, die den Busch in Brand gesetzt hatten, und einen getötet. Die Situation war genauso schlecht wie an den anderen Fronten. Bei der Überwältigung der Gendarmen liefen von den zwanzig Kongolesen seiner Gruppe sechzehn davon.

Erkundung in Bujumbura

Videaux: Kurze Zeit später führte ich in der Nähe von Bujumbura, der Hauptstadt des Königreichs Burundi, meine erste Mission durch. Burundi ist eine kleine Insel, die im Süden an den Kongo grenzt, nahe des Viktoriasees. Dort versuchte ein gewisser Oberst Vidaliga, der eine Guerillagruppe mit einigen bewaffneten und einigen unbewaffneten Männern anführte, eine Front zu eröffnen. Seinen Angaben zufolge hatte er eine Kaserne in der Nähe von Uvira angegriffen, einen kleinen Posten der Belgier auf kongolesischem Gebiet, aber in der Nähe von Bujumbura. Er sagte, er habe einige Waffen erbeutet, eine Information, die nicht besonders gesichert war, und hatte die kubanische Führung um Hilfe gebeten, er wollte, daß wir ihm Kubaner schickten, um bei der Ausbildung seiner Leute zu helfen. Der Che war sich nicht sicher, ob er ihm die Wahrheit gesagt hatte und betraute mich mit der Mission, dort Erkundungen einzuholen. Ich sollte mir soviele Tage nehmen wie nötig, um festzustellen, ob es diese Truppe wirklich gab, wieviel Waffen sie besaßen, wie die Lage in der belgischen Kaserne war und ob es möglich war, sie anzugreifen.

Ich dachte, daß der Che mir mindestens vier Mann abstellen würde, aber er war in diesen Fragen sehr ökonomisch. Als ich ihn fragte: »Tatu, kommt jemand mit mir mit?«, sagte er mir: »Ja, mit dir geht Kingulo, ein Kubaner.« Wir brachen zusammen mit Vidaliga auf und waren ungefähr sieben Tage unterwegs. Wir rückten nachts in einem Ruderboot vor, am Ufer des Tanganyika-Sees entlang, und bei Tagesanbruch holten wir das Boot heraus, versteckten es und legten uns schlafen. Wir stellten eine Wache auf, und der Rest ruhte sich aus.

Es entstand einige Verwirrung um das Losungswort, das aus einem revolutionären Lied, einer Passage aus einem Lied auf Kisuaheli bestand, wir sollten mit einer anderen Passage auf Kisuaheli antworten; es gab große Verwirrung, und die kongolesischen Guerilleros eröffneten das Feuer auf uns. Das Scharmützel war bald in vollem Gange, und wir mußten schreien, es sei der Oberst Vidaliga, glücklicherweise passierte aber nichts Beklagenswertes. An diesem Tag gingen wir dort an Land und zu einem Dörfchen in der Nähe, und Vidaliga sprach mit einer Frau, damit sie uns Essen machte. Wir aßen Hühnchen mit Nüssen, sehr schmackhaft natürlich. Am Abend wurde ein großer Teil der Dorfbevölkerung versammelt, und Vidaliga stellte uns vor; die Dörfler bereiteten uns einen großen Empfang. Sie boten sogar an, uns für den Rückweg etwas vorzubereiten, damit wir es den Compañeros im Lager mitbrachten. Und so geschah es.

Als ich ankam, stellte ich fest, daß es dort Männer gab, nicht so viele wie Vidaliga gesagt hatte, und daß einige SKS-Karabiner hatten und andere gar nichts. Vidaliga sagte, er habe ungefähr dreihundert Mann, aber was wir gesehen haben, waren vielleicht zweihundert. Wenn es mehr gab, hatten sie sich dort irgendwo versteckt. Es waren Einheimische ohne Uniform, in zusammengeknoteten Stoffetzen und Lendenschurzen, mit Speeren und Pfeilen. Es waren Stammesmitglieder, die er zusammengebracht hatte.

Wir versuchten, die Lage und andere Eigenheiten der belgischen Kaserne in Augenschein zu nehmen, aber es erwies sich als schwierig, weil die Kongolesen uns nicht begleiten wollten. Es entstand ein Schußwechsel zwischen den Guerilleros, die hinter uns zurückgeblieben waren, und der Kaserne und uns mittendrin. Einige Guerilleros auf dem Hügel schossen aus Gewohnheit jeden Tag auf die Kaserne. Sie feuerten aus Flinten und einem Maschinengewehr, und natürlich erwiderten die Belgier das Feuer auf alle diese Hügel. Wir waren bei unserer Erkundung relativ nah an die Kaserne herangekommen, als sie, ohne auf uns zu achten, zu schießen begannen, und die Kaserne antwortete, sie schossen zurück, und die Kaserne antwortete wieder. Wir mußten die Dunkelheit abwarten, um dort herauszukommen. Der Compañero, der mich begleitete, bekam eine Krise, weil er in ein Loch voller Brennesseln gefallen war, und die Sache wurde ein bißchen häßlich für uns.

Am nächsten Tag setzten wir die Erkundung fort und machten uns eine

Vorstellung von der Kaserne, der Verteidigung und den Waffenarten: sie hatten Infanteriewaffen und ein paar mittlere Artilleriegeschütze. Die Kaserne lag in unmittelbarer Nähe des Sees, und es gab dort ein Bataillon von etwa dreihundert Mann.

Auch auf dem Rückweg von Bujumbura hatten wir mit einigen Schwierigkeiten zu kämpfen. Wir waren mit dem Boot unterwegs, an das Ufer gepreßt, bei Nacht fuhren wir, und bei Tag versteckten wir uns. Wir machten Station an einem Ort in der Nähe des Dörfchens, wo man uns beschossen hatte, und erkundeten das Gelände, um sicher vor Überraschungen und Verrat zu sein, und als wir wieder in dem Dörfchen eintrafen, hatten sie dort praktisch schon ein Fest für uns vorbereitet. Es gab Essen und Geschenke, typische Dinge, Gerichte mit Nüssen, Palmwein. Sie gaben uns außerdem zwei lebendige Zicklein; sie wollten sie schlachten, damit wir sie unterwegs essen könnten. Ich erwiderte, daß wir versuchen würden, die Zicklein und außerdem ein Huhn lebendig mitzunehmen. Wir brachten sie aufs Boot, kehrten zum Lager zurück und erstatteten Tatu Bericht.

Was waren Tatus Absichten? Zum einen wollte er die Informationen überprüfen lassen, die sie ihm gaben. Insbesondere, wenn von kongolesischer Seite Kubaner angefordert wurden, mit ihnen zu kämpfen. Offenbar wollte er nicht das Risiko eingehen, aufgrund von falschen Informationen Kubaner dorthin zu schicken, wo sie angefragt wurden. Zum anderen wollte er im Rahmen seiner allgemeinen Strategie die kubanische Präsenz überall dorthin ausweiten, wo es kongolesische Guerilleros gab, die imstande waren zu kämpfen. Aber jedesmal ließ er sich die Informationen bestätigen. Das Ziel war, die kongolesischen und kubanischen Kräfte zu kombinieren und den Belgiern unter günstigen Bedingungen entgegenzutreten.

Als wir an der Basis ankamen, zeigte ich Tatu die Tiere. »Schau«, sagte ich zu ihm, »die haben uns die Leute dort geschenkt; sie wollten sie schlachten, aber ich wollte sie lieber lebendig hierherbringen.« Tatu sagte, das sei eine gute Idee. Und wenn wir sie schon hierhergebracht hätten, würden wir sie weiterzüchten, um eine Selbstversorgung aufzubauen. Er sprach mit Freddy und schlug ihm vor, daß er einen Ziegenbock besorgen sollte, denn wir hatten zwei weibliche Zicklein mitgebracht. Es gelang uns, einen kleinen Ziegenbock zu bekommen; wir hielten sie in der Nähe des Lagers und faßten allmählich Zuneigung zu ihnen. Das Huhn ließ er nach unten zu Kumis Lazarett bringen.

Außer diesen Tieren hatte der Che noch einen kleinen Hund, den er Simba nannte, genau wie der Löwe. Es war ein eher kleines Hündchen mit halb glattem, halb zotteligem Fell. Er war immer bei Tatu und folgte ihm auf Schritt und Tritt.

Ergebnislose Diskussionen

Ein Treffen der Befehlshaber der einzelnen Zonen findet statt, an dem Mundandi, der Kapitän Salumu [oder Salomon, der Stellvertreter Calixtes] und Lambert, der Chef der Operationen in der Gegend von Fizi, teilnehmen. Che äußerte nochmals sein Ansinnen, an die Front zu gehen, Masengo versuchte ihn mit Sicherheitsargumenten zu bremsen. Che widerspricht und fragt ihn, ob er kein Vertrauen zu ihm habe.

CHE: Die Tatsache, daß der Chef der kubanischen Expeditionstruppen, nicht aber die Verantwortlichen des Kampfes, am Leben an der Front teilnähme, könnte weitere Gründe zur Kritik an ihnen liefern.

Aber der Druck war groß, und Che konnte sie zumindest davon überzeugen, ihm die Erlaubnis zu erteilen, daß er sich im Operationsgebiet bewegen durfte. Eine Reise mit Masengo nach Kazima, 27 Kilometer nördlich von Kibamba, wird organisiert. Die Beobachtungen Che Guevaras in seinem Tagebuch halten Anekdoten fest, die Aufschluß über gewaltige Disziplinlosigkeit und Chaos geben. Man versucht, etwas Ordnung in die Dinge zu bringen. Die vier Kubaner in dieser Gegend sind Opfer des Sumpffiebers geworden, man zieht sie zur Basis von Kibamba zurück.
Die Erkundung wird über den See in Richtung Kayamba fortgesetzt, ein Gebiet unter dem Einfluß Maulanas. Masengo besitzt kaum Autorität … Sie treffen auf eine Gruppe Ruander, die unabhängig von Mundandi agiert.

CHE: Dort hatten sie eine 75 mm-Kanone ohne Rückstoß auf einem Hügel in Stellung gebracht; es war die denkbar zweckloseste Position, weil der Ort keinerlei strategische Bedeutung hatte; und das einzige, was diese Waffe ausrichten konnte, bestand darin, irgendein Boot zu versenken, das in der Nähe vorbeikam. Sie feuerte ihre Salven ab, natürlich ohne ihr Ziel zu treffen, da die Artilleristen nicht mit ihr umgehen konnten und die Boote in ausreichender Entfernung vorbeifuhren, so daß sie außerhalb der Reichweite des direkten Feuers der Kanone waren.

Che schlug vor, die Kanone nach Kibamba zu bringen, doch niemand ging auf ihn ein.

CHE: Es ist nicht so, daß Masengo nichts von diesen Dingen verstünde, er hatte nur einfach keine Autorität, fühlte sich nicht imstande, seine Entscheidungen gegen überkommene Gebräuche durchzusetzen. Eine Waffe, die einer Gruppe in die Hände fiel, war heilig, und der einzige, der sie ihr wieder entreißen konnte – und dies relativ problemlos tat –, war der Feind.

Masengo schlägt Che einen Angriff auf Uvira vor. Dieser lehnt den Vorschlag ab: es waren keine Erkundungen unternommen worden, und unter den Män-

nern herrschte ein absoluter Mangel an Kampfgeist. Che schlägt im Gegenzug vor, auf der anderen Seite der Siedlung, am äußersten Punkt des Tanganyika-Sees, Leute einzuschleusen und Hinterhalte zu legen. Doch niemand will die Kubaner dabei unterstützen, am Ende verweigert man ihnen dazu die Erlaubnis mit dem Argument, damit werde der Angriff gefährdet, den man vorbereite.

Immer mehr sind des Krieges müde/Ilangas Krankheit

Nachrichten aus Daressalam. Ein Boot mit Waffen, Nahrungsmitteln und 17 000 Schuß Munition für die FALs trifft ein. Außerdem die Nachricht, daß die Anwesenheit von Kubanern im Kongo durch die Presse gegangen ist. Rivalta hatte die Kongolesen davon überzeugt, ein Dementi abzugeben. Che schrieb dem Botschafter und schlug vor, daß es in dieser Situation das beste sei, Stillschweigen zu bewahren. Mit dem Brief werden Sitaini und Otto, der schon seit geraumer Zeit krank ist, zurückgeschickt.

CHE: Die Kriegsmüden, die gegen ihren Willen bleiben müssen, versuchen ihre Haltung zu rechtfertigen, indem sie Negativpropaganda verbreiten, die unter den anderen Compañeros auf ein breites Echo stößt.

MENA: *[Tagebucheintrag vom 4. August]* Um sieben Uhr äußert der Arzt Fara gegenüber Moja, daß er nach Kuba zurückkehren will. »Nichts da, der hat bloß weiche Knie bekommen.«

KAHAMA: *[Tagebucheintrag]* Vor einigen Tagen sind Ansini und Ajili eingetroffen, haben den Che aufgesucht und um ihre Entlassung gebeten. Jetzt sind alle hier in der Basis und warten auf eine Entscheidung.

CHE: Ich war äußerst hart zu ihnen und lehnte es rundweg ab, ihre Rückkehr zu erwägen, befahl ihnen dafür, in der Basis zu bleiben und sich um Versorgungsaufgaben zu kümmern.

GENGE: Freddy trifft mit Tatu ein. Er ist stocksteif, spricht nicht, hat die Augen verdreht, was ist nur los mit ihm? Tatu trifft eine Reihe von Vorkehrungen, die Ärzte greifen ein. Aber Freddy Ilanga, nichts, er sprach nicht, nicht mal *iriambo* sagte er, gar nichts. Also ab ins Bett, in meine Baracke, das war eine gefährliche Baracke, eine Baracke, in die niemand hineinkam. Um hineinzukommen, mußte man meine Größe haben, sonst stieß man an die Minen, und dir explodierte der Kopf, und wenn nicht, trat man auf die Minen unten, man hatte keine Chance. Ich nahm ihn in meine Baracke mit, um ihn zum Reden zu bringen, aber er redete kein Wort, hatte Schaum vor dem Mund, und Tatu verabreichte Medikamente. Ilangas Zustand besserte sich ein bißchen mit einer Menge von verrückten Suppen und Glukoseserum, er kam wieder zu sich, mehr oder weniger, aber wer und wo er war, wußte er immer noch nicht ganz genau.

CHE: Wenige Tage später verläßt uns Ilanga, der unter epileptischen Anfällen gelitten hatte.

ILANGA: Der Che schickt mich mit Lawton (Changa) auf die andere Seite des Sees, und Changa nimmt mich auf und kuriert mich. Ich kehre wieder zurück, hier ist inzwischen Zerqueira medizinischer Leiter. Der Befehl, den ich bekomme, lautet, daß ich Changa beim Transport von Proviant helfen und Tabak für die anderen kaufen soll. Ich hatte zwei Wochen gebraucht, um mich wieder zu erholen.

Bilanz des Monats Juli/Botschaft an die Kämpfer

CHE: *[monatliche Bilanz in seinem Tagebuch]* Anhaltend schlecht ist die Art und Weise der Waffenverteilung, es gibt weder Ordnung noch Abstimmung. Mein Eindruck ist, daß ein Fortschritt, wenn auch nur langsam, dennoch möglich ist, und daß Kabila mir die Chance geben wird, etwas zu tun. Bis auf weiteres bleibe ich hier Stipendiat.

Nachrichten aus einem Hinterhalt bei Katenga:

CHE: Die Jungs blieben vier Tage dort und rückten schließlich ab, da über diesen Weg keine Gardisten kamen. Doch zuvor verbrannten und zerstörten sie eine Brücke.

Azi kommt mit vierzehn Mann, allesamt Kubaner, von Front de Force, um die nötige Verpflegung für einen neuen Hinterhalt aufzunehmen. Wegen der Bedingungen, die in der Gegend herrschten, war es notwendig, einiges an Nahrungsmitteln mitzunehmen.

CHE: Die Versorgung mit Lebensmitteln ist einer der neuralgischen Punkte bei den Truppen im Feld gewesen; dort, wo sich ihre festen Lager befanden, gab es die Möglichkeit, etwas Fleisch und Maniok zu beziehen, der das Grundnahrungsmittel darstellt, aber die wichtigsten Anbaugebiete befinden sich in der Ebene, weil die Bauern sie direkt dort anbauten, wo sie selbst lebten. Nach den Plünderungen durch die feindlichen Soldaten gaben sie ihre Saaten auf und zogen sich in die ungastlicheren Bergregionen zurück. Um Maniok zu finden, muß man hier sehr weite und manchmal gefährliche Expeditionen unternehmen. Diese Expeditionen wurden von den Kubanern durchgeführt, denn die Ruander weigerten sich systematisch und bestanden darauf, daß die Armeeführung die Pflicht habe, sie mit Essen zu versorgen. An manchen Tagen waren nicht einmal ausreichend Lebensmittel für alle da. Dann weigerten sie sich, am Unterricht an den schweren Waffen teilzunehmen oder irgendeine Art von Vorbereitungsarbeit zu verrichten.

»Hapana chakula, hapana travaillé.« Kein Essen, keine Arbeit.

In die Basis gelangen Nachrichten über häufige Konflikte unter den kongolesischen Revolutionären im Ausland: Soumaliot hatte den Präsidenten Gbenye abgesetzt und damit eine Reaktion Kabilas provoziert, der ihm vorwarf, daß er dazu nicht befugt sei. Masengo war nach Kigoma gefahren, um sich mit Kabila auszutauschen.
Die Arbeit an den Verteidigungsstellungen am See war nach Kabilas Abreise zum Stillstand gekommen, mehrere Kongolesen waren desertiert, aufgrund des Autoritätsmangels der Chefs vor Ort kam es zu Schlägereien. In Guevaras Worten hatten sich die Arbeiten »in einem Pandämonium aufgelöst«.

Che: Bei einer Gelegenheit kam es zu dem peinlichen Fall, daß sich einer der Verantwortlichen in die Hütte der Kubaner flüchtete, da ein Soldat von ihm Reis gefordert und, als dies abgelehnt worden war, ihn mit dem Gewehr verfolgt hatte. Der Mann suchte schließlich Zuflucht im »Tempel« der Kubaner, der glücklicherweise respektiert wurde; ich glaube, der Soldat bekam seinen Reis, jedenfalls hatte es keine disziplinarischen Folgen. (…) Um einer Ansteckung vorzubeugen, verlegte ich die kampfwilligen Kubanern aus der Basis und ließ nur diejenigen vor Ort, die bereits um ihre Rückkehr nach Kuba ersucht hatten, außerdem die Maschinengewehrcrews am See, die Kranken und einige Ausbilder. Ich hatte beschlossen, noch einige Tage abzuwarten und, sollte in dieser Zeit immer noch nichts geschehen, unmittelbar zur Front aufzubrechen, ohne noch länger um Erlaubnis zu betteln.

12. August 1965. Che schreibt eine »Botschaft an die Kämpfer«, *in der er unter anderem folgendes erwähnt:*

Che: Wir können nicht sagen, die Situation sei gut: die Führer der Bewegung verbringen die meiste Zeit außerhalb des Territoriums. (…) Die Organisationsarbeit ist beinahe gleich null, weil die mittleren Kader nicht arbeiten, sie sind ohnehin unfähig dazu, und alle Welt begegnet ihnen mit Mißtrauen. (…) Die Disziplinlosigkeit und der Mangel an Einsatz sind das auffälligste Merkmal aller *[dieser]* Guerillatruppen. Natürlich gewinnt man mit solchen Truppen keinen Krieg.

Che fragt sich, ob die Anwesenheit der kubanischen Brigade positive Auswirkungen gehabt hat, und bejaht diese Frage, denn die Schwierigkeiten entstehen aufgrund der großen Unterschiede, und gerade diese gilt es nutzbar zu machen. Er wiederholt:

Che: Unsere Aufgabe ist es, dabei behilflich zu sein, einen Krieg zu gewinnen. *[Es gilt,]* mit unserem Beispiel die Unterschiede aufzuzeigen, aber ohne uns bei ihren Kadern verhaßt zu machen. (…) Revolutionäre Kameradschaft in der Basis. (…) Im allgemeinen haben wir bessere

Kleidung und mehr zu essen als die Compañeros hier; es gilt bis zum Äußersten alles mit ihnen zu teilen, wobei selektiv vorgegangen werden muß zum Vorteil der Compañeros, die revolutionären Geist beweisen.
Wir wollen ihnen etwas beibringen, aber nicht auf eine pedantische Weise, indem wir auf diejenigen hinabblicken, die es nicht besser wissen, sondern vielmehr, indem wir in dem Unterricht, den wir erteilen, menschliche Wärme zeigen. Die revolutionäre Bescheidenheit muß unsere politische Arbeit leiten und zu einer unserer wichtigsten Waffen werden, zusätzlich zur Opferbereitschaft, die nicht nur Beispiel für die kongolesischen Compañeros, sondern auch für die Schwächsten unter uns selbst sein soll.
Wir wissen nicht mehr als einen winzigen Teil dessen, was wir wissen müßten; wir müssen mehr über die Dinge im Kongo lernen, um uns besser auf die kongolesischen Compañeros einstellen zu können.

Che sucht überall nach militärischen oder ideologischen Mitteln, um aus dem Labyrinth herauszukommen, in dem er bis jetzt herumgeirrt ist. Er schließt mit zwei Ermahnungen:

1) Der Umgang mit den Kriegsmüden. Sie sind keine Verräter, man darf sie nicht mit offener Verachtung behandeln. Um ganz deutlich zu sein, ihr Verhalten ist das schändlichste, das ein Revolutionär an den Tag legen kann, aber man muß erst Revolutionär werden, um sich schändlich verhalten zu können; wäre man es nicht, würde es sich einfach um eine Flucht wie so viele andere handeln. Heute fühlen sich diese Compañeros in die Ecke getrieben und haben sich untereinander zusammengeschlossen, zu ihrer Verteidigung und zur Rechtfertigung eines Aktes, der keine besitzt. (...) Zeigen wir ihnen, ohne ihre Fehler zu vergessen, ein wenig Wärme, zwingen wir sie nicht, sich rechtfertigen zu müssen, um sich gegen die eisige Stimmung zur Wehr zu setzen.
2) Die Verachtung der Kongolesen durch die Kämpfer: Alle sind wir schon einmal davongerannt und durch eine dunkle Etappe gegangen, in der man sich vor Schatten gefürchtet hat: es ist eine Etappe, und wir müssen ihnen dabei helfen, sie zu überwinden.

Er endet mit der Anordnung, daß die Botschaft von den Mitgliedern der Partei gelesen und diskutiert werden soll, in Abwesenheit der Kriegsmüden, um danach verbrannt zu werden.

Der Hinterhalt bei Front de Force

Tom: Am 15. August um sieben Uhr kamen wir am Myala-Fluß an und übernachteten dort. Die Reise wird fortgesetzt, und am 16. kommen wir ungefähr drei Kilometer von der Landstraße entfernt an einen Bach, um zehn wird das Hauptquartier errichtet, und Azi und Singida werden ausgeschickt, um zu erkunden, wo der Hinterhalt gelegt werden soll. Um fünf Uhr nachmittags werden Posten aufgestellt, die Nacht verläuft ohne Besonderheiten.

Am 17. um sechs Uhr morgens wurden Stimmen vernommen. Zivilisten, die die Landstraße herunterkamen. Wir hörten, wie einer zum anderen *Tuende* sagte. Wie es scheint, bemerkten sie unsere Anwesenheit an diesem Abschnitt der Landstraße und kehrten nach Force zurück. Singida teilte M'bili mit, daß sie davonliefen, und M'bili wies ihn an, einen Posten aufzustellen, damit uns die Gardisten nicht überraschten, falls sie von Force kommen sollten.

Che: Dieses Mal war die Beute größer, doch die Aktion wurde nicht zu Ende geführt, da Bauern auf der Straße unterwegs waren; diese hatten möglicherweise auf dem Weg Spuren einer fremden Gruppe bemerkt und liefen eilig nach Front de Force zurück, das einige Kilometer von dort entfernt war, um zu berichten. Als offensichtlich war, daß die Bauern geflohen waren, nachdem sie den Hinterhalt bemerkt hatten, ordnete M'bili erhöhte Alarmbereitschaft an und verstärkte die Posten in Richtung Front de Force, um, sollten sich keine weiteren Vorfälle ereignen, bei Nacht die Position zu wechseln. Doch um zehn Uhr morgens näherte sich von Albertville her ein Jeep mit zwei Panzerwagen als Eskorte; wiederum war Sultán zuständig für das Eröffnen des Feuers, er beschädigte das erste Fahrzeug und zerstörte es mit einem weiteren Schuß. Der Compañero Afendi zerstörte den Jeep mit einem Bazookaschlag aus nur zehn Metern Entfernung, was dazu führte, daß Afendi selbst und Alacre durch Granatsplitter verwundet wurden, und die Compañeros von der Nachhut zerstörten den zweiten Panzerwagen mit Handgranaten (bei diesen Fahrzeugen handelt es sich um offene Panzerspähwagen mit einem Assistenten und einem Fahrer, die mit einem Maschinengewehr bestückt sind). Insgesamt wurden 7 Tote gezählt, darunter einige Hellhäutige, die M'bilis Ansicht nach Amerikaner waren, aber später erfuhren wir, daß es sich um Belgier handelte. Als man zur Bergung des Geräts schritt, traf die feindliche Truppe aus Front de Force ein, offensichtlich gewarnt von den Bauern, und es begann ein Schußwechsel am einen Ende des Hinterhalts.

Tom: Gerade als wir an die Bergung der Waffen gehen wollten, sah Singida, daß von Force her Gardisten zu Fuß anrückten und nur noch etwa zweihundert Meter von uns entfernt waren; in diesem Augenblick eröffneten sie auch schon das Feuer mit Mörsern und Maschinengewehren. Der Rückzug wurde angeordnet, denn die Gardisten versuchten uns zu umzingeln. Wir zogen uns zurück, zunächst Singida mit seiner Gruppe.

Die Gruppe im Zentrum hielt die Stellung und gab Azi und seinen Leuten Deckung, damit sie sich zurückziehen konnten. Als wir sahen, daß Azi die Landstraße überquerte, zogen wir, die Gruppe von M'bili, uns zurück.

CHE: Man mußte sich augenblicklich zurückziehen, so daß die Dokumente und die Waffen nicht geborgen werden konnten; einige Männer waren zunächst verschwunden, fanden sich aber später wieder ein; lediglich ein Ruander tauchte nicht mehr auf, und die imperialistischen Nachrichtenagenturen, die die Zahl der toten Söldner korrekt mit sieben angaben, sprachen von einem toten Feind, weshalb logischerweise vermutet werden muß, daß er von einer verirrten Kugel getroffen wurde.

TOM: Als wir am Hauptquartier eintrafen, teilte uns Singida mit, daß der Compañero Alau fehlte, der sich als letzter zurückgezogen hatte. Später erfuhren wir, daß Alau nicht zusammen mit den Compañeros die Landstraße überquert hatte, sondern mit einem Grüppchen von Ruandern bis zum nächsten Tag auf der anderen Seite geblieben war. Nachdem sie die Straße passiert hatten, war er zu dem Frontabschnitt gegangen, der in den Hügeln lag (nicht alle Ruander pflegten davon zu laufen, nur eine kleine Gruppe von ihnen).
Um ein Uhr zogen wir uns an einen anderen Ort am Myala-Fluß zurück, bis auf die Compañeros Ishirine, Singida und Tiza, für den Fall, daß der Verlorene wieder auftauchte. Sie warteten eine Stunde und kehrten daraufhin zum Hauptquartier zurück. Um drei wurde eine Patrouille ausgeschickt, um nach dem verlorenen Compañero Ausschau zu halten, doch um sechs kam sie zurück, ohne eine Spur von ihm gefunden zu haben.
M'bili sprach Kapitän Zakarias auf den weiteren geplanten Hinterhalt an, und dieser antwortete ihm, daß seine Offiziere ihm gesagt hätten, das Essen reiche nicht aus, um dort zu bleiben. Darauf sagte M'bili, das Essen reiche sehr wohl, und entgegnete Zakarias, daß wir alle Brüder seien, und wenn die Kubaner dort blieben, würden sie auch dort bleiben. Am 20. um halb elf brachen wir zu dem anderen Hinterhalt auf, und am 21. um sechs Uhr morgens nahmen wir zwei Zivilisten gefangen, die nach Force unterwegs waren, um Fleisch und *pombe* zu verkaufen. Um elf entkam uns ein Zivilist, der unsere Position entdeckt hatte, und da wir ihn nicht einfangen konnten, beschlossen wir, den Hinterhalt aufzuheben und uns in die Berge zurückzuziehen.

M'bili zerstörte augenblicklich die beiden Krüge pombe.

Che verläßt die Basis

Che Guevaras Geduld ist am Ende. Am 16. August steigt er zur oberen Basis hinauf. Am 18. entscheidet er sich schließlich und bricht in der Frühe nach Front de Force auf, wo er nach Einbruch der Nacht eintrifft. Vier Monate unfreiwilligen Ausharrens haben ein Ende.

CHE: Ein Marsch über die Hochebene, der mir unendlich schien. (...) Ein wenig kam ich mir vor wie ein flüchtiger Delinquent, doch ich war entschlossen, für lange Zeit nicht mehr in die Basis zurückzukehren.
Ich war kaum in Front de Force eingetroffen und hatte mich völlig erschöpft zu Boden geworfen, als mich die Compañeros auch schon mit Klagen über die Einstellung der Ruander überhäuften, insbesondere über den Kapitän Zakarias, der zu Maßnahmen wie der körperlichen Bestrafung seiner Männer griff, und der zweifellos dazu imstande war, jeden beliebigen zu ermorden; dennoch war der Empfang herzlich.

Er nimmt das Lager in Augenschein:

CHE: Am Fuße eines Berges, der steil zu einer Schlucht abfällt, über Dünen voller natürlicher Weiden, die in dieser Trockenperiode ohne jedes Grün waren; tagsüber ist die Temperatur angenehm, doch nachts wird es recht kalt, und man muß um ein Feuer herum schlafen.

Che deckt sich mit einer Kuhhaut zu und wird von einem Floh heimgesucht. Am nächsten Morgen sieht er das Wasserkraftwerk von Force und kann sich nun das Desaster des letzten Frontalangriffs erklären.
Er zieht eine Bilanz der einzelnen Fronten: Uvira, dreihundertfünfzig Waffen, eine Kanone, einige Luftabwehrgeschütze, ein Mörser. Fizi [eine weitläufige Region einschließlich Barakas], tausend bis zweitausend versprengte bewaffnete Männer, eine Kanone, einige Mörser. Lulimba [Lambert], hundertfünfzig Waffen, drei Luftabwehrgeschütze, eine Kanone und zwei Mörser. An der Straße nach Kamambare lag ein weiterer Trupp Lamberts mit fünfundvierzig Mann. Zwischen Lulimba und Force drei Kommandos, deren Position den Kubanern nicht genau bekannt war, eines davon, unter dem Befehl von Faume, nennen sie »das Gespenst«, weil sie es nie zu Gesicht bekommen haben, außerdem diejenigen unter dem Befehl von Kalonda und von Mukundi. In den Bergen: Calixte, hundertfünfzig Waffen, und Mundandi mit den Ruandern und dreihundert Waffen, drei Maschinengewehren, zwei Kanonen und zwei Mörsern. Kabimba, hundertfünfzig Waffen, zwei Luftabwehrflaks, eine Kanone und zwei Mörser. Am Seeufer: eine unberechenbare Kanone und mehrere weitere Luftabwehrgeschütze, die in der Gegend verstreut sind.

CHE: Ich nahm unsere Leute in Empfang, als sie den abschüssigen Berghang hinaufkamen, was ihre Mienen aufheiterte und die Moral steigen ließ.

DREKE: 21. August. Tatu trifft an der Front ein, um vorläufig hier zu bleiben. Große Freude unter den Compañeros. Große Besorgnis bei M'bili und mir. Er kam mit Tumaini und »Nr. 24«, dem Koch. Er war voller Ideen. Bart, olivgrüne Uniform, sowjetische Pistole Kaliber 25, M1-Gewehr, Baskenmütze. Es ging ihm gut, er war nur ein wenig müde. Chino war in der Basis geblieben. Wir waren ernsthaft besorgt wegen der Reaktion der Kongolesen auf die Teilnahme des Che am Kampfgeschehen. »Ich habe nicht erreichen können, daß Kabila kommt«, sagte der Che. Und obwohl er ein sehr ernsthafter Mensch war, sagte er: »Nun bin ich ihnen entwischt.« Und fügte scherzhaft hinzu: »Wenn er mich in die Basis zurückholen will, muß er schon hierher kommen. Von allein geh ich nicht zurück.« Nun stand er an der Spitze *seiner* Brigade.

Er machte den Compañeros Mut. M'bilis Hinterhalt wertete er als sehr positiv. »Das hier ist ein Krieg. Den führt man, um zu töten und um zu sterben. Wir werden versuchen, unnötige Verluste zu vermeiden, aber ...« Er war sehr ungehalten über den Tod Ansurunes.

Er suchte nach einem Führer für die Bewegung und konnte keinen finden. In Chamaleso sah er einen möglichen Führer und in Ilunga einen zukünftigen Kader. Der schmerzliche Tod Mitoudidis hatte ihn tief getroffen. Er glaubte, daß Masengo im Irrtum war, aber er maß diesem ohnehin kaum Bedeutung bei ...

Che lernt schließlich den Ruander Zakarias kennen. Es kommt zu einigen nicht besonders herzlichen Gesprächen. Ein gefangener Händler stirbt wenig später unter seltsamen Umständen.

Die Taktik wird geändert

Da bei der Organisation der Guerillaarmee der Schwerpunkt auf die Kongolesen gelegt werden mußte, schickte Che einen Brief an Masengo, in dem er unter anderem vorschlug, daß man die Bauern anders behandeln und die Gefangenen zu Spionagezwecken anwerben sollte.

CHE: Wir waren der Ansicht, daß mit den Ruandern trotz der erzielten Fortschritte nicht viel mehr zu erreichen war und daß wir den Schwerpunkt der Ausbildung auf die Kongolesen legen mußten, die letztendlich diejenigen waren, die den Kongo zu befreien hatten. Infolgedessen wurde beschlossen, daß der Compañero Mafú mit 12 Mann bei den Ruandern bleiben sollte, um keine Empfindlichkeiten zu verletzen, und den Rest der Truppe an die Front von Calixte zu verlegen, mich einstweilen inbegriffen.

Vor dem Abmarsch baten die Ruander um eine Unterredung mit dem Che, um über den Stand der Kämpfe zu sprechen und forderten ihn auf, eine kritische

Analyse ihres Vorgehens abzugeben. Che betonte zwei Dinge, zum einen die fatalistische Einstellung bei der Essensbeschaffung, die Volksarmee müßte zu einem selbstversorgenden Heer in ständiger Zusammenarbeit mit der Bevölkerung entwickelt werden und dürfte keine »parasitären« Züge annehmen. Zum anderen mußte das Mißtrauen gegenüber den Kongolesen ein Ende haben. Der Kampf in Ruanda hing vom Ausgang des Kampfes im Kongo ab, der in diesem Augenblick die entscheidende Auseinandersetzung mit dem Imperialismus darstellte. Die zweite Kritik fand wenig Widerhall.

Che: Jedenfalls waren sie nicht gewillt, ihre Einstellung zu ändern.

Rivalta: *[19. August]* Kongolesische Gruppen, die sich von Soumaliot abgespalten hatten, kamen zu mir, baten um Unterstützung und boten sich als Kämpfer an. Sie beschuldigten Kabila, sie nicht am Kampf teilnehmen zu lassen. Kabila sagte, man habe sie aus der Bewegung ausgeschlossen.
Kabila versprach, daß er bald in den Kongo zurückkehren werde. Der Che antwortete mir, er habe kein Vertrauen zu Kabila, doch alle anderen seien noch schlimmer.
Einige Compañeros, die der Che nach Moçambique schicken wollte, konnten nicht dorthin, weil die Kontaktleute bei der tansanischen Regierung und bei den Moçambiqueanern den Zeitpunkt für ungünstig hielten. Der Che wies mich an, sie in den Kongo zu schicken. Und das tat ich, obwohl es ihnen nicht gefiel und mir Probleme bereitete, da diese drei Compañeros schlechte Stimmung verbreiteten, als sie für ein paar Tage in der Residenz wohnten. Andere, die von ihrer Route abgekommen waren, die nach Brazzaville hätten gehen sollen, schickte ich ebenfalls in den Kongo (ich glaube, unter ihnen war auch De la Pedraja, der Arzt).

Che: Ich formulierte meine Einwände gegen das Projekt, hier eine Basis für Ausbilder einzurichten. Die Männer aus anderen Bewegungen würden hier ein so entmutigendes Bild von Disziplinlosigkeit, Desorganisation und vollständiger Demoralisierung mitnehmen, daß es für jeden debütierenden Befreiungskämpfer ein schwerer Schlag sein mußte.

»El negrito del batey«

Genge: Ich war Sergeant und Aly Comandante. Aber Tatu hatte uns ermahnt, daß dort jeder zuallererst Soldat sein würde. Nun, wir sprachen über ich weiß nicht was, begannen über den »Negrito del batey« zu diskutieren. Ich mache selber Rumba, *bembé*, ich habe in einer Gruppe gespielt, die »Changó« hieß, 'ne richtige Rumbaband. Aly behauptete, »El negrito del batey« komponiert zu haben, und ich sagte zu ihm:

»Aber wie willst du den komponiert haben, wenn ich ihn schon viel früher gehört habe, und niemals habe ich Ihren Namen darunter gesehen, Santiago Terry«, und nun denn, da bekommen wir also eine Meinungsverschiedenheit, der Neger kommt so richtig auf Touren, und ich sage, nun hör'n Sie aber auf damit, wir sind hier alle beide nur Soldaten, und wenn Sie mich anmachen wollen, dann gibt es Stunk. Da mischten sich ein paar Compañeros ein, Kahama und andere, die gingen dazwischen und sagten uns so dies und das, aber anscheinend fand die Sache ihr offenes Ohr und der Che ließ uns rufen: »Was ist eigentlich passiert?« »Nein, sehen Sie, Tatu, was passiert ist, war dieser kleine Zwischenfall, aber eigentlich war es nur ein Mißverständnis, wir haben uns vielleicht ein wenig erhitzt und was weiß ich.« »Umarmt euch«, sagte er zu uns, und die Sache war erledigt.

Im Lager von Calixte

Che Guevara brach in das neue Operationsgebiet auf und ließ Dreke zurück, damit dieser auf Zakarias wartete, der versprochen hatte, an einer gemeinsamen Aktion mit den Kongolesen und der Gruppe von Mafú teilzunehmen.

CHE: Das Lager Calixtes war etwa zweieinhalb Stunden zu Fuß entfernt am Fuße der Bergkette, die zu den Ebenen hin abfällt; es ist ein Ort, wie er zur Verteidigung nicht besser sein könnte, denn die Abhänge sind ungewöhnlich steil und ohne jede Vegetation, so daß es sehr einfach ist, den Zugang mit simplem Gewehrfeuer zu vereiteln. Das Lager besteht aus einfachen Strohhütten für vier bis zehn Personen; uns wurden einige zugeteilt, die leer standen.

Calixte brach mit Lambert nach Lulimba auf. Zufrieden sagte er zuvor, es hätte ihm nicht gefallen, daß man die Kubaner den Ruandern zugeteilt habe. Es gab Verständigungsschwierigkeiten. Calixte sprach kein Französisch, Che kein Kisuaheli. Als Übersetzer zog man kubanische Kämpfer hinzu, die kaum mehr als einige Grundkenntnisse in Kisuaheli besaßen.

CHE: Ich sprach mit Calixte über die Notwendigkeit, sich näher bei den Gardisten zu postieren, um sie kontinuierlich reizen und unter Beschuß nehmen zu können, und schlug ihm vor, augenblicklich damit zu beginnen. Er war einverstanden, und ich schickte eine Gruppe unter der Führung von Azi auf eine Erkundung, für die eine kleine Siedlung in ungefähr vier Kilometern Entfernung von Makungo als provisorischer Stützpunkt gewählt wurde.

Bevor die Gruppe aufbrach, veranstalteten die Bauern ein Fest …

CHE: … uns zu Ehren, bei dem die Männer als Waldgeister oder etwas in der Art verkleidet die rituellen Tänze aufführten und alle gemeinsam den Götzen anbeten gingen, einen einfachen Stein, der in der Nähe des Berggipfels, umgeben von einem Kreis aus Zuckerrohr, aufgestellt worden war, um in gewissen Abständen mit dem Blut eines Opfertieres besprengt zu werden. In diesem Fall war es ein Lamm, das danach unter allen Anwesenden verteilt wurde. Das Ritual scheint kompliziert, aber das Entscheidende ist zutiefst simpel: dem Gott, dem steinernen Götzen, wird ein Opfer gebracht, und danach verspeist man das Opfertier.

Che stellt eine Bilanz für die neue Front auf:

CHE: Aufs neue begannen wir mit der ermüdenden Aufgabe, Leute in der Kunst der Kriegsführung auszubilden, von deren Entschlossenheit wir nicht allzu überzeugt waren, im Gegenteil, wir hatten große Zweifel, ob sie überhaupt existierte. So war unsere Aufgabe die von Feldbauern bei der Aussaat, die verzweifelt Saatkörner in alle Richtungen auswerfen, damit irgendeines keimen möge, bevor die schlechte Jahreszeit beginnt.

In Makungo werden die Übungen für Angriffe aus dem Hinterhalten fortgesetzt. Zakarias trifft mit zehn Ruandern ein. Man versucht, die Fronten zu vereinheitlichen, als die Nachricht von feindlichen Truppenbewegungen etwa vier Stunden vom Lager entfernt eintrifft. Es wird beschlossen, sie unterwegs zwischen Katenga und Lulimba zu stellen, falls sie von Nyangi her vorrücken sollten. Um sie dort aufzuhalten, wird Azi ausgewählt, der sechs Kubaner und zehn Kongolesen unter seinem Befehl hat.

Che, der Mediziner

DREKE: Sie dachten, Fidel sei ein Schwarzer, bis wir ihnen Fotos zeigten. Der Analphabetismus war weitverbreitet, es gab kein Radio, sie hatten keine Ahnung, wer der Che war. Sie kannten ihn nur als Ramón, den Arzt. *Tatu-Muganga*, wie sie die Ärzte nannten.

CHE: Die Bauern zeigten sich uns gegenüber außerordentlich liebevoll, so sehr, daß ich mich genötigt sah, meinen alten Beruf als Arzt wiederaufzunehmen, durch die Umstände allerdings darauf beschränkt, Penicillininjektionen gegen die Traditionskrankheit, den Tripper, und Tabletten gegen das Sumpffieber zu verabreichen.

POMBO: Wir machten eine umfangreiche Rundreise zu den einzelnen Fronten, und dabei kehrte der Che zu seinem Beruf, der Medizin, zurück. In kurzer Zeit war eine Legende geboren. Wohin wir auch kamen, immer stellten wir fest, daß er schon bekannt war als Doktor Tatu, der weiße Arzt. Obwohl wir andere Ärzte hatten, kamen die Leute zu Tatu, damit er sie behandelte. Che machte aufs neue das, was er schon in der Sierra Maestra gemacht hatte. So gewannen wir schnell die Zuneigung der Einheimischen.

Zensur

VIDEAUX: Bevor wir Daressalam verließen, fragte ich, ob man nach Hause schreiben dürfte. Es hieß, ja, man dürfte, und ich übergab also einen Brief an Rivalta. Dieser Brief kam nie an, er war an meinen Bruder Miguel gerichtet gewesen. Ein zweiter Brief, den ich Osmany mitgegeben hatte, kam an.
Der Che hatte erklärt, daß unter Berücksichtigung der konkreten Umstände eine gewisse Kommunikation erlaubt sein würde. Es gab einen guten Informationsaustausch über Tansania. Dort waren während der vier Monate Briefe erlaubt, jedoch mit Zensur in Daressalam.

KUMI: Er sagte zu mir: »Du weißt, wie es hier läuft, je eher du deine Herkunft vergißt, desto größer sind deine Chancen zu überleben.« Die Briefe, die mir die Compañeros übergaben, hielt ich zurück, ohne ihnen etwas davon zu sagen, aber ich vernichtete sie nicht. Einer von ihnen, einer von den Kämpfern, Israel »Braulio« Reyes (Azi) beklagte sich, daß er geschrieben und keine Antwort bekommen hätte. Ich sagte ihm, daß die Briefe nicht abgeschickt werden konnten. Der Che bekam es mit und fragte mich, warum ich sie nicht zerstört hätte. Zum Glück gab es kein Nachspiel.

Verdammt, kommen sie nun oder nicht?

Am Angriff auf die Landstraße nahmen vierzig Kongolesen, zehn Ruander und dreißig Kubaner teil. Zehn weitere Kubaner waren hinzugestoßen, die ursprünglich Moçambiquaner ausbilden sollten und sich stattdessen der Brigade angeschlossen hatten.

CHE: Ich begleitete die Kämpfer; nachdem wir den Kimbi-Fluß überschritten hatten, der in der Regenzeit eine beachtliche Strömung bekommt, jetzt aber mit einer Wassertiefe in Hüfthöhe leicht zu überwinden war, bezogen wir am geplanten Ort Stellung. (...) Die Taktik war einfach ...

... es ging darum, die Brücken zu zerstören, nachdem die Lastwagen darübergefahren waren, um ihnen den Fluchtweg abzuschneiden und sie im Hinterhalt einzukesseln. Sie hatten Panzerminen, doch die Zünder waren nie eingetroffen.

CHE: Wir hatten einen Mechanismus mit Granatzündern entwickelt, der, an eine Schnur gebunden, in fünf bis zehn Sekunden explodierte, aber diese Methode war unsicher, da es von der Geschicklichkeit des Bedienenden und der Geschwindigkeit der Lastwagen abhing, ob die Explosion mit dem Vorüberfahren des Fahrzeugs zusammenfiel, weswegen wir sie nur im Notfall anwendeten.

MENA: Am ersten September um halb vier Uhr nachmittags wird unter dem Kommando von Moja auf der Landstraße von Lulimba nach Katenga der Hinterhalt eingerichtet. Der Che übernimmt das Hauptquartier.

CHE: Ich legte das kleine Hauptquartier in ungefähr fünfhundert Meter Entfernung zum Hinterhalt. (...) Am ersten und zweiten Tag gab es keine besonderen Vorfälle, die Männer verbrachten die Zeit mit jenem zugleich zähen und langweiligen Warten, bei dem die Stunden schier nicht enden wollen und sich gleichzeitig jedes Geräusch in Motorgrollen verwandelt und sofortigen Alarm auslöst. Selbst ich, der ich hunderte von Metern von den vordersten Linien entfernt war, litt von Zeit zu Zeit an auditiven Halluzinationen.

MENA: *[2. September]* Tatu besucht zweimal am Tag den Ort des Hinterhalts. Über uns fliegen die Flugzeuge.

DREKE: Wir erwarteten die Gardisten an einem Weg, der in Richtung Fizi führte. Dort kamen häufig Konvois von Soldaten vorbei. Wir waren schon mehrere Tage dort, und sie kamen nicht. Der Che befand sich mit mehreren Compañeros ganz in der Nähe im Hauptquartier. Einmal stellte er sich mitten auf die Straße und fragte: »Verdammt, kommen sie nun oder nicht?«

MENA: Am 4. September stößt Azis Gruppe auf neun Gardisten, und es entsteht ein heftiger Schußwechsel. Dies ereignet sich an einem anderen Hinterhalt an der Straße von Nyangi nach Lulimba, eine Stunde vom Hauptquartier entfernt.

CHE: Bis zum Sonntag, dem fünften Tag des Wartens, hatten wir die Leute im Griff, von da ab begannen die Kongolesen, Symptome der Ungeduld an den Tag zu legen, und erfanden vermeintliche Informationen, nach denen die Lastwagen nur alle vierzehn Tage vorbeifuhren.

Nichtstun, fauliges Wasser, Durchfall, schlechtes Essen ...

CHE: Am fünften Tag ereignete sich ein komischer Vorfall, der jedoch einmal mehr die Unzulänglichkeiten zeigte, unter denen wir zu leiden hatten: als ich im Hauptquartier friedlich in der Hängematte lag, hörte ich ein Getrampel beinahe wie das von Elefanten im Galopp; es waren sechs oder sieben Kongolesen, die für das Essen zuständig waren und die ganz außer sich »*askari* Tshombé, *askari* Tshombé!« riefen. Sie woll-

ten sie kaum zwanzig, dreißig Meter von unserer Position entfernt beobachtet haben. Ich hatte gerade noch Zeit, meine Kampfausrüstung anzulegen, überließ Rucksack und Hängematte ihrem Schicksal, da sah einer der Kubaner, die bei mir waren, schon die *askari* Tshombé; die Situation wurde zusehends brenzliger, weil ich nicht auf die Kongolesen zählen konnte und nur vier Kubaner bei mir hatte, von denen einer, Singida, krank war. Ich schickte diesen schnell zu Moja, um ihn anzuweisen, mir Verstärkung zu schicken, und ließ ihn auch die Kongolesen mitnehmen, die unter diesen Umständen eher ein Hindernis darstellten, lief einige Meter auf den Fluß zu, um aus der Sichtschneise des Feindes herauszukommen, und folgte denjenigen, die sich den Gardisten nähern und daraufhin über den selben Weg zurückkehren sollten; wenig später trifft die Nachricht ein, daß sie diese von nahem betrachtet hätten und daß es keine Soldaten, sondern Bauern aus der Gegend seien, die ebenso geflohen waren, nachdem sie uns entdeckt hatten, und einer unserer Männer hatte das aus der Ferne auch richtig beobachtet.
Wir kommentierten gerade diese Vorfälle, als sich in unserem Rücken ein Kundschafter näherte, den Moja geschickt hatte, damit er herausfand, was vor sich ging; dieser hörte unsere Gespräche und eilte in vollem Lauf zurück, um zu berichten, daß die Gardisten bereits das Hauptquartier erobert hätten. Moja, der den Oberbefehl über die Aktion führte, hob augenblicklich den Hinterhalt auf und zog sich in eine Gegend in der Nähe zurück, zugleich gab er Order, mich zu suchen, denn Gerüchten zufolge war ich in Richtung des Kimbi-Flusses geflohen.
Noch zwei Stunden später irrten wir alle im Kreis umher. Einige Kongolesen nutzten das aus, um sich davonzumachen und nie mehr zurückzukehren; wir hatten schon etliche Verluste dieser Art erlitten, Ergebnis der Unordnung. Zu den kindischen Reaktionen der Kongolesen, die wie ungezogene Schuljungen davonliefen, kamen noch Fehler unserer weniger kampferfahrenen Compañeros hinzu.

Der Hinterhalt vom 11. September

Nachdem der Überraschungsfaktor verloren gegangen ist, wird der Ort für den Hinterhalt gewechselt. Am 8. September kehrt Che vorübergehend ins Lager zurück, um ein Gespräch mit Emilio Aragonés und Oscar Fernández Mell zu führen, die eben im Kongo eingetroffen sind. Moja hält die Position im Hinterhalt, obwohl seine Leute gehen wollen. Sie warten bereits elf Tage. Che kehrt mit den frisch Angekommenen zurück.

Nane: Ich nahm an einer Unternehmung teil. Wir lagen so an die vierzehn Tage hinter einem Damm. Wir hatten Panzerminen ausgelegt, die keine Zünder hatten. Ich kam darauf, sie an eine Granate anzuschließen. Alle hingen in den Seilen, hungrig, auf der Suche nach Bananen und Maniok fürs Essen.

MENA: Samstag, den 11. September, erreicht der Feind die Position der mittleren Gruppe, wo sich Moja, Nane, Ishirine und Kapitän Zakarias befinden.

DREKE: Ich begab mich zur Spitze des Hinterhalts. Man hört die Geräusche der Lastwagen. Die Aktion beginnt, während Tatu sich im Hauptquartier befindet. Seit Tagen hatte er nicht widerstehen können, es immer näher an den Hinterhalt zu legen. Kahama war am linken Ende und zu meiner Rechten Ishirine. Die Absicht war, die vier oder fünf Lastwagen herein zu lassen und das Feuer unmittelbar auf die Kolonne zu richten. Als die ersten zwei oder drei Wagen in den Hinterhalt fahren, feuert ein Compañero von der äußersten linken Seite, und der Rest der Kolonne zerstreut sich, sie springen von den Lastwagen und beginnen uns zu umzingeln.

MENA: Ein Ruander feuert einen Bazookaschlag ab. Allgemeines Schußfeuer. Ein weiterer Lastwagen voller Gardisten war noch etwa hundert Meter entfernt, diese schwärmen aus und greifen den linken Flügel an, dabei stoßen sie auf Kahamas Gruppe, und die Kongolesen auf dieser Seite ergreifen die Flucht.

DREKE: Wir liquidierten die Gruppe, die in der Falle saß und nahmen den Toten und Verwundeten auf den Lastwagen die Waffen ab. Wir fügten ihnen etwa zwölf bis fünfzehn Verluste zu.

MENA: Sechs Gewehre werden erbeutet. Ungefähr zehn von ihnen sind tot. Marmelade.

NANE: Nur mit Gewehrfeuer entschieden wir die Sache für uns, wir hatten nicht mal Verletzte. Wir nahmen ihnen die Waffen ab.

Sie hatten reichlich Marihuana und die Gehaltsliste von Lulimba dabei.

DREKE: Aber andere schwärmten aus und attackierten uns an der linken Flanke.

Das zweite Fahrzeug war von der Bazooka nicht zerstört worden, denn diese hatte versagt, worauf ihre Belegschaft sich davon machte und auf ihrer Flucht den linken Flügel des Hinterhalts mit sich riß, der von Kongolesen gebildet wurde, mitsamt der dort stationierten Kubaner. Die Lastwagen wurden nicht zerstört, und als der Gegenangriff beginnt, kommt es zum ungeordneten Rückzug, praktisch zur Auflösung der Einheit.

DREKE: Diejenigen, die nicht in den Hinterhalt geraten waren, hatten keine Möglichkeit, auf uns zu schießen, weil wir in einer Senke waren.

Ich schickte Chibás hin, weil ich dachte, sie würden uns umzingeln. In diesem Moment erreichten die vier Compañeros Margolles, Aragonés, Víctor Shueb Colás und José Palacio das Hauptquartier, aber Tatu war nicht dort. Ich schickte Ishirine auf die Suche nach ihm, da es möglich war, daß sie uns von hinten einkesselten.

Wir stellten uns den vorrückenden Gardisten entgegen. Ishirine traf mit den vier neu angekommenen Compañeros und der Nachricht ein, daß Tatu nicht im Hauptquartier, sondern mit zwei anderen ins Gefecht gegangen war, mit »Nr. 24« und Tumaini. Daß er an der Front kämpfte und auf die Gardisten feuerte.

Die Einstellung des Che führte zu einer großen Diskussion mit ihm. Wir stellten ihn zur Rede. Er antwortete: »Ich bin der Chef.« Als sich unsere Leute zurückzogen, hatte er fast allein weitergekämpft. Er nahm die Kritik zwar an, sagte aber: »Ab und zu muß man ein paar Regeln verletzen.«

Che wird dies nicht in seinen Erinnerungen festhalten.
Der Rückzug wird eingeleitet, um einer Einkesselung zuvorzukommen.

Che: Diese Aktion zeigte, wieviel noch fehlte, um Streitkräfte zu organisieren, die wenigstens diese kleinen Gefechte überstanden; und wie sehr die Vorbereitung einiger Kubaner zu wünschen übrig ließ, wenn sie sich von Umständen verwirren ließen, die anders waren als diejenigen, die sie in ihrer eigenen Armee gewohnt waren.

Che lobte die Verteidigung der askaris *von Tshombé und unterstrich, daß nicht nur die weißen Söldner zu kämpfen wußten. Die Kongolesen waren alle nach dem ersten Schuß davongelaufen. Die Ruander hatten diesmal durchgehalten, einer von ihnen hatte sogar den Lastwagen mit der Bazooka zerstört und ein anderer einem Feind die Stiefel abgenommen.*

Che: Die Ruander beanspruchten die Waffen für sich, denn die Kongolesen hatten nichts zum Kampf beigetragen. Es drohte sogar eine gewalttätige Auseinandersetzung. Die Ruander kehrten an ihren Frontabschnitt zurück.

Ansali erlitt später Verbrennungen, als er bei einer Erkundung mit M'bili den zerstörten Lastwagen mit Benzin anzünden wollte.

Mena: Suleimán und Yolivo gehen verloren. Zwei Tage später um zehn Uhr morgens kommen sie zurück. Tatu läßt sie zur Strafe entwaffnen.

Che: Ich hatte immer noch den Eindruck, daß die Dinge sich bessern könnten.

Siki, Tembo und die Bulgaren

Dreke: Margolles, Emilio Aragonés und Oscar Fernández Mell, die der Che zur Verstärkung des Führungsstabes angefordert hatte, Palacio (alias Karim), Víctor Shueb und weitere Ärzte treffen im Kongo ein und schließen sich der Brigade an. Dort erhielten sie vom Che neue Namen.

Che befürchtete, daß sie ihn auffordern würden, nach Kuba zurückzukehren, oder daß man ihn unter Druck setzen würde, den Kampf aufzugeben.

Che: Es wollte mir nicht in den Kopf, daß der Organisationssekretär der Partei seinen Posten aufgab, um in den Kongo zu kommen. Aber Aragonés und Margolles hatten darum gebeten zu kommen, und Fidel hatte ihrer Bitte nachgegeben.

Man gab ihnen folgende Namen: Aragonés, wegen seines Aussehens, Tembo *[Elefant], Fernández Mell, Arzt und Kapitän des Ejército Rebelde, der Che Guevara in der Schlacht von Santa Clara behandelt hatte,* Siki *[Essig, aufgrund seines Charakters, wie Che behauptete]. Außerdem kam Karim hinzu, der wegen seines größeren politischen und kulturellen Horizontes den Platz Toms als politischer Delegierter einnahm. Es war nicht sicher, ob sie dauerhaft bleiben könnten. Man mußte abwarten, ob sie als Weiße nicht auf Ablehnung stießen.*
Tembo war der 120. Kubaner, der in den Kongo kam. Die Verluste sowie Changa, der auf dem See war, und die zwei Zurückgekehrten abgerechnet, zählte die Brigade in diesem Moment hundertsieben Kämpfer und vier Ärzte.

Che: Es war eine Streitmacht von stattlicher Größe, mit der man etwas ausrichten konnte, aber wie man gesehen hat, waren sie aus Gründen, die ich nicht vermeiden konnte oder nicht zu vermeiden wußte, über ein weites Gebiet verstreut, so daß man im Moment der Aktion auf nicht mehr als dreißig oder vierzig Mann zählen konnte. Wenn wir dazu noch ergänzen, daß ein jeder, und so mancher mehrere Male, an Sumpffieber erkrankte, wird man einsehen, daß es keine Streitmacht war, mit der man einen Kriegszug entscheiden konnte; es hätte der Kern einer neuen Art von Armee sein können, wenn die Bedingungen andere gewesen wären.

Von denen, die um ihre Entlassung gebeten hatten, ersuchten drei um ihre Wiedereingliederung: Abdala, Ansali, Bachi. Außerdem traf eine Gruppe kongolesischer Studenten ein, die in China und Bulgarien ausgebildet worden waren.

Che: Die erste Sorge dieser Burschen bestand darin, daß man ihnen zwei Wochen Urlaub bewilligte, damit sie ihre Familien besuchen konnten, später verlängerten sie diese Frist, da sie ihnen zu kurz vorkam.

Che bewertete die Gruppe sehr skeptisch. Es waren Theoretiker, die nicht in die Berge gehen wollten, ausgebildet unter kolonialistischen Vorzeichen, Söhne von Häuptlingen, die französisch sprachen und alles Negative aus der europäischen Kultur mitgebracht hatten.

CHE: Sie waren nicht imstande, im Kampf ein Risiko einzugehen. (...) Sie kamen oberflächlich mit Marxismus lackiert zurück, durchdrungen von ihrer Wichtigkeit als »Kader« und mit einem ungeheuren Führungsanspruch, der sich in einer undisziplinierten und sogar verschwörerischen Haltung äußerte.

Aly in Kabimba

Aly kehrte trotz der Schwierigkeiten mit den dortigen Chefs an den See zurück. Er war, obgleich er es gegenüber Che Guevara verschwieg, äußerst unwillig, dorthin zurückzugehen. Begleitet von Changa und Masengo fuhr er flußabwärts, um Mitglieder einer rivalisierenden Fraktion der kongolesischen revolutionären Bewegung zu transportieren, die man in Fizi gefangengenommen hatte. In Kasima kommt es zu einer Schießerei. Masengo berief die lokalen Chefs zu sich und befahl ihnen, die Meuterer festzunehmen.
Die Reise ging weiter nach Uvira. In Mumebe machen sie halt, um dort die Nacht zu verbringen. Eine Versammlung. Ernesto, ein kongolesischer Compañero, teilt ihnen mit, daß man die Freilassung der Gefangenen fordert, oder es würde Blutvergießen geben. Die Kubaner wohnen als steinerne Gäste dem Wahnsinn des Fraktionenkrieges bei.
Als sie aufbrechen wollen, kommt es erneut zu Gewalttätigkeiten, eine Gruppe von Soldaten befreit die Gefangenen. Masengo versammelte seine Leute und nahm mehrere Soldaten fest, aber die Gefangenen waren entkommen. Die Reise nach Uvira wurde abgebrochen. Aly erklärte in einem Brief an Che vom 8. September, daß »die Dinge immer schlimmer werden, je weiter man fährt.«
Bei der Rückfahrt wurde aus einer Siedlung das Feuer auf sie eröffnet.
Die Ereignisse stellten sich dem kubanischen Berichterstatter, der nichts von alledem verstand und in absurde Situationen verwickelt wurde, als chaotisch dar: ein Soldat will Seife zugeteilt bekommen, und als man ihm keine gibt, stachelt er die Schwadron zur Meuterei auf. Ein Matrose nimmt, wild um sich schießend, diejenigen fest, die die Gefangenen befreit haben, aber nicht die Gefangenen selbst, und so weiter, eine einzige Komödie der Mißverständnisse.
Später ...

GENGE: ... nahm die Gruppe von Aly einige Belgier in Kabimba gefangen, Maschinengewehrschützen. Sie gewöhnten sich so sehr aneinander, daß man sie ein Maschinengewehr übernehmen ließ. Einer endete als Koch und nahm Hühner aus, ein anderer als Maschinengewehrschütze, der auf seine eigene Luftwaffe feuerte. Aly sagte: »Sie gehören zur Familie.«

Dreke: Videaux zum Stellvertreter Terrys zu machen, war eine schwierige Entscheidung, wir brauchten jemand, der ihm an Verwegenheit ebenbürtig war und ihn zugleich zur Besonnenheit anhielt.

Erkundung nach Katenga

Videaux: Daraufhin wurde eine Erkundung durchgeführt, um herauszufinden, welche Mittel wir zum gegebenen Zeitpunkt benötigen würden, um an der Landstraße nach Katenga aktiv zu werden … Dies war eins der Ziele, die uns Tatu aufgetragen hatte. Falls es zu einer großen Operation gegen Stanleyville kommen sollte, würden wir dort den Feind aufhalten.
Ich übernahm die Führung über sieben der elf Kubaner, die dabei waren, zusätzlich über eine Gruppe Kongolesen. Es ging darum, das Terrain auszukundschaften und einen Hinterhalt einzurichten, denn wir hatten Informationen, daß es in Force einen Truppenwechsel geben würde. Alle sechs Monate wurde die Garnison ausgetauscht, um sie aus dem Kampfgebiet herauszuholen. In diesen Tagen sollte der Truppenwechsel stattfinden … Ich hatte Schwierigkeiten mit den Kongolesen. Am Anfang waren mir hundert Kongolesen zugeteilt worden, aber am ersten Tag, als wir uns von Kasima auf den Weg machten, entstand eine ziemlich seltsame Situation. Einige sagten, sie würden nicht mitkommen. Am Anfang waren es vielleicht fünfzehn oder zwanzig, aber dann schlossen sich ihnen die anderen an. Ich bat um Freiwillige, die mitkommen wollten. Etwas über sechzig erklärten sich bereit. Später fand ich zum Teil heraus, was das Problem ausgelöst hatte, irgendwas Religiöses, was weiß ich …
Wir legten den gesamten Weg zurück, kamen in der Dämmerung an und führten die ersten Erkundungen durch. Bei Anbruch der Nacht legten wir uns in einen Hinterhalt. Nicht auf der Landstraße selbst, sondern an einer Böschung. Offensichtlich war der Feind vor drei oder vier Tagen vorbeigekommen, aber momentan gab es keine Truppenbewegungen. Wir werden sehen. Kälte, Mücken. Die Kongolesen waren sehr ans Feuermachen gewöhnt, und im Morgengrauen zündeten sie eins an. Ich bemerkte es nicht, als ich es mitbekomme, gehe ich hin und mache es wieder aus. Der Lichtschein war in der Basis bemerkt worden. Bestimmt würden sie erkunden, was hier vor sich ging. Wir blieben im Hinterhalt liegen.
Um kurz nach sieben Uhr morgens sahen wir, daß sich eine belgische Einheit näherte, Soldaten, eine Vorhut von etwa sieben Mann und die

anderen dahinter. Wir trafen eine Entscheidung. Die einzige Möglichkeit war, sie unter Feuer zu nehmen, wenn die kleine Gruppe am Hinterhalt vorbeikommen würde ... Und tatsächlich traf ein Spähtrupp aus ihrer Vorhut ein, auf der Suche nach irgendwelchen Spuren, und irgendetwas fanden sie auch (denn es ist sehr schwierig, eine kongolesische Guerillatruppe dazu zu bringen, richtig aufzupassen). Jedenfalls hatte irgendwer Spuren hinterlassen. Wir sahen, daß man uns entdeckt hatte. Wir stellten uns ihnen ohne Gewehre entgegen, feuerten mit der Kanone; zwei, die weiter hinten geblieben waren, entkamen. Wir fingen sie jedoch wieder ein und kehrten durch den Busch zur Basis zurück. Bei Nacht entkamen uns zwei Gefangene, die ungefesselt herumliefen, weil sie den Maniok trugen. Nach kurzer Zeit schwärmte die Luftwaffe aus. Wenn sie Kontakt zu den beiden aufgenommen hatten, die uns entkommen waren, kannten sie unsere Position.

In Anbetracht dessen kehrten wir mit den drei restlichen Gefangenen zum Lager zurück. Wir übergaben sie der kongolesischen Kommandantur, die sich um sie kümmerte.

Einen der Gefangenen brachten sie zu Ches Hauptquartier, und die anderen beiden blieben im kongolesischen Hauptquartier. Am Ende arbeiteten die beiden dort voll mit, kochten, trugen Lasten. Sie gewannen ihr Vertrauen, denn man kann auch durch Verstellung Vertrauen gewinnen. Wir dagegen vertrauten ihnen nie bis zu dem Punkt, sie frei herumlaufen zu lassen. Diese Geschichten von ungerechtfertigtem Vertrauen ereigneten sich oft im Lager und überhaupt in ganz Afrika. Das heißt, sie fielen von einem Extrem ins andere: einen Franzosen steckten sie in ein Loch und ließen ihn verrecken, und auf der anderen Seite ließen sie diese drei Gefangenen im Lager frei herumlaufen. Es konnte dir genauso passieren, daß sie dich erschossen wie daß sie dich freiließen.

Die Tiere

Ilanga: Der Che fragte: In der Gegend, in der wir jetzt operieren, was gibt es da für Tiere, die dem Menschen gefährlich werden können?

Bevor die Kubaner kamen, beklagten sich die Bauern zum Beispiel über einen alten Löwen, der über das Vieh herfiel, aber in dieser Gegend waren Löwen ziemlich selten. Angst mußte man lediglich vor den nicht sehr zahlreichen Giftschlangen haben. Auf Kisuaheli hießen sie *nyoka*. Sie stellen eine gewisse Gefahr dar, aber da es viele Eidechsen gibt, haben sie immer genug zu fressen. Wenn sie dich angreifen, dann nur, weil du aus Versehen auf sie getreten bist. Wenn es kalt ist, kann es allerdings vorkommen, daß eine an deiner Seite schläft, um sich zu wärmen. Aber solange du keine plötzliche Bewegung machst, daß sie denkt, du greifst sie an, tut sie dir nichts. Zumindest zu der Zeit, in der ich dort war, hatten wir keinen einzigen Unfall wegen Schlangenbissen, und ich schlief immer im Freien. Es gibt eine Anekdote über Morogoro, der dort oben in der Basis eine Schlange am Eingang der Baracke sah und mit einem Revolver auf sie feuerte, und außer daß er Kugeln verschwendete, erreichte er damit gar nichts. Es war, wie wenn man Löwen mit Kanonen jagen wollte.

Genge: Einmal töteten wir einen Elefanten, und keiner brachte das Fleisch herunter, weil es unheimlich faserig ist, in jedem Millimeter war eine weiße Faser, aber kein Fleisch.

Freddy: Es gab einen Kubaner, der ungefähr vier Kugeln darauf verschwendete, einen Affen zu töten, der in das Lager eingedrungen war, ein mittelgroßer Affe. Unsere Essensvorräte waren sehr knapp. Der Che bestrafte ihn, weil wir mit den Kugeln für die FALs sparsam umgehen mußten.

Genge: Der *virulo* ist eine Art weiße Wanze, die sich in jede einzelne Naht deiner Kleider setzt und dir das Leben zur Hölle macht. Er läßt dich nicht schlafen. Die *guacha* ist eine Art riesiger Floh, wie ein schwarzer Kornwurm, von dem du lauter Beulen auf dem Kopf bekommst.

Alexis: Es gab viele Löwen, aber sie waren weit weg von der Landstraße, weil sie selbst vor dem Geräusch der Bäume erschrecken. Es gab viele Schlangen, einige davon sehr giftig, wenn sie dich beißen, stirbst du in fünf Minuten. Es gab Elefanten, aber nicht im Dschungel, sie klettern nicht gern auf Hügeln herum, sie sind zwar groß, aber sie haben keine Kraft zum Klettern, deswegen bleiben sie lieber in der Ebene.

Che in Lulimba

Bilanz in Ches Tagebuch Ende August:

Che: Der bloße Forschungsaufenthalt ist für mich beendet, was einen Schritt nach vorn bedeutet. (...) Man muß die Bauern in der ganzen Gegend organisieren und die Front unter eine einheitliche Führung bringen. Alles erscheint in einem anderen Licht. Heute zumindest! (...) Doch wenige Tage später beherrschten die Mißklänge schon wieder die Situation. (...) Am finstersten stand es um die Beziehungen von Masengo und Kabila zu den Chefs der Gegend von Fizi und zwischen der Revolution und der tansanischen Regierung. Kabila und Masengo trafen in Kibamba ein, doch augenblicklich wurde die Nachricht bekannt, daß die Autoritäten von Tansania sich weigerten, eine Reihe von Waffen zu liefern, die wir angefordert hatten, darunter die sehnlichst erwarteten Zünder für die Panzerminen, und Kabila aufforderten, sich unverzüglich einzufinden.

Lawton (Changa) bestätigt diese Version.
Che schlägt daraufhin die Blockade Lulimbas vor, um dort einen Angriff zu versuchen, wobei die Landstraße Katenga-Lulimba gesperrt werden sollte, um zu verhindern, daß Verstärkung eintraf. Pombo und Nane waren verantwortlich für die Hinterhalte.

Che: Und wir begannen, in der Umgebung einer Brücke anzugreifen, die wir Tag für Tag zerstörten und die der Feind mit großer Geschwindigkeit reparierte, bis sie dort endgültig eine große Garnison stationierten, die es uns in der Folgezeit unmöglich machte, dort zu agieren.

Während dieser vergeblichen Gefechte nutzte Che die Zeit, um in der Gegend eine breitangelegte soziale Aktion durchzuführen; der kürzlich eingetroffene Arzt Hindi übernahm Sprechstunden für die Bauern, und Che selbst teilte in den Gemeinden Saatgut für Gemüse aus.
Daraufhin beschloß er, nach Lulimba zu gehen, um Lambert weitere Aktionen vorzuschlagen und die Möglichkeit eines Angriffs auf die Siedlung zu sondieren, denn der eroberten Gehaltsliste zufolge wurde diese von lediglich 103 Mann verteidigt. Am 14. September brach Che nach Lulimba auf, Azi übernahm die Vorhut.

Che: Es war ein wolkiger Tag mit fortwährenden Regenfällen, die uns nicht sonderlich schnell vorankommen ließen und uns immer wieder zwangen, in einem der verlassenen Häuser Zuflucht zu suchen, die es an der Landstraße im Überfluß gab. (...) Im Morgengrauen hörten wir Gefechtslärm und heftiges Feuer der Luftwaffe aus der Richtung unseres Hinterhalts.

Mehrere Tage später sollten sie von Dreke/Moja die Gründe des Schußwechsels erfahren.

Moja: Die Gardisten durchbrachen die Verteidigungsstellungen, wobei sie selbst Truppen- und Materialverluste erlitten. Es ging ihnen weniger darum, unser Manöver in Richtung Lulimba zu vereiteln, als vielmehr, eine eigene Offensive vorzubereiten. Der Mangel an ernsthafter Feindaufklärung wirkte sich nachteilig für uns aus.

Che: Gegen Mittag begegneten wir Azima, der von seiner Erkundung zurückkam. Er war bis zu der Siedlung vorgestoßen, die wir Lulimba nannten, ohne auf Gardisten zu treffen; der Weg, den er eingeschlagen hatte, verläuft parallel zu den Positionen der Rebellen in den Bergen bis zu dem Punkt, wo er auf die Landstraße von Front de Force stößt und direkt auf die Dünen zuläuft.

Später werden sie bei einer ersten Erkundung einem Kilometer vor La Mission, einer verlassenen protestantischen Kirche, von Wachtposten beobachtet und aus sechzehn Kanonen- und Mörsergeschützen bombardiert.
Die Gruppe beschloß, für die Nacht dort Unterschlupf zu suchen und den Generalstab von Lubonja zu informieren. Am nächsten Tag bringt man sie zum Stützpunkt von Lulimba, dem Lager der Truppen Lamberts: verlauste Hütten am Straßenrand ohne Schützengräben und Unterstände, ein paar Luftabwehrgeschütze und Bazookas in der vordersten Linie.

CHE: Die Schützengräben waren immerzu ein Anlaß für Kopfzerbrechen, denn aus irgendeinem ängstlichen Aberglauben weigern sich die kongolesischen Soldaten, sich in Gräben zu legen, die sie selbst ausgehoben haben, und legen somit überhaupt keine soliden Verteidigungsstellungen an, um sich vor Angriffen zu schützen. Die Stärke der Position lag in der Abschüssigkeit der Schlucht, die den Weg überragte, der sich zwischen den Hügeln hinaufschlängelte. Von dort aus konnte man eine im Aufstieg begriffene Truppe leicht angreifen. (...) Im Lager waren wenig Leute und kein einziger Chef.

ALEXIS: Tatu kam nachts an, im Morgengrauen. Er kam zu Fuß. Unser Chef teilt uns mit, daß wir Besuch hätten. Es war keine große öffentliche Angelegenheit. Ich hatte keinen Rang, keinen Dienstgrad. Ich war zuständig für die Luftabwehrkanone. Wir bedienten das Geschütz zu acht.

Sie wollen sofort weiter nach Lubonja, aber man teilt ihnen mit, daß ein Kommandant zum Lager unterwegs ist und daß sie bis zum nächsten Tag auf ihn warten sollten. Man informiert sie, daß Lambert in Fizi bei einer kranken Tochter ist. Seit eineinhalb Monaten ist er aus mal diesem, mal jenem Grund nicht mehr im Lager gewesen.

ALEXIS: Als ich die Kubaner zum ersten Mal sah, dachte ich: »Gut, jetzt werden wir bestimmt den Krieg gewinnen, weil Leute aus einem anderen Land gekommen sind, um uns zu helfen.« Aber ich dachte auch: »Es sind Weiße. Warum kommen Weiße hierher, wenn wir doch gegen die Weißen kämpfen?«

Auf die Bitte der Führung hin hält Che eine Ansprache vor einer Gruppe von mindestens 100 Mann, nicht alle davon bewaffnet.

CHE: Ich setzte ihnen die übliche Predigt vor: Männer in Waffen sind noch keine Soldaten, sondern eben nur das, Männer in Waffen; der revolutionäre Soldat formt sich selbst im Kampf, aber bei ihnen wurde nicht gekämpft. Ich forderte sie auf, von den Bergen herabzusteigen, Kubaner und Kongolesen zusammen, unter gleichen Bedingungen, denn wir seien gekommen, um mit ihnen gemeinsam die Leiden des Kampfes durchzustehen. Dieser würde sehr hart sein; es war kein baldiger Friede zu erwarten, und es würde keinen Sieg ohne große Opfer geben. Ich erklärte ihnen auch, daß die *dawa* gegen die modernen Waffen nicht immer ihren Zweck erfüllte und daß der Tod ein ständiger Begleiter in der Stunde des Kampfes sein würde. All dies in meinem rudimentären Französisch, das von Charles Bemba ins Kibembe, die Sprache dieser Gegend, übersetzt wurde.

Alexis: Man ließ mich rufen. Wir waren ungefähr zu viert oder zu fünft. Mein Chef sagte zu mir: »Wir haben Besuch.« »Was für Besuch?« »Ein paar Kubaner.« In einem Haus war Tatu. Als wir eintrafen, hielt unser Chef eine Rede: »Damit ihr unsere kubanischen Brüder kennenlernt, die gekommen sind, um für uns zu kämpfen.« Er stellt uns alle vor. Bei Tatu waren mehrere Weiße, ich glaube drei, ich erinnere mich an Aragonés, Dreke, Pombo, M'bili, und ein Politiker war dabei. Wir gaben allen Kubanern die Hand und begannen uns zu unterhalten. Der Che ließ Freddy übersetzen, was er sagte. Er sprach auf französisch, und Freddy übersetzte auf Kisuaheli. Tatu hatte eine Uniform an, eine Feldflasche und seine Waffe. Ich sprach mehrere Male mit ihm, weil er mehrere Male zu meinem Geschütz kam. Er fragte: »Wer führt dieses Geschütz.« Und darauf antwortete ihm unser Chef: »Dieser Genosse«, und zeigte auf mich. Und daraufhin fragte mich der Che: »Kennst du dich gut mit deinem Geschütz aus?« Ich sagte ihm, ja, es sei ein sowjetisches Maschinengewehr, und ich würde mich gut damit auskennen, ich konnte mir die Augen mit einem Taschentuch verbinden und alles gefechtstüchtig machen, ich kenne alles daran; ich hatte es von einem feindlichen Soldaten gelernt, den wir gefangengenommen hatten, er brachte mir bei, wie man es einfetten und warten mußte. Da fragte er mich: »Wie lange bist du schon an dieser Waffe?« Ich antwortete ihm: »Eineinhalb Jahre.« Er fragte noch einen anderen, der sagte, er sei acht Monate hier.

Er sagte, unsere Bewegung sei stark, aber einige von unseren Führern behandelten die Bauern schlecht und daß ein Revolutionär niemals die Bauern schlecht behandeln dürfe, denn für sie kämpften wir. Daß wir nicht dafür kämpften, damit einige zum Leutnant oder zum Kapitän befördert würden, sondern um unser Land zu befreien. Es war eine richtige kleine Ansprache.

Unser Chef war Major Lambert; er hatte das Personal ausgewählt, das den Che empfangen sollte. Wir waren diejenigen, die am meisten Prestige hatten, diejenigen, denen er am meisten vertraute. Damals dachte ich: »Warum kommt ein Weißer von so weit her, um uns zu helfen? Er hat dort sein Haus, seine Frau zurückgelassen … Aber gut, kann sein.« Ich war verwirrt. Ich sagte mir: »Na gut, kann sein.« Wir hatten keine politische Ausbildung. Ich konnte nicht verstehen, warum ein Weißer kam, um uns Schwarzen zu helfen, wenn unser Kampf doch gegen die Weißen ging. Andere dachten noch Schlimmeres als ich. Wir glaubten nicht, daß wir für die Befreiung unseres Landes kämpften, sondern daß wir gegen die Weißen kämpften. Eigentlich wußten wir nicht genau, wofür wir kämpften. Die Führer wollten wie Staatspräsidenten leben, bequem, nur waren sie noch keine Staatspräsidenten. Die meisten von ihnen kamen nie an die Front, um herauszufinden, was wir brauchten und wie der Krieg verlief. Sie wollten nur bequem leben.

Die Logistik in Tansania

Rivalta: Als der Che im Kongo war, betraute er mich mit der Aufgabe, nach einem Haus zu suchen, in dem man eine Funkanlage mit Sendemasten installieren konnte. Es war unverzichtbar, daß wir die Kommunikation aufbauten und Vorbereitungen für alle Unvorhersehbarkeiten trafen. Ich sollte dafür Geld vom Ministerium verwenden, Geld für Spezialaufgaben, doch aufgrund meiner Instruktionen durfte ich das Ministerium nicht davon unterrichten.

Wir kauften ein Landhaus, Wagen und andere Dinge wie Rucksäcke, Stiefel, Schutzbrillen, gegen kongolesisches Geld oder gegen Francs. Bei mehreren Banken wurden Konten eröffnet. Damit wurden die Befreiungsbewegungen in Angola, Moçambique, Malawi, Burundi unterstützt … die Mitarbeiter von Kambona, um eine Zeitung herauszugeben. Wir bedienten uns der Handelshäuser von Christian, Teekay und anderen und setzten Nasto beim Kauf und bei der Lösung verschiedener Fragen ein.

Was die Verwendung des Geldes anging, hatte der Che mir gesagt, ich solle die Einnahmen und Ausgaben in einem Notizbuch festhalten, das ich immer noch besitze und das ich ihm bei seiner Rückkehr vorlegte. Die Rechnungen und Papiere über die einzelnen Operationen habe ich später verbrannt, aber nur, um keine Dokumente zurückzulassen, die uns kompromittieren könnten, einen anderen Beweggrund gab es nicht.

Zu diesem Zeitpunkt hatte ich Omany noch nichts von dem Geld gesagt, das Aragonés mitgebracht hatte, da ich dafür sorgen wollte, daß genug Geld für alle Ungewißheiten vorhanden war. Später klärte ich Osmany darüber auf, aber es gab dabei keine böse Absicht, denn das Geld war da, und wir arbeiteten damit. Es ist mir immer unbehaglich

gewesen, daß ich es seinerzeit nicht Osmany gesagt habe, denn er war der Compañero, der mit dem Che zusammen direkt für die Operation zuständig war und dem alles mitgeteilt wurde.
Aber das mit dem Geld habe ich doch unter meiner direkten Kontrolle behalten und hütete mich, die Anfragen weiterzugeben, die an mich gerichtet wurden, damit das Geld auch wirklich an seinem Bestimmungsort ankam; und wenn es Momente gab, in denen ich keine Informationen bekam und keinen direkten Kontakt mit dem Che hatte, hielt ich das Geld zurück, weil ich stets seine Befehle abwartete, bevor ich etwas aufführte.

Die Reise nach Fizi

Um den 17. September herum willigt der Kommandant ein, von den Bergen herabzusteigen, aber ohne Befehle Lamberts will er nicht angreifen; Che beschließt, diesen in Fizi aufzusuchen. Herzlicher Empfang von seiten der Bauern. Ein Lastwagen dient ihnen zum Transport.

CHE: Unterwegs gab es in jedem Dörfchen, durch das wir kamen, eine Menge bewaffneter Männer; in jedem von ihnen gab es einen Chef, der zu Hause oder bei Freunden wohnte, gepflegt und im allgemeinen mit genügend zu essen und zu trinken. (...)
Die Soldaten schienen große Freiheiten zu genießen und mit dieser Situation sehr zufrieden zu sein; zwar liefen sie immerzu mit der Waffe über der Schulter umher, doch nicht das geringste Anzeichen von Disziplin, von Kampfbereitschaft oder von Organisation war zu bemerken. *[Es herrschte]* eine große Distanz zwischen den Männern Lamberts und denen Maulanas, die einander wie Hunde und Katzen beäugten; Charles, den Inspektor Masengos, erkannten sie sofort und behandelten ihn mit größter Kälte.

Später beschrieb Che den Ort Fizi wie folgt:

CHE: Es ist eine kleine Siedlung, aber insgesamt noch die größte, die ich im Kongo kennengelernt habe, es besteht aus zwei sorgfältig voneinander abgegrenzten Vierteln; einem kleinen mit gemauerten Häusern, einige davon sehr modern, und dem afrikanischen Viertel mit den üblichen Hütten, viel Elend und weder Wasser noch Hygiene.

Sie befinden sich auf dem Gebiet des Generals Maulana, der sie wegen seiner Diskrepanzen mit Lambert äußerst kühl empfängt, Che gerät mitten in den Stammeskonflikt und das gespannte Verhältnis zwischen den beiden Kongolesen. Die beiden laden ihn zum Essen ein. Lambert nimmt vor dem General »vorschriftsmäßig« Haltung an. Ohne sehr präzise zu werden, berichtet Che Teile seines Gesprächs mit Lambert über den Angriff auf Lulimba.

Über seine Assistenten läßt Maulana Botschaften an Che Guevara überbringen: diese Boten waren [ebenso wie der Oberst der Gegend von Kasongo] Veteranen der Kämpfe aus der Zeit Lumumbas, während Masengo und Kabila später hinzugestoßen waren und die Bewaffnung in den Stammesgebieten, in denen sie Einfluß hatten, verbessert hatten. Maulanas Leute bitten um kubanische Berater, und Che erklärt ihnen, daß er seine Kräfte zu konzentrieren versucht und nicht über eine breite Front verstreuen will, daß ein oder zwei Kubaner nichts an der Situation ändern würden; im Gegenzug lud er sie ein, an den See zu kommen, um dort an Kanonen und Mörsern ausgebildet zu werden, denn in Fizi hing die Bedienung dieser Geschütze ganz von einem gefangengenomenen griechischen Söldner ab.

CHE: Diese Argumente überzeugten sie nicht im geringsten. (...) Der General lud mich nach Baraka und in sein Dorf Mbole ein. Diplomatisch nahm ich die Einladung an, aber noch am selben Tag sollten wir in die Gegend von Lulimba zurückkehren. Bevor wir aufbrachen, nahmen sie mich auf einen Rundgang durch Fizi mit, und ich hatte Gelegenheit, einen Verwundeten zu untersuchen, der aus Kasongo kam. Die Kugel war ihm durch den Schenkel gedrungen und die unbehandelte Wunde hatte sich entzündet und verbreitete einen scheußlichen Gestank. Ich empfahl, ihn augenblicklich nach Kibamba zu bringen (der Verletzte befand sich bereits zwei Wochen in diesem Zustand), damit ihn die Ärzte behandelten, und schlug vor, daß man ihn zusammen mit uns nach Baraka bringen könnte. Sie hielten es aber für wichtiger, den Lastwagen mit einer umfangreichen Eskorte zu beladen, und ließen den Verletzten in Fizi zurück; ich hörte nichts weiter von ihm, aber ich kann mir vorstellen, daß es ihm sehr schlecht ergangen ist.
Das wichtigste war jetzt, die »Show« zu organisieren; der General Maulana legte seine Kampfausrüstung an, einen mit Leopardenfell verkleideten Motorradhelm, der seiner Erscheinung etwas recht Lächerliches gab und Tumaini dazu verleitete, ihn »den Kosmonauten« zu taufen. (...) In Mbolo gab es einen Personalwechsel; die Soldaten, die als Eskorte auf dem Lastwagen mitgefahren waren, ersetzten andere, die auf Urlaub nach Fizi zurückkehren würden; es gab eine Militärparade, die in einer Ansprache des Generals Maulana gipfelte. Die Lächerlichkeit erreichte nun chaplineske Ausmaße; ich hatte das Gefühl, hungrig und gelangweilt einen schlechten Slapstickfilm anschauen zu müssen, während die Chefs unter Gebrüll und Getrampel bedeutungsvolle halbe Drehungen vollführten und die armen Soldaten kamen und gingen, auftauchten und wieder verschwanden und ihre Marschübungen machten. (...) In der gleichen Nacht kehrten wir nach Fizi zurück und sprachen mit Lambert, um sofort aufzubrechen.

Gerüchte besagen, der Che sei in Afrika

MARCHETTI: Als der Che im Frühjahr 1965 von der kubanischen Bühne verschwand, wurde vermutet, er hätte Castros Autorität in Frage gestellt und sei deswegen inhaftiert oder exekutiert worden. Ein anderes Gerücht lautete, der Che sei unheilbar geisteskrank und an irgendeinem Ort in Kuba interniert. Ein weiterer Bericht teilte mit, daß der Che eine kleine Gruppe von treuen Gefolgsleuten um sich versammelt hätte und aufgebrochen sei, um eine weitere Revolution zu initiieren. Am Anfang wußte der Geheimdienst nicht, was er glauben sollte, aber nach und nach trafen aus verschiedenen Basen und Operationszentren Informationen ein. Zunächst stückweise, dann mit immer größerer Präzision wiesen die Daten nach Afrika (Kongo, das heutige Zaire). Die Nachrichten aus den Quellen der CIA deuteten darauf hin, daß ausländische Revolutionäre am Kampf teilnahmen, und einige der Taktiken verwiesen auf den einzigartigen Stil des Che.
Bevor die Spionagedienste Zeit zur Überprüfung hatten, ebbte die Rebellion in den Gebieten des östlichen Binnenlandes plötzlich ab. Ende 1965 war Ruhe am Tanganyika-See, doch einige Söldner, kubanische Veteranen, waren ebenso wie die höheren Agenten in Afrika davon überzeugt, daß der Che dort war. (…) Die CIA wußte lediglich, daß er verschwunden war, und von neuem setzten die Gerüchte ein.

Die Luftwaffe wirft Propagandamaterial ab

MENA: Am 21. September übergibt uns Comandante Calixte eine von den Flugzeugen abgeworfene Schrift, in der es heißt, Mobutu warne die kongolesische Bevölkerung vor den kubanischen und chinesischen Kommunisten, die in den Kongo eingedrungen seien, um ihre Reichtümer zu stehlen, sowie daß die Rebellen, die sich ergeben wollten, als Kriegsgefangene behandelt werden würden.

DREKE: Ich erkläre Calixte, daß wir Kubaner gehen würden, sobald der Krieg vorbei sei.

MENA: Daß wir im Kongo waren, um gegen die bestehende Regierung zu kämpfen, daß wir nach Ende des Kampfes nach Kuba zurückkehren würden. Wenn sie erst an der Macht wären, würden sie als Revolutionäre diejenigen sein, die über ihren eigenen Weg zu bestimmen hätten. Die Schrift wurde dem Comandante zurückgegeben. Die zurückkehrenden Compañeros berichteten uns, daß die Flugzeuge hauptsächlich über den Siedlungen an der Front von Force Flugblätter abwarfen und daß die unsrigen von weitem mit Maschinengewehren das Feuer auf sie eröffnet hätten, um sie in die Flucht zu schlagen. Am folgenden Tag wurde die Gegend von Flugzeugen bombardiert.

Die Bombardierung der Bauerndörfer hielt an, die Luftwaffe warf Flugblätter mit undeutlichen Fotos von Toten ab, auf denen behauptet wurde, diese seien das Ergebnis der Beutezüge der simbas. *Es folgte ein Aufruf auf Kisuaheli und Französisch, in dem es hieß, …*

CHE: … daß sie sich nicht töten lassen sollten, um die Chinesen und Kubaner zu bereichern, die ihnen ihr Gold stehlen wollten. (…) Sie warfen die Flugblätter ab, nachdem sie die Gegend bombardiert und terrorisiert hatten, offenbar ist dies die Standardmethode von Unterdrückerarmeen.

»Unsere eigenen Tiere«

WILIAM BLUM: Dulles hatte ein Sofortprogramm von 100 000 Dollar aus dem Fonds der CIA bewilligt, um die Regierung Lumumba zu stürzen und durch eine pro-westliche zu ersetzen. Allen Dulles hatte die Ermordung Lumumbas als »ein dringendes und vorrangiges Ziel« angeordnet.
Zu Beginn der 60er Jahre kaufte und verkaufte die CIA kongolesische Politiker. Ab Mitte '64 gaben die Vereinigten Staaten Leopoldville über längere Zeit eine Militärhilfe in Höhe von einer Million Dollar pro Tag. Die Vereinigten Staaten schickten ungefähr 200 Militärs zur Ausbildung der Truppe und trainierten kongolesische Offiziere in Fort Knox. Tshombé organisierte eine Armee von etwa vierhundert bis fünfhundert weißen Söldnern. Die CIA organisierte ihre eigene Bande, die aus Nordamerikanern, kubanischen Veteranen aus der Schweinebucht, Rhodesiern und Südafrikanern bestand, letztere mit der Unterstützung der südafrikanischen Regierung. Einer der Beauftragten der CIA sagte: »Wir haben unsere eigenen Tiere mitgebracht.«

Austausch mit Masengo, Reise nach Lubonja

Am 6. September traf ein weiterer Brief Masengos ein, in dem er mitteilte, daß er den Rat befolgt und die Führung zur Hälfte vereinheitlicht habe, mit Lambert an der Spitze; daraufhin gab er seine Version der internen Probleme ab, beschuldigte Gbenye, die Revolution an Leopoldville zu verkaufen, wobei er die ostafrikanischen Länder als Vermittler benutze (Tansania, Uganda, Kenia). Er bat Che Guevara, dieser möge die kubanische Botschaft in Daressalam veranlassen zu intervenieren.
Che mißtraute den Vorwürfen. Er bot Unterstützung über die Botschaft an, mischte sich jedoch nicht in die Angelegenheit ein.
Vorrangig daran interessiert, endlich in Aktion zu treten, schlug er einen Angriff auf Lulimba vor.

CHE: Wir haben nun die reale Möglichkeit unter Beweis gestellt, daß wir uns auch in der Ebene halten können.

Und er schlägt baldmöglichst eine Unterredung vor, um keine weitere Zeit mit dem Warten in der Basis zu verlieren.

CHE: Mein Metier ist das, womit ich mich jetzt beschäftige.

Um den 20. September.

CHE: Wir brachen am folgenden Tag mit dem Jeep auf, aber nach und nach ging uns das Benzin aus, und wir mußten den Weg zu Fuß fortsetzen.

Unterwegs machen sie bei einem Freund Lamberts halt, der pombe *schmuggelt. Lambert betrinkt sich, Che kommentiert:*

CHE: Tatsache ist, daß er *[betrunken]* einige sympathische Züge bekam.

In Lubonja schlägt Lambert vor, dort den Generalstab einzurichten; Che argumentiert, daß der Generalstab einer Truppe von 350 Mann nicht 25 Kilometer vom Kampfgebiet entfernt liegen dürfe.

CHE: Wir mußten bei unseren Kämpfern an der Front sein. Er akzeptierte widerwillig, und wir legten für den kommenden Tag den Abmarsch fest.

Sie inspizieren das Hauptquartier, wo sie wie immer gute Waffen und Munition vorfinden, belgische Bazookas mit Projektilen und Maschinengewehre. Sie entwickelten Pläne, um mit den vereinten Truppen von Lambert, Kalonga-Kibuyo und Calixte Lulimba auf flexible Weise einzukreisen. Als sie von Lubonja aufbrechen wollen, sehen sie sich gezwungen zu warten, bis ein muganga *den Truppen die* dawa *gegeben hat. Flugzeuge tauchen auf: vier »Tatagas« und zwei B-26; eine Dreiviertelstunde lang werden sie bombardiert, es gibt ein paar leicht Verletzte, sechs zerstörte Häuser und einige zerstörte Fahrzeuge. Die Kongolesen sagen, daß diese minimalen Verluste der* dawa *zu verdanken seien.*

Als sie beim Stützpunkt eintreffen, befinden sich dort lediglich siebenunddreißig Mann, die anderen haben sich in der Umgebung verstreut . Lambert sagt, daß er sich auf die Suche nach den »Urlaubern machen und die nötige Disziplin wiederherstellen« wird.

Verärgert über die Verzögerungen rückt Che zu einer Erkundung aus:

CHE: Als wir zu dem Dorf kamen, von dem wir glaubten, es sei Lulimba, war dort niemand, wir setzten den Weg in Richtung des Kimbi-Flusses fort, und in zwei Kilometern Entfernung von der Siedlung finden wir die ganzen Leute im Hinterhalt postiert. Das Dorf, das wir für Lulimba gehalten hatten, war gar nicht das richtige, dieses lag etwa vier Kilometer entfernt am Ufer des Kimbi-Flusses.

Die Spähtrupps schätzen die Stärke des Feindes auf etwa hundertfünfzig bis dreihundert Mann. Man war relativ ungestört vorgedrungen und aufgrund von Informationsmängeln fast mit ihnen zusammengestoßen.

CHE: Das Entscheidende war nun, die größtmögliche Zahl von Kämpfern zu konzentrieren, sie zu postieren und einen Scheinangriff durchzuführen, um ihre Kräfte herauszulocken. Doch zunächst mußten wir eine besser befestigte Basis aufbauen und darauf warten, daß Lambert seine berühmten dreihundertfünfzig Mann mitbrachte. Wir zogen uns zu der Mission zurück, die ungefähr vier Kilometer von Lulimba entfernt liegt, um dort die Ergebnisse der Unterredungen mit jedem einzelnen Chef der verschiedenen Stützpunkte abzuwarten, um die sich Lambert kümmern sollte (...).
Dieses Lager bei der Mission machte den Eindruck einer Pfadfindergruppe auf *weekend*, es herrschte der erdenklichste Mangel an Schutzvorkehrungen; schon von weitem hörte man das Geschrei von diskutierenden Leuten, oder das Gezeter irgendeiner Prahlerei hallte durch das Kirchenschiff, in dem sie sich einquartiert hatten; es war ein ständiger Kampf, die Wachen auf ihren Posten zu halten. Lambert kam und ging unentwegt und erweckte den Eindruck großer Effizienz bei der Suche seiner Männer, aber diese tauchten nie auf, wir zählten nie mehr als vierzig.

Erkundungen der Kubaner Wasiri und Banhir ergeben, daß es wesentlich mehr Soldaten als die angenommenen dreiundfünfzig gibt, von denen am Anfang die Rede war. Die Regierungstruppen waren auf zwei Lager zu beiden Seiten des Flusses verteilt, von denen sie regelmäßig ausrückten, um sich mit Maniok zu versorgen.

CHE: Dabei konnte man sie relativ leicht in Hinterhalte locken. Beim Jagen stießen sie bis an die Ausläufer unseres Lagers vor und lösten Nervosität bei den Wachtposten aus.

Che erkundet die Gegend, einige Schüsse der Gardisten provozieren eine wilde Flucht.

CHE: Nach dieser Flucht waren mir gerade noch zwanzig oder fünfundzwanzig Kongolesen verblieben.

Lambert trifft ein, von theoretisch hundertzwanzig Soldaten, die er mitzubringen versprochen hat, blieben nur siebzig Mann, deren Kampfbereitschaft oder tatsächliche Existenz nicht in allen Fällen zu klären ist. Da die eigenen Kräfte schwächer und die des Feindes zahlreicher sind als angenommen, beschließt Che, den Angriffsplan fallenzulassen.

CHE: Ich schlug vor, drei kleinere Hinterhalte zu organisieren, mit dem einfachen Ziel, dem Feind ein paar Schrammen zuzufügen; zwei in den

Maniokpflanzungen, die sie unbesorgt aufzusuchen pflegten, und einen an der Landstraße. Ich würde meinen Posten am Kiliwa-Bach aufschlagen (…), um zu versuchen, dort meine Männer neu zu organisieren. In Wahrheit wollte ich Lambert abschütteln und versuchen, eine gemischte Truppe zu organisieren, ein Wunsch, der sich nicht erfüllen ließ, da ich nicht genügend Kongolesen zusammenbringen konnte.

Lambert sagt, er würde sich mit seinen Männern besprechen, aber es kommt nie eine Antwort.

Ein Hinterhalt bei Force

Che: Nachrichten von den Hinterhalten M'bilis zwischen Katenga und Lulimba, Verluste beim Feind, aber dennoch ist er durchgekommen. Moja berichtet, daß an den Hinterhalten nur Kubaner übriggeblieben sind, während die Kongolesen sich nach zwei oder drei Tagen davonmachten (…) und in ihr oberes Basislager zurückkehrten.

Dreke: (23. September) Tatu schickt Befehle. Er läßt die *Ilias* und die *Odyssee* bestellen und erklärt, daß es notwendig sei, die Zahl der Angriffe aus dem Hinterhalt zu erhöhen und neue Orte dafür zu suchen. Überraschungsangriffe und Hinterhalte. Wir legten mehrere, einen an der Landstraße nach Lulimba, einen weiteren bei Force.

Alexis: Hinterhalt in Kalonda. Insgesamt waren wir zweiundfünfzig Guerilleros, darunter drei Kubaner. Pombo hielt sich hervorragend. Der Feind wußte nicht, daß wir ihn erwarteten. Unser Chef sagte: »Wenn der erste Jeep kommt, greift nicht gleich an, wartet ab, bis vier oder fünf Jeeps in der Falle sind, damit wir ihnen ein paar Waffen abnehmen können.« Aber einer unserer Kämpfer versagte. Als der erste den Hinterhalt erreichte, bekam er Angst und begann zu schießen. Er wartete nicht ab, bis die anderen nahe genug herangekommen waren. Nur zwei Jeeps kamen herein, und alle Welt begann zu schießen. Der Feinde war insgesamt vielleicht vierzig oder fünfundvierzig Mann stark. Es waren sieben Jeeps und ein Lastwagen.
Bei diesem Hinterhalt hatten wir vier Verluste, vier Tote. Der Feind zwei. Sie ließen die Gewehre liegen. Wir eroberten bei diesem Gefecht acht Waffen. Zwei Feinde hatten wir getötet.

Der Hunger (I)

Genge: Eines Tages brachten uns zwei oder drei bis an die Zähne bewaffnete Araber, Libanesen, die bei uns dabei waren, darauf, gegrillten Hund zu essen, Affen zu essen, was soll's.

Videaux: Hier kämpfen alle ums Überleben, das fing schon beim alltäglichen Leben an, dem Lastenschleppen, der Arbeit, den Krankheiten, dem Essen, der letzten Anstrengung, dem Hunger, dem Durst. Der ständige Hunger, mit dem du zu leben lernst, weil du jeden Tag mehr Energie verbrauchst, als du konsumierst. Dein Körper verbrennt mehr, als du aufnimmst. Der Mensch wird zum Wolf, er sieht irgendeinen Gegenstand und überlegt, ob er ihn essen könnte. Es gibt den Hunger, wenn man zwei Tage nichts gegessen hat, und den Hunger Tag für Tag. Schickten sie uns ein bißchen Reis, hatten wir einen Tag, zwei Tage lang zu essen, und dann, was immer man finden konnte, einen Affen ...

Vicente war derjenige, der sich am schnellsten damit abfand. Ungefähr fünfhundert Meter vom Lager fanden wir eine Äffin, die auf einem Ast saß, und sagten uns: »Die ist fällig«, legten an und feuerten. Im Sturz blieb sie mit einer Pfote an einem Ast hängen. Die Wahrheit ist, daß mich das ein bißchen erschütterte, da sie sich wie ein Mensch verhielt, eine Pfote in die andere nahm und klagte. Vicente blieb stehen und sah sie an, dann sagte er: »Sie sieht wie ein Mensch aus.« Wir standen eine Weile da und überlegten. Aber wir konnten nicht mit leeren Händen zurückkehren, weil die Gruppe nichts zu essen hatte. »Also gut, vielleicht sieht sie aus wie ein Mensch, aber wir geben ihr jetzt den Gnadenschuß.« Wir schnitten ihr den Kopf ab, dann gingen wir zurück ins Lager und besorgten den Rest.

Am nächsten Tag ein Stück Elefantenfleisch. Die Einheimischen waren auf die Jagd gegangen und mit einem Stück Elefant zurückgekommen, daraufhin wurde eine Gruppe losgeschickt, um den Rest zu holen. Sie gaben uns ein Stück, und ich sagte: »Laßt es uns kochen«, wir fachten ein Feuer an und gaben die Fleischstücke in einen Topf, doch als die Flamme heiß wurde und das Wasser zu kochen begann, kamen aus dem Fleisch Würmer hervor. Da verging uns der Appetit. An diesem Tag aßen wir gar nichts.

Im Rucksack hatten wir immer unsere eiserne Reserve, daran sieht man, was für eine strenge Disziplin uns Tatu einschärfte. Tatu war Chef der Verpflegung, er notierte alles, was er dir gab, persönlich in sein Notizbuch: eine Dose Milch, eine Handvoll Salz, eine Dose Fleisch. Das war die eiserne Reserve, und niemand rührte sie an.

Wir lockten auch die Nilpferde am Flußufer in Hinterhalte. Unter solchen Bedingungen schmeckt das Fleisch in seinem eigenen Fett fritiert nicht schlecht. Entsprechend zubereitet soll es exquisit sein. Wäre uns ein Löwe vor die Flinte gelaufen, hätten wir auch den gegessen.

Eine unabhängige Brigade

Che: Ich mußte zu den Männer stoßen, die ich in Makungo hatte zusammensuchen lassen, um mit ihnen den Kern der Guerillaarmee aufzubauen, frei vom unheilvollen Einfluß dieser undisziplinierten Soldaten. Aber ich konnte unmöglich Lambert mit seinem verrückten Hofstaat alleinlassen, und so vereinbarten wir, daß Moja mit zehn Mann bei ihm bleiben würde; er würde mir im Gegenzug zehn Mann stellen, ausgewählte Freiwillige, damit diese eine Ausbildung durchliefen. Lambert erfüllte sein Versprechen nur halb; er stellte mir zehn Mann, aber es waren keine Freiwilligen und erst recht keine ausgewählten.
An einem Bach ungefähr fünf Kilometer von Lulimba entfernt holte ich die Gruppe ein, die mit Tembo an der Spitze eingetroffen war; dieser hatte den zähen Marsch aufrecht durchgestanden und sich den Respekt der entmutigten Kubaner erworben. Die Männer mitgezählt, die mit Moja zusammen Lambert unterstützen sollten, waren wir fünfunddreißig, eine winzige Truppe. Der Rest der hundertzwanzig Kubaner lag verstreut über den See, in der oberen Basis, in Front de Force, an der Front von Calixte; je länger wir unterwegs waren, desto mehr schrumpfte unsere Truppe zusammen, ohne daß wir sie konzentrieren konnten. Ich wagte es nicht, irgendeinen Posten ganz ohne kubanische Besatzung zu lassen, um einen augenblicklichen und kompletten Rückfall in die Vergangenheit zu vermeiden. In der neu eingetroffenen Gruppe gab es einige frische Leute, einen Leutnant, der ein Bruder von Azima war und den wir Rebocate nannten, einen haitianischen Arzt, Kasulu, der uns durch seine Französischkenntnisse weitaus mehr nutzte als durch seine medizinischen, und Tuma, der Chef der Gruppe für Radiokommunikation. Mit diesem diskutierten wir die Instruktionen, die er erhalten hatte, und änderten sie insofern, als er ursprünglich in Daressalam hatte bleiben sollen. Ich modifizierte dies aus organisatorischen Gründen und befahl ihm, eine Basis am oberen Teil des Sees einzurichten, eine Verbindung nach Daressalam und Kigoma herzustellen und ein leistungsstarkes Sendegerät aufzutreiben, um direkt nach Kuba telegraphieren zu können. Der Krieg konnte nicht vom Kongo aus geleitet werden, wie ich ursprünglich angenommen hatte, sondern mußte vollständig von Daressalam aus koordiniert werden.

Genge: Der Che sagte: »Aus tausend müssen hundert ausgesucht werden, aus hundert zehn, und aus zehn zwei.«
– Und wieso, Tatu?
– Um eine schlagkräftige Brigade aufzubauen.

Rivalta: Der Che schlug vor, für die Ausbildung der Kongolesen jeweils hundert Mann mit hundert Ausbildern trainieren zu lassen, unterteilt in Gruppen von je zwanzig, ähnlich wie wir es in der Sierra Maestra getan hatten. Danach die Leute an die Front schicken und überprüfen, welche tatsächlich tauglich waren. Er schätzte, daß so am Ende etwa zwei oder drei als zukünftige Kader übrigbleiben würden.

Der Hunger (II)

Genge: Es war bald nicht mehr so einfach, einen Affen zum Essen zu finden. Wegen der Bombardements versteckten sie sich. Wir ernährten uns von Maniok und Maniokblättern. Es gab Elefanten, aber Elefanten sind ungenießbar, und der Feind hatte schon mit Operationen zu Luft, zu Wasser und zu Land begonnen. Für einen Hammel, eine Ziege, Nüsse oder Mais mußte man sehr weit gehen. Einmal tauchte ein schwarzes Huhn auf, und mein Magen war schon ganz krank vor Hunger, und da sagt einer von denen zu mir:
– Nein, das darf man nicht töten, das ist verhext.
Wir glaubten an gar nichts. Wir aßen es auf. Sie behaupteten, wir hätten besondere Schutzheiligen, weil wir immer vorneweg stürmten und dabei noch lachten. Ganz gleich, ob wir es mit einem Flugzeug aufnahmen oder ins Gefecht zogen oder was auch immer, immer waren wir bester Dinge.

Ende September

Am 28. September schreibt Dreke/Moja einen Bericht an Che Guevara und warnt vor den auf ganzer Linie vorrückenden feindlichen Truppen.

Dreke: Am heutigen Tag um 10 Uhr 30 rückten die Gardisten unter Mörserfeuer zu Fuß über die Landstraße von Lulimba vor, unterstützt durch Bombardements der Luftwaffe. Ich befand mich mit dem Oberst und weiteren Compañeros am Luftabwehrgeschütz. Wir gaben den Befehl zu feuern, um zu verhindern, daß die Gardisten die Compañeros in der Mission umstellten; aus den Hinterhalten, wo die Kongolesen den Feind aufhalten sollten, wurde nicht geschossen, und bis zur Stunde ist niemand von dort aufgetaucht. Die Compañeros Tiza und Chail, die sich zum Kochen in der Mission aufhielten, konnten sich bis zu unserer Position zurückziehen. Mit unseren Leuten werde ich die Gardisten aus dieser Position unter Feuer nehmen. Im Moment sind wir zu acht.

Che empfängt Nachrichten von M'bili: er hat zwei Panzerwagen angegriffen und einen davon zerstört, aber der Feind ist aufs neue durchgebrochen. Mehrere Kubaner seiner Gruppe sind krank und nur noch drei Kongolesen am Hinterhalt übriggeblieben. In diesen Tagen erfährt er übers Radio, daß die Offensive vom Söldneroberst Hoare (genannt »der Irre«) kommandiert wird, daß

zweitausendvierhundert Mann Fizi-Baraka angegriffen haben, und daß Baraka gefallen ist. Obgleich Lambert dies bestreitet, gibt er zu, viele Männer verloren zu haben.
29. September. Víctor Dreke teilt Che Guevara mit, daß er Lambert mit Nane losgeschickt habe, um eine Kanone zu besorgen. Lambert kehrte nicht zurück, wohl aber Nane mit zwei Mörsern und einer Kanone; später tauchte Lambert betrunken wieder auf und schlug vor, die Mission zurückzuerobern, nachdem die Kanone in Stellung gebracht wäre. Moja weigerte sich. Nach leichten Bombardements ziehen sie sich zurück, um zu verhindern, daß sie von der Luftwaffe geortet werden.

CHE: Unsere Situation wird immer schwieriger, und das Projekt einer Armee zerrinnt uns mitsamt den Waffen, Männern und Munition zwischen den Fingern. Immer noch von geradezu blindem Optimismus getrieben, war ich nicht fähig, das zu erkennen, und schrieb, als ich die Bilanz des Monats September zog:
Mein Kampf muß sich auf die Bildung einer unabhängigen Brigade konzentrieren, perfekt bewaffnet und gut ausgerüstet, die zugleich schnelle Eingreiftruppe und Modell wäre; wenn dies gelingt, wäre das Panorama in beachtlichem Ausmaß verändert, solange es aber nicht gelingt, wird es unmöglich sein, eine revolutionäre Armee aufzubauen; die Führungsschwäche verhindert es.

Dennoch schätzte Che den Beginn der feindlichen Offensive richtig ein.

DREKE: Es geschah nichts. Keine einzige Truppenbewegung. Wir erwarteten Lufttransporte. In Wahrheit war die Armee dabei, eine Generaloffensive vorzubereiten, sie bewegten zur Täuschung einige Bötchen und Flugzeuge in der Gegend herum, um uns vom Angriff an der Hauptfront abzulenken. Tatsächlich bereiteten sie einen Angriff vom Landesinneren auf den See hin vor.
Wir befürchteten, daß sie uns vollständig vom See abriegeln könnten. Später bei der Schlußoffensive sahen wir, daß es genau umgekehrt war und sie uns zum See abdrängten, um uns nach Hause oder zum Teufel zu schicken.

Che von Fidel ermordet

MAY: Nach *France Presse* waren bei einer Diskussion zwischen Fidel und Che Schüsse gefallen, und der Che war tot. Die peruanische Zeitung *La Prensa* verbreitete das Gerücht, der Che sei von den Sowjets wegen seiner prochinesischen Orientierung eliminiert worden.

GILLY: Der trotzkistischen Zeitung von J. Posadas zufolge hatte Fidel den Tod des Che verschleiert.

Die Akademie des Guerillakampfes

Che befand sich im Niemandsland nahe des Kiliwe-Baches in einer unangenehmen Position. Er nahm Kontakt zu den Bauern auf, die bereit waren, sie mit Verpflegung zu versorgen, und dafür kein Geld nehmen wollten. Doch diese verfügten selbst nur über wenig Mittel, weshalb es immer wieder zu Engpässen kam.

Nachrichten von M'bili: es war eine weitere Aktion aus dem Hinterhalt druchgeführt worden, doch der Feind war erneut durchgebrochen; einige Panzerwagen waren zerstört worden, diesmal dank einer »besonders intelligenten Konstruktion«: einer Mine, die mit Hilfe einer Granate zur Detonation gebracht worden war.

Che schickte Siki in die Gegend des Stützpunktes, damit er dort als Arzt aushalf und Moja unterstützte. Neuerliche entmutigende Meldungen über die Kampfmoral treffen ein.

Gespräche mit Masengo und zuvor mit Mukindi, der das Problem zu verstehen scheint. Als Che sich weigert, ihm kubanische Kämpfer für Sabotageaktionen in der Nachhut zur Verfügung zu stellen, und ihm seine Logik der Zentralisierung inmitten des Chaos erklärt, bietet Mukindi an, eine Gruppe von zwanzig Bauern zusammenzustellen und mit diesen bei ihm zu bleiben.

Masengo akzeptiert das Modell einer unabhängig von den Befehlen Lamberts operierenden Brigade unter Ches Führung.

Che: Wir müßten so etwas wie eine Akademie der Guerilla aufziehen. Bauern waren mir als Schüler am liebsten, und Mujumba verpflichtete sich, weitere sechzig anzuwerben, doch müßten auch Soldaten der verschiedenen Fronten hinzugezogen werden, eine Sache, die mir nie besonders zusagte. Außerdem wollten wir den Generalstab zweckmäßiger organisieren, um von ihm aus Operationen an allen Fronten leiten zu können. Mit meinem Einverständnis wurden Siki als Berater des Generalstabes, Tembo für politische Organisation und Kasulu, der Arzt, als Übersetzer für Französisch dorthin abgeordnet.

Masengo ersucht ihn um weitere Kubaner; Che sagt ihm zu, jedoch unter der Voraussetzung einer sehr sorgfältigen Auswahl: »Man kann einen Kader nicht durch die bloße Menge aufwiegen.« Er erklärt sich außerdem bereit, bei der tansanischen Regierung angesichts der von wachsenden Schwierigkeiten gekennzeichneten Situation um Unterstützung nachzukommen.

Inmitten der Diskussion passiert ein Unfall: Agane läßt in einer Strohhütte ein Streichholz fallen, ein Feuer bricht aus, Granaten explodieren.

Genge: Unter den kongolesischen Kämpfern gab es eine Menge Oberstleutnants, Oberste aus Tshombés Armee, die sich der Guerilla angeschlossen hatten, andere, die zur Bewegung gehörten und keine

Militärs waren, andere, die Journalisten waren, und wieder andere, die eher so etwas wie Touristen waren und jeden Freitag nach Hause gingen. Die Kubaner begriffen nicht, wieso; sie gaben militärischen Unterricht, halfen ihnen, und sie machten sich davon und ließen sie zurück, als sei es die Sache der Kubaner und nicht ihre eigene. Diejenigen, die im Zweifel zur Stelle sein sollten, waren weg. Es war ein Widerspruch. Wenn es zu einem Schußwechsel kam, hauten sie ab, ließen die Kubaner im Stich. Deshalb organisierte Tatu eine Schule, damit sie sich unter echten Kampfbedingungen vorbereiteten: läufst du in die falsche Richtung, zwitschern dir Maschinengewehrsalven um den Schädel, und hebst du den Kopf im falschen Moment, erwischt dich eine Kugel, und bewegst du dich falsch durch das Minenfeld, erwischt dich eine Mine, und die Minen explodieren wirklich, und wirfst du dich zu spät in den Schützengraben, erwischt dich eine Granate, und die Granaten waren auch echt. Danach ging es gleich in den wirklichen Gefechtslärm an den verschiedenen Fronten. Und tatsächlich, das hat sie ganz schön vorangebracht, das hat ihnen ziemlich viel geholfen.

Ankunft Machaditos

Dreke: Tatu war ständig in Bewegung, er fand keine Ruhe, arbeitete als Arzt; dabei erwarb er sich großen Ruhm als kubanischer *muganga*, als Doktor Tatu.

Genge: Ulises Estrada traf mit einer Gruppe ein. Aus Kuba waren Telmo, Oliva, Machadito und Vernier gekommen. Tatu empfing sie hier unten, und darauf stiegen sie zur Basis von Luluaburg hinauf. Sie hatten eine Flasche *Vat 69* mitgebracht. Ich weiß nicht für wen, denn der Che trinkt nicht.

Der kubanische Gesundheitsminister Machado Ventura kam mit seinem Kollegen Mujumba von der kongolesischen Revolutionsregierung, mit Briefen und einer Botschaft von Fidel; unterwegs hatten sie sich am Gefechtslärm orientiert.

Che: Ich erfuhr von den langen Gesprächen, die Soumaliot und Kollegen mit Fidel geführt hatten; die Ausführungen der Leute vom Revolutionsrat waren nicht wahrheitsgetreu, vermutlich stimmten sie zur Hälfte, wie das in solchen Fällen immer ist, und zur Hälfte nicht, weil sie keine Ahnung hatten, was im Landesinnern geschah. (…) Tatsache ist, daß sie ein idyllisches Gemälde mit militärischen Gruppen allerorten entwarfen, Streitkräften im Dschungel, ständigen Gefechten. (...) Kuba hatten sie das Versprechen von fünfzig Ärzten abgehandelt, und Machadito war gekommen, um die Bedingungen dafür zu erkunden.

Rivalta: Später, als ich bereits Botschafter in Tansania war, bekamen wir Nachricht von einer Reise Soumaliots nach Kuba. Der Che hatte uns schriftlich angewiesen, und wir hatten außerdem eigenständig dazu geraten, Soumaliot keine Beachtung zu schenken, weil er Tansania ohne unser Einverständnis verlassen hatte. Was wir in dieser Situation zu erreichen versuchten, war, daß Soumaliot in Tansania blieb und weiter in den Kongo reiste. Stattdessen, und zu unserer Überraschung, unternimmt er eine internationale Rundreise, die Kuba einschließt. Wir rieten dazu, daß man ihm keine Hilfe bewilligen, praktisch nicht auf ihn eingehen sollte, da wir ihn dazu zwingen wollten, in den Kongo hineinzugehen, weil praktisch niemand hineinging, nicht einmal Kabila. Der einzige, der sich um die Bewegung kümmerte, war Tremendo Punto, Chamaleso, der Vertreter der kongolesischen Befreiungsbewegung in Daressalam, der aber nicht zur obersten Führungsspitze gehörte. Meiner Einschätzung nach wollten weder Kabila noch Soumaliot hinein. Nachdem sie von der Identität des Che erfahren hatten, bekamen sie es anscheinend mit der Angst. Sie kamen, ich erinnere mich, bis Kigoma. Ich fuhr ihnen hinterher, brachte sie hin, verabschiedete sie, und als ich in Daressalam ankam, bekam ich auch schon Nachricht, daß sie wieder zurück waren.

Che verständigt sich mit Machado darüber, daß es keinen Sinn hat, die fünfzig Ärzte zu schicken.

Dreke: 5. Oktober. Treffen der Befehlshaber der verschiedenen Fronten, an dem auch Machado teilnimmt. Das Treffen findet auf einem Hügel zwischen Fizi und Baraka statt.

Es nehmen teil: Masengo, Mujumba [der Gesundheitsminister], Ile Jean, Calixte, Lambert. Der Ruander Zakarias kommt nicht. Che stellt die kubanischen Kader vor: Machadito, Tembo, Organisationssekretär der Kommunistischen Partei Kubas, Moja, M'bili. Er kritisiert sie heftig; macht eine Analyse jedes einzelnen Chefs: derjenige, der überall dabeisein will und nirgends wirklich mitmacht [Lambert], derjenige, der sich niemals in die Gefechtslinien einfügt [Calixte]. Er bittet Masengo, Kabila auszurichten, daß er in den Kongo kommen und Ordnung in das Chaos bringen möge.

Che: Disziplinlosigkeiten, Grausamkeiten, die parasitären Charakterzüge der Armee …

Dreke: Tatu gibt eine Einschätzung Kabilas ab: der Mann taugt nichts; und eine weniger harte Einschätzung Calixtes, der wenigstens vor Ort war. Der Che bildet einen gemeinsamen Generalstab: er ernennt Fernández Mell zum Chef des Generalstabes, Víctor Shueb Colás zum Nachrichtenchef, Palacio zum politischen Chef; Tembo würde als exekutiver Adjuntant des Ches arbeiten.

Es scheint, daß die Härte der Äußerungen bei den erst kürzlich eingetroffenen Kadern ein gewisses Unbehagen hervorrief.

CHE: Compañero Tembo machte einige Bemerkungen zu meinen Ausführungen und sagte mir, daß ich seiner Ansicht nach praktisch keine Lösung für die Probleme des Kongo mehr aufgezeigt hätte, daß ich vor allem das Negative, nicht aber die Möglichkeiten betont hätte, die der Guerillakrieg bietet. Die Kritik war berechtigt.

NANE: Der Che verkrachte sich mit Fernández Mell und Aragonés, bis sie sich wegen Meinungsverschiedenheiten fast an die Gurgel gingen.

CHE: Besondere Hervorhebung verdienen Siki und Tembo, mit denen ich bei der Einschätzung der Lage oft und zuweilen heftig aneinandergeraten bin, doch immer haben sie mich aufrichtig unterstützt.

Daraufhin stellt sich Che den Kubanern und widerspricht Gerüchten, daß …

CHE: »… die Kubaner nur im Kongo bleiben, weil Fidel die wirkliche Situation, in der wir uns hier befinden, nicht richtig einschätzen kann.« (…) Ich konnte kaum von ihnen verlangen, daß sie Vertrauen in meine Fähigkeiten als Befehlshaber aufbrachten, doch sehr wohl konnte ich ihnen als Revolutionär abverlangen, meine Aufrichtigkeit zu respektieren (…). Ich würde niemanden für meine persönliche Ehre opfern. Wenn es stimmte, daß ich Havanna nicht die Einschätzung übermittelt hatte, daß alles verloren sei, so nur, weil ich sie nicht teilte.

Er beharrt auf seiner Ansicht, daß die zukünftigen Kader für den Kampf im Kongo nur der Umstände wegen noch nicht in Erscheinung getreten seien. Er kommt zu einer positiven Einschätzung der Kubaner, die er als diszipliniert, aber ermüdet und ohne schöpferische Ideen bewertet.

CHE: Die romantische Epoche, in der ich den Undisziplinierten angedroht hatte, sie nach Kuba zurückzuschicken, lag hinter uns; hätte ich dasselbe jetzt getan, würden sich die Einsatzkräfte um die Hälfte verringert haben, im besten Falle.

DREKE: Es gab Meinungsverschiedenheiten zwischen Alten und Neuen. Voller Illusionen glaubten die eben erst Angekommenen, daß sich alles einfach lösen ließe. Wir mußten ihnen erklären, was hier vor sich ging. Hitzige Diskussionen. Sie glaubten an die Möglichkeit, eine reguläre Armee aufzubauen. Sie nahmen die Zahlen als Maßstab, als ob man die östliche Armee von Havanna einfach in den Kongo versetzen könnte. Also gut, sagten wir ihnen, probiert mal eine reguläre Armee mit den Kongolesen zu strukturieren, die so eine Struktur weder verstehen noch wollen. Der Che war einverstanden damit, daß man es versuchen sollte, aber er teilte meine Einschätzung der Schwierigkeiten. Und man kommt überein, mit der Organisation einer Armeestruktur zu beginnen. Nach zwei Wochen sahen sie, daß wir recht hatten. Danach gab es zwischen uns keine Meinungsverschiedenheiten mehr.

Moja teilt mit, daß Baraka kampflos verloren wurde; Che glaubt, die aus Bulgarien eingetroffenen Kongolesen seien schuld daran. Er schickt Siki nach Fizi, damit er versuchen soll, die Front neu zu organisieren. Er macht zur Bedingung, daß die Führung vollständig in kubanische Hände übergeht, bevor er weitere Männer schickt.

DREKE: Man kam überein, daß Alys Front besser strukturiert und die Front um Force ausgeweitet werden sollte.

Die Akademie wird mit fünfzig Mann von jeder Front neu organisiert. Nach diesen ersten Reorganisationen reflektiert Che über die vorausgegangenen Debatten.

CHE: Bereits zuvor hatte mir Tembo den Eindruck vermittelt, daß man meine Einstellung in Kuba für sehr pessimistisch hielt. Dieser wurde nun durch eine persönliche Botschaft Fidels bestärkt, der mir riet, mich nicht entmutigen zu lassen, mich darum bat, daß ich mich an die Anfangszeiten des Kampfes erinnern möge, darauf verwies, daß es immer solche Unstimmigkeiten gebe, und unterstrich, es läge nicht an den Männern selbst. Ich schrieb Fidel einen langen Brief.

Brief an Fidel Castro

CHE: Lieber Fidel,
Ich habe Deinen Brief erhalten, der in mir widersprüchliche Gefühle hervorgerufen hat, weil wir im Namen des proletarischen Internationalismus Fehler begehen, die uns sehr teuer zu stehen kommen können. Außerdem beunruhigt es mich persönlich, daß man, sei es, weil ich beim Schreiben nicht ernsthaft genug bin oder weil Du nicht vollständig begriffen hast, glauben könnte, ich litte an der schrecklichen Krankheit des notorischen Pessimismus.
Als Dein Himmelsbote (Aragonés) eintraf, sagte er mir, einer meiner Briefe hätte den Eindruck eines verurteilten Gladiators vermittelt, und der Minister (Machadito) bestätigte, als er mir Deine optimistische Botschaft überbrachte, die Meinung, die Du Dir gebildet hast. Mit dem Überbringer kannst Du Dich lange unterhalten, und er wird Dir seine Eindrücke aus erster Hand schildern, denn er ist an vielen Abschnitten der Front herumgekommen; aus diesem Grund lasse ich die Anekdoten beiseite. Ich sage Dir nur, daß ich hier allem Anschein nach meinen Ruf als objektiver Betrachter eingebüßt habe und gegenüber der wirklich existierenden Situation einen angeblich grundlosen Optimismus beibe-

halte. Ich kann Dir versichern, daß sich dieser schöne Traum längst inmitten der allgemeinen Katastrophe aufgelöst hätte, wenn es mich hier nicht gäbe.
In meinen letzten Briefen habe ich Euch gebeten, mir nicht viele Männer zu schicken, sondern Kader; ich habe Euch gesagt, daß hier praktisch kein Mangel an Waffen herrscht, außer an einigen speziellen, sondern daß im Gegenteil bewaffnete Männer im Überfluß vorhanden sind und es doch an Soldaten mangelt, und ich habe Euch insbesondere auf die Notwendigkeit hingewiesen, Geld nur sehr sparsam und auf dringende Gesuche hin herauszugeben. Auf keinen dieser Hinweise ist eingegangen und stattdessen sind phantastische Pläne geschmiedet worden, die unser internationales Ansehen gefährden und mich in eine sehr schwierige Situation bringen können.
Ich will es Dir erklären:
Soumaliot und seine Genossen haben Euch einen großen Bären aufgebunden. Es würde zu weit führen, das ganze Ausmaß der Lügen aufzuzählen, die sie aufgetischt haben, ich ziehe es vor, Euch die derzeitige Situation mit beigefügter Karte zu erklären. Es gibt zwei Zonen, wo man von so etwas wie organisierter Revolution sprechen kann, diejenige, in der wir uns befinden, und ein Teil der Provinz Kasai, in dem Mulele ist, die große Unbekannte in unserer Rechnung. Im Rest des Landes gibt es nur zusammenhanglose Banden, die im Dschungel überleben; kampflos haben sie alles aufgegeben, genauso wie sie Stanleyville kampflos aufgegeben haben. Dabei ist das noch nicht das Schlimmste, sondern die Einstellung, die unter den Gruppen in dieser Gegend vorherrscht, der einzigen, die über eine Verbindung zum Ausland verfügt. Die Meinungsverschiedenheiten zwischen Kabila und Soumaliot werden jedesmal ernster und als Vorwand herangezogen, um mit der kampflosen Übergabe von Städten fortzufahren. Ich kenne Kabila gut genug, um mir über ihn keine Illusionen zu machen, und wenn ich auch nicht dasselbe über Soumaliot sagen kann, so weiß ich doch einiges von den Lügen, die er Euch aufgebunden hat oder der Tatsache, daß er sich genausowenig dazu herabläßt, sich auf diesem gottverdammten Flecken Erde einzufinden. (...) Bezüglich der Notwendigkeit, die Männer sorgfältig auszuwählen, statt mir eine große Anzahl zu schicken, versicherst Du mir durch den Boten, daß diejenigen, die hier sind, geeignet sein müßten, sonst hätten sie sich längst aus dem Staub gemacht. Darum geht es nicht, es geht darum, daß man eine wirklich ausgeglichene Einstellung braucht, um die Dinge zu ertragen, die hier vor sich gehen; es geht nicht bloß um gute Männer, hier braucht es Supermänner.
Und dann gibt es noch meine 200 Mann; glaub mir, eine größere Anzahl wäre in diesem Moment eher schädlich, außer wir beschlössen de-

finitiv, für uns allein zu kämpfen, wofür eine ganze Division nötig wäre und wir sehen müßten, in welcher Zahl uns der Feind entgegentritt. Vielleicht ist letzteres übertrieben, und ein Bataillon würde ausreichen, um die Grenzen wiederherzustellen, die wir vorgefunden haben, als wir hier eintrafen, und gegen Albertville vorzugehen, aber es kommt in diesem Fall nicht auf die Zahl an, wir können nicht auf eigene Faust ein Land befreien, das nicht kämpfen will, man muß diesen Kampfgeist erzeugen und mit Diogenes' Laterne und Hiobs Geduld nach Soldaten suchen, eine Aufgabe, die umso schwieriger wird, je mehr Aasgeiern an der Spitze diese Leute auf ihrem Weg begegnen. (...)
Die Sache mit den Booten ist ein Punkt für sich. Seit langem bitte ich Dich um zwei Motortechniker, um etwas dagegen zu tun, daß sich der Anleger von Kigoma in einen Friedhof verwandelt. Vor etwas mehr als einem Monat sind uns drei sowjetische Boote geschickt worden, und zwei sind bereits unbrauchbar, während das dritte, auf dem der Bote übergesetzt ist, an allen Ecken leckt. Die drei italienischen Boote werden dasselbe Schicksal wie ihre Vorgänger erleiden, außer sie werden mit kubanischen Mannschaften bestückt. Dafür und für die Sache mit der Artillerie brauchen wir die Zustimmung Tansanias, die nicht so leicht zu bekommen ist. Diese Länder sind nicht wie Kuba, wenn es darum geht, alles auf eine Karte zu setzen, um wieviel es auch gehen mag. (...)
Die Frage des Geldes schmerzt mich am meisten, weil ich schon so oft darauf hingewiesen habe. Auf dem Höhepunkt meiner verschwenderischen Dreistigkeit, als ich mich unter Tränen dazu überreden ließ, eine Front, die wichtigste, mit Nachschub zu versorgen, unter der Bedingung, daß ich dafür unter meinem direkten Befehl den Kampf leiten und eine gemischte Brigade aufbauen dürfte (...), berechnete ich dafür unter größter Seelenpein 5 000 Dollar pro Monat. Jetzt muß ich erfahren, daß die Müßiggänger aus der Führung eine zwanzigmal größere Summe auf die Hand bekommen, um in allen Hauptstädten der Welt ein schönes Leben zu führen. (...) An einer bettelarmen Front, wo die Bauern alle Widrigkeiten erleiden müssen, die man sich vorstellen kann, einschließlich der Raubgier ihrer eigenen Verteidiger, wird nicht ein Centavo *[von diesem Geld]* ankommen, und genausowenig bei den armen Teufeln, die im Sudan festsitzen. (...)
Bei fünfzig Ärzten in dem befreiten Gebiet würde der Kongo sich des beneidenswerten Verhältnisses von einem Arzt auf tausend Einwohner rühmen können. (...) Besser als ein solcher Gigantismus ist es, revolutionäre Ärzte zu schicken. (...)
Einige Empfehlungen, die ich Euch objektiv zu berücksichtigen bitte: vergeßt all diese Männer an der Spitze von imaginären Gruppierungen,

bereitet mir bis zu zehn Kader vor, es müssen nicht alles Schwarze sein, und schickt uns aus Osmanys Liste, was dort ganz oben steht. An Waffen: die neue Bazooka, elektrische Sprengsätze, etwas R4 und sonst nichts für den Moment. (…) Keine Mörser, denn die gibt es im Übermaß, vergeßt »die Sache mit Burundi« und behandelt die Sache mit den Booten so taktvoll wie möglich (nicht vergessen, daß Tansania ein unabhängiges Land ist und man dort ein sauberes Spiel spielen muß, mal abgesehen von meiner kleinen Schummelei).

Und er verabschiedet sich mit einer Umarmung.

Durchfall und ein neuer *muganga*

Che: Wir versuchten weiterhin mit allen Mitteln, Kongolesen in unsere kleine Armee einzugliedern und ihnen eine rudimentäre militärische Ausbildung zu geben, um mit dieser Kerngruppe das wichtigste zu retten, den Glauben an den Fortbestand der Revolution. (…)
Zu der endemischen Malaria kam die Gastroenteritis hinzu. In meinem Feldtagebuch hatte ich, bis die strenge Marschdisziplin über den Geist der Wissenschaft siegte, die Statistik meines Falles notiert: in 24 Stunden mehr als 30 Stuhlgänge. Die genaue Anzahl der weiteren kennt allein das Unterholz.

Die körperliche Schwäche Ches scheint die allgemeine Situation widerzuspiegeln. Weiterhin desertierten viele Kongolesen.

Che: Ich empfand ein Gefühl der Ohnmacht angesichts der Schwierigkeiten, direkt miteinander zu kommunizieren. Ich hätte gerne vermittelt, was ich wirklich fühlte, doch die Übersetzung und womöglich die Hautfarbe machten alles wieder zunichte. Nach einer der häufigen Regelverletzungen (sie hatten die Arbeit verweigert, was charakteristisch war) redete ich wutentbrannt französisch auf sie ein; ich sagte ihnen die schlimmsten Dinge, die ich in meinem ärmlichen Vokabular finden konnte, und auf dem Höhepunkt meiner Wut sagte ich, daß man ihnen Röcke anziehen und sie mit einem Korb zum Maniokpflücken schicken müßte (eine Beschäftigung für Frauen), weil sie zu nichts nutze und schlimmer als Frauen wären, daß mir eine Frauenarmee immer noch lieber wäre, als eine mit ihnen aufbauen zu müssen; während der Übersetzer diese geballte Ladung ins Kisuaheli übertrug, sahen die Männer mich an und brachen mit einer beunruhigenden Einfalt in Gelächter aus (…).
Ich schaffte einen *muganga* herbei, möglicherweise einen, der eher als zweitklassig galt, doch er stellte sich sofort auf die Situation ein; er nahm seinen Posten im Lager ein und faulenzte, wie es sich für einen

erstklassigen *muganga* gehört. Er war intelligent; am Tag nach seiner Ankunft sagte ich ihm, er müsse mit einer Gruppe aufbrechen, die für mehrere Tage in einem Hinterhalt liegen würde, weil die Wirkung der *dawa* mit der Zeit nachließ und die Leute von allein nicht in ihren Stellungen blieben, aber er lehnte rundweg ab; er würde ihnen eine stärkere *dawa* verabreichen, die zwei Wochen lang wirkte. Angesichts eines so schlagkräftigen Arguments, das durch seine Autorität unangreifbar war, blieb uns nichts als nachzugeben, und so brachen die Männer mit verstärkter *dawa* auf, die bereits im Hinblick auf die Marschgeschwindigkeit exzellente Resultate zeitigte.

Während die Positionen bei Katenga aufgegeben werden, versammelte Che den Rest der Leute. Daraufhin schickte er in Absprache mit Masengo zwei Gruppen Kubaner aus, um die Ausbildung für Aktionen aus dem Hinterhalt fortzusetzen. M'bili brach mit dreizehn Mann und Ishirine als Stellvertreter (Che war daran interessiert, ihm Führungsaufgaben zu übertragen, obwohl er nur den Rang eines Soldaten besaß) nach Kalonda-Kibuyo auf, um …

Che: … die besten kongolesischen Kämpfer auszuwählen.

Zusammenbruch

Ilanga: Nachdem Chino nach Kuba zurückgekehrt war, versuchte sich ein Kubaner verrückt zu stellen. Er sagte zu mir: »Ich muß fortgehen, doch ich hoffe, dich da oben zu sehen.« Ich antwortete ihm: »Du hast wirklich einen Knall.«

Dreke: Mariano Marengo aus Santiago de Cuba war auch ziemlich am Ende. Er erlitt nach einer Expedition einen geistigen Zusammenbruch, hatte Phobien, eine Wahnsinnsangst vor dem Dschungel. Er setzte sich in eine Ecke und weinte, er wollte Glas, wollte die Becher essen. Völlig hinüber! Ich dachte: »Soll er sie doch essen«, und er biß hinein, aß eine ganze Flasche auf … Eine Scheiße das! Wir schickten ihn zur Basis, eine Zeitlang ging es ihm sehr dreckig. Mit den Jahren, die ich über den Fall nachdachte, verstand ich, daß er zusammengebrochen war. Anderen passiert es vielleicht in anderen Situationen. Er blieb bis zum Schluß bei uns. Und in den letzten Tagen, als der Kampf schon zum Teufel war, bat er um sein Gewehr. Eine schöne Geste.

Abreise von Machadito und Llanga

Genge: Freddy glaubte, er hätte eine Hirnmalaria; der Che sagte, es sei Epilepsie. Man entschied, ihn nach Kuba zu bringen.

Bevor er mit einem motorisierten Einbaum abreiste, versuchte Machadito vergebens, die Ärzte, die zurückkehren wollten, davon zu überzeugen, wenigstens sechs weitere Monate zu bleiben. Schließlich beschloß er, sie zurückkehren zu lassen.

ILANGA: Machadito mußte zurück nach Kuba und nahm mich mit. Der Feind blockierte den See. Unsere Gruppe bestand aus Machadito, Luis Estrada, Vernier und einem Telegraphisten. Einige Kongolesen fuhren auch hinüber, aber nicht in einem richtigen Schiff, sondern in einem Kanu mit einem kleinen Außenbordmotor von 18 PS. Ein feindliches Patrouillenboot mit einer 30-er Kaliber kreuzte auf dem See. Wir brechen um vier Uhr morgens auf. Plötzlich setzt der Motor aus. Unser Boot hatte einen zweiten Motor, aus dem Ersatzteile genommen werden konnten, um den anderen zu reparieren. Wir hören Bootsgeräusche in der Nähe, und der Telegraphist beginnt zu heulen. Ich sage: »Der erste feige Kubaner, die erste Heulsuse, die ich kennenlerne. Wenn sie näherkommen, schießen wir eben.« Zum Glück springt der Motor an. Später, als wir schon fast angekommen sind und die Lichter von Kigoma sehen können, setzt der Motor ein zweites Mal aus. Das Öl ist alle. Ulises sagt:

– Schieß ein Loch in den Tank – , weil er dachte, das Problem sei, den Öltank zu öffnen.

– Bist du verrückt, da ist Benzin drin, da kannst du doch nicht drauf schießen.

Der Typ sagte, Ilanga sei ein Feigling. Da antwortete ich ihm:

– Schieß doch.

Und Machadito sagt zu mir: »Du bist in Ordnung, du hast Mut.«

In Kigoma blieben wir bei Lawton an einem sicheren Ort mit tansanischen Wachtposten. Das Haus von Changa war eine Wohnung mit Küche. Nur Changa und ich durften es verlassen; die anderen mußten sich versteckt halten, bis ein Transporter eintraf und die Leute aufsammelte. Und auf ging's über 1 500 Kilometer Landstraße bis nach Daressalam.

Pablo Rivalta lud mich in Dar zum Essen ein, und seine Schwägerin fragte mich, wie es dem Tolpatsch ging, und ich sagte:

– Dem geht's prima, der ist *pinga, moronga* – denn das war das Spanisch, das man mir beigebracht hatte.

In Havanna fühlte ich mich dann sehr schlecht.

Vogelstrauß

VIDEAUX: Einmal mußte Genge einige Granaten und Minen von Kibamba zur Basis bringen. Er war mit einer Gruppe von Kubanern und drei von seinen kongolesischen Knirpsen unterwegs. Sie stiegen den Berg hinauf, und die Nacht brach an. Sie setzten den Weg fort. Plötzlich trafen sie auf eine schemenhafte Gestalt. Genge legte das Gewehr an und feuerte auf die Gestalt, ohne daß ihm ein Treffer gelingen wollte. Die Gestalt bewegte sich. Genge glaubte, es sei ein Geist, da er noch einmal schoß und wieder nicht traf. Die Gestalt blieb mitten auf dem Weg stehen. Also näherte er sich Stück für Stück und entdeckte, daß es ein Vogelstrauß war. Die Angst hatte ihn etwas anderes sehen und, schlimmer noch, sein Ziel verfehlen lassen.

Aktionen gegen die Basis am See

John Weissman: Irgendwann vor 1966 (möglicherweise 1964) wurden die Schiffe, die zuvor dem CIA bei seinen Operationen gegen Kuba gedient hatten, die von Artime für den geheimen Krieg gegen Kuba benutzt worden waren, (...) nach Afrika gebracht (...) und dort eingesetzt, um die kommunistische Expansion einzudämmen. Es waren Aluminiumschiffe von fünfzig Fuß Kiellänge. Diese waren die größeren, die Mutterschiffe, denn außerdem gab es kleinere Schnellboote mit leisen Motoren für Spezialaufgaben.

Kumi: Um den 2. Oktober '65 tauchten eine Reihe von Schnell- und Luftkissenbooten auf. Ich empfing einen Compañero, der Genge gerufen wurde (Marcos Abreu). Er sollte die Verteidigung leiten und einen eventuellen Angriff abwehren.
Mit ihren alten Flugzeugen aus dem Zweiten Weltkrieg bombardierten sie uns aus der Luft. Sie näherten sich mit ihren Schiffen, aber ohne etwas zu riskieren, sie kamen und fuhren wieder davon; eines Tages eröffneten sie das Feuer und kamen näher heran, ohne daß wir es erwiderten. Abreu hatte ein altes Maschinengewehr. Die Basis lag neben dem Lager von Kibamba, ungefähr zweihundert oder dreihundert Meter entfernt auf einer Böschung; wir waren im Vorteil. Sie gingen nicht an Land.

Genge: Ich hatte vierzehn Compañeros bei mir an den Maschinengewehren. Niemand verlor den Mut, zu keinem Zeitpunkt.

12. – 13. Oktober. Die verlorene Kanone

Zwei am 10. Oktober datierte Botschaften treffen ein.

Siki: *[an Dreke]* Die Gardisten rücken auf Fizi vor, und es gibt niemanden, der sie aufhalten könnte oder wollte, wir verlassen Fizi in Richtung Lubonja, ich werde versuchen, die Brücken zu zerstören. Richte Tatu aus, daß meine Reise ein Fehlschlag gewesen ist.

Fernández Mell hatte bei Mulane nichts ausrichten können, unter anderem wegen der sprachlichen Schranken. Es schien, daß sie auch im Fall, daß sie ihn

verstanden hätten, nicht auf ihn eingegangen wären. Siki bestand ultimativ darauf, daß Schützengräben angelegt würden. Die Strecke von Baraka nach Fizi war sehr geeignet für Hinterhalte, aber nichts geschah.
Die zweite Botschaft kam von Masengo, der den Fall von Fizi mitteilte.

12. Oktober:

NANE: Kurz darauf begann die Offensive der Söldner. Und wir zogen uns zurück. »Diese Leute brauchen noch fünfhundert Jahre, bis sie aufwachen«, sagte ein Compañero zu mir. Diejenigen, die noch am meisten Widerstand leisteten, waren die Ruander.

CHE: In einem Triumphzug nimmt der Feind Lubonja ein. Nun konnten sie in Lulimba ihre Kräfte mit denen vereinen, die in Baraka an Land gegangen waren.

Die Stellvertreter Lamberts sind auf der Flucht. Che informiert Masengo, daß er die Verteidigung nicht mit 25 Mann aufrechterhalten kann, den dreizehn Mann von M'bili und zehn weiteren, die sich auf dem Rückzug befinden.

CHE: Die Stellung zu halten, hieße 25 Männer in den Tod zu schicken.

DREKE: Ich schickte eine Botschaft an Tatu in die Basis, wo dieser sich nun wieder befand. Der Che antwortete, daß er M'bili mit vierzehn Kubanern losschicken würde, damit sie in Lugoma Hinterhalte legten. Ich war nicht gerade begeistert. Ich fand, daß M'bili zum Schutze Tatus in der Basis bleiben sollte.
Zu diesem Zeitpunkt hatten die Belgier ihre Kräfte in der Gegend bereits verstärkt und bombardierten die Siedlungen und die umliegenden Hügel. Anscheinend handelte es sich um die lange erwartete Offensive. Wir erwarteten ihren Vormarsch. »Hier schicke ich dir alles, was ich habe, den Rest mußt du besorgen«, sagte mir der Che.

MENA: Während der Che M'bili mit vierzehn Kubanern losschickte, um die *askaris* aufzuhalten, organisierte Moja den Transport des Waffenarsenals. Ein großes Problem entstand beim Transport der Munition, viele Kongolesen wollten nichts tragen, und wir mußten äußerste Strenge anwenden. Der Vorhut von Karim geht ein Maschinengewehr verloren, da die Kongolesen desertieren. Die Kubaner arbeiten die ganze Nacht am Transport des Arsenals und der Kanonengeschütze.
Die Offensive der Gardisten wird mit Unterstützung der Luftwaffe für den nächsten Morgen entlang der Linie Lulimba-Lubonja erwartet. Konflikte mit den Kongolesen: »Man mußte zu drastischen Mitteln greifen, man drohte ihnen und holte sie aus den Hütten heraus, in denen sie schliefen; in vielen Fällen mußte man sie mit einem Eimer Wasser zum Aufstehen zwingen, weil weder das Waffenarsenal noch die Revolution sie interessierten.«

DREKE: Wir versuchten noch einmal, ein Treffen einzuberufen, da es hieß, daß Kabila kommen würde. Alles war bereits am Überkochen. Sollten die *askaris* hart nachsetzen, würde hier alles verloren gehen. Die Kongolesen sprachen von Rückzug, davon, den Kampf aufzugeben und auf die Angebote Mobutus einzugehen. Der Che versuchte noch etwas zu retten: wenigstens eine Gruppe von fünfzehn Kubanern sollte bleiben und als permanente Guerilla agieren. In einem ersten Schritt sollten die Kubaner konzentriert werden, um daraufhin unter Terrys Leitung zum See hin vorzurücken. Wir legten einen Hinterhalt und nahmen einige Orte unter Geschützfeuer, um den Eindruck zu erwecken, daß die Front standhielt. Nachrichten trafen ein, daß sie in Baraka noch nicht gelandet seien, die Konzentration feindlicher Schiffe jedoch darauf hindeutete, daß eine Landung unmittelbar bevorstand.
Spannungen zwischen uns und einigen Kongolesen. Die Propaganda des Feindes zeigte ihre Wirkung. Sie strahlten Radiosendungen auf Kisuaheli aus. Ein Verrat oder eine interne Aggression waren nicht länger auszuschließen. Wir waren um Tatus Sicherheit beunruhigt, der sich mit Siki, Margolles und Tembo in der Basis befand.

CHE: Ich gab strikte Order, jeden Kongolesen, der sich ohne ausdrücklichen Befehl oder in Erfüllung einer Mission bei uns aufhielt, augenblicklich zu entwaffnen. Am nächsten Tag hatten wir ein beachtliches Waffenarsenal zusammen, so als hätten wir den erfolgreichsten aller unserer Hinterhalte gelegt.

Es handelte sich um eine 75 mm-Kanone, Mörserteile, Munition, fünf Maschinengewehre, Granaten und rund hundert Gewehre. In Absprache mit Masengo wurde beschlossen, die Flüchtigen weiterhin zu entwaffnen und mit den zuverlässigen Kongolesen eine neue Streitmacht aufzubauen …

CHE: … von denen ich im Innersten hoffte, es würden sehr wenige sein.

Man beruft eine Versammlung mit den Ausgewählten ein, die äußerst konfus verläuft. Che bittet darum, daß diejenigen, die bleiben wollen, die Hand heben. Er will nur Freiwillige, die Sache würde sehr hart werden … Niemand hob die Hand. Er bat diejenigen, die bleiben wollten, einen Schritt nach vorn zu treten. Zwei traten vor und daraufhin alle anderen auch.

CHE: Ich war von ihrer Bereitschaft nicht überzeugt und bat sie, es gut zu überdenken und untereinander zu diskutieren.

Fünfzehn Männer zogen wieder zurück. Doch es gab auch Positives. Da Che keine früheren Dienstgrade akzeptierte, bat ein Kommandant darum, als einfacher Soldat bleiben zu dürfen.

CHE: Die Anzahl der Freiwilligen war größer als erwartet.

13. Oktober:

Mena: Um halb sieben Uhr morgens hören wir von Lulimba her Motorengeräusch von Flugzeugen und Lastwagen näherkommen. Die Kongolesen fliehen, nur der Artillerist Alexis, einer derjenigen, die sich am meisten hervorgetan haben, bleibt und verläßt zu keinem Zeitpunkt sein Luftabwehrgeschütz. Wir belegen die Vorrückenden von unserem Hügel aus mit Kanonenbeschuß. Uté hat unter seinem Kommando zwei oder drei versprengte Kongolesen und zehn Kubaner, ein Stück vor M'bilis Hinterhalt. Gegen 11 Uhr morgens gelingt es den Gardisten, einen Hügel zu erklimmen und uns an einem Abschnitt einzukreisen. Auf Mojas Befehl ziehen sich unsere Männer in Ches Lager zurück, einschließlich des Arztes Morogoro und des Anästhesisten Kimbi. Moja führt eine hitzige Diskussion mit einem kongolesischen Major, der sich schlafen legte, statt Waffen und Munition in Sicherheit zu bringen.
M'bili zieht sich zurück und berichtet, daß die vorrückenden Gardisten dreihundert Mann stark seien. Aurino, der zu M'bilis Hinterhalt gehörte, bleibt verschollen.

Che: Das Verhalten unserer Männer war mehr als schlecht; Waffen, für die sie verantwortlich waren, wie beispielsweise die Mörser, gerieten in die Hände der Kongolesen und gingen verloren. Außerdem zeigten sie keinerlei Kampfgeist, sondern dachten einfach nur daran, ihr Leben zu retten, genau wie die Kongolesen. Die Desorganisation auf dem Rückzug ging soweit, daß wir sogar einen Mann verloren haben und immer noch nicht wissen, was mit ihm geschehen ist. Seine Compañeros können nicht sagen, ob er sich verlaufen hat oder von den feindlichen Soldaten verwundet oder getötet worden ist, als sie auf einem Hügel unter Beschuß gerieten.

Dreke: Die letzte Nachricht von Aurino erhielten wir von Kasambala, der gesehen hatte, wie er verletzt worden war.

Mena: Bahaza und Dogna informieren den Che, daß es unmöglich gewesen sei, sich mit der Kanone zurückzuziehen. Die Kongolesen hatten sich davongemacht, und daraufhin hatten sie die Kanone versteckt.

Der Staatsstreich Mobutus

Die politische Lage hatte sich verändert, Tshombé war einem Militärputsch zum Opfer gefallen, Kimba versuchte, eine Regierung zu bilden, und Mobutu war jetzt der starke Mann.

Videaux: Nach dem Putsch gegen Kasabuvu entstand durch Mobutus Befriedungspolitik eine Situation, die Disziplinlosigkeit und Desertio-

nen begünstigte. Sie verbreiteten Propaganda: die Revolution sei nicht mehr nötig, die Mißstände wären jetzt beseitigt, man sollte den Kubanern keinen Glauben schenken; Tshombé war eliminiert und Kasabuvu ersetzt worden.
In Absprache mit der Führung der revolutionären Bewegung wurde den Gerüchten entgegengetreten. Der Che ließ durch die verantwortlichen Kubaner verbreiten, daß es sich um eine Propagandafarce handelte, daß Mobutu nur Frieden schaffen wollte, um mit dem Morden zu beginnen. Auch Chamaleso arbeitete in dieser Richtung. Aber diese Nachrichten führten nur zu noch mehr Disziplinlosigkeit unter den Soldaten.

Gespräch Ches mit dem Compañero »Rafael« [verantwortlich für die Angelegenheiten in Daressalam], in dem er auf die Notwendigkeit hinweist, über einen eigenständigen Funker und einen hinreichend starken Sender für direkte Verbindungen mit Havanna zu verfügen, für den Fall, daß man von Tansania abgeschnitten würde.

RIVALTA: Im wesentlichen übermittelten wir dem Che unsere Botschaften über eine Funkstation mit einem starken Sender. Auf diesem Wege konnten wir den Verlauf der Aktionen verfolgen.

Außerdem verlangte Che, daß Changa, der kein Kisuaheli sprach, durch einen anderern Compañero ersetzt würde und dieser stattdessen auf der kongolesischen Seite bei den Booten bleiben sollte. Zum Schluß schlug er vor, daß die wöchentliche Essensration für die neue Armee von Tansania aus organisiert werden sollte.

CHE: Bezüglich der Verpflegung korrigierte ich meine ursprüngliche Überlegung, die sich als falsch erwiesen hatte. Wir waren mit der Idee hierhergekommen, einen exemplarischen Guerillakern aufzubauen, alle Schwierigkeiten an der Seite der Kongolesen durchzustehen und ihnen durch unseren Opfergeist den Weg des revolutionären Soldaten aufzuzeigen. Doch das Ergebnis war, daß unsere Männer ausgehungert, ohne Stiefel und Kleider dastanden und die Kongolesen die Stiefel und Kleider, die sie auf anderem Wege erhielten, unter sich aufteilten; das einzige, was wir erreicht hatten, war, daß die Unzufriedenheit unter den Kubanern selbst Einzug hielt.

Hier lag auch der Grund für die Entscheidung, einen gut ausgerüsteten Guerillakern zu bilden. Die Streitmacht wurde in zwei Kompanien unter der Führung von M'bili und Moja mit Ziwa und Azima als Stellvertretern aufgeteilt; jede besteht aus fünfzehn Kubanern und fünfundvierzig Kongolesen.

CHE: Wir bezogen ein neues Lager, das zu Fuß eine Stunde von dem vorherigen entfernt lag, an den ersten Ausläufern der Berge, aber immer noch in der Ebene.

Chamaleso [Tremendo Punto] und Charles als zweiter Kommissar treffen ein. Angesichts des internationalen Drucks war Chamaleso der einzige, von dem man noch einen Aufruf zum äußersten Widerstand erwarten konnte, falls es hinter dem Rücken der Brigade zu Verhandlungen kommen sollte.

CHE: Er wußte nicht, wie es weitergehen würde, doch er war darauf eingestellt, den Kampf bis zur letzten Minute fortzusetzen. (...) Ich ordnete an, auf dem oberen Teil des Hanges ein Munitionsdepot einzurichten, um den Ballast der hundertfünfzig Kisten Munition loszuwerden, die wir in Lubonja gerettet hatten.

Bauern kommen hinzu, die in die neuen Verbände eingegliedert werden. Der Kern einer dritten Kompanie entsteht.

CHE: Ich hatte vor, mit der Rekrutierung bis zur vierten Kompanie weiterzumachen.

Kundschafter werden ausgeschickt, um nach Möglichkeit das gesamte Munitionsdepot von Lubonja zu bergen.

CHE: In der Gegend trieben sich Deserteure herum. Charles wird mit einer Expedition beauftragt, um ihnen die Waffen abzunehmen. Sie belästigten die Bauern, denen deshalb unsere Strafaktion sehr willkommen war. Intensive Arbeit in der Kampfakademie. Treffen von Offizieren und den Parteisekretären. Skepsis unter den Offizieren, obwohl sie ihre Aufgaben weiterhin gewissenhaft erfüllten.
Versammlung der Partei: ich fragte, wer an die Möglichkeit des Sieges glaubte, und nur Moja, M'bili und die zuletzt angekommenen Ärzte Fizi und Morogoro hoben die Hand; man konnte ebensogut vermuten, daß sie auch nicht daran glaubten und sich mir nur mehr verbunden zeigten, ein Loyalitätsbeweis also.

Che machte Bahaza für den Verlust der Kanone verantwortlich, die am Ende von Dreke gerettet worden war.

CHE: Ich hob die Versammlung in der Gewißheit auf, daß kaum jemand meinen Traum teilte, eine Armee aufzubauen, welche die kongolesischen Waffen zum Triumph führen würde, wenn ich auch einigermaßen sicher war, daß es genug Männer gab, die bereit waren, ihr Leben zu opfern, auch wenn sie das Opfer für sinnlos hielten.

Die Organisationsarbeit wird intensiviert. Einige Wachtposten zeigen Nachlässigkeit, da der Feind nicht bis in diese Gegend vorzudringen pflegt. Starke Regenfälle setzen ein, in den Dörfern beschlagnahmen Patrouillen weiterhin Waffen. Eine Gemeinschaftsküche wird aufgebaut, was zu Problemen mit den Kongolesen führt, die das kubanische Essen nicht mögen und unentwegt protestieren. Die kubanischen Köche müssen ständig auf der Hut sein, damit das Essen nicht verschwindet.

Ile Jean trifft mit sechzig Mann ein, doch Che weist ihn ab, weil er den Leuten nicht traut und sie nicht in die Brigade einbauen will. Er nimmt ihm einen Mörser und ein auseinandergefallenes Maschinengewehr ab, das mit Ersatzteilen aus einem anderen repariert wird. Er droht Deserteuren mit Erschießung und kritisiert die Haltung der Soldaten gegenüber den Bauern. Seine Worte werden nicht gut aufgenommen.

Che: *[Es ging darum,]* sehr drastische Maßnahmen zu ergreifen und zur gleichen Zeit denen, die gehen wollten, den Abschied zu erleichtern, nachdem sie ihre Waffen abgegeben hatten.

Söldner und flüchtende Bauern

22. Oktober. Gefechtslärm aus der Richtung von Lubonja. Che bittet Masengo, die Gegend dort mit Kämpfern vom See zu verstärken, um in dieser Phase nicht in Abwehrkämpfe verwickelt zu werden, denn noch befindet sich seine kleine Armee erst im Aufbau. Che weigert sich, die Truppe weiter aufzuspalten.
24. Oktober. Sechs Monate sind seit der Ankunft im Kongo vergangen. Eine Gruppe Kongolesen war aufgebrochen, um Zinkplatten zum Schutz vor Sturm zu besorgen. Es regnete heftig …

Che: … es war vielleicht eine Stunde seither vergangen, als man eine Gewehrsalve und darauf Trommelfeuer hörte. Nichtsahnendwaren die Kongolesen auf die Armee gestoßen, die zu einer Aktion ausgerückt war.

Dreke: So um ein oder zwei Uhr mittags gehe ich aufs Klo und fange an, dort meine Geschäfte zu machen, und bin schon fertig, fast fertig, als ich einen heftigen Schußwechsel aus der Richtung der Hütte vernehme, in der ich den Che lesend zurückgelassen hatte.

Mena: Um halb zwei hört man Schüsse aus der Gegend von Tatus Hauptquartier in Kilonwe, Mörser und Maschinengewehre. Rebocate erhält den Befehl, mit seiner Einheit die Spitze des Hügels zu besetzen, um zu verhindern, daß die Gardisten uns überlaufen. Dreke hält Truppen bereit, um einem Überraschungsangriff begegnen zu können. Bahaza und andere sind an der Kanone, Kahama an einem Luftabwehrgeschütz, das den Weg kontrolliert. Gegen zwei kommt es zum Zusammenstoß mit den weißen Söldnern.

Nane: Der Che gab mir Geld, um ein oder zwei Kühe zu kaufen, und ich machte mich mit dem Ruander Compañi auf den Weg. Wir brauchten vier oder fünf Tage. Als wir mit den zwei Kühen zurückkamen (es war wie beim Kuhtreiben in Matanzas), standen wir plötzlich mitten zwischen den Schußlinien, und alles rannte kreuz und quer.

GENGE: Der Che kämpfte aufrecht stehend und begab sich damit in Gefahr. Einige kubanische Compañeros wollten ihn beschützen und machten ihn darauf aufmerksam. Er erwiderte: »Hier gibt es nur einen Comandante.« Dieser Zug seiner Persönlichkeit sollte uns Kubaner immer wieder anspornen. Das Ganze wiederholte sich während des Gefechtes noch mehr als viermal.

CHE: Das Lager war das reinste Pandämonium; die Kongolesen waren verschwunden, und wir konnten die Verteidigung nicht organisieren. Sie waren zur Behausung des *muganga* gelaufen, um sich die *dawa* verabreichen zu lassen, erst danach begaben sie sich auf ihre Posten. Ich organisierte die Verteidigung mit Ziwas Kompanie in vorderster Linie, und wir schickten uns an, den Soldaten einen angemessenen Empfang zu bereiten. Plötzlich berichten mir mehrere Compañeros, daß über die Berge feindliche Truppenkontingente heranmarschierten, um uns zu umzingeln.
Ich konnte keine Soldaten sehen, und auf meine Frage, wieviele es seien, antworteten sie, es seien viele. Wieviele? Viele, war die Antwort; man erfuhr nicht, wieviele, aber es schien eine ganze Menge zu sein. Wir befanden uns in einer schwierigen Situation, denn sie konnten uns den Rückzug abschneiden. (...) Ich schickte eine Einheit unter der Führung von Rebocate hinauf, um sich den feindlichen Kräften so weit oben wie möglich zu stellen und sie dort aufzuhalten.
Wir befanden uns in einem Dilemma: blieben wir, wo wir waren, so riskierten wir, eingekreist zu werden, zögen wir uns zurück, gingen das Munitionsdepot und die gesamte Ausrüstung verloren, die wir gerade erst gerettet hatten, zum Beispiel zwei 60er Mörser, eine Radiostation usw. Wir hätten keine Zeit gehabt, irgendetwas davon mitzunehmen. Ich zog es vor, dem Feind die Stirn zu bieten, in der Hoffnung, standhalten zu können, bis die Nacht einbrach und wir uns zurückziehen konnten.
Wir warteten voller Anspannung, bis der Feind über den naheliegendsten Weg heranrückte, die Landstraße nach Lulimba. Wir eröffneten das Feuer, doch es dauerte kaum eine Minute und ein Compañero kam herbeigelaufen, der schwer verletzt schien, doch es war nur der Rückstoß der Bazooka gewesen; dieser berichtete, die Soldaten seien schon bei unserer vordersten Linie angekommen, die sich in Auflösung befinde. Eilig mußte der Befehl zum Rückzug ausgegeben werden.

MENA: Kahama informierte Tatu, daß sie in die Zange genommen würden; er hatte sich durch den Rückstoß der Bazooka am Kopf verletzt ... Tatu gibt den Befehl zum Rückzug; als Moja bemerkt, daß sich die am nächsten zu ihm postierte Gruppe zurückzieht, schickt er einen Boten aus, und dieser begegnet M'bili, der gerade den Befehl des Che zum Rückzug überbringen will.

Bei einer Gruppe – bestehend aus Bahaza, Maganga, Ziwa und Azima – kommt der Rückzugsbefehl nicht an, und sie hält stattdessen den Feind in Schach.

CHE: An diesem Tag haben sie unsere Ehre gerettet.

MENA: Aziwa, Ziwa und Bahaza decken den Rückzug. Sie halten die Söldner unter Beschuß. Bahaza sinkt verwundet zu Boden. Rebocate erfährt, daß die Söldner, von denen sie angeblich umzingelt wären, nur flüchtende Bauern gewesen sind.

POMBO: Der schrittweise Rückzug wird eingeleitet, und der Compañero Víctor Shueb Colás bleibt an der Spitze einer kleinen Gruppe von Männern zurück, um den gegnerischen Angriff aufzuhalten, so daß sich der Großteil der Truppe zurückziehen kann.
Shueb und seine Gruppe liefern dem Feind ein zähes Gefecht, während wir übrigen uns in ein sichereres und uns besser bekanntes Gebiet zurückziehen: die Berge.

DREKE: Es fehlte nicht viel, und sie hätten den Che getötet.

Dreizehn Mann

CHE: Meine persönliche Moral befand sich auf einem fürchterlichen Tiefpunkt; ich fühlte mich schwach und aus Mangel an Übersicht schuldig an diesem Desaster.

Verlorengegangen waren das Munitionsdepot, Mörser, das Maschinengewehr, ein chinesischer Sender ... Che schickte eine Vorhut los, um feindliche Hinterhalte aufzuspüren. Die Brigade war für mehrere Tage auseinandergerissen. Ihm waren nur dreizehn Mann geblieben.

CHE: Einer mehr, als damals bei Fidel, aber der Chef war nicht derselbe. Moja, Pombo, Tumaini, Danhuse, Moustafá, Duala, Sitini, Marembo, Tremendo Punto und ich.

POMBO: Wir waren ungefähr vierzehn Kubaner. Tatu analysierte die Situation und erinnerte uns daran, daß in der Sierra Maestra nur zwölf Mann übriggeblieben waren und daß Fidels Selbstvertrauen entscheidend für den Sieg gewesen war. Er appellierte an unseren Optimismus, daß wir alle Compañeros wieder zusammenbringen und den Kampf fortsetzen würden, bis wir die uns aufgetragene Mission erfüllt hätten.

ALEXIS: Die Kubaner waren diszipliniert. Tatu sagte: das und das geht nicht, und niemand wagte zu widersprechen. Wenn wir Maniok aßen,

aßen alle Maniok, wenn es Reis gab, gab es Reis für alle. Wenn es nichts gab, bekamen alle nichts. So war es immer. Das hat mich stark beeindruckt. Wenn der Che sagte, du bleibst hier, du kannst jetzt nicht zurückweichen, wich keiner der Kubaner von der Stelle.

Als die Nacht anbricht, treffen sie in einem kürzlich verlassenen Dorf ein.

CHE: Und wir nahmen uns ein paar Hühner, aus der Gewißheit, daß alles, was es dort gab, am nächsten Tag ohnehin dem Feind in die Hände fallen würde.

POMBO: Wir organisierten eine Postenkette, und ich bekam die Aufgabe, Shueb (Ziwa) ausfindig zu machen. Wir konnten jedoch nicht mehr am gleichen Tag aufbrechen. Shueb und seine Männer hatten während der Aktion über zwei Stunden gegen den zahlenmäßig viel stärkeren Feind gekämpft.

Wenig später kehrten aus den umliegenden Dörfern zwei Ärtzte, Fizi und Kimbi zurück. Nachrichten von Azima trafen ein, die das Gerücht bestätigten, daß Bahaza schwer verwundet worden war. Um vier Uhr morgens brach Ches Gruppe zu einer Siedlung auf, in der sie um sechs Uhr eintrafen.

CHE: *[Dort]* hatten sich etliche Kubaner und Kongolesen versammelt.

Sie tauschen Informationen aus, dabei klärt sich, was geschehen war:

POMBO: Alles war einem Mißverständnis entsprungen: die »Kolonne«, von der wir dachten, es sei die Armee, die uns zu umzingeln versuchte, waren einfache Bauern gewesen, die sich auf der Flucht und der Suche nach einem sicheren Ort befanden.

Die feindlichen Truppen hatten die Ebene nie verlassen. Diese Information …

CHE: … machte meine Beklemmung noch drückender; wir hatten eine gute Möglichkeit vertan, sie in einen Hinterhalt zu locken. Wir hätten ihnen große Verluste zufügen können und waren durch eine falsche Information gescheitert. Stattdessen war unsere Verteidigung aus den Fugen geraten und ein Flügel grundlos zusammengebrochen.

DREKE: Es gab Hinweise auf einen Verräter, der ihnen den Weg zum Lager gezeigt hatte.

Bahaza, der auf dem Rückzug verwundet worden war, …

CHE: … hatte eine Verletzung von einer Kugel, die ihm den Oberarmknochen sowie eine Rippe zertrümmert hatte und in die Lunge eingedrungen war. Seine Verletzung erinnerte mich an diejenige eines Compañeros, den ich vor Jahren in Kuba behandelt hatte, und der nach wenigen Stunden gestorben war; Bahaza war kräftiger als dieser, seine starken Knochen hatten die Kugel aufgehalten, die offenbar nicht bis in den

Lungenlappen vorgedrungen war, doch er hatte große Schmerzen; wir schienten ihn so gut es ging und begannen einen außerordentlich ermüdenden Aufstieg über sehr abschüssige Berge, sehr glitschig aufgrund der Niederschläge, und mit einer sehr schweren Fracht, die von den ausgelaugten Männern getragen werden mußte, ohne daß die Kongolesen bei diesem Transport richtig mitanpackten. (...)
Wir brauchten sechs Stunden, um Bahaza zu transportieren; es waren sechs furchtbare Stunden, die Männer konnten den Verletzten nicht länger als zehn oder fünfzehn Minuten auf den Schultern tragen, und jedesmal wurde der Wechsel schwieriger, denn die Kongolesen gaben sich, wie gesagt, nicht dafür her, und wir selbst waren relativ wenige (...); von der Höhe aus konnten wir im Tal unzählige Scheiterhaufen sehen, Bauernhäuser, die von den Soldaten in Brand gesteckt worden waren.

Bahazas Tod

Mena: Am 25. Oktober sagt der Che zu Bahaza, daß er eine Röntgenaufnahme machen wird, die er als Erinnerung behalten kann, wenn er wieder gesund ist. Die ganze Zeit über hat er ihm Tabletten gegen die Schmerzen gegeben. Die erste Hilfe hatten Morogoro und Fizi geleistet, die bei ihm gewesen waren.

Nane: Die Leute auf dieser Mission mußten bei sehr guter Gesundheit sein. Bahaza war ein kräftiger Schwarzer, ein Campesino aus der Gegend von Santiago.

Che: Im Morgengrauen des 26. kam der Krankenpfleger und teilte mir mit, daß Bahaza nach einer schweren Krise gestorben sei. (...) Am Morgen begingen wir das triste Ritual, ein Grab auszuheben und den Compañero Bahaza zu beerdigen; er war der sechste Mann, den wir verloren hatten, und der erste, dessen Leichnam wir die letzte Ehre geben konnten. Doch dieser Leichnam war eine stumme und mannhafte Anklage gegen meine Unvorsichtigkeit und Dummheit, wie es sein ganzes Verhalten vom Augenblick des Rückzuges an gewesen war.
Als sich die kleine Truppe der Besiegten versammelt hatte, hielt ich die Trauerrede, die fast ein Selbstgespräch war, voller Anklagen gegen mich selbst; ich gestand meine Fehler ein und erklärte, daß von allen Todesfällen im Kongo der Tod Bahazas für mich der schmerzlichste war. Vor kurzem hatte ich ihm noch schwere Vorwürfe wegen seiner Schwäche gemacht, und er hatte darauf geantwortet wie ein echter Kommunist. Ich aber hatte meiner Verantwortung nicht zu genügen gewußt und war daher schuld an seinem Tod. Und das war die reine Wahrheit. Was mich

anging, würde ich alles tun, um diesen Fehler durch mehr Arbeit und mehr Enthusiasmus als je zuvor wiedergutzumachen.

Das Lager von Nagikumo

Che war zutiefst beunruhigt, weil er befürchtete, daß der Verlust der Basis sie von jeglicher Kommunikation abschneiden könnte. Diese mußte unter allen Umständen aufrechterhalten werden. Unter den Kongolesen gab es zwei Tendenzen, die eine angeführt von Tremendo Punto, der vorschlug, auf die Basis von Luluaburg vorzurücken, die andere angeführt von Charles, der aus dieser Region stammte und vorschlug, in der Gegend zu bleiben und sich in der Nähe der Gardisten zu halten.

In Nagikumo wird ein Lager aufgeschlagen, am Ufer des Baches gleichen Namens, zehn Stunden vom See, eineinhalb Tage von Kabimba und zwei Stunden vom Stützpunkt von Lubonja entfernt.

CHE: Die örtlichen Chefs begannen Rache zu nehmen: jeder von ihnen, Calixte, Ile Jean, Lambert (...) verbreitete, die Kubaner seien Hampelmänner, die erst viel redeten, um sich in der Stunde des Kampfes zurückzuziehen und alles stehen und liegen zu lassen, und die Bauern bezahlten die Konsequenzen. *[Herzlicher Empfang durch einen lokalen Chef, der ...]* jedem, der es hören wollte, erklärte, daß es infam sei, uns mit den Belgiern zu vergleichen (...). Niemals habe er einen weißen Mann gesehen, der mit seinen Soldaten aus den gleichen Näpfen gegessen hätte, nicht mehr und nicht weniger als sie. Die Anerkennung der Bauern hatte etwas Bestärkendes.

Die Sympathien der Bauern zu gewinnen, bleibt eins der Grundprobleme, denn bisher waren diese eine nahezu passive Kraft im Krieg gewesen. Mit Hilfe der Bauern wird am Rande eines Hügels ein vor der Luftwaffe geschütztes Krankenhaus errichtet.

Das Krankenhaus wird mit einer brillanten Leistung des Arztes Morogoro eingeweiht, der zwei Kongolesen heilt, die sich bei einem Unfall verletzt hatten, als sie in der Nähe des Stützpunktes von Lubonja Fallen ausgelegt hatten. Außerdem rettet er eine Frau, die von einem Büffel angegriffen worden war.

Die Kritik der mittleren kongolesischen Führungsebene wächst. Ile Jean und ein gewisser Hussein kritisieren die Kubaner und machen sich über die Kongolesen in der vor kurzem aufgestellten Einheit lustig, die für die Kubaner arbeiten müßten. Zudem verbreiten sie das Gerücht, die Minen, welche die Verletzungen hervorgerufen hatten, seien von Kubanern gelegt worden.

CHE: So verwerflich ihr Handeln auch war, man mußte ihnen doch mildernde Umstände zuerkennen, denn wir hatten einen wirklich harten Ton gegen die Chefs angeschlagen. Und dann war da noch ihre

Ignoranz, ihr Aberglaube, ihre Minderwertigkeitskomplexe, die Verletzungen ihrer Empfindlichkeit und womöglich die für ihre ärmliche Mentalität schmerzliche Tatsache, daß ein Weißer sie zurechtwies wie in den verhaßten früheren Zeiten.

M'bili, der von seiner Position aus in Verbindung zu ihnen stand, bat um Erlaubnis, sich etwas zurückzuziehen, um eine Berührung mit dem Feind zu vermeiden, ebenso Mafu, der sich in Front de Force befand und berichtete, daß die Kongolesen darüber diskutierten, wie sie aus dem Kongo herauskommen sollten. In seiner Gruppe sei sogar den Vorschlag gemacht worden, man sollte sich der Boote bemächtigen. Che will die Brigade erneut zusammenziehen. Er weist Mafu an, die Basis zu verstärken; Azi, der sich an der Front von Makungo aufhält, soll zu ihm stoßen. Che schreibt einen Brief an Siki und informiert diesen über die Entwicklung:

CHE: Die Niedergeschlagenheit der Leute ist schrecklich, und alle wollen nur noch zum See; möglicherweise finden sich viele von ihnen dort bei Dir ein, schick sie mir umgehend gut mit Munition ausgerüstet zurück. Nur die wirklich Kranken sollen bleiben. (...) Wenn ich den Weg zum See fortsetze, bedeutet das eine enorme politische Niederlage, denn die Bauern haben auf uns vertraut und werden sich im Stich gelassen fühlen.

Ende Oktober. Gerüchte, daß Kabila den See überquert hätte und daß mit ihm neue kubanische Kämpfer eingetroffen seien.

SIKI und TEMBO: *[an Che]* Wir können uns nicht erklären, wo Du die fromme Leichtgläubigkeit hernimmst, Kabila könnte mit vier Schiffen gekommen sein (in jedem Fall wären es höchstens vier Schiffe voller Weiber gewesen). Er sitzt ungerührt weiterhin in Kigoma. Was die Kubaner angeht, haben die Informanten ihre Wünsche wohl mit der Wirklichkeit verwechselt (...). Der einzige Kubaner, der hier angekommen ist, ist Changa, der zwei Überfahrten in drei oder vier Tagen gemacht hat, nachdem neunzehn Tage niemand kam. (...) Er sagte uns, er würde auch weiterhin hin- und herpendeln und daß ihr keine Sorge haben bräuchtet, ihr könntet, falls wir uns einschiffen sollten, die Kommunikation mit der anderen Seite des Sees verlieren.

Masengo sagte ihnen, es sei vorbei. Er hätte weder den Glauben noch die Fähigkeit, weiterhin die Führung zu übernehmen. Viele kongolesische Soldaten erhielten Briefe, in denen stand, daß sie die Waffen niederlegen sollten. Er wagte nicht mehr sie zurückzuhalten. Siki und Tembo glaubten, daß er sich auf die Überfahrt nach Tansania vorbereitete.

SIKI und TEMBO: *[an Che]* Wir können Dir versichern, daß Masengo bei diesem Gespräch wirklich eine traurige Einstellung an den Tag legte.

Che: Die Berichte über Masengo schienen mir übertrieben. Sie stammten nicht aus erster Hand, sondern waren von Dritten aufgeschnappt und durch die Nervosität aufgebläht worden.

Siki und Tembo schicken ihm vier kubanische Kämpfer, drei davon werden krank. Sie schlagen vor, Tembo hinterher zu schicken, und berichten, daß Genge die gesamte Basis am See kontrolliere, doch daß es bereits zu spät sei.

Che: Er kontrolliert das Nichts.

Siki und Tembo: *[an Che]* Es ist davon auszugehen, daß der Feind über alles, was hier oder bei Dir geschieht, bestens unterrichtet ist. Das ist auch die Meinung Masengos, denn viele Leute, selbst hochrangige Offiziere, sind übergelaufen, und von vielen weiß man nicht, wo sie sind.

Schließlich kritisierten sie die derzeitige Position Ches, da er dort leicht eingekreist werden könnte.

Die Führung bröckelt

Kasabuvu bot Masengo im Namen der Regierung ein Ministerium an. Dieser antwortete, sein Bruder Mitoudidi sei im Kampf gestorben und er sei ebenfalls bereit zu sterben. Dennoch nahm das Mißtrauen allenthalben zu. Che Guevara in der Basis ist alarmiert. Kumi und Genge bewachen ihn. Er befürchtet, die Regierung könne an Soumaliot und Kabila »herantreten«. Er informiert Padilla in Daressalam, damit dieser die Augen offen hält.
Che spricht mit Tremendo Punto. Er sucht nach einem vertrauenswürdigen Führer für den Fall, daß es in der kongolesischen Führung zu einem Debakel kommt:

Che: Dieser fiel fast in Ohnmacht. Er meinte, er sei nicht der richtige Mann, um die Führung zu übernehmen, er habe zu wenig Ausstrahlung. Er war nervös; zwar war er aus Pflichtgefühl bereit, für die Revolution zu sterben, fast wie ein christlicher Märtyrer, der sich seinem Schicksal fügt, doch er war unfähig, die Situation eigenständig voranzubringen …

Für Che Guevara hatte die Sicherung der Basis Priorität. Er ordnete Aly und Mafu an, ihre Kräfte zu vereinen. Immer noch hofft er, seine Gruppe neu organisieren zu können, um den Gardisten in Kazima einen Schrecken einzujagen. Die internationale Situation schätzt er weniger negativ ein als seine Compañeros, doch er ist nur unzureichend informiert.

Jules Chome: Kasabuvu erschien am 23. Oktober ’65 persönlich in Accra. Auf dem Treffen der afrikanischen Staatschefs und in Anwesenheit von Nkrumah hält er eine Rede, die als Annäherung gewertet wird. Er kündigt an, daß er sich mit Brazzaville versöhnen will, und erklärt, die Söldner seien von der sezessionistischen Regierung von Katanga in

den Kongo gebracht und von der Zentralregierung nur als Problem geerbt worden. Er verpflichtete sich, die Söldner in ihre Herkunftsländer zurückbringen zu lassen.
Später schwächt Mobutu die Erklärungen Kasabuvus ab, verteidigt die Söldner und bezeichnet sie als Idealisten. Wenn sie gehen müßten, dann mit allen Ehren, die sie verdienten.

Wieder einmal soll Che tot sein

Genge: Zu welchem Zeitpunkt wurde Tatus Anwesenheit dort bekannt? Eines Sonntags sang Celia Cruz im Radio, und im Anschluß sagten sie: »Soeben haben wir Tatu getötet und die Front von Genge unter unsere Kontrolle gebracht. Ebenso haben wir die Basis von Kimbo ausgeschaltet und mit Napalm bombardiert.« In einer anderen Sendung behaupteten sie, Che Guevara getötet zu haben.

Ilanga: Radio Zaire meldete, daß Gaston Soumaliot und Che Guevara in Kibamba im Kampf gefallen seien. Aber sie hatten keine Fakten und verbreiteten lediglich Gerüchte. Von Ches Aufenthalt im Kongo wußte nur eine winzige Anzahl von Leuten aus der Führung. Es gab sogar welche, wie zum Beispiel die Ruander, denen man erst, als man sie nach Kuba einlud, erzählte, wer der Che wirklich war. Die CIA vermutete, daß der Che dort war, aber sie konnten es nicht beweisen, da sie seine Spur Monate zuvor in Kuba verloren hatten. Niemand wußte, wo er war. Während er im Kongo war, wurde seine Identität bestens gehütet. Man wußte, daß es dort Kubaner gab, aber man wußte nicht, daß der Che unter ihnen war.

Ein heftiger Schußwechsel/Verrat

Che: Die einzige Nachricht, die unsere absurde und trübselige Lage aufheiterte, war die Mitteilung Alys, in zwei Gefechten dem feindlichen Heer mehrere Verluste zugefügt zu haben.

Videaux: Ich sollte mich zu Terry an die Front von Kabimba begeben. Er war dort ohne Stellvertreter, weil Mafu von Tatu nach Force Bendera geschickt worden war. Der Che erläuterte mir seine Vorstellungen hinsichtlich der neuen Front von Kabimba, die damals gerade aufgebaut wurde. Mehr als zweihundert Guerilleros waren dort bereits zusammengezogen, hinzu kamen noch die Guerilleros aus den Dörfern von Misima und Kazima, in denen zwar nicht allzu viele Leute lebten, die aber noch die größten in der Umgebung waren.
Terry hatte seinen eigenen Charakter, manchmal etwas stur und cholerisch, was zu Reibungen führte. Aber er war direkt und herzlich und im-

mer brüderlich zu seinen Compañeros. Ich kam schließlich sehr gut mit ihm aus, weil ich mir vorgenommen hatte, ihn zu verstehen. Terry hatte eine sehr eigene Art zu reden, die jedem, der Ärger mit ihm haben wollte, dazu ausreichend Gelegenheit bot. Wir bekamen niemals ein klares ja oder nein von ihm zu hören. Manchmal wies ich ihn auf sein problematisches Verhalten hin, und er akzeptierte meine Kritik wegen der guten Beziehung, die wir zueinander hatten. Aufgrund seines Mutes und seiner Körperkraft war er ein Mann, der jedes Hindernis zu meistern wußte.

Che: Terry war ein fähiger und mutiger Mensch, der keine Angst kannte, für jede Art von Mission geeignet; intelligent, autodidaktisch, ein zuverlässiger, aber auch ein sehr impulsiver Mensch.

Kumi: »Wenn ich bloß mehrere Terrys hätte«, pflegte der Che zu sagen.

Videaux: Sehr bald kam es zu einem Gefecht. An diesem Tag, dem 16. Oktober, hatte es geregnet, wir lagen noch in den Hängematten, als ein Kongolese so eilig in die Hütte stürmte, daß man ihn aufhalten mußte, sonst wäre er noch hinten wieder rausgerannt. Er berichtet: *Askari mindi*, viele belgische Soldaten hätten das Dorf in den Höhen von Misima erobert und gebrandschatzt. Einige kongolesische Compañeros aus der Vorhut seien getötet worden, darauf hätten die anderen ihre Position verlassen und sich weit zurückziehen müssen.
Terry und ich verließen die Hütte im Laufschritt, um uns mit dem kongolesischen Chef zu beraten, der schon informiert war. Unterwegs mußten wir unsere Entscheidungen treffen. In dieser Situation zeigte sich Terrys Erfahrung. Wir rücken aus unserem Lager aus, und er sagt zu mir: »Geh du voraus, so schnell du kannst, und besetze den Hügel, bevor sie es tun, denn bestimmt werden sie es versuchen.« Unterdessen wurden die Leute zusammengetrommelt und der Abmarsch vorbereitet, um uns zu verstärken und den Vormarsch der Belgier aufzuhalten. Das waren Entscheidungen, die in Sekundenbruchteilen getroffen wurden.
Und so geschah es: Ich machte mich rasch mit einer Gruppe von vier kubanischen Kämpfern und ungefähr fünfzehn Kongolesen auf den Weg. Wir kamen zügig voran und bezogen eine günstige Position. Nachdem ich mit meinem Trüppchen den Hügel gesichert hatte, traf Terry mit der Verstärkung ein. Sie hatten ein schweres Maschinengewehr dabei, das ansonsten für die Luftabwehr benutzt wurde, aber wir setzten es auch beim Bodenkampf ein. Es wurde von einem sehr tüchtigen Afrikaner namens Ione bedient, der war kein Kongolese, sondern ein Kenianer, ein schlanker, nicht sehr großer Mann, dunkel, aber nicht so dunkel wie die Kongolesen, eher wie ein Indio. Außerdem brachten wir einen Mörser in Stellung, der von einem Kubaner, Falka (Aldama), bedient wurde.

Mit allen verfügbaren Männern entwickelten wir einen Kampfplan; sollten die Belgier vorrücken, würden wir sie angreifen. Und wenn sie es nicht taten, würden wir im Morgengrauen zur Offensive übergehen und sie aus Misima herauswerfen.
Die Nacht über feuerten sie Schüsse ab, aber wir erwiderten das Feuer nicht, warteten ab. Genau wie wir kalkuliert hatten, bemerkten wir gegen 3 Uhr morgens Bewegungen in der Senke, die uns signalisierten, daß sie unterwegs waren, obgleich wir noch nicht wußten, ob sie sich auf uns zu bewegten oder nicht. Es war ihre Vorhut, begleitet von einheimischen Führern, Gefangenen oder Kollaborateuren. Sie begannen, den Hügel hinaufzusteigen. Wir hielten uns ruhig, gemäß Alys Befehlen, daß wir solange warten sollten, bis sie schön nah herangekommen waren, so nah wie möglich, und erst dann das Feuer eröffnen sollten. Als die leichte Infanterie noch zweihundert Meter entfernt war, mit ihren 81er und 60er Mörsern und ihren leichten Maschinengewehren, herrschte in unserem Hinterhalt vollkommene Stille.
Wir schätzten, daß sie etwa dreihundert waren, ein ganzes Bataillon. Wir waren insgesamt elf Kubaner und nicht mehr als achtzig oder neunzig Kongolesen. Unsere zwei Mörser hatten wir hinten gut geschützt aufgestellt; wir brachten das Maschinengewehr in Stellung und legten uns gestaffelt, in Form eines Keils, in den Hinterhalt. Die Kubaner, außer denen, die die Mörser bedienten, waren an vorderster Linie, in der Vorhut. All das organisierten wir bei Nacht, auf Zehenspitzen, lautlos. Wir sprachen mit jedem einzelnen persönlich. Besonders unserer mächtigsten Waffe, dem Maschinengewehr, das wir an einer Flanke aufstellten, widmeten wir uns mit größter Sorgfalt.
Als sie den Hügel heraufkamen und in geeignetem Abstand waren, eröffnete Aly das Feuer mit einer Maschinengewehrsalve. Ich sekundierte ihm. Damit begann das Gefecht. Eine sehr einseitige Angelegenheit, weil sie völlig durcheinander waren. Sie hatten keine Formation, weil sie in Kolonne durch einen Urwald von nicht allzu hohen, aber ziemlich dichten Bäumen vorgerückt waren. Unser Maschinengewehr sägte eine Menge Holz ab. Trotz unseres Stellungsvorteils hatten sie deshalb aber kaum Verluste: wir waren oben und sie unten, so daß man nicht besonders gezielt schießen konnte. Die erste Ladung bekamen sie mit voller Wucht ab, dann zogen sie sich auch schon zurück.
Ihre Artillerie erwiderte das Feuer, während sie die Flucht bergab fortsetzten. Sie ließen ihre Waffen liegen: FAL, Super-FAL, Funkausrüstungen, eine beachtliche Beute. Die Artilleriegeschosse schlugen oberhalb ein, weit entfernt von uns. Sie konnten uns zu keiner Zeit orten. Sie waren in Marschkolonne herangerückt, und zudem war es noch dunkel. Der Schußwechsel dauerte über eine Stunde, wir hielten sie

stets auf Distanz. Sie feuerten fortwährend aus ihren Mörsern, doch sie trafen nicht. Bergauf und mit dem Schrecken in den Gliedern war es für sie auch nicht leicht.

Sie versuchten, sich neu zu organisieren, doch wir setzten nach, und so zogen sie es vor, sich zurückzuziehen. Wir hatten die Geschütze auf das Dorf ausgerichtet, in das sie flüchteten. Natürlich kehrten sie nicht genau dorthin zurück, wo sie vorher gewesen waren, sondern begaben sich zu den Hohlwegen und zum Misima-Fluß.

Als es hell wurde, gingen wir in die Offensive und stiegen unter ständigem Feuer bergab. Sie marschierten am Seeufer in Richtung Katanga und schossen zurück. Wir rückten gegen das Tal vor und besetzten das Dorf, das seit dem gestrigen Tag wie ausgestorben war. Die Belgier hatten einige getötet, die anderen waren geflohen.

Unter den toten Dorfbewohnern befanden sich auch einige kongolesische Guerilleros. Unsere Verluste beliefen sich auf einen Toten und drei Verletzte, allesamt Kongolesen. Der Tote war am Tag zuvor gefallen. Wir eroberten sieben FAL- und zwei Super-FAL-Gewehre, zwei Bazookas, etliche Dosen, Zigaretten, einige Rucksäcke und viel Gewehrmunition, die sehr nützlich war, drei Funkausrüstungen und Granaten. Sie hatten einige ihrer Toten bergen können, wie wir später anhand der Blutspuren feststellten. Alle jedoch nicht, denn unten fanden wir drei Tote und die Brieftasche des Offiziers, sehr wichtig, mit dem Namen des Einsatzleiters.

Wir verfolgten sie weiter, aber sie waren schon zu weit fort. Gemäß Terrys Befehlen, ihnen nachzusetzen, damit sie sich nicht auf der anderen Seite des Flusses festsetzten, überquerten wir die Furt. Und als wir im Fluß waren, tauchte plötzlich ein Belgier auf, der zurückgefallen war und dachte, wir hätten ihn gesehen und kämen auf ihn zu. Er eröffnet das Feuer, und wir drehen uns herum und schießen zurück. Aly gab noch den Befehl, nicht zu schießen, doch es war schon zu spät. Wir zogen den Toten aus dem Wasser, setzten die Verfolgung noch einige Kilometer weit fort und stießen auf mehrere Stellen, an denen sie offensichtlich die Verwundeten versorgt hatten, denn man bemerkte überaus viel Blut und Verbandsmaterial. Wir folgten ihnen noch über fünf Kilometer bis in die Nähe der Basis von Katanga.

Der Che maß diesem Gefecht nicht so sehr wegen unseres überwältigenden militärischen Erfolges besondere Bedeutung bei, sondern wegen der Daten, die dabei in unseren Besitz gelangten. Durch diese erfuhren wir, daß sie bereits über uns Kubaner, über unsere Anzahl und die Gegenden, in denen wir operierten, Bescheid wußten. Man hatte uns verraten. Und jetzt erfuhren wir, was genau sie über uns alles wußten.

CHE: Wir erbeuteten ein geheimes Dokument, in dem mit einiger Präzision die Positionen von Kubanern und Rebellen aufgeführt wurden. Außerdem stand darin, welche Kräfte sie für die Offensive aufgeboten hatten, welche Kräfte zur Luft (Wigmo, vier T-28 und zwei B-26 mit Stützpunkt in Albertville) und zur See (vier Ermens-Luka PT Boats, deren Aufgabe darin bestand zu verhindern, daß »rebellische Elemente über den See setzten«). Ihr Ziel war, das gesamte Seeufer zu besetzen und alle unsere Einrichtungen in der Nähe Kigomas zu zerstören.

KUMI: Auf den Karten waren eine Reihe von Positionen verzeichnet, an denen es Kubaner gab, darunter Luluaburg und die Basis, in der der Che gewesen war.

Der See

SIKI und TEMBO: *[an Che]* Der See hat sich in ein Flüchtlingslager verwandelt, die Disziplin ist folglich dahin.

Siki und Tembo übertragen Genge, gemeinsam mit Kumi, die Verantwortung über die Basis am See.

GENGE: Samstags und sonntags bekamen die Afrikaner frei und fuhren nach Tansania, am Morgen des folgenden Tages kehrten sie zurück. Große Verwirrung. Ich hatte ein gewisses Mißtrauen gegenüber dem *Mualimo*, dem Professor, ihrem Politiker, weil er immerzu verloren ging. Ich fragte, wo er sei, und sie sagten, er sei »in Baraka, in Fizi«. Er war einfach nicht aufzutreiben. In diesem Moment kommt die Meldung, daß *Basungos* (weiße Söldner) in unsere Richtung vorrückten. Tatu schickt einen seiner Assistenten los, Kokumo, den jüngsten Kämpfer der Guerilla (wir hatten zwei junge Burschen: Kokumo, vierzehn, und »Nummer vier«, sechzehn Jahre). Tatu schickte ihn los, die Position des Feindes zu erkunden und Informationen einzuholen. Uns befahl er, Minen auszulegen.
Wir bereiteten alles vor, legten Splitterminen aus, zusammen mit den Burschen von der Schule. Wir sollten ihnen eine schwere Verwüstung bereiten. Viele verloren später zwischen den explodierenden Minen ihr Leben. Denn so eine Stunde später hörten wir Detonationen auf der Höhe von Nganja, bei dem Stützpunkt, der hinter Sele liegt. Ich sage zu den Compañeros: »Da erwischt es gerade die ersten.« Sie sagen: »Wen erwischt es?« Der Feind war ja auch nicht blöd. Sie trieben die Dörfler zusammen, Ruander und Kongolesen, nahmen ihnen alle ihre Kühe weg, und hinter dem Vieh trieben sie die Bauern vor sich her. So rückten sie vor, aber als sie rochen, daß sie in der Nähe der Kubaner waren, daß sie auf technisch präpariertes Gelände gerieten, machten sie halt. Es

waren mehr als zweitausend Soldaten. Sie hatten die Basis, Kibamba und Nganja einnehmen und bis nach Sele vorrücken wollen. Doch für den Moment blieben sie in Wartestellung.

In einem späteren Brief an Che berichten Siki und Tembo von der Bombardierung Kabimbas und der Gegend zwischen Jungo und dem See, seit 12 Uhr mittags. Sie befürchten, daß dies der Auftakt einer Landungsaktion sein könnte. Für eine ernsthafte Verteidigung stehen keine Kubaner zur Verfügung, viele sind krank.

Che: Ich hatte beschlossen, nicht auf die Aufrufe von Siki und Tembo zu hören, als in der Nacht des 30. ein vom 29. datierter Brief *[von Siki und Tembo]* eintraf.

Siki und Tembo: Wie wir Dir schon in früheren Berichten geschrieben haben, gefällt uns Deine derzeitige Position überhaupt nicht. Wir wissen, daß die Gardisten versuchen werden, uns über den See einzukreisen. Unserer Meinung nach wäre die beste Lösung, einen Stützpunkt an Deiner jetzigen Position zu belassen und den größten Teil der kubanischen Truppen hierher zu verlegen. (...) Wir glauben Dir oft genug geschrieben und Dich über die Situation vor Ort und international auf dem laufenden gehalten zu haben. Wir kommen uns bald vor wie zwei alte Klatschmäuler. Wir bitten Dich, nun mit uns genauso zu verfahren, da wir immer auf Neuigkeiten warten (dann wären wir schon drei alte Klatschmäuler).

Kabimba ist gefallen

Siki und Tembo: *[an Alys Front]* Kabimba von den Gardisten eingenommen. Sie befinden sich jetzt in Katala. Ständige Reibereien zwischen Aly und dem kongolesischen Major, der nicht kämpfen will.
An den Fronten von Aly und von Tom (Kazima), der noch vier Kubaner zur Verfügung hat, verschlimmern sich die Dinge: massive Auflösungserscheinungen unter den Kongolesen, feindliche Hinterhalte.

Che: Aly berichtete, daß ihm von den siebzig kongolesischen Soldaten in seiner Gegend nur noch fünfundzwanzig geblieben waren, und erzählte Geschichten von einem gescheiterten Hinterhalt und von seinen Auseinandersetzungen mit dem kongolesischen Kommandanten, die jedesmal heftiger wurden. Natürlich wurde der Kongolese nach den Fehlschlägen auch noch befördert.

Rückzug zur Basis nach Luluaburg

Mena: Am 28. Oktober um neun Uhr abends traf sich der Che mit Dreke, um sich mit ihm zu beratschlagen. Dreke hatte sich mit leichtem

Fieber und Kopfschmerzen zu Bett gelegt. Der Che fragte ihn, was mit ihm los sei, daß er schon seit ein paar Tagen einen besorgten Eindruck machte. Dreke antwortete, es sei nur die Krankheit, obwohl er schon besorgt war über die seltsamen Dinge, die sich unter den Kongolesen abspielten. Der Che sagte, es röche nach Verrat, außerdem wären viele Compañeros krank. Moja sagte ihm, daß er solange hier bleiben würde wie nötig sei, wenn es sein mußte, für immer. Daß die Truppe den Glauben an den Kampf im Kongo verloren hätte, aber daß alle sich als Freiwillige zur Verfügung gestellt hätten. Sie sprechen über M'bili und sind sich einig, daß er von allen der Zuverlässigste ist.

Dreke: Unter den fünfzehn Vorgeschlagenen, die dort bleiben sollten, waren Aly, Tiza, Ishirine. Alles war freiwillig. Ich sagte zum Che: »Ich bleibe hier, derjenige, der hier weggehen muß, sind Sie.«

Mena: Der Che ordnet an, daß alle am nächsten Tag zur Basis zurückkehren sollen. Er läßt eine Schutztruppe für die Bauern und M'bili für die Rückendeckung zurück.

Che macht sich auf den Weg zur Basis von Luluaburg. Rebocate bleibt im Lager, um eine zweite Linie zu bilden, die Ärzte im Krankenhaus. Unterwegs zieht Che die monatliche Bilanz: die Bilanz der Verluste, doch vor allem die der Entmutigung unter den Kongolesen und der Krise zwischen ihnen und den Kubanern.
Auf dem Rückweg trifft er sich mit Mundandi und versucht ihn zu überzeugen, daß die Situation in Ruanda an diejenige im Kongo gebunden ist und daß es Wahnsinn wäre, sich jetzt zurückzuziehen. Dieser antwortet, daß er derselben Meinung und überdies gerade dabei sei, einige Sabotageaktionen in der Gegend von Front de Force vorzubereiten.

Che: Die Situation, die ich bei meiner Rückkehr in der Basis vorfand, war alles andere als vielversprechend. Wir wußten zwar nun, was der Feind im Schilde führte, doch dafür hätten wir ihm nicht erst diese Dokumente abnehmen müssen, weil es ohnehin klar war. Das Ausmaß des Verfalls war bestürzend. (...)
Wir trafen die ersten Vorkehrungen, um die Basis in eine uneinnehmbare Festung zu verwandeln oder wenigstens in eine, die nur um den Preis hoher Verluste vom Feind eingenommen werden konnte; alle begehbaren Pfade in Richtung Ruanda wurden erkundet, um einen Verbindungspfad zu demjenigen zu finden, der direkt von Nganja zum See führte. Schließlich widmeten wir uns dem Bau einer Reihe von gut befestigten Brunnen.

Wenigstens die Kommunikationsverbindungen blieben intakt, und der Generator funktionierte. Im letzten Monat hatte er hundertzehn Botschaften über-

mittelt und sechzig empfangen. Che lobte ausgiebig die Arbeit Tumainis und der anderen Techniker .

Dreke: Wir kamen in Luluaburg an und besprachen mit dem Che die Auswahl der Leute. Ihm ging es gut. Er war sehr mager, litt aber nicht unter Atemnot. Er war jedoch besorgt, die Unterbrechung der Verbindung mit Daressalam beunruhigte ihn. Wenn wir einen Teil der Brigade herausholen mußten, würden wir es über den See tun müssen. Wir wollten niemanden unnötig in Gefahr bringen. Wir überlegten, ob nicht Margolles, der sich freiwillig gemeldet hatte, in einem Einbaum über den See setzen und eine Botschaft nach Kigoma bringen könnte. Margolles wurde ausgewählt, weil er Ruderer im Yachtclub von Havanna gewesen war. Außerdem entschieden wir, die Mehrzahl der Männer zu evakuieren und nur eine Gruppe von fünfzehn Mann dort zu belassen.

Che begab sich zum Seeufer und sprach mit Masengo, der darauf beharrte, Kazima anzugreifen. Che antwortete, daß nach seinen Informationen dort keine Gardisten mehr wären. Währenddessen arbeitete Mundandi bei der Ausführung des von Che entworfenen Verteidigungsplans mit. Er sollte sich um die Verteidigung Nganjas kümmern, ihm eine der beiden Kanonen schicken, die es dort gab, und Sabotageaktionen gegen die feindliche Stromversorgung organisieren.

Dreke: 31. Oktober, Tatu entschied, eine dritte Front in der Nähe von Aly zu eröffnen, und gab Genge Anweisungen in diesem Sinne.

Scharmützel am See

1. November.

Genge: Changa kommt in Sicht, verfolgt von zwei Schnellbooten. Mit dem Mörser, Maschinengewehren und zwei Kanonen stellten wir eine Batterie zusammen und schlugen eine Feuerbresche hinter Changas Boot, um die Verfolger außer Reichweite zu bringen.

Che: Im Morgengrauen traf Changa ein. Seine bevorstehende Ankunft war uns schon lange zuvor von den Leuchtgeschossen am Himmel angekündigt worden. Es war zu einer regelrechten Seeschlacht gekommen, als ihn die Patrouillenboote überrascht hatten. Er brachte einen Mann mit, den eine Maschinengewehrsalve an der Hand verletzt hatte, auch Changa selbst war vom Rückstoß einer Bazooka seiner Compañeros im Gesicht verletzt worden. Die kongolesische Mannschaft war ziemlich eingeschüchtert, und es bedurfte einiger Mühe, sie in den folgenden Tagen zur Rückkehr zu bewegen.

Mena: Changa hatte Verpflegung dabei und brachte den Compañero Braulio (den Boten) mit. Außerdem einen verletzten Kongolesen. Der Che sagt zu Changa, besser, ein Kubaner wird verletzt als ein Kongolese, denn sonst geben sie uns die Schuld an allem, was passiert.

Genge: Wir brachten Changa an Land und die Ärzte untersuchten ihn. Sie gaben ihm Salben, ein chirurgischer Eingriff war nicht notwendig, aber er hatte Schmerzen, daß es ihm die Schuhe auszog.

Genge wird zurückgerufen

Genge: Auf Anordnung Tatus war ich mit fünf Compañeros losgezogen, eine neue Front zu eröffnen. Wir hatten nur zwei Boote, vollbeladen mit Waffen. Wir stießen gegen ein Riff, und zwei Geschütze rutschten über Bord. Ich sprang hinterher und holte eines wieder heraus, obwohl mir niemand half. Wir waren so um die fünfundzwanzig Tage da draußen unterwegs.

Als wir in Kakone ankamen, am Ufer des Flusses, halfen sie mir beim Ausladen der Mörser, Maschinengewehre und Kanonen. Die Dorfbewohner waren sehr freundlich zu mir. Sie gaben mir einen Sack Nüsse, einen Sack Mais, Maniok und ein vor drei Tagen geschlachtetes, schon verdorbenes Schaf, aber sie sagten zu mir: »Das ist das beste, was wir einem Besucher zu essen geben können.« Ich aß es nicht, sondern gab es den Kongolesen, die mit mir unterwegs waren. Die zogen es sofort ab. Für sie war es eine feine Sache, danach hauten sie sich aufs Ohr und waren zufrieden. Wir Kubaner aßen lieber Nüsse, Mehl und rohen Maniok.

Von dort zogen wir in den Dschungel, der in ungefähr einem Kilometer Entfernung begann. Wir schliefen auf Matten, ein glühender Holzscheit lag immer griffbereit, um die Raubtiere abzuschrecken. Die Raubtiere kamen in der Morgendämmerung, und man mußte den Scheit zu Hilfe nehmen, um sie zu vertreiben.

Die Luftwaffe flog Einsätze und feuerte in die Gegend. Die Nordamerikaner warfen außerdem Fallschirme mit Reis und Propaganda ab: »Wer sich ergeben will, soll sich ein weißes Taschentuch umbinden, die Kubaner wollen euch nicht befreien.« Ein weißes Taschentuch um den Kopf war das Symbol für Kapitulation.

Ich erhielt eine Nachricht von Kumi, daß ich bis drei Uhr morgens in der Basis sein sollte, andernfalls müßte ich zurückbleiben. Und dann wäre mein einziger Ausweg gewesen, mich von Ort zu Ort durch den ganzen Kongo zu schlagen, bis ich auf Mulele gestoßen wäre. Ein motorisierter Einbaum wartete auf mich.

Dringende Botschaften

CHE: *[1. November]* Ein Abgesandter von Rafael suchte mich auf, um mir diese Botschaft zu übergeben:

RAFAEL: Compañero Tatu: Heute morgen wurde Pablo zur Regierung gerufen, um ihm mitzuteilen, daß die Regierungen, die bislang der kongolesischen Befreiungsbewegung Hilfe geleistet hatten, nach dem Gipfeltreffen der afrikanischen Staaten und dem Beschluß über die Nichteinmischung in die inneren Angelegenheiten anderer Länder den Charakter dieser Hilfe würden ändern müssen. Daß sie uns infolgedessen darum bäten, unsere Kontingente aus dem Kongo abzuziehen, um einen Beitrag zu dieser Politik zu leisten. Daß sie es anerkennten, daß wir mehr getan hätten als viele afrikanische Staaten, und daß die kongolesische Befreiungsbewegung davon erst unterrichtet würde, wenn wir uns bereits zurückgezogen hätten; daß sich daraufhin der Staatspräsident persönlich mit den Führungsmitgliedern in Verbindung setzen und sie über die Entscheidung informieren würde, die von den afrikanischen Staaten getroffen worden sei. Eine diesbezügliche Information sei an Havanna geschickt worden. Wir erwarten eine Stellungnahme von Dir.

CHE: Das war der Gnadenstoß für eine dahinsiechende Revolution. Ich teilte den kongolesischen Compañeros noch nichts von dieser Botschaft mit und wartete ab, was in den nächsten Tagen geschehen sollte.

Wenig später trifft über Daressalam ein Brief Fidel Castros ein, den Che auf folgende Weise zusammenfaßt:

FIDEL: Wir sollten alles Menschenmögliche tun, nur nichts Absurdes.
Wenn unsere Anwesenheit nach Tatus Einschätzung nutzlos geworden und nicht mehr zu rechtfertigen ist, müssen wir daran denken, uns zurückzuziehen. Ihr müßt der objektiven Situation und der Einstellung unserer Männer entsprechend handeln.
Wenn ihr es für richtig haltet zu bleiben, werden wir versuchen, Euch soviel menschliche und materielle Verstärkung zu schicken, wie ihr braucht. Es beunruhigt uns, daß ihr fälschlicherweise befürchten könntet, eure Haltung würde als defätistisch oder pessimistisch aufgefaßt.
Wenn ihr abzuziehen beschließt, ändert das nichts an der Stellung Tatus, ob er hierher zurückkehren oder sich an einem anderen Ort aufhalten will.
Wir werden jede Entscheidung unterstützen.
Vermeidet unnötige Verluste.

Am 4. November trifft eine weitere Botschaft von Rafael ein. Er teilt mit, daß die Söldner nicht aus dem Kongo abgezogen worden seien, und schließt mit den Worten:

RAFAEL: In diesem Fall wäre es Verrat, unsere revolutionäre Unterstützung an die Kongolesen zurückzuziehen, ausgenommen, sie würden darum bitten oder beschließen, den Kampf aufzugeben.

Der Funkkontakt wird gestört, doch die Botschaft später bestätigt.

CHE: *[an Rafael für Fidel]* Die Gardisten haben in diesen Tagen begonnen, überall vorzurücken. Es macht den Anschein, als bereiteten sie den Generalangriff auf unsere Basis vor. Noch warten wir ab. Unsere Verteidigungsstellungen sind ziemlich solide, wenigstens was die Bewaffnung angeht, obwohl uns hier und da Munition fehlt und den kongolesischen Rekruten nicht zu trauen ist.

Außerdem wird in der Botschaft vom Verschwinden Aurinos und dem Tod Bahazas berichtet.

CHE: Als in einem bestimmten Moment von der gemeinsamen Flucht der kongolesischen Führung die Rede war, hatte ich für diesen Fall beschlossen, mit zwanzig ausgewählten Männern zu bleiben (mehr Milch gibt die Ziege nicht), den Rest auf die andere Seite des Sees zu schicken, und den Kampf solange fortzusetzen, bis es sich entweder positiv entwickelt haben würde oder alle Möglichkeiten erschöpft wären. In letzterem Fall hätte ich mich zu entscheiden, ob ich mich auf dem Landweg in ein anderes Kampfgebiet begeben oder das eherne Recht auf Asyl in Anspruch nehmen würde. Angesichts der letzten Nachricht war meine Reaktion die gleiche wie diejenige Fidels: Wir konnten nicht einfach von hier fortgehen. Mehr noch, nicht ein Kubaner durfte unter diesen Umständen fortgehen. Und wir mußten sehr ernst mit der tansanischen Führung reden, um diese Haltung deutlich zu machen.

Meine Vorschläge: eine hochrangige kubanische Delegation soll allein oder zusammen mit Tembo nach Tansania reisen. Dort ist folgende Position zu vertreten: Kuba hat unter der Bedingung Hilfe angeboten, daß Tansania zustimmt. Tansania hat zugestimmt, und die Hilfe ist wirksam geworden. Sie war nicht an Bedingungen oder zeitliche Begrenzungen geknüpft. Wir haben Verständnis für die derzeitigen Probleme Tansanias, aber wir sind mit seiner Position nicht einverstanden. Kuba tritt von seinen Verbindlichkeiten weder zurück, noch kann es eine schändliche Flucht akzeptieren, die den kongolesischen Bruder der Gnade der Söldner ausliefert. Wir werden den Kampf nur aufgeben, wenn uns die Kongolesen selbst aus begründeten Erwägungen oder wegen unvorhersehbarer Entwicklungen darum bitten, aber wir werden alles daran setzen, daß es nicht so weit kommt. (…)

Weiterhin ist von der Regierung Tansanias die Aufrechterhaltung der Telegraphenlinien zu verlangen, außerdem die Erlaubnis, wenigstens ein oder zweimal pro Woche Treibstoff zu verschiffen, sowie, daß sie uns zwei Schnellboote besorgt und etwas von den angesammelten Waffen überläßt, damit wir sie mit einem Mal herüberbringen können; und schließlich die Erlaubnis, alle zwei Wochen Post auszutauschen.

Dreke in Kibamba

Dreke: Am Nachmittag des 1. November befiehlt Tatu, daß wir uns mit Ishirine in die Zone von Aly begeben sollen, um dort die geplante neue Front zu eröffnen und um mit Aly zu sprechen und ihm vorzuschlagen, daß er bleiben sollte.

2. November. Wir hatten in Kibamba Schützengräben, Unterschlupfe und Schießstellungen angelegt. Währenddessen lag M'bili in seinem Hinterhalt, möglicherweise näherte er sich auch schon dem See. Azi, Azima und M'bili lagen in drei Hinterhalten, mit ungefähr sechzig Kongolesen und Ruandern. Es ging darum, so gut es ging Widerstand zu leisten, ihnen Verluste zuzufügen, sich zurückzuziehen, neu zu organisieren und wieder ins Gefecht zu ziehen.

In den Dörfern wurde uns mitgeteilt, daß sie vorrückten. Sie machten einen Riesenlärm. Sie kamen nicht nur zu Land, zunächst flog die Luftwaffe Bombenangriffe. Sie rückten zwar näher, doch wir hielten die Anhöhen befestigt und besetzt.

Angalía, genannt »der Milchmann«, schoß einen Elefanten mit einem Jungen, und molk das tote Elefantenweibchen mit einem Eimer. Mitten in der Offensive zapften wir Elefantenmilch.

Die verschwundenen Kongolesen

Mena: Mafu traf am 5. November in der Basis ein.

Che: *[Mafus Bericht zusammenfassend]* Eines Nachts trafen zwei kongolesische Emissäre aus der nahegelegenen Basis von Calixte im Lager *[von Force]* ein. Unsere Compañeros luden sie ein, die Nacht bei ihnen zu verbringen, weil es schon spät war. Doch sie erklärten, daß Mundandi sie eingeladen hätte, die Nacht in seiner Schilfhütte zu verbringen, und machten sich dorthin auf den Weg. Am nächsten Tag sah man sie nicht mehr; als Mundandi nach ihnen gefragt wurde, sagte er, daß er sie aus dem Lager gewiesen hätte, weil sie ihn getäuscht hätten; sie hätten sich für politische Kommissare ausgegeben und seien doch nur einfache Soldaten gewesen. Kurz darauf trugen zwei Ruander die blauen Jacken, die die verschwundenen Compañeros angehabt hatten, und auch die Helme, die bei den Ruandern nicht getragen wurden. Wenig später ließ Calixte fragen, wo seine Männer wären, denn sie seien nicht zur Basis zurückgekehrt; all das deutete darauf hin, daß sie von Mundandis Leuten umgebracht worden waren. Man wußte nicht recht, aus welchem Motiv, ob allein aus Habgier oder weil die Diskrepanzen zwischen den Gruppen schon solche Extreme erreicht hatten. Ich gab meinen Verdacht an Masengo weiter, doch weil sich schon die unheilvollen Ereignisse überstürzten, wurden keine Maßnahmen mehr ergriffen.

9. November

Angesichts der Ineffizienz der Führung trägt Che Guevara …

CHE: … einen Plan für einen kleinen flexiblen Generalstab *[vor]*, mit dem man auch etwas ausrichten könnte (…) und der nicht wie der jetzige den Anschein machte, derjenige der Roten Armee kurz vor der Einnahme Berlins zu scin.

Masengo lehnt ab und sagt, daß der Generalstab erst vor kurzem reorganisiert worden sei, unter Berücksichtigung von Siki. Dafür ernennt er Che zum Leiter der militärischen Operationen (Nummer zwei in der Armeeführung).

CHE: So gut es ging, organisierten wir die Munitionsdepots, trafen Vorkehrungen zur Verteilung der Waffen und bildeten eine Gruppe für die Artillerie.

Mafu wurde nach Kisosi geschickt, um …

CHE: … die Verteidigung zu verstärken.

Che empfängt einen Brief M'bilis aus Lubonja.

CHE: Er teilte mir mit, daß der Druck auf seine Männer von seiten der Kongolesen immer stärker werde, und daß er glaubte, nicht länger durchhalten zu können. Die Demoralisierung sei zu groß.

Die Mehrzahl der Kubaner, die bei M'bili waren, wollten den Kampf aufgeben. Che gab M'bili die Erlaubnis, die Truppen ein Stück von ihrem Stützpunkt abzuziehen. Aly traf aus Kibamba ein, um seine Auseinandersetzungen mit den regionalen Chefs zu erklären. Nach einem Gespräch mit Masengo und Tremendo Punto wurde beschlossen, daß diese eine Überprüfung vornehmen und daß Aly, falls er im Unrecht sein sollte, die Führung entzogen werden und er durch einen anderen Kubaner ersetzt werden sollte. Im Extremfall würde man die kubanischen Truppen dort abziehen müssen.

Währenddessen setzte man die Organisation der Verteidigung fort. Es war ungewiß, wieviel Zeit man noch hatte, doch es schien, daß die Gardisten nicht zum Frontalangriff überzugehen wagten. M'bilis Erkundungen zufolge hatten sie sich aus Lubonja zurückgezogen, ebenso von Lamberts Stützpunkt und selbst von der Straße nach Fizi. Che schickte schnelle Erkundungstrupps aus, um die Informationen zu bestätigen, während er über einen Angriff in der Gegend von Kazima nachdachte. Doch er befürchtete, eine Niederlage könnte …

CHE: … eine Massenflucht auslösen und die Moral noch mehr untergraben. Zunächst wollte ich einige schwere Waffen erbeutet haben, um den Feind unter dichtes Feuer nehmen und einen Gegenangriff abwehren zu können.

10. November: Die Ruander ziehen ab

Nachrichten über den Fall von Front de Force und die Absicht der Ruander, sich zurückzuziehen, treffen ein. Anchali zieht sich zur Basis zurück, weil er einen Befehl Ches falsch verstanden hat. Che schickt ihn zur Absicherung der Front erneut ins Feld, zusammen mit Tom, dem Politiker, und weist auf die Notwendigkeit hin, die Ruander mehr denn je zu unterstützen. Am folgenden Tag fällt das Lager von Makungo, in dem sich Calixte aufgehalten hatte. Die Ruander ziehen sich mit ihren Waffen in die Gegend von Nganja zurück.

CHE: Für uns war es wichtig, die Gegend um Nganja zu halten. Nicht allein weil sie einen Zugang zur Basis darstellte, sondern weil wir dort die Rinderherden hatten, unsere einzige Möglichkeit, an etwas zu essen zu kommen, da der See zusehends blockiert war. (…) Unterdessen bildeten wir in aller Eile die kleine Artilleriegruppe des Compañeros Azi aus, die über drei Mörser mit einer Menge Projektilen, eine Kanone mit dreizehn Projektilen und zwei 12,7-Maschinengewehren verfügte (…); mit diesen wollten wir dem Großangriff in dieser Gegend Widerstand entgegensetzen und dem Feind reichlich Verluste zufügen. (…)
Das Versorgungsboot kam nicht. Changa teilte uns mit, daß er nicht fuhr, weil er nichts zu verschiffen hätte, was eine Reihe von hitzigen Telegrammen unsererseits an Kigoma und Daressalam in Gang setzte.

Zusammen mit den Telegrammen nach Tansania schickte Che ein weiteres nach Kuba:

CHE: Feindlicher Druck wächst und Blockadeversuch auf dem See hält an. Bitte um ausreichende Menge an kongolesischem Geld, um Isolation vorzubeugen. Offensive hält an und schreitet fort. Bewegungen müssen schnell geschehen. Bereiten uns auf Verteidigung der Basis vor.

Kabila kündigte weiterhin seine Ankunft an, zunächst für den 9. November, dann für später. Er teilt mit, daß er nicht kommen könne, weil sein Schiff kaputt sei. Schließlich spricht Che mit Masengo Klartext und sagt, daß Kabilas so oft angekündigte Reise niemals stattfinden wird: »Kabila wird nie kommen«, weder jetzt noch später.

CHE: Unser Verteidigungsplan war in diesem Moment folgender: M'bili kontrollierte mit einer Gruppe Ruander den Weg, der von Nganja direkt zum See führt. Der andere, der an der Basis entlang verläuft, wurde von Azima und den Kongolesen verteidigt. Moja war für die Verteidigung des Sees bis nach Kazima zuständig, und Aly kontrollierte Kabimba.

Mundandi: *[Notiz an Che]* Ich bin außerstande, die Position weiter zu halten und für ihre Verteidigung zu garantieren (...), ich bitte Sie um Verständnis, ich habe beschlossen, mich zurückzuziehen. Ich lasse die kubanischen Compañeros nicht im Stich (...), aber ich kann meine ruandischen Genossen nicht weiterhin der Gefahr der gänzlichen Auslöschung aussetzen (...), ich habe versucht, dieser Revolution beizustehen, um eine weitere in unserem Land zu machen. Doch wenn die Kongolesen nicht kämpfen, ziehe ich es vor, auf unserem eigenen Boden zu sterben.

Masengo will in die Zone von Mundandi aufbrechen und die Ruander entwaffnen, als er von dem Brief erfährt. Che versucht über M'bili zu vermitteln, um einen direkten Zusammenstoß zu vermeiden.

12. November

Brief Masengos, in dem er um Waffen bittet, über die die Kubaner in diesem Moment nicht verfügen, und einen Überfall auf Kazima vorschlägt. Währenddessen organisieren die Kubaner die Verteidigung am See. Sie legen Minen aus, um den feindlichen Patrouillen die Arbeit zu erschweren.

Rivalta: Angesichts der Situation, die eingetreten war, während er sich im Kongo aufhielt, schickte Che einen Brief an die Chinesen, an Chou En-lai, in dem er ihn um Hilfe bittet. Das war schon gegen Ende seines Aufenthalts im Kongo. Chou En-lai riet ihm, sich nicht zurückzuziehen, sondern zur Ausbildung von Gruppen überzugehen, die auf kongolesischem Terriorium durchhalten sollten, ohne sogleich ins Gefecht zu ziehen. Zur gleichen Zeit erreichten ihn Briefe, in denen Chou En-Lai an ihn appellierte, die Liquidierung der Gruppe zu verhindern.

In Kasima kommt es zu einem Mißverständnis, als Moja einen Befehl Che Guevaras empfängt, daß er sich nach Kisosi zurückziehen und dort als Reserve die Stellung halten soll, und auch die Kongolesen abziehen läßt. Masengo will zwischen Moja und dem kongolesischen Chef vermitteln. Che willigt ein, daß Moja einen geplanten Überfall befehligen soll, jedoch mit aller gebotenen Vorsicht, um eine Massenflucht zu vermeiden.
Probleme mit den Kongolesen in Fizi, die versuchen, einen Keil zwischen Masengo und die Kubaner zu treiben. Konflikte mit Lambert, der sich beschwert, daß die Kubaner ihm seine schweren Waffen abgenommen hätten, Diskussionen mit dem Gesundheitsminister Mutchungo, da dieser einer Gruppe von Bauern weitere zwölftausend kubanische Freiwillige versprochen hat.

Die Evakuierung von Ehefrauen und Kindern der kongolesischen Kämpfer nach Kigoma wird angeordnet.

Das zweite Gefecht in Misima

DREKE: Berichte von einem Gefecht Alys in Kazima treffen um den 13. November ein. Siki erzählt mir davon. Sechs unserer Leute kämpften gegen belgische Boote und kongolesische Regierungssoldaten. Offenbar waren die Boote zur Erkundung den Kongo-Fluß bis zur Basis hinaufgefahren, um eine Landung vorzubereiten, mit der sie uns von zwei Fronten aus in die Zange nehmen wollten.

VIDEAUX: Sie unternehmen einen weiteren Versuch, Misima anzugreifen, aber wir hatten unsere Positionen bereits verstärkt, Schützengräben angelegt und zwei Maschinengewehre Kaliber 30 in Stellung gebracht. Als die Belgier angreifen wollten, handelten die kongolesischen Guerilleros so schnell, daß die Kubanern gar nicht dazu kamen, mit einzugreifen.

Wir eilten zum Ort des Geschehens, doch als wir ankamen, waren die Belgier schon wieder auf und davon. Diesmal ließen sie zwei Tote am Ufer bei der Mündung des Misima-Flusses zurück. Die Kongolesen schätzten, daß es ein ganzes Bataillon gewesen sei, aber wir vermuteten eher eine schnelle Eingreiftruppe, mit der sie versucht hatten, die Verteidigung zu überrumpeln, da sie nicht ganz unbegründet auf die Unachtsamkeit der kongolesischen Guerillaposten setzten. Aber an diesem Tag überrumpelte die Guerilla die Belgier und zwang sie aufs neue zum Rückzug nach Katanga.

Die Belgier verstärkten ihren Druck mit der Luftwaffe und den Booten, auch nachts, als wollten sie jederzeit mit der Landung drohen.

Tatu hatte uns immer gesagt, daß dieser Ort unbedingt gehalten werden mußte. Dieser Frontabschnitt von Kabimba, einer der kleinsten und am schwächsten besetzten, machte Tatu Sorgen. Misima lag nur etwas über zwanzig Kilometer von der Basis von Katanga entfernt, einer der wichtigsten belgischen Basen im ganzen Land, aus der sämtliche Boote ausliefen, die über den Tanganyika-See patrouillierten. Außerdem war dort auch eine Luftwaffenbasis, auch die Flugzeuge, die Luluaburg und unsere Stellungen bombardierten, kamen von dort.

14. November: Kein Platz für das Gepäck

Im Morgengrauen trifft Changa mit einer gewaltigen Ladung Lebensmittel ein. Rafael schickt eine Botschaft, in der er vorschlägt, eine geheime Basis in Tansania zu organisieren. Che ist einverstanden. Changa bringt vierzig Kon-

golesen mit, die vom Studium in der UdSSR zurückkehren. Als erstes fordern sie zwei Wochen Urlaub …

Che: … und beschweren sich unter anderem darüber, daß es keinen Platz gibt, wo sie ihr Gepäck unterstellen können, und daß keine Waffen für sie bereitstehen; wenn es nicht so traurig wäre, könnte man sich fast über das Verhalten dieser Burschen amüsieren, in die die Revolution ihr Vertrauen gesetzt hatte.

Che wäscht ihnen den Kopf, froh, daß er endlich mit jemandem französisch reden kann. Ihr Chef reagiert vernünftig, und am nächsten Tag steigen sie zur Basis hinauf, um bei der Verstärkung der Verteidigung mitzuhelfen. Masengo schickt ihm außerdem sieben Männer, die auf der Strecke Kigoma-Albertville ein Boot in die Luft jagen wollen. Che sagt ihnen, daß es angesichts der Spannungen mit Tansania nicht der richtige Moment dafür ist, und schlägt ihnen stattdessen Aktionen im Rücken der feindlichen Nachhut vor, woraufhin sie nie mehr gesehen werden.
Schwierigkeiten bei der Evakuierung. Feindliche Boote bewachen den See ununterbrochen. Changa hat Probleme mit »Jugendlichen« von 20 bis 25 Jahren, die sich an Frauen und Kindern vorbei auf die Boote drängen wollen.

Videaux: Tremendo Punto und Amía trafen ein und teilten uns mit, daß der Che unsere baldige Rückkehr angeordnet hätte. Als wir diesen Befehl vernahmen, versuchten wir ihn mit allen Mitteln geheimzuhalten. Wir wußten, daß es Verstimmung unter der Bevölkerung geben würde, wenn sie von unserem Abzug erfahren sollte. Sie hatten Vertrauen zu uns gefaßt. Sie sagten, solange wir dort wären, würden die Belgier nicht kommen. Wir bereiteten sie schonend vor: wir seien nicht die einzigen, die wüßten, wie der Krieg zu führen sei. Wären sie erst einmal ausgebildet, bräuchten sie uns nicht mehr. Die von uns ausgebildeten Kongolesen seien genauso gut wie wir. Wir hatten feierliche Abkommen mit den Dorfvorstehern geschlossen und versuchten deshalb den Befehl zum Abzug geheim zu halten. Aus zwei Gründen: damit kein Chaos entstand und als Sicherheitsmaßnahme. Sollte der Feind davon erfahren, könnte dies zu Angriffen oder Sabotageaktionen führen. Aber so sehr wir uns auch bemühten, Stillschweigen zu wahren, schließlich erfuhren sie doch davon und begannen es zu verbreiten. Sie sagten Aly, daß wir nicht abziehen dürften, weil sonst die Belgier sofort einmarschieren würden, sobald wir weg seien. Die Guerilleros, die davon erfuhren, vertraten die gleiche Ansicht. Riesengroßer Aufruhr. Um uns irgendwie aus der Affäre zu ziehen, behaupteten wir, unser Abzug sei noch nicht endgültig beschlossen. Aber wir hatten nun mal den Befehl zum Abzug. Als es dunkel wurde, machten wir uns gestaffelt auf den Weg zur Basis.

15. November: Im Ruderboot unterwegs

VIDEAUX: Wir hatten nicht genügend Transportmittel für den Rückzug, nur den Kahn, den Chamaleso mitgebracht hatte. Dort paßten wir nicht hinein. Also transportierten wir die Leute in Etappen. Wir nahmen eine Gruppe an Bord und brachten sie bis zu einer Stelle mehr oder weniger auf halbem Wege, dann kehrten wir zurück. Und in der nächsten Nacht brachten wir die anderen dorthin. Insgesamt waren wir zu zehnt, Tremendo Punto und den Kubaner nicht mitgezählt, der mitgekommen war, um uns abzuholen. Aly brach mit der ersten Gruppe auf, und ich blieb mit vier weiteren den Tag über dort, um in der nächsten Nacht weiterzufahren; doch zum Glück trafen die ersten auf eine Gruppe von Sympathisanten der Bewegung, die ein Ruderboot hatten. Ein Kongolese kehrte mit ihnen zurück, und sie nahmen uns an Bord. Wir ruderten mit dem Bötchen hinter ihnen her. Die ganze Nacht legten wir uns in die Ruder.

16. November: Langsamer Zusammenbruch

Die Vereinigung der Kräfte geht weiter. Jetzt ist Alys Gruppe am Zug.

VIDEAUX: Am nächsten Tag konnten wir ein Stück zu Fuß weitergehen, denn es war so regnerisch und bewölkt, daß die Flugzeuge nicht aufsteigen konnten. Schon am Nachmittag war das Bötchen in der Basis angekommen, hatte die Compañeros abgesetzt und war zurückgekehrt, um uns abzuholen. Wir gingen an Bord und kamen noch bei Tag an. Dort traf ich zum ersten Mal Moja, der aus Force zurückgekehrt und in Kumis Feldlazarett war. Ich erkannte ihn sofort, er trug Schnurrbart und alles wie immer. Ich hatte ihn seit Kuba nicht mehr gesehen, seit damals in Candelarias bei der Ausbildung. Zum ersten Mal bekam ich dort auch meine Post, alle Briefe, die angekommen waren, seit ich fort war, sechsunddreißig auf einmal. Gar nicht leicht, alle auf einmal zu lesen. Ich machte drei oder vier auf, aber als ich gerade dabei war, sie zu lesen, bekam ich die Nachricht, daß Tatu mich sprechen wollte, daß ich sofort zu ihm hinaufgehen sollte. Da habe ich die Briefe gleich verbrannt, weil ich nicht mit diesem Stapel Papier herumlaufen wollte. Ich gehe hinauf und komme bei Nacht an. Tatu begrüßt mich und beglückwünscht uns zu der Etappe des Kampfes, die nun hinter uns lag. Die Führung der Bewegung und er seien sehr zufrieden mit dem Verhalten der Gruppe und insbesondere mit Alys und meiner Arbeit bei den kongolesischen Guerilleros. Wir hätten einige wichtige Aktionen durchgeführt, die Aktion in Misima sei ein bedeutender Sieg gewesen, und vor allem hätten alle Compañeros eine hohe Moral gezeigt. Ich fügte für meinen Teil dem Lob des Che hinzu, daß die kleine Gruppe von Ruandern, die bei uns gewesen waren, sich sehr gut verhalten hätten. Sehr viel besser als die Ruander, die in Force Bandera gekämpft hatten.

Nach der Ankunft der Gruppe von Aly empfängt man einen Brief von Azi, der den Rückzug absichern soll.

Azima: *[in einem Brief an Siki]* Ich habe nur sechzehn Kongolesen und neun Kubaner zur Verfügung, der Rückzug ist sehr schwierig und unsere Position restlos aufgedeckt worden; es gibt keine Möglichkeit, sich vor der Luftwaffe zu verbergen. Die Kongolesen haben gesagt, daß sie gehen wollen und nicht mehr kämpfen werden; wir liegen hier bereits unter Beschuß, sollten die feindlichen Soldaten vorrücken, werden sie fliehen. Ich versuche Ihnen zu erklären, daß die Situation hier sehr hart ist, entschuldigen Sie, aber ich glaube, mich verläßt der Glaube. Wir sind zu Leuten geschickt worden, die nicht kämpfen wollen, und ich glaube, daß das nicht sinnvoll ist; offen gesagt glaube ich, daß es nicht korrekt ist, uns dazu abzuordnen. Ich bin nicht viel rumgekommen, aber das hier finde ich nicht in Ordnung. Es gibt auch kein Essen, das Fleisch ist alle, und es gibt nichts, was man stattdessen essen könnte. Außerdem regnet es jeden Tag, von morgens früh an gießt es, und es gibt nirgendwo Unterschlupf.

Che ist sehr beunruhigt über den Brief und gibt Siki Anweisungen, die Lage dort zu inspizieren. Sollte Azima völlig demoralisiert sein, soll er durch Kisua [Videaux], den Stellvertreter Alys, abgelöst werden, der gerade angekommen ist.
Siki kommt zurück und berichtet, daß die Bedingungen nicht so schlecht seien, daß es möglich sei, noch ein wenig durchzuhalten, wenn bald ein Rückzug unternommen würde. Um die Verteidigungsstellung langfristig zu halten, sei die Moral der Kämpfer zu schwach.

Che: Azima schickte eine persönliche Botschaft, in der er schwor, diesen Ort wie ein Stück von Kuba zu verteidigen; seine Ablösung war nicht nötig.

Aly bekommt Streit mit Tremendo Punto, der ihn beschuldigt, gegenüber den Kongolesen viel zu unnachgiebig zu sein. Aly wirft Chamaleso vor, daß er, als sie im Kanu über den See gefahren waren, beim Auftauchen eines Flugzeuges ins Wasser gesprungen sei und das Boot zum Kentern gebracht habe, wodurch Aly, der nicht schwimmen konnte, beinahe ertrunken wäre.

Che: Sein Ärger auf Tremendo Punto, der sich in häufigem Gestotter mitten in seiner Erzählung entlud, hatte etwas sehr Komisches inmitten dieser tragischen Situation.

M'bili meldet Anzeichen eines feindlichen Vormarsches in der Nähe von Jungo, angesichts derer »weder Kongolesen noch Ruander ihre Positionen eingenommen« *hätten. Die Stellungen wurden an beiden Flügeln von acht Kubanern gehalten. Man vermutet, daß auf der Gegenseite vierhundert Gardisten stehen. Praktisch wird nur noch darauf gewartet ...*

M'BILI: ... wie sich der Feind entscheidet, die Dinge zum Ende zu bringen.

CHE: M'bili berichtet von einem Vorfall mit einem kongolesischen Chef, der sich weigerte, Schützengräben anzulegen, und im Streit darüber auf Charles losging und sogar zur Waffe griff, bis er schließlich von den Kubanern überwältigt wurde. Es ist die Rede davon, daß sich die Kongolesen bei einem Angriff der Gardisten zurückziehen und notfalls sogar auf die Kubaner schießen würden. Dies stand in einer Notiz von 9 Uhr, die zweite von 11 Uhr 15 meldete, daß die Ruander verschwunden seien, man wußte nicht wohin, wahrscheinlich zurück in ihre Heimat.

M'BILI: Möglicherweise handelt es sich um Verrat. Ich schlage vor, daß wir uns wie geplant ein Stück weiter nach hinten zurückziehen, in zwei Gruppen aufteilen, neue Positionen einnehmen und den Weg verminen. Wir brauchen dringend Verstärkung und werden Vorkehrungen für den Fall eines Verrats treffen. Der Compañero, der die Antwort überbringt, soll den neuen Weg nehmen. Patria o muerte.

Wenige Stunden später bombardierte die Luftwaffe die gerade aufgegebenen Stellungen M'bilis. Die vorderste Linie wird verstärkt. Denjenigen, die sich in die Basis zurückziehen wollen, werden die Waffen abgenommen und anderen übergeben. Die vor kurzem aus Rußland eingetroffenen Kongolesen erklären sich bereit, an die Front zu gehen, aber nur alle gemeinsam. Man stellt sie vor die Wahl, entweder die Befehle zu befolgen oder zu gehen; einige bleiben.
Che überlegt im Gespräch mit Tremendo Punto:

CHE: Entweder wir wählen eine bewegliche Verteidigung, geben Terrain preis und ziehen uns immer wieder woanders zurück, oder wir bauen hier eine rigide Verteidigungsstellung auf und kämpfen, bis unsere Kräfte erschöpft sind. Was wir nicht tun können, ist, die Hände in die Taschen stecken und darauf warten, bis die Gardisten von einem zum nächsten Ort ziehen und uns alles kampflos abnehmen, was die Kampfmoral noch weiter untergraben würde. Diese Taktik, oder dieser Mangel an Taktik, würde nur dazu führen, daß wir alles verlieren und völlig desorganisiert dastehen.

Die Optionen werden diskutiert. Doch für Che handelt es sich um eine rein pädagogische Angelegenheit. Er glaubt nicht im geringsten, daß eine rigide Verteidigungsfront ernsthaft standhalten könnte.

Viele Kongolesen verlassen die Frontstellungen und verschwinden für immer.

Dreke: Als die Kongolesen fortgingen, baten mehrere Kubaner, die zuvor ihre Entlassung eingereicht hatten, um Gewehre, und man gab sie ihnen. Auch die Zwillinge. Alle verlangten ihre Waffen zurück.

17. November: Der äußere Verteidigungsring bricht zusammen

Videaux: Als wir zur Position des Che zurückkehrten, hatte er sich bereits entschieden, nicht fortzugehen. Er wollte hier bleiben, dessen bin ich sicher. Ich hörte, wie er es sagte. Der Che ließ mich rufen und sagte:
– Noch sind wir nicht gescheitert. Deine Mission ist es jetzt, M'bili zu verstärken und zu versuchen, die Gardisten aufzuhalten.
In diesem Moment waren die Gardisten dabei, den Kreis zu schließen. Außerhalb der Umzingelung war kein einziger Kubaner mehr. Wir hatten alle hier gesammelt und versuchten nun, den äußeren und den inneren Verteidigungsring aufrechtzuerhalten. M'bili lag in einem Hinterhalt auf dem Weg nach Force. Che teilt mir eine Gruppe kongolesischer Guerilleros zu, die aus Bulgarien eingetroffen war. Sie besaßen keine Kampferfahrung, hatten jedoch eine Ausbildung hinter sich. Che erklärte mir in groben Zügen die Situation: die Belgier rückten vor, und bislang hatten wir sie nirgends aufhalten können. Tagsüber attackierte die Luftwaffe unsere Verbände. Am Abend nahm ich die Gruppe aus Bulgarien in Empfang, und am nächsten Morgen, nach einigen Schwierigkeiten, brachen wir zu M'bilis Stellung auf. Von den etwa vierzig Kongolesen aus Bulgarien begleiteten uns nicht mehr als dreißig.
Wir erreichten M'bilis Position und verstärkten dort die Verteidigung. M'bili hatte zehn oder zwölf Kubaner und eine Gruppe von Kongolesen bei sich. Wir trafen spät ein, die Nacht war schon angebrochen, und wir besetzten einen der schwächsten Punkte. Mit allen Mitteln sollten wir die Belgier daran hindern, weiter vorzurücken, ohne unser Leben unnötig in Gefahr zu bringen. Eine ziemlich schwere Mission, die Stellung zu halten und gleichzeitig keinen einzigen Compañero zu verlieren. Ich besprach die Lage mit M'bili. Die Nacht über konnten wir standhalten. Die Belgier waren dort draußen, aber sie konnten sich nicht zum Sturmangriff entschließen. Fünfhundert oder sechshundert. Und wir oben in den Bergen. Sie lagerten nicht gerne im Gebirge. Ihre Luftwaffe warf pausenlos Verpflegung und Munition für sie ab. Sie bombardierten uns nicht, da wir sehr nah an ihren Truppen lagen. Es war nicht möglich. In der zweiten Nacht kommt ein Bote vom Che und überbringt uns den Befehl zum Rückzug.
Wir zogen uns zurück, um den inneren Ring zu verstärken, wie Tatu angeordnet hatte. Es war nicht möglich, sie weiter aufzuhalten. Obwohl

wir ihre Truppen vor unseren Stellungen zum Stehen gebracht hatten, rückten von anderen Seiten her weitere Belgier vor. Nachmittags trafen wir auf Sima, der seine Stellung nach sehr heftigen Gefechten mit den Belgiern hatte räumen müssen. Die Möglichkeit, sie am äußeren Ring aufzuhalten, war dahin. Es war unmöglich, unsere Kräfte waren zu gering und zu weit verstreut. Die Kongolesen waren komplett demoralisiert. Viele desertierten. Nicht einmal M'bili, der Befehlshaber, konnte mit Sicherheit sagen, wieviele Kongolesen ihm noch verblieben waren. In Momenten wie diesem verstärkst du die Kontrolle, weil nicht ein Kubaner unnötig geopfert werden durfte. Ob und wieviele Kongolesen tatsächlich desertierten, war unmöglich festzustellen. Sie waren viel mehr als wir, und man kämpfte im Dschungel, zwischen Bäumen und Gestrüpp: ob jemand gefallen war oder sich davongemacht hatte, war mitten im Gefecht kaum herauszubekommen. Wir befanden uns auf dem Rückzug, mit dem Feind im Nacken und in ständiger Gefahr, eingekreist zu werden. Die Kontrolle wurde immer lockerer.

DREKE: Unsere Truppen zogen sich an den See zurück. Die kongolesischen Kämpfer und Zivilisten waren auf der Flucht. Der Che war sehr besorgt um die Kinder. Die Kinder mußten zu essen bekommen.

18. November: Die Gardisten rücken weiter vor

Che steigt am folgenden Tag zu einem Treffen in der Basis am See mit Tremendo Punto, Masengo, Charles Bemba, Kent (einem Kenianer) und einigen anderen hinunter. Der Rückzug nach Fizi wird aufgrund der dort herrschenden Bedingungen verworfen.

Es bleibt die Möglichkeit, sich nach Norden zu bewegen, in Richtung Uvira, wozu man am See entlang marschieren mußte, zu Fuß und über die feindlichen Linien hinweg durch ein sehr gefährliches Gebiet. Die andere Option war Richtung Süden, nach Bondo. Moja und Aly werden für einen Tag auf eine schnelle Erkundung nach Süden geschickt.

CHE: Aly führte das auf einen neuen Streich Tremendo Puntos zurück. Er hielt es für eine sehr schlechte Idee. Ich hatte einen kleinen Wortwechsel mit Aly, der brummte, er hätte genug davon, auf den Bergen herumzurennen, ohne daß die Leute hier kooperierten. Ich antwortete ihm scharf, daß wir die Evakuierung von Bondo aus organisieren müßten und er mit der ersten Gruppe fahren könnte, die aus dem Kampf entlassen würde. Er entgegnete sofort, daß er bis zum Ende bei mir bleiben werde. Aber um doch nicht das Gesicht zu verlieren, fügte er noch hinzu: »Um für die nächsten zwanzig Jahre auf den Bergen herumzurennen.«

Am Abend wird Che von Tremendo Punto informiert, daß Masengo ihn hatte sprechen wollen. Dieser wollte ihm vorschlagen, den Kampf einzustellen, hatte sich dann aber doch nicht getraut. Er hätte gesagt: »Alle verantwortlichen (kongolesischen) Compañeros sind einverstanden, daß wir einstweilen den Kampf einstellen.«

Che: Ich antwortete ihm, daß dies eine sehr weitreichende Entscheidung sei. In Fizi und Mukundi und auch an dieser Front hatten wir noch organisierte Verbände, außerdem blieben diejenigen in Uvira und am Frontabschnitt von Mulele. Würden wir abziehen, könnten die feindlichen Truppen diese Gruppen ohne Schwierigkeiten angreifen; durch unsere Flucht würden sie aufgerieben werden, denn wir wußten, daß sie allein nicht stark genug waren, um durchzuhalten. Ich bat um eine schriftliche Nachricht, in der Masengo uns seine Entscheidung darlegte. Tremendo Punto war leicht erstaunt und etwas beleidigt, aber ich bestand darauf. Ich erklärte ihm, es gebe etwas, das sich Geschichte nennt, und diese besteht aus vielen fragmentarischen Daten, die allzu gerne verdreht werden.

Dreke: Er bittet die Kongolesen um einen Brief, um ein offizielle Gesuch, den Kampf aufzugeben. Sie saßen auf dem Boden: Chamaleso, Tatu, Tembo. Ich befand mich in Luluaburg an der Spitze der Truppen.

Das Gespräch wird unterbrochen. Siki funkt von der oberen Basis, daß die Gardisten in drei Kolonnen und in großer Zahl vorrückten, und daß sich Azima kampflos zurückgezogen habe, nachdem er unter Beschuß geraten sei. Die Kundschafter, der Kubaner Suleimán und ein Kongolese, seien bei einer vorausgehenden Attacke der Luftwaffe versprengt worden und nicht wieder aufgetaucht.

Nane: Die Söldner kamen den Berg herauf, und wir wichen zurück, bis wir an unseren Ausgangspunkt zurückgekehrt waren, an das Seeufer, nach Kibamba.

Che beschließt mit Masengo den Rückzug. Tremendo Punto berichtet, daß der Beschluß der Kongolesen auf endgültigen Rückzug lautet, dem Gerücht nach steht der Chef der Militärpolizei dahinter, und bald versinkt alles im Chaos.

Pombo: Wegen der fehlenden Kontakte zur Führung der Bewegung kommt Tatu plötzlich auf die Idee, den gesamten Kongo zu durchqueren, von Katanga aus bis in den Norden des Landes, wo Lumumbas einstiger Erziehungsminister an der Spitze einer Guerilla stand. Aber das bedeutete einen Marsch von mehr als tausend Kilometern durch unbekanntes Gebiet, ohne Ortskundige, durch den unberührten Dschungel. Diese Schwierigkeiten wurden abgewogen, und andere, die nicht von uns abhingen.

Videaux: An diesem Tag beschloß Tatu, angesichts der Unmöglichkeit, die feindliche Offensive aufzuhalten, daß alles, was von der Basis übrig war, zerstört werden und wir uns nach Jungo begeben sollten, einen Ort am Ufer des Tanganyika-Sees. Aus einigen Compañeros, zu denen auch ich gehörte, sollte eine neue Einheit gebildet werden. Für diejenigen, die wegen Verletzungen oder Krankheit zurückbleiben mußten, blieb eine Schutztruppe vor Ort. Die Übrigen sollten versuchen, die Einkreisung zu durchbrechen und den Dschungel in Richtung der Grenze zu Brazzaville zu durchqueren. Dort befand sich Mulele, der letzte, der noch kämpfte. Aber es war nicht möglich, Kontakt zu Mulele herzustellen, um den Kampf fortzusetzen.

Che schlägt Masengo vor, daß dieser den Rückzug seiner Männer und er den der seinigen organisieren soll.
Er schickt ein Telegramm:

Che: *[an Rafael]* Die Situation ist ausweglos. Vollständige Einheiten und viele Bauern laufen zum Feind über. Keiner kongolesischen Einheit ist mehr zu trauen. Von nun an können unsere Nachrichten über den Hauptsender jederzeit unterbrochen werden, wir werden dann den Kontakt zu Kigoma über den Hilfssender aufrechterhalten. Changa hier wegen Maschinenschaden. Benötigen dringend Boot mit Besatzung in gutem Zustand.

Che und Rafael tauschen weitere Telegramme zur Einschätzung der internationalen Situation aus, in denen sie besprechen, daß die tansanische Regierung am ehesten über die Chinesen, die Sowjets und die Vereinigte Arabische Republik unter Druck gesetzt werden könnte. »Wie lautete das Abkommen von Accra? Uns im Stich zu lassen?« Rafael spricht davon, Tansania zur Rechenschaft zu ziehen, sollte es sich weiterhin unter Druck setzen lassen. Alles ist sehr verwirrend.

Mena: Der Che schlägt abschließend vor, was er sich mit Dreke ausgedacht hat.

Che: *[an Daressalam]* »Wir werden zunächst die hier stationierten Verbände evakuieren und in einer zweiten Etappe die Mehrzahl der Kubaner. Mit einer kleinen Gruppe werden wir hierbleiben und das Ansehen Kubas verteidigen. Setzt Havanna davon in Kenntnis.«
Ich beabsichtigte, die Kranken, die Schwachen und diejenigen, die weiche Knie bekommen hatten, zurückzuschicken, und mit einer kleinen Gruppe zu bleiben, um den Kampf fortzusetzen. Dieses Ziel im Blick, führte ich einen kleinen Test (...) unter den Compañeros durch, dessen Ergebnis entmutigend war. Fast niemand war bereit weiterzukämpfen, es blieb allein meiner Entscheidung überlassen ...

Probleme bei der Evakuierung: Mafu hatte zwei Kundschafter nach Kazima geschickt, jemand wurde ihnen hinterhergeschickt, und sie kamen eilig zurück. M'bili und seine Gruppe würden einen Gewaltmarsch zurücklegen müssen ...

Che: ... damit wir die untere Basis noch im Morgengrauen räumen konnten. Aus den bisherigen Erfahrungen mit feindlichen Angriffen rechnete ich damit, daß sie uns einen Tag in Ruhe lassen würden, um daraufhin neue Manöver zu unternehmen. Dies würde es uns ermöglichen, relativ leicht herauszukommen. Doch wir mußten auf der Hut sein, um jeden Feindkontakt zu vermeiden und einen Großteil der Sachen zu retten.

Dreke: Dem Che war klar, daß das Hauptziel des kommenden Angriffs darin bestand, uns in Richtung des Sees abzudrängen. Wir legten uns in die Schützengräben. Wir hatten einen Verteidigungsring bis zu Terrys Position gezogen.
Eine Liste der Leute wurde erstellt, die bleiben würden. Die Verletzten, Kranken und die Schwächsten würden wir evakuieren. Mit einigen Compañeros wurden geheime Gespräche geführt.

Mena: Changa brach eine halbe Stunde, bevor der Beschluß zum Rückzug bekannt gegeben wurde, nach Kigoma auf. Als er sich am folgenden Tag nicht meldete, fürchtete Tatu, daß ihm etwas zugestoßen sei.

19. November: Haus in Flammen

Genge schifft die Kranken ein und bricht mit ihnen nach Makungo auf. Die Kongolesen beginnen sich in Richtung Fizi zurückzuziehen.

Che: Am Anfang wollte ich sie aufhalten, doch nach einigem Nachdenken gab ich Order, jeden gehen zu lassen, der wollte. In der Phase der Evakuierung würden wir ohnehin nicht alle mitnehmen können.
Im Morgengrauen steckten wir das Haus in Brand, das uns für mehr als sieben Monate Unterschlupf geboten hatte. Es gab dort zu viel Papier, zu viele Dokumente, die hätten vergessen werden können, und so war es das beste, alles auf einmal zu vernichten. Nach kurzer Zeit, der Tag war schon angebrochen, standen auch die Pulvermagazine in Flammen, ohne daß es eine Absprache dazu gab, weder Masengo noch ich selbst hatten Befehle in diesem Sinne gegeben, im Gegenteil. (...) Die wertvolle Munition verbrannte und explodierte. Wir betrachteten vom ersten Hügel auf dem Weg nach Jungo das Feuerwerk, während wir auf die Nachzügler warteten. Diese waren zahlreich, und es hatte den Anschein, als schleppten sie die Müdigkeit von Jahrhunderten mit sich, ihr Mangel an Lebendigkeit war alarmierend. Unterwegs ließen sie Teile von schweren Waffen zurück, um ihre Bürde leichter zu machen, ohne

sich darum zu kümmern, was solche Waffen im Kampf für eine Bedeutung bekommen konnten. Es waren kaum noch Kongolesen geblieben, und alles mußte von den Kubanern getragen werden. Ich bestand wieder und wieder auf der Notwendigkeit, auf diese für uns lebenswichtigen Waffen sorgsam zu achten, für den Fall, daß wir uns eines letzten Angriffs erwehren müßten, und so machten sich die Männer schleppenden Schritts unter dem Gewicht einer Kanone und eines Maschinengewehrs auf den Marsch, nachdem sie schon zwei unterwegs zurückgelassen hatten.

Videaux: M'bili und ich kamen überein, mit den Kubanern zwischen 2 und 3 Uhr morgens abzumarschieren, während uns eine Gruppe Kongolesen Deckung und Zeit geben würde, um den äußeren Ring zu abzusichern. Gegen 3 Uhr morgens setzten wir uns eilig in Richtung der Basis in Marsch. Es war ein gutes Stück Weges, und als wir an der Basis ankamen, war dort schon wieder eine neue Entscheidung getroffen worden. Die Entscheidungen mußten sehr schnell getroffen werden. Nicht weil Tatu es so wollte, sondern weil es die Situation und die häufigen Treffen mit der Führung der Bewegung erforderten.

Che: Ich wartete auf die Mannschaft für die Kommunikationsverbindungen. Um 6 Uhr sollten wir einen ersten Kontaktversuch unternehmen, und ich beobachtete, wie Tuma, der Chef der Mannschaft, den nächstgelegenen Hügel zur oberen Basis in Richtung des Sees hinunterstieg. Das Schauspiel war entmutigend; die Compañeros brauchten drei Stunden für einen Hügel, den man normalerweise in zehn Minuten hinabstieg, und mußten überdies erst Atem holen, bevor sie weitergehen konnten.

Videaux: Von unseren Ziegen hatten wir auch nichts mehr. Denn als es schon zu Ende ging, beim Rückzug, hatten sie sich immer noch nicht vermehrt, und außerdem mußten wir uns beeilen, alles hinter uns zu zerstören.

Die erste Kontaktaufnahme scheitert, da die Dokumente mit den Codes zur Entschlüsselung nicht mehr auffindbar sind. Jemand muß sie aus der Basis holen gehen. Alles geschieht wie in Zeitlupe. Um drei Uhr nachmittags werden zwei Botschaften abgeschickt:

Che: »Changa, haben die Basis aufgegeben und behelfen uns mit der Notausrüstung, bitten dringend um Antwort, ob ihr heute nacht kommen könnt.«

Und wenig später:

Che: »Changa, heute ist der Feind noch nicht an der Küste, unsere Position: Jumbo, etwa zehn Kilometer südlich von Kibamba. Masengo hat

den Kampf aufgegeben. Das beste für uns ist, so bald wie möglich hier herauszukommen.«
Als wir das »Roger« über den See zurück gefunkt bekamen, veränderten sich die Mienen der Compañeros, als hätte ein Zauberstab ihre Gesichter berührt. (...) Um sieben unternahmen wir einen weiteren Funkversuch. Er schlug fehl, die Bedingungen am See ließen nur die eine gelungene Übermittlung zu.
(...) Wir kamen nach Jungo und wollten dort übernachten. Die Unordnung hielt Einzug, nicht einmal Essen war vorbereitet worden. Wir zählten unsere Männer, es fehlten vier: der Wachtposten, der seit dem letzten Angriff der Gardisten verschwunden war, die beiden, die auf Erkundung in Kazima waren, und ein vierter, der mit einer der Gruppen von der oberen Basis gekommen war und unerklärlicherweise spurlos verschwunden war. Den Männern in Kazima war ein Compañero hinterhergeschickt worden, um sie zu suchen, war aber ergebnislos zurückgekehrt. Bei der Vorstellung, uns zu verpassen und hierbleiben zu müssen, hatte ihn der Mut verlassen, und so hatte er nach einer oberflächlichen Suche kehrtgemacht (...). Wir stellten eine Gruppe unter der Führung von Rebocate zusammen, die an dem Weg über die Berge nach Nganja Stellung bezog, um so die Positionen zu kontrollieren, an denen die Gardisten auftauchen konnten.

Kumi: Wir sammeln uns in Kibamba, der Rückzug in drei Kolonnen wird beschlossen. Terry übernimmt die Vorhut. Er fragte mich, mit wem ich gehen wollte. Der Che sagte mir, ich sollte mit Terry gehen, und ich antwortete, daß ich mit ihm gehen wollte. Der Feind kreiste uns hufeisenförmig ein.

Videaux: Die letzte Entscheidung Tatus lautete: die Basis zu zerstören, damit der Feind die Funkstationen und andere wichtige Dinge nicht in die Hände bekommt. Als wir zur Basis kommen, sehen wir nur Feuer und Rauch. Aber wir wußten von nichts. An einer Weggabelung erwartete uns Delile, ein Kubaner, den der Che zurückgelassen hatte, und sagte zu M'bili, daß er nicht zur Basis gehen, sondern rechts abbiegen und geradeaus weitergehen sollte, den Hügel von Kibamba hinunter in Richtung Jungo. Ich direkt hinter ihm und hatte die Wegbeschreibung mitgehört, ging also geradeaus weiter. Und hinter dem kleinen Krankenhaus (Kumi war auch schon fort) holte ich einen Teil der Truppe ein, der in Kolonne Richtung Jungo marschierte, das relativ nahe am See lag, aber auf der anderen Seite von Kibamba, in Richtung Katanga.

20. November: Das Ende des Rückzugs

Dreke: 20. November. Gestaffelter Rückzug.

Mena: Man machte sich auf die Suche nach den Compañeros Genge, Wasiri und Amia, die ganz in der Nähe an einem anderen Ort am Seeufer waren. Der Che läßt Tiza in Jungo zurück und begibt sich nach Sele, wo die Hauptgruppe sich versammelt.

Videaux: Am Morgen hatte Tatu einige Compañeros als Spähtrupp hinunter zum Seeufer geschickt. Diese Compañeros blieben später zurück, denn während sie dort unten waren, schlossen die Belgier ihren Ring bis an den See. Sie konnten nicht auf unsere Seite zurück, und wir nicht auf ihre, um sie zu herauszuholen.

Ishirine (Martín Chibás): Als der Abzug der Brigade beschlossen wurde, befanden wir uns in der Nähe von Leopoldville und hatten uns eben auf den Weg zum Basislager gemacht. Unterwegs bekommen wir die Meldung, daß auf unserer Route feindliche Fallschirmjäger gelandet seien. Der Che ordnet eine Überprüfung an, und ich, als Chef der Erkundungseinheit, beauftrage die Compañeros Roberto Hernández Calzada und Luis Calzada Hernández sowie vier Kongolesen, den Ort der gemeldeten Invasion auszukundschaften. Wir bestimmten vier Punkte, an denen wir uns später wiedertreffen wollten. Doch nach Erfüllung der Mission stießen sie auf vorrückende feindliche Verbände und mußten sich, um ein bewaffnetes Aufeinandertreffen zu vermeiden, tiefer in den Dschungel zurückziehen. Dabei verloren sie die Orientierung. Wir suchten unterwegs nach ihnen, trafen sie aber an keinem der vereinbarten Orte an. So kam es dazu, daß diese Compañeros verlorengingen.

Videaux: Wir sammelten uns in Jungo. Zu diesem Zeitpunkt standen wir wieder in Funkkontakt mit Tansania, und über Tansania mit Kuba. Tatu hielt noch immer an seiner Idee fest, eine neue Gruppe zu organisieren und sich mit ihr zu verschanzen. In Changas Boot sollten nur diejenigen herausgebracht werden, die in schlechter Verfassung waren. Tatu hoffte immer darauf, daß aus der mittleren Ebene oder aus der Masse neue Führungskader hervorgehen würden, aber nichts dergleichen geschah. Inzwischen war es bereits schwierig genug, die Stellung weiterhin zu halten. Aber die noch Einsatzfähigen, zu denen auch ich zählte: wir waren entschlossen weiterzumachen, wenn Tatu es befahl. Als ich eintraf, sagte er mir, daß ich zu der Gruppe gehörte, die bleiben sollte. Ich sagte: »Einverstanden.« Wir würden ein Gebiet zu durchqueren haben, von dem wir nicht einmal wußten, wie groß es war.

Tatu ruft mich lächelnd zu sich, mit einer Ruhe, wie nur er sie hatte. Er rief mich zu sich und sagte so etwas wie, daß wir schon zweimal gescheitert wären. Er meinte, daß er mich nach Kabimba geschickt hatte und mich zurückholen lassen mußte, bevor ich meine Mission erfüllen konnte, und daß er mich, als ich angekommen war, zu M'bilis Verstärkung geschickt hatte und mich wieder zurückholen ließ. Er schien mir außerordentlich ernst.

CHE: Auch die Funkversuche am 20. November um 6 und 10 Uhr schlugen fehl. Die Telegraphisten kamen so langsam voran, daß wir Sele erst sehr spät erreichten, obwohl der zurückgelegte Abschnitt nicht länger als eine Stunde hätte dauern dürfen. Dort war die Mehrzahl der Leute versammelt, und es gab etwas zu essen, um den Hunger zu lindern. In der Dämmerung traf Banhir ein, der Mann, der zurückgeblieben war. Er war gestürzt und hatte Verstauchungen erlitten, darauf hatte er einen Compañero gebeten, Bescheid zu sagen, damit sie ihm seinen Rucksack abnehmen kämen. Er war dort geblieben und hatte gewartet. Seine Botschaft wurde jedoch nicht oder falsch weitergegeben, und so saß er am nächsten Morgen immer noch vollkommen allein an der Stelle seines Unfalls. Er blieb bis zum 20. um 9 Uhr morgens in der Basis und dachte schon, er hätte den Kontakt zu uns verloren. Die Gardisten waren nicht bis zur Basis vorgerückt. Sämtliche Wege waren menschenleer, die Häuser verlassen.

Um halb drei bekamen wir Verbindung mit Kigoma:

»Changa: zu evakuierende Männer insgesamt knapp 200. Mit jedem Tag, der vergeht, wird es schwieriger. Wir sind in der Ortschaft Sele, zehn oder fünfzehn Kilometer südlich von Kibamba.«

Und endlich traf die ersehnte Botschaft ein:

»Tatu: heute nacht wird die Überfahrt stattfinden. Gestern hat uns der Beauftragte die Erlaubnis erteilt.«

Die Leute waren euphorisch. Ich sprach mit Masengo; ich schlug ihm vor, noch in der Nacht aufzubrechen. Weil viele Kongolesen dort waren, wurde ein Treffen des Generalstabs anberaumt, auf dem beschlossen wurde, daß Jean Paulis mit seinen Männern im Kongo bleiben sollte, während wir und die anderen Chefs ihre Leute evakuierten. Die einheimischen Truppen würden dort bleiben, aber man würde ihnen nichts davon sagen, daß wir beabsichtigten, uns zurückzuziehen, sondern sie unter verschiedenen Vorwänden in das nahegelegene Dorf schicken. Eines unserer Schiffchen, die uns für den Verkehr zwischen verschiedenen Punkten am See geblieben waren, traf ein und nahm einen Großteil der Kongolesen mit. Aber diejenigen, die unserer Truppe direkt angegliedert waren, hätten irgendetwas gerochen und wollten bei uns bleiben. Ich ordnete an, daß unter denen, die sich bis zu diesem Zeitpunkt am besten verhalten hatten, eine Auswahl getroffen, sie wie Kubaner behandelt und mitgenommen werden sollten. Masengo stellte mir frei, zu tun, was ich für richtig hielt.

Für mich war es eine Schlüsselsituation. Zwei Männer (...) würden zurückgelassen werden müssen, so sie nicht innerhalb weniger Stunden einträfen; kaum wären wir fort, würde sich innerhalb wie außerhalb des Kongo eine Flut von Verleumdungen über uns ergießen; meine Truppe war ein heterogenes Gebilde, meinen Nachforschungen zufolge konnte ich auf bis zu zwanzig Mann zählen, die mir folgen würden, wenn auch nur mit zusammengebissenen Zähnen. Doch was sollte ich daraufhin tun? Alle kongolesischen Chefs hatten sich zurückgezogen, und die Bauern begegneten uns zusehends feindseliger. Doch die Vorstellung, vollständig abzuziehen und zu gehen, wie wir gekommen waren, um dort wehrlose Bauern und bewaffnete, aber wegen ihrer geringen Kampftauglichkeit ebenso wehrlose Männer zurückzulassen, besiegt und mit dem Gefühl, verraten worden zu sein, schmerzte mich tief.

Im Kongo zu bleiben, wäre für mich kein Opfer gewesen, weder für ein Jahr noch für fünf Jahre, wie ich es meinen Leuten angedroht hatte. Es war Teil meiner Vorstellung vom revolutionären Kampf, wie ich ihn im Geiste schon klar vor mir sah. Ernsthaft konnte ich nur damit rechnen, daß sechs oder sieben Mann mich begleiten würden, ohne die Stirn zu runzeln. Der Rest würde es aus Pflichtgefühl tun, einige aus einem Gefühl persönlicher Verpflichtung mir gegenüber, andere aus einer moralischen gegenüber der Revolution; und ich würde Männer opfern, die nicht voller Enthusiasmus kämpfen konnten. Vor nicht allzu langer Zeit hatte ich das selbst miterleben können; ich hatte mich in ein Gespräch eingemischt, in dem sie sich scherzhaft an mich gewandt hatten, um mich über einige kongolesische Führer auszufragen, und meine Antwort war heftig gewesen; ich hatte ihnen gesagt, zunächst müßten wir uns nach unserem eigenen Verhalten fragen, ob wir wirklich, Hand aufs Herz, behaupten konnten, dieses sei immer richtig gewesen. Ich glaubte es nicht. Es entstand eine bedrückende, feindselige Stille.

In Wahrheit war mir die Möglichkeit hierzubleiben bis in die letzten Stunden der Nacht durch den Kopf gegangen, und vielleicht habe ich ich mich nie wirklich entschieden und bin nur ein weiterer Flüchtling gewesen.

FIDEL: Diese Bewegung stand noch am Anfang, es mangelte ihr an Stärke und Einheit. Am Ende waren es die Revolutionsführer der früheren belgischen Kolonie selbst, die beschlossen, den Kampf einzustellen, und unsere Leute wurden abgezogen. Diese Entscheidung war auch dringend geboten. Wir stellten fest, daß unter den gegenwärtigen Bedingungen nicht daran zu denken war, den Kampf fortzusetzen.

Videaux: Etwas später wird uns die Nachricht aus Kuba bestätigt, daß unser Vorschlag, über die Berge und den Dschungel hinweg Kontakt zu Mulele aufzunehmen, abgelehnt worden ist. Daß mit allen Mitteln versucht werden sollte, heil herauszukommen. Am Nachmittag wird angeordnet, daß wir uns auf die Abfahrt vorbereiten sollten. Es mußte mit großer Diskretion geschehen. Wir waren inmitten einer Menge von kongolesischen Guerilleros und Zivilisten, die sich vor dem Vormarsch der Belgier dorthin geflüchtet hatten, die alles dem Erdboden gleichmachten.

Es war ein eindrucksvolles Spektakel. Die Menge bestand aus Verletzten, Kranken, Frauen und Kindern, Alten, Menschen auf der Flucht. Um sie alle herauszubringen, brauchte es etliche Schiffe, aber diese Schiffe existierten nicht. Alles was es gab, waren die zwei Boote, die Changa mitbringen sollte; zwei Schnellboote von beträchtlicher Stärke. Aber wir hatten Zweifel, ob Changa mit den Booten auch durchkommen würde, denn die Belgier hatten die Kontrolle über den See und das Ufer verschärft. Obwohl ich nicht glaube, daß sie große Lust hatten, uns anzugreifen. Nicht weil sie Angst vor uns hatten, oder weil sie glaubten, wir könnten sie besiegen. Dazu wußten sie schon zuviel über Anzahl und Kampfestauglichkeit dieser Gruppe Kubaner, sondern weil sie mit Sicherheit Verluste haben würden, denn wir würden kämpfen bis zum Schluß. Wir hoben weiterhin Schützengräben aus, um erbitterten Widerstand zu leisten, falls sie vorrücken sollten.

Wir mußten so nahe wie möglich bei Kibamba bleiben, weil Lawton, der mit den Booten kommen sollte, nicht genau über unsere neue Position Bescheid wußte und möglicherweise versuchen würde, in Kibamba an Land zu gehen. Und in Kibamba stand schon der Feind. Mehr schlecht als recht war die Botschaft übermittelt worden, daß wir nicht mehr dort waren, und so kannte er unseren neuen Standort nicht genau. Wir hatten keine direkte Verbindung zu Lawton, sondern zu einer Stelle in Kigoma, von der aus auch an Pablo Rivalta in der kubanischen Botschaft in Daressalam weitergesendet wurde. Um auf uns aufmerksam zu machen, ließen wir mehrere Männer an verschiedenen Orten am See zurück, damit sie das Signal gaben, falls Lawton auftauchte.

21. November: Die letzten Stunden

Che: Die Art, in der die kongolesischen Compañeros die Evakuierung aufnahmen, hatte für mich etwas Verleumderisches. Unser Rückzug war für sie einfach eine Flucht und, schlimmer noch, wir waren Komplizen eines Betruges, durch den man die Leute an Land zurückließ. Und andererseits, wer war ich denn nun? Ich hatte den Eindruck, daß mich die

Compañeros seit meinem Abschiedsbrief an Fidel wie jemanden aus anderen Breiten betrachteten, wie jemanden, der sich von den konkreten Problemen Kubas entfernt hatte, und so wagte ich es nicht, von ihnen das letzte Opfer zu verlangen, dort zu bleiben.

Alexis: Es war das dritte Mal, daß ich den Che sah, in der Nähe von Kibamba, am Ende des Krieges. Wir waren ungefähr neun Stunden dort. Unsere Chefs sagten, daß der Kampf weitergehen müßte. Daß wir nicht in Daressalam bleiben würden. Wir würden wiederkommen.

Dreke: Bevor wir in die Boote gingen, stellten wir noch einmal Wachen auf, während einige schlafen konnten. Auf einmal sah man bengalisches Feuer, Bomben, wir dachten, es seien feindliche Boote. Wir hörten das Geräusch der Motoren näherkommen. Es war Changa mit drei großen Booten.

Genge: Ungefähr um zehn nach zwei am Morgen hört man vom See her das Geräusch der Boote. Azi bringt die Geschütze in Stellung, um ihnen die Stirn zu bieten. Jemand sagt: »He, Azi, laß gut sein, das sind die Boote von Changa.« Wir konnten Azi beruhigen, und siehe da, es war wirklich Changa.

Che: Die letzten Stunden verbrachte ich einsam und ratlos, und schließlich trafen um zwei Uhr morgens die Boote mit kubanischer Besatzung ein, die noch am selben Nachmittag zu fortgeschrittener Stunde aufgebrochen waren. Ich ordnete die Abfahrt bis spätestens drei Uhr an; um fünf würde der Tag anbrechen, und wir würden mitten auf dem See sein.
Die Evakuierung begann; zuerst gingen die Kranken an Bord, darauf Masengos gesamter Generalstab, ungefähr vierzig von ihm ausgewählte Personen, schließlich alle Kubaner. Daraufhin begann ein schmerzliches, klägliches und unrühmliches Schauspiel. Ich mußte Männer zurückweisen, die in flehentlichem Tonfall darum baten, mitgenommen zu werden. Nichts Heroisches war an diesem Rückzug, keine Geste des Aufbegehrens. Die Maschinengewehre waren in Stellung, und ich hielt die Männer in Bereitschaft, falls es, womit wir rechnen mußten, vom Ufer aus zu einem Angriff kommen sollten. Aber nichts dergleichen geschah, nur ein großes Wehklagen, während der Anführer der flüchtenden Guerilla beim Einholen der Ankertaue leise fluchte.

Dreke: Die Waffen wurden aufgestellt. Terry befestigte eine 75 mm-Kanone am Bug des ersten Bootes, in der Mitte fuhr ein zweites Boot mit Tatu und M'bili, und ich auf dem dritten, in der Nachhut.

Alexis: Wir nahmen das Boot nach Tansania. Es war das letzte Mal, daß ich den Che sah. Ich weiß nicht, warum sie mich auswählten, mit nach

Kuba zu kommen. Anscheinend wegen meiner Disziplin und meines revolutionären Verhaltens.

Mena: Erstes Boot: Tatu, Siki und Tembo, am Bug wurde eine Flak aufgestellt. Auf dem zweiten ein weiteres Maschinengewehr und im hinteren Teil eine 75er-Kanone.

Videaux: In Anerkennung ihrer Tapferkeit nahmen wir die Ruander, die mit uns gekämpft hatten, mit nach Kuba. Es waren nicht viele, nur sechs oder sieben.
Die Fahrt über den See hatte etwas Bewegendes. Es war keine überstürzte Flucht, wie man annehmen könnte. Es war eine gut organisierte, gut geplante Überfahrt. Gemäß der Anweisungen Tatus wurde in Gruppen an Bord gegangen. Die Boote wurden gefechtsbereit gemacht, für alle Fälle. Maschinengewehre und Kanonen wurden installiert und der Befehl ausgegeben, sie nur einzusetzen, falls die belgischen Boote angreifen sollten. Das heißt, sollten wir untergehen, würden wir alle miteinander untergehen, aber kämpfend. Außer den anderen Waffen wurde am Bug jedes einzelnen Bootes noch eine 75er-Kanone installiert. Die Artillerie wurde auf ausdrückliche Anweisung des Che in Stellung gebracht. Und diese Befehle wurden fast ausschließlich von der kubanischen Truppe ausgeführt. Die Aufstellung der Artillerie und die Vorbereitungen zum Ablegen dauerten von elf Uhr abends bis drei Uhr morgens. Wir wußten, daß die Abfahrt riskant würde, weil diese Hunderte oder Tausende von Menschen im Moment des Ablegens auf die Boote drängen würden. Und das durfte nicht geschehen.
Um die Abfahrt zu sichern, mußten wir zunächst die Kubaner an Bord gehen lassen und dann einige ausgewählte Kongolesen, für die wir noch Platz hatten. Wir waren etwas über hundert Kubaner, die drei auf der anderen Seite des belgischen Rings nicht mitgezählt. Und selbst wenn nicht soviele in die Boote paßten, mußten sie mit allen Mitteln hinein. Schließlich stachen wir fast im Morgengrauen in See, gegen drei Uhr. Etwas verspätet wegen der Streitereien, weil viele Kongolesen auf die Boote wollten und man sie zurückdrängen mußte. Mit der Disziplin war es da vorbei. Denn am nächsten Morgen noch dort zu sein, war so etwas wie die hundertprozentige Gewißheit zu sterben. Man brauchte keine Gewalt anzuwenden, denn sie hatten Respekt vor uns. Aber man muß verstehen, daß jeder, der sich in einer so ausweglosen Situation befindet, irgendetwas versuchen wird. Einige der Chefs, die mit uns fuhren, wie Masengo und Chamaleso, halfen die Disziplin aufrechtzuerhalten und ein Chaos abzuwenden.

Dreke: Wir stießen mit drei Schnellbooten in See. Es war sehr kalt. Man konnte Mobutus Patrouillenboote hören. Um diese Zeit war noch keine Luftwaffe unterwegs. Solange sie nicht schossen, würden wir auch nicht schießen. Aber wenn sie angriffen, hatte ich beschlossen, mit allem zurückzufeuern und dem zweiten Boot Deckung zu geben, während meines und das von Aly sich ihnen entgegenstellten. Der Che war gegen diesen Plan. Er wollte der letzte sein, der an Bord ging. Wir befürchteten, daß er dort bleiben wollte, so wie er nun einmal war ... wir sagten ihm, bevor er nicht an Bord ginge, würden wir es auch nicht tun. Er ging an Bord, M'bili an seiner Seite.

Genge: Wir machten uns auf den Weg nach Kigoma. Die feindliche Luftwaffe begleitete uns bis Kigoma, aber ohne uns zu attackieren, weil wir Kubaner bis an die Zähne bewaffnet waren: Kanonen, Maschinengewehre. An einer dieser Kanonen befand sich Tatu. Wir waren bereit zu sterben, doch die Luftwaffe beschoß uns nicht. Was machte die Luftwaffe? Sie feuerten auf die *Motumbos* und Boote, die uns nach Kigoma hinterher fuhren. Diese kamen völlig zersiebt und durchlöchert an, mit einem Stapel Leichen obendrauf. Es war ihnen lieber, daß wir gingen, deshalb schossen sie nicht auf uns. Sie wagten es anscheinend nicht, aus Angst, wir könnten es uns noch einmal anders überlegen.

Videaux: Wir fuhren in Gefechtsbereitschaft, mit den Gewehren an die Bootswände gepreßt, um von dort aus zu feuern, sollte es nötig werden. Die Boote hatten jeweils Raum für etwa vierzig Personen, aber wir waren zu über siebzig. Bei uns an Bord waren insgesamt sieben Kongolesen und Ruander. Bei Tagesanbruch waren wir ungefähr auf der Mitte des Sees. In der Ferne waren einige Schiffchen zu erkennen, aber sie kamen nicht näher. Um 7 Uhr morgens waren wir immer noch ein Stück vom Land entfernt. Ein paar belgische Flugzeuge flogen über uns hinweg, in Schleifen, aber ohne sich mit uns anzulegen.

Nane: Die Boote lagen tief im Wasser.

Dreke: Man konnte die Lichter der feindlichen Schiffe sehen. Die Überfahrt dauerte lange, bis es ganz hell geworden war. Alle Welt mit dem Gewehr in der Hand. Ein erstes Flugzeug kam in Sicht. Gegen sechs Uhr morgens hob sich der Nebel. Da sahen wir die Schiffe wie hinter einem Vorhang hervorkommen. Ich dachte, sie würden uns auf dem See an die Gurgel gehen. Aber sie kamen nicht näher. Sie fuhren bis nach Kigoma im Geleit neben uns her. Wenn die Gefahr groß ist, mußt du ihr entweder trotzen oder weglaufen. Als man die Häuser von Kigoma sah, näherte sich ein kleines Boot, und wir machten halt. Der Che stand auf dem Boot. Er sprach über die Niederlage.

Che: *[nach Drekes Version]* Compañeros, aus Gründen, die ihr kennt, ist jetzt der Moment der Trennung gekommen. Ich werde nicht mit euch an Land gehen. Wir müssen jede Art von Provokation vermeiden. Der hinter uns liegende Kampf hat uns zu vielen Erfahrungen verholfen; ich hoffe, daß einige von euch trotz aller Schwierigkeiten, die wir durchgemacht haben, falls Fidel eines Tages eine andere Mission dieser Art anordnen sollte, antworten werden: Presente! Ich hoffe auch, daß ihr, wenn ihr rechtzeitig zum 24. Dezember zurück seid und es das Spanferkel gibt, nach dem sich einige so gesehnt haben, an dieses einfache Volk denken werdet und an die Compañeros, die wir im Kongo zurückgelassen haben. Man ist nur Revolutionär, wenn man bereit ist, alle Bequemlichkeiten hinter sich zu lassen und in ein anderes Land zu gehen, um zu kämpfen, vielleicht werden wir uns in Kuba oder in einem anderen Teil der Welt wiedersehen. Siki ist ab sofort Chef der Gruppe, Moja Stellvertreter und Tembo zuständig für politische Angelegenheiten.

Dreke: Er blickte auf die Erfahrungen zurück und sagte, die Entscheidung der kongolesischen Führung, den Kampf aufzugeben, hätte uns zum Rückzug gezwungen. Er nannte die Namen der gefallenen Compañeros, die wir nicht vergessen dürften. Er sagte, womöglich würden wir eines Tages zurückkehren, die Mission …

Videaux: Und am Ende sagte er zu uns, wir würden uns irgendwo wiedersehen.

Kumi: Dann fuhr er mit Papi und Coello, seinen Assistenten, in einem Bötchen davon.

Che: Wir überquerten den See trotz der Langsamkeit der Boote ohne Probleme und trafen am hellichten Tag in Kigoma ein, in trauter Eintracht mit dem Lastschiff, das auf der Route zwischen Albertville und diesem Hafen pendelte.
Es schien, als habe jemand einen Damm geöffnet, und wie eine kochende Flüssigkeit barst aus den Bötchen die Begeisterung von Kubanern und Kongolesen hervor, die mich mehr verletzte als ansteckte. Während dieser letzten Stunden im Kongo fühlte ich mich einsamer als je zuvor, in Kuba oder irgendwo sonst auf meinen Irrfahrten durch die Welt. Nun war ich wie Odysseus zurückgekehrt von all meinen Irrfahrten und ganz und gar allein.

In Kigoma

Dreke: Wir sprachen mit dem Che über die drei Männer, die im Kongo geblieben waren. Alle meldeten sich freiwillig, um sie herauszuholen. Und er sagte zu mir, ich müßte nach Kuba zurückkehren, um zu berichten. M'bili blieb bei ihm. Das letzte, was ich von ihm hörte, waren die Abschiedsworte: »Wir sehen uns später, Moja.« Es war verdammt hart, die Leute heulten. Niemand wußte, ob vor Freude oder aus Traurigkeit. Ich sollte den Che nie wiedersehen.

Videaux: Dieses Hündchen muß er mit herausgeholt haben, nach der feindlichen Offensive, denn in den Dünen von Kigoma habe ich es noch einmal gesehen. Simba, der Hund, begleitete ihn stets und fuhr mit Tatu nach Tansania, denn anscheinend mochte der Che Hunde.
In Kigoma mußten wir drei Tage bleiben. Wir scherten uns die Haare und wuschen uns den Dreck ab. Wir waren fast nackt, ohne Schuhzeug. Wir desinfizierten uns, alles war voller Flöhe. Leute von der Botschaft gaben uns Medikamente, Salben und vor allem Essen. Dann fuhren wir in drei Lastwagen und einem Jeep nach Daressalam. Die Moral in diesem Moment war gut. Wir hatten das Gefühl, uns gut geschlagen zu haben. An uns hatte es nicht gelegen.

Che in Daressalam

Fidel: Che ging nach Tansania, um abzuwarten.

Pombo: Ich blieb bei ihm, und wir machten uns auf den Weg in die Hauptstadt Daressalam.

Rivalta: Ich räumte einen Teil meiner Residenz für mich und den Funker frei. Der Che sollte dort einziehen können, ohne Aufsehen im oberen Stockwerk zu erregen. Er trug immer noch lange Haare, später begann die Verwandlung.
Kurz nach seiner Ankunft in Daressalam beginnt Che auf der Grundlage seines Tagebuches, das er während dieser Monate mit peinlicher Genauigkeit geführt hat, ein Manuskript zu verfassen, das den Titel tragen sollte: »Passagen des revolutionären Krieges (Der Kongo)«.

Rivalta: Ausgehend von seinen Notizen begann er dem Compañero Colman die folgenden zwei oder drei Wochen über zu diktieren. Er arbeitete Tag und Nacht, ohne Unterlaß. Nur manchmal lenkte er sich ab und spielte mit mir einige Partien Schach. Eines Tages, als ich ihn schachmatt setze, sieht er mich an, als ob er gar nichts mitbekommen hat, als ob er nicht wirklich bei der Sache war.

Der Text war »Bahaza und seinen gefallenen Compañeros gewidmet, um ihrem Opfer einen Sinn zu geben«.

Che: Dies ist die Geschichte eines Scheiterns. Sie begibt sich hinab in anekdotische Details, wie es sich für Episoden aus Kriegen gehört, doch geprägt ist sie von Beobachtungen und kritischen Einschätzungen. Denn ich glaube, wenn diese Erzählung irgendeine Bedeutung hat, so die, daß sie einige Erfahrungen vermittelt, die für andere revolutionäre

Bewegungen von Nutzen sein können. Der Sieg ist eine große Quelle positiver Erfahrungen, aber ebenso ist es die Niederlage, und dies meiner Ansicht nach umso mehr, wenn die handelnden Personen Ausländer sind, die ihr Leben auf unbekanntem Territorium aufs Spiel gesetzt haben, in einem Land mit einer anderen Sprache, mit dem sie nur die Bande des proletarischen Internationalismus teilten, um eine Methode zu begründen, wie sie in den modernen Befreiungskriegen noch niemals angewandt worden ist.
(...) Genauer gesagt ist dies die Geschichte eines allmählichen Untergangs. Als wir kongolesisches Gebiet betraten, war die Revolution bereits in einer Phase des Niedergangs, später ereigneten sich Dinge, die zu ihrer völligen Auflösung führten, wenigstens für diesen Moment und für dieses enorme Schlachtfeld, das der Kongo darstellt.
Die Erzählung wird durch einen Epilog abgeschlossen, der die Fragen des Kampfes in Afrika und im allgemeinen die des nationalen Befreiungskampfes gegen die neokoloniale Form des Imperialismus erörtert. Diese ist die gefährlichste unter allen seinen Formen, denn sie tritt subtil und verschleiert auf, was die imperialistischen Mächte ihrer langen Erfahrung in dieser Variante der Ausbeutung verdanken.

Auf mehr als hundertfünzig eng beschriebenen Seiten mit einigen kurzen handschriftlichen Anmerkungen blickt Che Guevara nach und nach auf die Geschichte zurück, die er von April an erlebt hat, um am Ende eine persönliche Bilanz zu ziehen, die einen Ausblick auf die Zukunft gibt.

CHE: Es gilt die schwierigste aller Analysen zu ziehen, diejenige meines persönlichen Verhaltens. Ich habe die selbstkritische Analyse so weit vorangetrieben, wie ich konnte, und bin zu folgenden Schlußfolgerungen gekommen: im Hinblick auf die Beziehungen mit der revolutionären Führung war ich durch die reichlich anormale Weise gehemmt, auf die ich in den Kongo gekommen war, und es gelang mir nicht, dieses Hindernis zu überwinden. In meinen Reaktionen war ich unausgeglichen; über lange Zeit hielt ich es mit einer Einstellung, die als zu wohlwollend bezeichnet werden muß, und zuweilen hatte ich sehr scharfe und verletzende Ausbrüche; vielleicht eine mir von Geburt an innewohnende Eigenschaft.
Der einzige Bereich, in dem ich ohne Zweifel korrekt vorging, war der Umgang mit den Bauern, denn ich bin mehr gewöhnt an die politische Rede, die direkte Erklärung, der das eigene Beispiel vorausgeht; und ich glaube, ich habe auf diesem Feld Erfolg gehabt. Aber ich habe nicht schnell und umfassend genug Kisuaheli gelernt; ein Fehler, der in erster Linie auf die Kenntnis des Französischen zurückzuführen ist, was mir zwar erlaubte, mich mit den Führern zu verständigen, mich jedoch von

der Basis entfernte. Es mangelte mir an Willen, die nötige Anstrengung zu unternehmen.

Was den Kontakt zu meinen Männern anbelangt, glaube ich, aufopferungsvoll genug gewesen zu sein und mir von niemandem Vorwürfe in persönlicher und physischer Hinsicht machen lassen zu müssen. Doch waren meine beiden hauptsächlichen Schwächen im Kongo ohnehin befriedigt: der Tabak, an dem es mir selten gefehlt hat, und die Lektüre, die stets im Überfluß zur Verfügung stand. Die Unbequemlichkeiten eines Paars kaputter Schuhe, schmutziger Wäsche oder der Alltagskost der Truppe und des Lebens unter den gleichen Bedingungen wie diese, bedeuten für mich kein Opfer. Vor allem die Tatsache, daß ich mich zurückzog, um zu lesen, vor den alltäglichen Problemen floh, entfernte mich vom Kontakt mit den Männern, ganz zu schweigen von bestimmten Aspekten meines Charakters, die es nicht leicht machen, intim zu werden. Ich bin hart gewesen, doch ich glaube, weder im Übermaß noch ungerechterweise. Ich griff zu Methoden, die in normalen Armeen ungebräuchlich sind, wie das Streichen von Mahlzeiten: Es sind die einzig effizienten, die ich für die Zeiten der Guerilla kenne. Zu Beginn wollte ich strenge moralische Regeln anwenden und scheiterte damit. Ich wollte, daß meine Truppe denselben Standpunkt gegenüber der Situation einnahm wie ich und scheiterte. Sie waren außerstande, optimistisch in eine Zukunft zu schauen, die erst durch die schwarzen Wolken der Gegenwart erspäht werden mußte.

Im entscheidenden Moment wagte ich nicht, das äußerste Opfer zu verlangen. Es war ein inneres psychisches Hemmnis. Für mich war es sehr einfach, im Kongo zu bleiben. Vom Gesichtspunkt der Selbstachtung des Kämpfers war es das, was getan werden mußte; von demjenigen meines Wirkens in der Zukunft, wenn nicht das günstigste, so doch im Moment gleichgültig. Als ich eine Entscheidung treffen mußte, kehrte es sich gegen mich, daß ich wußte, wie leicht mir das entscheidende Opfer fiel. Ich denke, daß ich mich innerlich vom Ballast der Selbstkritik hätte befreien und einer bestimmten Anzahl Compañeros diese letzte Geste hätte abverlangen müssen, wenigen nur, doch wir hätten bleiben müssen.

Und schließlich lastete auf meinen Beziehungen zur Mannschaft, ich spürte das deutlich, obwohl es vollkommen subjektiv ist, der Abschiedsbrief an Fidel. Dieser führte dazu, daß die Compañeros in mir wie vor vielen Jahren, als ich in die Sierra kam, einen Ausländer sahen, der Kontakte zu Kuba hatte; in jenem Moment war ich eben angekommen, und nun hatte ich mich verabschiedet. Es gab bestimmte Dinge, die wir schon nicht mehr gemein hatten, bestimmte gemeinsame Sehnsüchte, von denen ich offen wie im stillen zurückgetreten war und die für jeden

Einzelnen das Heiligste sind: seine Familie, sein Land, seine Umgebung. Der Brief, der so viele lobende Kommentare in Kuba hervorgerufen hatte, trennte mich nun von den Kämpfern.

Vielleicht erscheinen diese psychologischen Erwägungen bei der Analyse eines Kampfes von nahezu kontinentaler Bedeutung fehl am Platze. Doch ich halte an meinem Konzept des Fokus fest; ich war der Anführer einer Gruppe von Kubanern, nicht mehr als einer Kompanie, und meine Funktion bestand darin, wirklich zu ihrem Chef zu werden, der sie zum Sieg führte und die Entwicklung einer tatsächlichen Volksarmee begründete, doch meine besondere Situation machte mich zugleich zum Soldaten, zum Vertreter einer ausländischen Macht, zum Ausbilder von Kubanern wie Kongolesen, zum Strategen und zum einflußreichen Politiker auf einer unbekannten Bühne. Und zu einem Cato, einem zähen und sich wiederholenden Aufseher, was meine Beziehungen zu den Revolutionsführern anging. Beim Ziehen so vieler Fäden bildete sich ein gordischer Knoten, den zu durchschlagen ich nicht entschlossen genug war. Wenn ich in höherem Maße Soldat gewesen wäre, hätte ich mehr Einfluß auf die anderen Aspekte meiner komplizierten Beziehungen gehabt. Ich habe davon erzählt, wie es mich bis zu dem Extrem getrieben hat, meine teure Person, den Kader zu beschützen, und das in Momenten, in denen das Desaster, in das ich mich verstrickt sah, besonders große Ausmaße erreichte; und wie ich mich im entscheidenden Moment nicht über subjektive Überlegungen hinwegzusetzen vermochte.

Genge: Um von Ernesto Che Guevara zu sprechen, muß man überzeugt sein von dem, worüber man spricht, ohne volkstümlich zu werden oder die eigene Person in den Vordergrund zu stellen. Es geht nicht um dich selbst, wenn du wirklich von Ernesto Che Guevara sprechen willst. Ich werde im Che immer meinen Chef, meinen Lehrer und meinen Freund sehen, der uns viel gelehrt und uns oft zum Lachen gebracht hat.

Che: Ich habe im Kongo dazugelernt; es gibt Fehler, die ich nicht mehr begehen werde, vielleicht werde ich andere wiederholen und in einige neue verfallen. Obwohl wir gescheitert sind, bin ich mit einem tieferen Glauben in den Guerillakampf zurückgekehrt denn je. Meine Verantwortung ist groß; ich werde weder die Niederlage vergessen noch ihre kostbaren Lehren.

Das fertige Manuskript wurde während der ersten Monate des Jahres 1966 von Che Guevara mit letzten Anmerkungen versehen, doch es sollte nie veröffentlicht werden.

CHE: Wenn diese Notizen veröffentlicht werden, wird viel Zeit seit ihrer Aufzeichnung vergangen sein, und vielleicht wird der Autor für das, was hier gesagt wird, nicht mehr verantwortlich gemacht werden können. Die Zeit wird viele Wunden geheilt haben, und wenn ihr Erscheinen noch irgendeine Bedeutung hat, mögen die Herausgeber die Korrekturen anbringen, die sie für nötig halten, um im Lichte der inzwischen vergangenen Zeit Klarheit in die Meinungen und Ereignisse zu bringen.

RIVALTA: Am Anfang mußte ich ihm zureden, schließlich war er einverstanden. Ich übernahm die Abwicklung. Ich schrieb an Havanna und äußerte meine Überzeugung, daß die Möglichkeiten gegeben waren, und so kam es, daß seine Frau Aleida nach Daressalam kam. Sie wohnten in der Residenz. Der Che war sehr zufrieden, sehr glücklich. Sie sprachen über die Kinder, umarmten sich.
Ich sagte ihm, daß man Vorkehrungen treffen müßte, den Kampf im Kongo wiederaufzunehmen. Er verneinte; er hatte schon ein neues Projekt im Sinn und war überzeugt davon, daß die Bedingungen nicht ausreichten. Wir waren praktisch ohne Unterstützung geblieben.
Vor seiner Abreise veränderten wir sein Aussehen. Ich ging los und kaufte auf dem Markt eine Schermaschine, Scheren, Kämme, Rasierapparat. Ich machte mein Friseurexamen, der Kurzhaarschnitt gelang mir sehr gut. Danach steckte ich ihm eine Zigarre in den Mund.

Auf dem einzigen Foto, das Rivalta gemacht hatte, und das später um die Welt gehen sollte, hebt Che die Augen mit der Zigarre im Mund, nicht wiederzuerkennen mit seinem neuen Aussehen, mit dem er unter dem Namen Adolfo Mena in Bolivien einreisen sollte.

RIVALTA: Ein Mann vom Innenministerium in Havanna, Eddy Suñol, kam hierher, nur um uns bei der Maskerade zu helfen. Prothese, Linsen. Wir machten die Probe mit ihm, ob er ihn erkannte oder nicht. Er sprach lange mit ihm und erkannte ihn nicht. Auf einmal bemerkte er etwas an seinem Akzent: »Ah, du bist Argentinier, du Mistkerl.«
Dann verabschiedete der Che sich von Aleida. Sie blieb bis nach seiner Abreise.

POMBO: Wir trafen uns daraufhin in einem europäischen Land, wo wir einige Monate blieben. Dann kehrte er nach Kuba zurück. Später habe ich ihn auch nach Bolivien begleitet.

Ches letzte Worte über den Kongo waren in der Botschaft enthalten, die er an die Trikontinentale schickte:

CHE: Noch immer beobachten wir im Kongo den Kampf zwischen den Nachfolgern Lumumbas und den alten Komplizen von Tshombé, einen

Kampf, der sich zum jetzigen Zeitpunkt zum Vorteil der letzteren zu neigen scheint; diejenigen, die zu ihrem eigenen Nutzen einen Großteil des Landes *befriedet* haben, obwohl der Krieg nach wie vor latent ist.

Genge: Die Lage war weiterhin schwierig. Es sollten noch viele Dinge geschehen. Obwohl die Regierung sagte, wer sich ein weißes Tuch um den Kopf binde, werde begnadigt, war es nicht so einfach. Mulele wurde aufgehängt, Masengo gevierteilt, und andere, die sich ergeben hatten, wurden drakonisch bestraft.

Dreke: Die Revolution im Kongo war bereits verloren, als wir ankamen, aber es ist immer etwas Trauriges, der Niederlage einer Revolution beizuwohnen.

Nach Havanna

Videaux: Wir brauchten nicht in Quarantäne wegen der Malaria, da wir seit Kigoma Chloroquin genommen hatten, drei Tabletten, vier am zweiten Tag, der komplette Zyklus.

Nane: Wir waren zwei oder drei Tage in Tansania. Dann holten sie uns ab. Der Che war schon fort.

Videaux: In Moskau empfängt uns der Militärattaché, wir werden in der Stadt der Kosmonauten untergebracht.

Nane: Zwei sowjetische Flugzeuge brachten uns nach Kuba.

Kumi: In Havanna versammelten sie uns in einem Haus im Siboney. Fidel und Raúl empfingen uns. Fidel sagte, daß wir unsere Pflicht erfüllt hätten und daß er über alles Bescheid wisse, was geschehen war.

Dreke: Wir kehrten als Besiegte zurück, und Fidel sagte uns, daß es nicht unsere Schuld gewesen sei, daß wir alles im Bereich des Möglichen getan hätten. Am Ende des Gesprächs kritisierte Fidel die Aufspaltung der Brigade.

Videaux: Fidel sagte, daß man uns Geld geben würde und daß garantiert sei, daß alle heute abend nach Hause kämen. Aly, der immer sehr direkt war, sagte, die Jungs hätten ziemlichen Durst, und Fidel gab ihnen 150 Pesos.
Ich hatte einen Jeep für mich. Damals war ich noch nicht verheiratet. Ich hatte meiner Mutter gesagt, ich käme von einem Kurs in der Sowjetunion. Meine Mutter wohnte mit mir in Sagua. Ich nahm den Weg über den Hügel. Einige Leute hatten meiner Mutter schon gesagt, sie sollte herunterkommen, weil Besuch kommen würde. Das Fest war schon vorbereitet.

Die Bergung der Nachzügler

VIDEAUX: Die Belgier beendeten ihre Operation ungefähr fünfundvierzig Tage später und kehrten zu ihrer Basis zurück, was die Suche nach den Verlorenen erleichterte.

DREKE: Ishirine (Chibás) war an der Spitze der Bergungsgruppe.

MARTIN CHIBAS: Nach der gefährlichen Überfahrt landen wir in Kigoma, und kaum sind wir an Land gegangen, erinnert uns Tatu daran, daß die verlorenen Compañeros noch dort sind. Und nachdem er sich mit Moja unterhalten hat, wird um mehrere Freiwillige für die Suche gebeten. Es boten sich an: Julián Morejón, Virgilio Jiménez, José Aguiar García, Ezequiel Jiménez und Isidoro Peralta. Moja sagt zu mir: »Die Compañeros sind aus deiner Einheit, also mußt du die Führung der Gruppe übernehmen.« Ich akzeptiere.
Seit einigen Wochen wurde auch der Compañero Semanat aus Pombos Einheit vermißt, so daß es insgesamt drei Vermißte gab. Wir hatten bereits erfolglos nach Semanat gesucht.
Die Brigade flog nach Kuba zurück, und wir erhielten unsere Instruktionen von Moja. Sie ließen uns etwas Geld, einen Jeep und das Boot zurück, in dem wir den See überquert hatten. Wir mußten die Direktiven des Compañeros Óscar Fernández Mell abwarten, der in der tansanischen Hauptstadt war, und vor allem, daß sich die Lage am See normalisierte. Denn in diesen Tagen dauerten die Patrouillen der Gardisten an, die befürchteten, daß wir zurückkehrten.
Wir blieben zunächst in Kigoma. Der Bürgermeister hatte uns ein Haus zur Verfügung gestellt, und wir warteten ab. Fast jeden Tag nahmen wir Verbindung zu Fernández Mell auf und übermittelten ihm die Lage. Helfer der Guerilleros und einige Fischer versorgten uns mit Nachrichten über die Bewegungen der Gardisten.
So ging es ungefähr zwei Monate. Eines Tages nutzten wir die Ruhe an der Küste und überquerten den See, weil wir sehr ungeduldig waren, etwas von den Compañeros zu erfahren. Doch als wir am Ufer von Kazima landeten, eröffneten sie aus einem *Kimbo*, das die Gardisten in dieser Gegend hatten, das Feuer auf uns. Wir konnten nicht an Land gehen und kehrten nach Kigoma zurück.
Und wieder Warten. Während dieser Zeit kamen mehrere Männer zu uns, die sagten, sie wüßten, wo sich unsere Compañeros aufhielten, und von uns Geld für die Information verlangten. Ich sagte ihnen, bringt sie her, und wir geben euch so viel Geld ihr wollt. Aber es waren Leute, die uns betrügen wollten.
Ein paar Tage später bekommen wir einige Neuigkeiten zugespielt und fahren wieder über den See. Wir fuhren zu einer Stelle, an der wir auf

ein *Kimbo* der Guerilleros trafen, aber sie wußten nichts von Kubanern, und wir fuhren nach Tansania zurück.
Darauf noch ein Versuch, aber wieder ohne Erfolg. Währenddessen blieben wir in Verbindung mit Fernández Mell, der sich von Daressalam aus um uns kümmerte.
Am 11. oder 13 Juni 1966 kommt ein Kongolese zu uns ins Haus und möchte den Chef sprechen. Ich saß gerade unter einem Palmwedel, und der Mann kommt auf mich zu und sagt, er kenne den Ort, an dem die Kubaner seien. Ich glaube, daß es sich wieder um einen Betrug handelt und sage ihm das gleiche wie immer, bring sie her und wir bezahlen dich. Der Mann will kein Geld, und das verwundert mich. Er nennt die Kriegsnamen der Compañeros und auch die wirklichen Namen, und ich beginne zu glauben, daß da etwas Wahres dran sein muß.
Der Kongolese erzählt, daß er ein Boot gestohlen hat, um aus dem Kongo herauszukommen, und mitten auf dem See in ein Fischerboot umgestiegen ist. Er zeigt mir ein Schulheft und erzählt mir, daß die Kubaner ihm Spanisch beibringen würden. Nun hat er mich völlig überzeugt, und ich frage ihn, was er braucht: »Ein Boot«, war die Antwort.
Unser Boot leckte an einer Stelle, an der es auf Grund gelaufen war, und ich bat den Kongolesen, auf mich zu warten. Ich gehe zu einem Dörfchen in der Nähe und heuere einen Tansanier an, der etwas von Booten versteht. Ich komme mit ihm nach Kigoma zurück, und in wenigen Stunden hat er den Schaden repariert.
Bei der Fahrt über den See erzählt mir der Kongolese, daß Roberto und Luis an Malaria erkrankt sind, daß sie dort keine Medizin hätten, um sie zu behandeln, und daß es ihnen sehr schlecht geht. Er sagt, sie seien in einem *Kimbo* ungefähr zwanzig oder fünfundzwanzig Kilometer von unserer geplanten Landestelle entfernt, und bittet mich, ihn nach der Bergung mit nach Kuba zu nehmen.
Wir brechen sofort nach der Landung zu dem Ort auf, den uns der Kongolese angewiesen hat. Es erwies sich, daß es viel mehr als zwanzig Kilometer waren, denn wir waren 21 Stunden ununterbrochen unterwegs, um besagtes *Kimbo* zu ereichen.
Als wir dort ankamen, sahen wir sofort die beiden Compañeros. Es war gewaltig; wir umarmten uns gegenseitig, und sie weinten vor Freude, und wir wurden alle ein bißchen gefühlvoll. Ich versuche mich zusammenzureißen und rufe: »Verdammt noch mal, wir sind doch keine Weiber!« Es war tatsächlich sehr bewegend, denn sie glaubten, daß sie nie mehr nach Kuba zurückkehren würden, und jetzt waren wir hier aufs neue zusammen.
Wir sprachen sofort mit dem Chef des *kimbo* und baten ihn um Führer und um einige Männer, um uns beim Transport der Compañeros zu

helfen, denn sie waren außerstande, einen so langen Marsch durchzustehen. Wir bastelten zwei einfache Tragen und machten uns, nachdem wir einige Stunden ausgeruht hatten, auf den Rückweg.
Der Kongolese, der sie gefunden hatte, begleitete uns, und mit Hilfe der Einheimischen brachten wir den Rückweg schneller hinter uns, denn sie kannten viele Abkürzungen.
Aufs neue über den See, und endlich erreichten wir Kigoma. Ich nehme sofort Verbindung zu Fernández Mell auf und berichte ihm die gute Nachricht, daß die beiden schon bei uns sind. Oscarito rät mir, sie einige Tage ausruhen zu lassen und Havanna zu informieren.
Tage danach sprechen wir uns erneut, und er fragt mich, ob es uns gelungen sei, den anderen verlorenen Kubaner, Semanat, ausfindig zu machen. Ich antworte, daß wir nichts gehört hätten, daß es keine Nachricht von ihm gebe. Er fügt hinzu, daß Kuba sehr an seiner Rettung interessiert sei, und ich antworte, auch wenn wir nichts von ihm gehört hätten, seien wir bereit zu bleiben und weiter nach ihm zu suchen. Später erhalten wir die Anweisung, nach Daressalam aufzubrechen und von dort nach Kuba zurückzukehren.

Alexis: Was die Kubaner für unser Land getan haben, darf man nicht vergessen. Ich weiß nicht, ob ein anderes Volk das getan hätte. Sie starben mit uns, sie hungerten mit uns, und ihre Kleider waren genauso zerrissen wie die unseren.

Namensregister

Verzeichnis der kubanischen Kämpfer mit ihren Pseudonymen sowie der am meisten erwähnten kongolesischen Kämpfer

Abdala: kubanischer Sergeant.

Abchali: kubanischer Sergeant, Freiwilliger bei der Suchmission nach den Verlorenen.

Abdalá: kubanischer Kämpfer.

Afendi: kubanischer Kämpfer.

Aga: kubanischer Kämpfer.

Ahalla: kubanischer Kämpfer.

Ajili: kubanischer Kämpfer.

Alau: kubanischer Kämpfer.

Alexis: Alexis Tunjiba Selemani, Kongolese, geboren am 24. April 1934 in Kibu, seit dem 7. April 1963 am Aufstand beteiligt. Zuvor hatte er an mehreren Protesten auf französisch besetztem Gebiet teilgenommen. Kämpfte in Lulimba und in Force.

Almari: kubanischer Kämpfer.

Aly: Santiago Terry Rodríguez, alias el Bastín (der Ungeschliffene). Kämpfte an der Zweiten Front in der Sierra Maestra, Kapitänsoffizier der Sturmtruppen. Geboren am 28. März 1930 in Sagua la Grande. Während des Guerillakampfes im Kongo Befehlshaber an einer der Fronten. Kommt später in Kuba bei einem Unfall ums Leben.

Amba: kubanischer Kämpfer.

Andika: Vicente Yan, Sekretär der Kerngruppe.

Anesa: Oswaldo Izquierdo.

Anga: Sanitäter, war zuvor Funker in El Escambray gewesen.

Angalia: kubanischer Kämpfer, alias El Lechero (der Milchmann).

Ansali: kubanischer Kämpfer.

Ansama: Gefreiter Domínguez.

Ansini: alias El Chino, Assistent Che Guevaras.

Ansurune: Kapitän Crisógenes Vinajeras. Umgekommen im Gefecht von Force.

Arasili: kubanischer Soldat, Freiwilliger bei der Deckung des Rückzuges.

Arobaine: (»Nummer 40«), vor dem Rückzug wegen Verletzung evakuiert.

Arobo: kubanischer Kämpfer.

Asea: kubanischer Kämpfer, gebürtig aus Cienfuegos.

Aurino: Francisco C. Torriente Acea, Soldat. In einem Brief an Fidel bezeichnet Che ihn irrtümlich als »Cabrera«, kubanischer Kämpfer.

Azi: Leutnant Israel Reyes. Später unter dem Namen »Braulio« in Bolivien, wo er im Kampf fällt.

Azima: Leutnant, während der Revolution nahm er mit der Brigade von Camilo Cienfuegos an der Invasion teil, daher nannte man ihn Camilito. Möglicherweise Cárdenas.

Bahaza/Bahasha: Orlando Puentes Mayeta, Soldat. Che identifiziert ihn in einem Brief an Fidel als Rafael Pérez Castillo.

Barafu: Ismael Monteagudo aus Las Villas.

Chamaleso: Antoine Godefroi. Kongolese, bekannt als »Tremendo Punto«, Verbindungsmann der Nationalen Befreiungsbewegung (MLN) bei der Ankunft der ersten Gruppe, Delegierter der kongolesischen Führung, der am Ende Masengo ablöste.

Changa: Roberto Sánchez Barthelemy, alias Kapitän Lawton, der Seeadmiral, während der kubanischen Revolution Kämpfer in der Brigade von Camilo Cienfuegos. Kommt Jahre später in Havanna bei einem Unfall ums Leben.

Chembe / Chembeo: Tomás Rodríguez, Werkmeister aus Guantánamo.

Chumi: José Raúl Candevat Candevat, Chirurg und Orthopäde.

Danhuse / Danjuse: Sabón.

Deligle: kubanischer Kämpfer.

Dogna: Arcadio Benito Hernández Betancourt, spielte mit Che Guevara Schach.

Falka: Fernando Aldama aus Matanzas.

Farat: Gregorio Herrera, Chirurg.

Fizi / Fisi: Diego Lagomartino Comesaña, Chirurg, Mitglied des Innenministeriums.

Genge: Marco Antonio Herrera y Garrido, geboren 1936 in Havanna.

Hindi: Dr. Héctor Vera Acosta, Kapitän oder Major des Innenministeriums.

Ilanga, Ernest: Genannt Freddy Ilunga, Kongolese. Geboren am 7. November 1948, von 1963 an bei der Guerilla. Übersetzer Che Guevaras. Lebt heute als Arzt auf Kuba.

Inne: »Nummer 4«, Leutnant Norberto Pío Pichardo. Kämpfer der 3. Brigade unter der Führung von Almeida während der kubanischen Revolution. Gefallen im Gefecht von Force.

Ishirine: Martín Chibás Gonzáles, aus Las Villas, zur Zeit General auf Kuba.

Kabila, Laurent: oberster Führer des kongolesischen MLN in der nordöstlichen Zone.

Kahama: auch bekannt als Suleimán, kubanischer Kämpfer, Autor des zweiten Tagebuches.

Karatasi: Arsenio Fuentes, geboren in Pinar del Río.

Karim: Antonio Palacios Ferrer, Leutnant, politischer Offizier der Brigade.

Kasambala: kubanischer Kämpfer.

Kasulu: Adrien Sansarique Laforet, genannt Sansarí, haitianischer Arzt und Internist, 1965 auf Haiti gestorben.

Kawawa: Gefreiter Warner Moro Pérez, Machetero der FAR, alias Caguaguas (der Wasserscheißer). Gefallen im Gefecht von Force.

Kibulu: Elio Revé, kubanischer Kämpfer.

Kingulo: kubanischer Kämpfer.

Kisua: Erasmo Videaux Robles, Leutnant der FAR, Stellvertreter von Aly, zuvor im Untergrundkampf; geboren 1936 in Sagua de Tánamo. Gehörte zur Führung der Bergtruppen des LCB in Sierra de Cristal, der Operationen in Yateras und Guantánamo durchführte. Kämpfte später in Guinea-Bissau.

Kukula: kubanischer Kämpfer.

Kumi: »Nummer 10«. Dr. Rafael Zerquera Palacio, geboren am 1. Mai 1932 in Trinidad, Spezialist für allgemeine und militärische Epidemiologie.

M'dufu: Antonio Palacios Ferrer, Politiker, siehe Karim.

Mafu: Leutnant Catarino Olachea y de la Torre, stand an der Spitze einer Gruppe von Ruandern.

Maganga: kubanischer Kämpfer.

Marengo: Mariano, derjenige, der verrückt wurde.

Masengo, Ildephonse, Kongolese, Chef des Generalstabs an der östlichen Front.

Maurino: Julio Cabrera Jiménez, kubanischer Kämpfer.

M'bili: auf Kisuaheli »die 2« oder »zweimal«. José María Martínez Tamayo, später als »Papi« in Bolivien, wo er im Kampf fällt.

Mitoudidi, Leonard: kongolesischer Studentenaktivist, zu Beginn Chef des Generalstabs an der östlichen Front. Kommt bei dem Unfall auf dem See am 7. Juni 1965 ums Leben.

Moja: Víctor Dreke, zweiter Chef der kubanischen Brigade, während der Revolution Kämpfer in El Escambray und Mitglied des Revolutionären Direktoriums. Kämpfte später in Guinea-Bissau.

Mongesu: Germán Carrión aus Santiago de Cuba.

Morogoro oder *Moro Goro:* Octavio de la Concepción de la Pedraza, alias Tavito, Arzt, wenig später unter dem selben Decknamen in Bolivien, wo er im Gefecht fällt.

Mundandi: ruandischer Kommandant an der Front von Force.

Nafini: Barreto aus Havanna.

Nane: Sergeant Eduardo Torres, während der Revolution Kämpfer der 19. Brigade, 2. Front, danach Innenministerium, Ausbilder im Lager El Amazonas.

Pablito: Emilio Mena, politischer Offizier der Brigade.

Paulu: kubanischer Kämpfer.

Pombo: Harry Villegas, Assistent Che Guevaras, später in Bolivien unter dem gleichen Decknamen. Einer der wenigen Überlebenden aus der bolivianischen Guerilla.

Rebocate: Leutnant, kam mit der vierten Gruppe, Bruder von Azima.

Saba: »Nummer 6«, einer der Zwillingsbrüder.

Siki: Óscar Fernández Mell, Comandante, Mitglied des Rates der Comandantes, Chef des Generalstabs im Kongo (*Siki* bedeutet Essig). Hatte während der kubanischen Revolution mit Che Guevara in der Schlußoffensive von Las Villas gekämpft.

Sita: »Nummer 7«, der andere der beiden Zwillingsbrüder.

Sitaini: El Chino, der Assistent Che Guevaras, der vorzeitig zurückkehrte.

Sitantatu-Ine: Koch, auch genannt »Nummer 24«.

Sultán: kubanischer Kämpfer.

Tano: »Nummer 5«, kubanischer Kämpfer.

Tatu: Ernesto Che Guevara.

Tembo: Emilio Aragonés, »der Elefant«, Organisationssekretär der Kommunistischen Partei Kubas.

Thetahyne-Selasine oder *Thelatini:* Sergeant Víctor Manuel Ballester.

Tiza: Julián Morejón.

Tom: Rafael Bustamante aus Oriente, politischer Offizier, kommt später bei einem Unfall in Havanna ums Leben.

Tuma oder *Tumaini:* Carlos Coello, Assistent Che Guevaras. Funker. Später in Bolivien umgekommen.

Vidaliga: kongolesischer Oberst an der Spitze einer Truppe in der Gegend von Uvira.

Yoni: der Kenianer, Maschinengewehrschütze.

Wasiri: Osmán Marín (?).
Uta: Aldo Margolles.
Zamo: Alamari.
Ziwa: Víctor Shueb Colás, kubanischer Kämpfer, zur Zeit General.

Ortsregister

Geographische Begriffe entsprechend der Bezeichnungen Che Guevaras:

Albertville: Industrie- und Minenstadt, das Tor zum Tanganyika-See, Operationsbasis der Armee.
Baraka: kleiner Hafen am See auf dem Weg von Fizi nach Uvira.
Bondo: Siedlung am Seeufer.
Bujumbura: Hauptstadt des Königreichs Burundi.
Bukavu: Hauptstadt der Provinz Kivu, 35 000 Einwohner.
Luluaburg: Basis in den Bergen oberhalb von Kibamba.
Fizi: Siedlung in der Nähe des Sees und Verbindungsknotenpunkt nördlich der Front.
Front de Force / Force Bendera: Wasserkraftwerk und Stützpunkt auf der Landstraße Albertville-Lulimba.
Kabambare: Siedlung an der Straße von Albertville nach Stanleyville.
Kabimba: von den Gardisten besetztes Dorf am See im äußersten Süden der östlichen Front.
Kalanda-Kibuyo: Siedlung an der Straße Katenga-Lulimba.
Kasai: kongolesische Provinz, in der die Guerilla von Mulele operierte.
Katanga: reichste kongolesische Provinz, im Süden des Operationsgebiets.
Katenga: Dorf an der Straße Albertville-Lulimba.
Kazima: Dorf am Tanganyika-See, die einzige Gegend, an der es eine kleine Ebene zwischen dem See und den Bergen gibt.
Kibamba: Landungsstelle der kubanischen Guerilla, Hauptbasis am Tanganyika-See.
Kibu: kongolesische Provinz nördlich der östlichen Front.
Kiliwe: Bach, der in den Kimbi-Fluß mündet.
Kisosi: Dorf zwischen Ruanda und Kaela am Seeufer.
Kasolele-Makungo: Dorf, in dem Calixte sein Lager hatte.
Lulimba: Dorf an der Landstraße Albertville-Bukavu.
Makungo: Dorf in der Nähe von Front de Force.
Nabikumo: Bach und Siedlung zwischen Lubonja und Nganja.
Nganja: von ruandischen Hirten bewohntes Dorf auf der Hochebene.
Sele: ungefähr 15 Kilometer südlich von Kibamba gelegenes Dorf, Rückzugspunkt.
Uvira: Dorf am äußersten nördlichen Ende des Tanganyika-Sees und nördliche Grenze der Front.

Antonio Negri/
Michael Hardt

Die Arbeit des Dionysos

Materialistische Staatskritik in der Postmoderne

ca. 180 Seiten
ca. 28,– DM

Die Arbeit der Autoren steht im Kontext einer materialistischen Staatskritik, wie sie hierzulande etwa von Joachim Hirsch oder Johannes Agnoli entwickelt wurde. In Anknüpfung an Foucault und Deleuze/Guattari überprüfen Hardt/Negri in Die Arbeit des Dionysos zentrale Begriffe – (wie Rhizom, Deterritorialisierung, Bio-Macht) – auf die Tauglichkeit für eine linke Gesellschaftskritik. Sie schlagen einen Bogen von den marxistischen Debatten zum kapitalistischen Staat in den 70er Jahren, hin zu den postmodernen Ideologien der 80er und 90er. Den Thesen zum Verschwinden der Arbeit, Sieg der Demokratie, zur Herausbildung einer universellen Zivilgesellschaft begegnen sie mit der nüchternen, an Marx‹ orientierten Methode einer »Kritik der Politischen Ökonomie«.

Inhalt:

1. Kommunismus als Kritik
2. Die Grenzen der Staatstheorie
3. Recht und Verfassung in der Postmoderne
4. Die Möglichkeit der Gegenmacht

(plus Vorwort, Anmerkungen, Literaturverzeichnis, Index)

▼ Edition ID-Archiv ▲ Postfach 360205 ▲ 10972 Berlin ▼

Die Beute

Politik und Verbrechen – vierteljährlich

Herausgegeben vom Verein Die Beute

144 Seiten, Fadenheftung, 16,– DM, im Abonnement 14,– DM

»Links braucht nicht a tout prix kitschig zu heissen. Das beweist auf ihre Art die vor rund zwei Jahren in Deutschland neu lancierte Zeitschrift Die Beute. Schon ihr Untertitel ›Politik und Verbrechen‹ klingt nicht sentimental.«
(Tages-Anzeiger, Zürich)

»Diese aufregende Publikation kennt keine Sorgen darum, wie ihre Autorinnen und Autoren per Karriere oder Revolution auch mal nach oben kommen können.«
(Matthias beltz, Journal Frankfurt)

»Eine Zeitung zum Schmöckern, die so ganz nebenbei die eingefahrene Trennung zwischen Politik und Kultur aufhebt. Vierteljährlich.«
(Klenkes, Aachener Stadtmagazin)

»Die Beute kommt nicht nur namensmäßig, sondern auch optisch recht flott daher. Gute Fotos, übersichtlich und ohne Pop-Mätzchen – gestalterisch gibt es wirklich nichts zu meckern.«
(Junge Welt)

»Da es auch erlaubt ist, die Zeitschrift zu abonnieren, ohne an die Möglichkeit einer linken Offensive zu glauben, werde ich dies tun und dem Leser zur Nachahmung empfehlen.«
(Thomas Ebermann, Szene Hamburg)

»Keine Frage, daß es in Konkret jede Menge lesenswerter und informativer Texte gibt. Die Beute ist aber einfach ein bißchen knallender, weniger verbissen, dafür auf angenehm gesetzte Art und Weise auch mit neueren US-Unidenkern vertraut. Sie ist näher an autonomen und (Sub-)Kultur-Szenen dran und druckt verständliche, ca 8-10 Seiten umfassende Texte zu einem oder zwei Schwerpunkt-Themen pro Nummer.«
(Kerstin Grether, Spex)

▼ Edition ID-Archiv ▲ Postfach 360205 ▲ 10972 Berlin ▼

Joachim Hirsch

Der nationale Wettbewerbsstaat

Staat, Demokratie und Politik im globalen Kapitalismus

214 Seiten, 28,– DM,

Ausgehend von der Frankfurter Schule, dem französischen Neo-Marxismus und der neueren Regulationstheorie bietet ›Der nationale Wettbewerbsstaat‹ auch einen ersten Einstieg in die materialistische Staatskritik.

»Es klingt schon an, das Buch ist Theorie pur – jedoch sehr anschaulich geschrieben. In einem Exkurs zum historischen und theoretischen Hintergrund der Regulationstheorie, legt Hirsch die Karten seines theoretischen Backgrounds auf den Tisch, so daß auch jenen, für die Regulationstheorie ein leeres Fremdwort ist, das Buch keines mit sieben Siegeln ist.«

(Radio Dreyeckland, Freiburg)

»Das Buch liefert eines der vielversprechendsten Ansätze für eine Reorganisierung politischer Formen gegen das momentane Katastrophenprogramm der Ökonomie.« (Springer, Wien)

▼ Edition ID-Archiv ▲ Postfach 360205 ▲ 10972 Berlin ▼